# 신학－정치론

# 신학-정치론

B. 스피노자 지음 | 강영계 옮김

서광사

이 책은「스피노자 전집 III권, 신학-정치론」, 라이프치히(Benedicti de Spinoza, Opera, vol. III, Tractatus Theologico-Politicus, Liepsiae, 1846)를 옮긴 것이다.

# 신학 – 정치론

B. 스피노자 지음
강영계 옮김

펴낸이 | 이숙
펴낸곳 | 도서출판 서광사
출판등록일 | 1977. 6. 30.
출판등록번호 | 제 406-2006-000010호

(10881) 경기도 파주시 회동길 77-12 (문발동)
대표전화 (031) 955-4331 팩시밀리 (031) 955-4336
E-mail: phil6060@naver.com
http://www.seokwangsa.co.kr | http://www.seokwangsa.kr



제1판 제1쇄 펴낸날 — 2017년 5월 20일
제1판 제2쇄 펴낸날 — 2025년 7월 20일

ISBN 978-89-306-2370-4 94160
ISBN 978-89-306-2164-9 94160(세트)

이 책은 몇 편의 논문들을 포함하고 있다.

이 논문들에서는 철학하는 자유가 국가의 경건함과 평화를 보존하는 데 허용될 수 있을 뿐만 아니라 동시에 한 국가의 평화와 경건함이 함께 할 때만 고양될 수 있다는 것을 제시한다.

"하느님께서는 우리에게 당신의 영을 나누어 주셨습니다. 우리는 이 사실로 우리가 그분 안에 머무르고 그분께서 우리 안에 머무르신다는 것을 압니다."(요한 1서, 4장 13절)

함부르크, 하인리히 퀸라트, 1670

# 옮긴이의 말

최근 몇 년 동안 나는 스피노자 철학의 우물을 벗어나지 못하고 그곳에서 마냥 고금동서를 통해서 사방에 널려 있는 소위 철학사상의 조각들을 이어 맞추고 있다. 지금부터 20여 년 전 「에티카」를 6여 년 동안 고심 한 끝에 번역한 후(1990년), 오랜 기간 철학의 오솔길을 헤맬 때 성향(conatus), 욕구(appetitus), 욕망(cupiditas)이라는 세 개념들이 스피노자의 「에티카」에서 수시로 고개를 불쑥불쑥 내밀었다. 그런가 하면 불교의 무명(無明) 개념도 함께 고개를 내밀었고, 율곡의 이일분수(理一分殊)와 프로이트의 심층의식(das Unbewußte), 라캉의 욕망과 상상계, 상징계, 현실계가 앞을 다투어 모습을 드러내었다. 나는 가능한 한 있는 힘을 다해서 스피노자의 전체 철학사상을 있는 대로 이해하고 체험하여 내 자신이 소화시켜서 표현해 보기로 하였다. 그 방법으로 스피노자 전집 중에서 히브리어 문법과 서간문 두 가지만 빼고 「지성 개선론」, 「신과 인간과 인간의 행복에 대한 짧은 논문」, 「데카르트의 철학의 원리」, 「신학-정치론」, 「에티카」, 「정치학 논고」 등 6권의 선집을 우리말로 옮기는 작업을 선택하였다.

「에티카」는 이미 오래 전에 번역하였고, 최근 몇 년간 나는 거의 매일 스피노자와 씨름하면서 「지성 개선론」, 「신과 인간과 인간의 행복에 대한 짧은 논문」, 「데카르트의 철학의 원리」를 우리말로 옮겼다. 내가 여러 곳에서 밝힌 것처럼 「지성 개선론」, 「신과 인간과 인간의 행복에 대한 짧은 논문」, 「데카르트의 철학의 원리」는 스피노자 철학의 기초서들이다. 이 세 저서들을 꼼꼼히 읽는다면 「신학-정치론」과 「에티카」 그리고 스피노자의 마지막 저서인 「정치학 논고」를 비교적 쉽게 이해할 수 있을 것이다. 뒤의 세 저서들은 스피노자의 체계적인 저술들이다.

스피노자는 개인적인 상황과 17세기 당시 네덜란드의 정치, 종교, 사회적인 여러 가지 힘든 상황에서도 자신의 고유한 철학사상 체계를 세우는 데 모든 노력을 기울였으며, 특히 「에티카」에서는 인식론, 형이상학, 윤리학 및 심리학의 체계를 구축하였고 「신학-정치론」에서는 종교철학적, 정치철학적 관점에서 자유 민주주의의 정치체제와 관용 및 표현의 자유를 매우 강하게 주장하였다. 물론 「신학-정치론」 전체 20장 중 1~15장은 주로 신학론이고 16~20장까지의 5장만 정치론이므로 말년의 스피노자는 이 5장을 보충하기 위해 「정치학 논고」를 집필했으나 그가 일찍 사망함으로써 미완성으로 남을 수밖에 없었다.

스승과 동료들이 종교계와 정부로부터 사상과 표현의 자유를 박탈당하여 투옥되고 처형되는 상황에서 스피노자 또한 그와 같은 공포 분위기를 직접 체험하였다. 그러나 그는 자신의 범신론적 자연주의 철학을 기초로 삼아 성서를 해석하고 비판하는 동시에 자유 민주주의의 정체를 주장하고 관용 그리고 사상과 표현의 자유를 끝까지 주장하였다. 이는 현대를 살아가는 우리 모두가 본보기로 삼지 않으면 안 될 것이다.

이 책의 번역에 사용한 원본은 다음과 같다.

「스피노자 전집 III권, 신학-정치론」, 라이프치히, 1846: BENEDICTI DE SPINOZA, Opera, vol.III, Tractatus Theologico-Politicus, Liepsiae, 1846.

참고한 독역본 및 영역본은 다음과 같다:

Spinoza, Opera, Erster Band, Tractatus Theologico-politicus, Hrsg. von Günter Gawlick und Friedrich Niewöhner. Darmstadt, 1979.

Spinoza, Complete Works, tr. by Samuel Shirley, Indianapolis/Cambridge, 2002.

또한 스피노자의 성서 인용에서 참고한 우리말 성서 번역서는 다음과 같다.

성경전서, 대한성서공회, 1993.

성경, 한국천주교주교회의, 2005.

40여 년간 철학서적 출판만 고집하면서, 무엇보다도 고전 번역에 심혈을 기울임으로써 한국 철학계에 기여해 오고 있는 서광사의 김신혁 사장, 이숙 부사장, 그리고 편집진의 노고가 없었다면 스피노자의 이 책은 빛을 볼 수 없었을 것이다.

2017년 봄, 옮긴이 강영계

# 차례

# 머리말

만일 사람들이 자기의 모든 일을 확실하게 통제할 수 있거나 또는 운이 항상 그들에게 호의적이었다면, 그들은 결코 미신(superstitio)에 빠지지 않을 것이다. 그러나 그들은 어떤 충고도 받을 수 없는 곤경에 자주 처하고, 불확실한 운명의 호의(incerta fortunae bona)를 지나치게 추구하여 희망과 공포 사이에서 비참하게 동요하기 때문에 그들의 마음은 무엇이든지 쉽게 믿으려는 경향을 가지게 된다. 마음이 일단 의심에 사로잡히게 되면 가벼운 충격에도 마음이 이리저리 흔들리며, 희망과 공포 사이에서 동요할 때면 마음이 한층 더 쉽게 흔들린다. 그런가 하면 이와 다른 경우에는 마음이 더 할 수 없이 확신에 차 있고 자만하며 오만으로 가득하다(praefidens alias jactabundus ac tumidus).

그리고 대부분의 사람들이 자기 자신들(se ipsos)은 위의 사실을[1] 알지 못한다고 할지라도 다른 이들은 어느 누구도 모를 수 없다고 나는 판단한다. 왜냐하면 세상 사람들은 누구나 비록 경험이 미숙하다고 할

1 (역주) 위의 사실은 앞에서 지적한 대로 사람들이 어려울 때는 무엇이든 의존하고 믿지만 편할 때는 오만에 차서 기고만장한 마음의 상태를 가지는 것을 지시한다.

지라도 행복한 상황에서 대부분은 지혜(sapientia)가 매우 넘쳐나므로 만일 어떤 사람이 그들에게 충고를 하려 하면 그것이 자기들에게 모욕(iniuria)이 된다고 믿기 때문이다. 그러나 반대로 불행할 경우, 그들은 어디로 가야 할지 모르고 누구에게든지 충고를 간청하며, 그 충고가 그들이 따라서는 안 될 정도로 쓸모없고 부당하며 공허해도 그것을 추구한다. 또한 아주 하찮은 원인들을 핑계 삼아 그들은 더욱더 좋은 것을 희망하며 타락하는 것을 두려워 한다. 왜냐하면 그들이 공포 속에서 떨고 있는 동안, 만일 선하거나 악한 과거의 어떤 것을 기억에 떠올리게 되면 그들은 그것이 행복하거나 또는 불행한 출구를 알려 준다고 믿으며, 설령 그것에 백번이나 속았다고 할지라도 그것을 유리하거나 아니면 불리한 징후(faustum vel infaustum omen) 라고 생각한다. 더 나아가서 만일 어떤 흔하지 않는 현상에 크게 놀라게 되면 그들은 그것을 신이나 또는 최고 신성(神性)의 분노를(deorum aut summi numinis iram) 나타내는 징후라고 믿었다. 그렇기 때문에 그들은, 자기들이 미신을 받아들이기 쉽고 종교에 반대할지라도 제물(祭物)과 맹세에 의해서(hostiis et votia) 죄악을 피하는 것이 경건한 의무라고 여긴다. 그래서 그들은 무한한 수의 그와 같은 징후들을 고안해 내었으며, 마치 자연 전체가 그들과 함께 광기(狂氣)를 나누어 가지고 있는 것처럼 아주 특이하게 그 징후들을 해석하였다.

그러므로 무엇보다도 불확실한 것들을 한없이 갈망하는 사람들은 온갖 종류의 미신에(omni superstitionis generi) 빠지며, 그들 중 대부분은 위험에 처하여 어떻게 해야 할지 모를 때, 맹세하고 여자의 눈물을 흘리면서(votis et lachrimis muliebribus)[2] 신의 도움을 간청한다. 그들

---

2 (역주) '여자의 눈물' 은 나약함에 대한 비유이다. 스피노자가 신=실체=자연이라는 자연주의 내지 범신론의 경향을 가지고 있으면서도 미신에 빠지고 오류를 범하

은 이성(ratio)을 (이성은 자기들이 갈망하는 헛된 목표에 대해서 확실한 길을 제시할 수 없기 때문에) 맹목적이라고 부르며, 인간의 지혜(humana sapientia)를 공허하다고 부른다. 그리고 이와 반대로 그들은 상상의 기만, 꿈 그리고 유치한 부당함을 신의 대답(divina responsa)이라고 믿는다. 더욱이 그들은 신이 현명한 자들을 경멸하고 자신의 결정들(sua decreta)을 인간의 정신이 아니라 짐승들의 내장 안에 적어 놓았다거나 또는 이러한 신의 결정들은 신의 영감과 선동에 의해서 어리석은 자들과 미치광이들 그리고 새들에게 미리 이야기되었다고 생각한다. 인간들은 두려움으로 인해서 그와 같은 광기에 빠지게 된다. 그러므로 공포(metus)는 미신을 생기게 하고 보존하며 키우는 원인이 된다.

만일 어떤 사람이, 이것을 이해하기 위한 특별한 예를 원한다면 알렉산더를 살펴보기로 하자. 알렉산더는 쉬시디스의 험로에서(in Pylis Susidis)[3] 운명에 대한 두려움을 알게 되었을 때 비로소 미신을 믿게 되어 점쟁이(vates)에게[4] 묻기 시작하였다(쿠르티우스, 「알렉산더 대왕 전기」 제5권 4장). 그러나 알렉산더는 다리우스왕을[5] 이겨 승리를 거둔

---

는 부정적 상황을 여자의 눈물과 직결시키는 것을 보면 스피노자 역시 남성 우위의 가부장적 사고 방식의 소유자라는 것을 알 수 있다.

3 (역주) 퓔레(Pylae)는 원래 테르모퓔레인데 고대 그리스의 쉬시디스(Sysidis)에 있던 전쟁터의 험로(險路)이다. 스피노자가 이곳과 제17장에서 인용하는 알렉산더에 대한 출처는 1세기 클라우디우스 황제(Kaiser Claudius) 시절의 역사가 쿠르티우스(Quintus Curtius Rufus)가 쓴 「알렉산더 대왕 전기」(Historiae Alexandri Magni)이다. 이 작품은 소설적이고 심리적 감정이 풍부한 것으로 라틴어로 저술한 유일한 알렉산더 전기이다.

4 (역주) 고대 그리스의 철학자 소크라테스는 어려운 문제가 있을 경우 델피신전에 가서 무녀(巫女) 디오티마로부터 신탁(神託)을 들었다고 한다. 디오티마의 대표적인 신탁은 '너 자신을 알라' (Gnothi seauton)이다. 점쟁이(vates)는 바로 무녀 아니면 무당 역할을 하는 남자를 말한다.

5 (역주) 다리우스(Darius)는 알렉산더가 무찌른 페르시아의 왕이다.

후에는 더 이상 예언자와 점쟁이(ariolos et vates)에게 조언을 구하지 않았다. 그러나 다시 곤경에 빠졌을 때 그는 예언자를 찾았는데, 왜냐하면 박트리아인들(Backtriani)은 패망하였고 스키타이인들(Scytae)은[6] 그에게 도전해 왔기 때문이다. 그때 알렉산더는 부상을 당하여 병상에 누워 있으면서 다시(쿠르티우스의 책 7권 제7장에서 말하는 것처럼) "인간의 정신을 조롱하는 미신으로(ad superstitionem humanarum mentium ludibaria) 되돌아 왔다. 그는 자신이 신뢰하는 아리스탄더에게 제물로 사태를 해결하라고 명령하였다(explorare eventum rerum sacrificiis iubet)." 그리고 이와 같은 예들은 무수히 인용될 수 있는데, 그것들은 다음과 같은 사실을 가장 명백하게 제시한다. 인간들은 오직 공포가 지속하는 동안에만 미신에 빠져서 허우적거린다. 그리고 그들이 일찍이 그릇된 종교로 숭배하는 모든 것은 슬프고도 두려운 마음의 광기와도 같은 환영에 지나지 않았다. 그리고 예언자가 민중(plebs)을 가장 강하게 지배하고 자신의 지배자에게 가장 가공할 만한 힘을 가졌던 때는 국가가 가장 큰 위험에 처했을 때였다. 그러나 나는 이것이 모든 사람에게 충분히 알려진 것이라고 판단하기 때문에 더 이상 이것에 대해서는 말하지 않겠다.

그러므로 이와 같은 미신의 원인으로부터 모든 인간은 (어떤 사람들은 모든 인간이 신에 대한 혼란스러운 어떤 관념을 (confusam quandam numinis ideam) 가지고 있기 때문에 미신이 생긴다고 믿을지라도) 본성상 미신에 빠지기 쉽다(superstitione esse obnoxios)는 사실이 명백하게 귀결된다. 또 미신은 모든 정신적 환영(幻影) 및 분노의 충동

---

6 (역주) 현재 아프카니스탄에 해당하는 옥수스(Oxus) 지역의 수도 박트라(Bactra)에 살았던 인종이 박트리아인들이고, 스키타이인들은 페르시아인들과 유사한 유목 민족이다.

과 마찬가지로 매우 다양하고 불안한 것이 분명하며 오로지 희망, 증오, 분노 및 기만에(spe, odio, ira et dolo) 의해서만 보존된다. 왜냐하면 미신은 이성이 아니라 오직 정서에서만(non ex ratione, sed ex solo affectu)[7], 그것도 가장 영향력이 강한 정서에서만 생기기 때문이다. 인간들은 어떤 종류의 미신에도 쉽게 사로잡힐 수 있으므로 그들을 하나의 동일한 미신을 믿도록 설득하는 일도 어려운 일이다. 실로 대중(vulgus)은 언제나 똑같이 비참하게 남아 있기 때문에 그들은 결코 장기간 안정된 상태에 있지 못하며 더 새롭고 아직 그들을 기만하지 않은 것만을 가장 좋아한다. 이와 같은 불안은 수많은 소요와 잔혹한 전쟁의 원인(inconstantia multorum tumultuum et bellorum atrocium causa)이었다.[8] 왜냐하면 (앞에서 말한 것에서 분명하고, 이미 쿠르티우스의 책 4권, 제10장에서 잘 지적된 것처럼) "미신보다 더 영향력을 가지고 군중을 지배하는 것은 아무것도 없기"[9] 때문이다. 그래서 군중은 종교를 핑계 삼아서(specie religionis)[10] 때로는 자기들의 지도자들을 왕으

7 (역주) 여기에서 말하는 정서는 넓은 의미의 감정이다.

8 (역주) 스피노자는 조화롭지 못한 정서로 인해서 인간은 미신에 빠지며, 그럴 경우 불안하게 되고 따라서 무수한 정치적 소요나 혁명 또는 전쟁이 생긴다고 본다. 스피노자는 「에티카」의 마지막 부분에서도 정서를 조화롭게 조절할 때 인간은 관대함과 관용의 미덕을 지닐 수 있다고 하였다.

9 (역주) 'nihil efficacius multitudinem regit quam superstitio' 에서 multitudo는 군중, 대중, 천민을 의미하며 vulgus와 같은 뜻을 가지고 있다. 스피노자 당시에는 군주정치(왕정)가 가장 바람직한 현실 정치로 인정받고 있었다. 스피노자는 이미 「지성 개선론」에서 신=실체=자연이라는 사고 방식을 가지고 있었으므로 유대 교회로부터 파문을 당했다. 스피노자는 정치적으로도 민주주의를 가장 바람직한 것으로 여기므로 「신학-정치론」 역시 유대 교회, 기독교 그리고 네덜란드 정부로부터 파문당할 수밖에 없었다.

10 (역주) 'specie religionis' 는 직역하면 '종교의 겉모습을 가지고' 이지만 여기서는 군중이 자기들 편한 대로 종교를 들먹이고 들이대는 습관을 지적하고 있으므로 '종교를 핑계 삼아서' 로 옮겼다.

로 섬기고, 또 어떤 때는 자기들의 지도자들을 저주하고 인류의 공통적인 해악으로(communem generis humani pestem)[11] 혐오할 정도까지 되는 일이 생긴다.

그러므로 그와 같은 악행을 막기 위해서, 종교가 참되건 공허하든지 간에 종교가 어떤 충격이라도 견딜 수 있고 항상 모든 숭배자들에게 끊임없이 가장 깊은 존경심을 환기시킬 수 있는 허례허식을 종교에 불어넣는 엄청난 노력이 수행되었다. 터키인들은 이와 같은 일에 있어서 가장 훌륭한 성공을 거두었다. 그들은 이미 종교에 대해서 논의하는 것을 죄악으로 여겼으며, 수많은 편견을 가지고 개인의 판단을 받아들여 개인의 정신에 건전한 이성도 또 의심할 수 있는 능력의 여지도 남겨놓지 않았다.

그러나 실제로 최고의 비밀(summum arcanum)이 아름다운 종교의 명칭을 두르고(specioso religionis nomine adumbrare) 인간들을 기만하며 당연히 복종시키기 위해서 공포를 조장하는 전제 정부에서(regiminis monarchici) 군중은 자신의 구원을 위해서 자신의 예속을 위해서 싸운다. 그리고 그들은 한 인간의[12] 명예를 위해서 피와 목숨을 바치는 것을 최고의 영광으로 생각한다. 그러나 자유국가(libera republica)에서는[13] 이보다 더 불행한 것은 어떤 것도 고안되거나 시도될 수 없다. 편견으로 각 인간의 자유를 사로잡거나 어떤 식으로든지 제한하는 것은 바로 보편적 자유에(communi libertati)[14] 전적으로 반대된

11 (역주) pestis는 해충, 유해한 것, 해악, 페스트 등의 뜻을 가진다.

12 (역주) 여기에서 말하는 '한 인간'은 전제 군주(왕) 내지 독재자이다. 이 문장에서 알 수 있듯이 스피노자는 암암리에 민주주의를 가장 바람직한 정치 제도로 보고 있다.

13 (역주) res publica(국가)는 publicus(백성에게 속하는)에서 유래하는 개념이다. 엄밀히 말해서 republica는 공화국을 일컫는다.

14 (역주) 여기서 말하는 보편적 자유는 공동의 자유로서 공동체(국가) 내의 개인의

다. 종교를 핑계삼아 선동한 폭동(seditio)은 법이 추상적 사유의 영역에[15] 침입하고 우리의 의견들을 재판에 회부하여 치욕스럽게 범죄로 낙인찍을 때 생긴다. 소신을[16] 옹호하고 지키려는 사람들은 공공의 안전에 의해서가(publicae saluti) 아니라 적대자의 증오와 분노에 의해서(odio ac saevitiae adversariorum) 희생당한다. 만일 국법에 의해서(ex iure imperii) "행동(facta)만 재판받고 말(dicta)은 처벌받지 않는다"고[17] 한다면 이와 유사한 박해들은 어떤 법적 외양도 갖지 못할 것이며 사람들은 의견의 불일치로 인해서 박해받지도 않을 것이다.

우리는 모든 사람의 판단이 자유롭고, 자신이 원하는 대로 신을 섬길 수 있으며 자유보다 소중한 것도 그리고 귀한 것도 전혀 없는 국가에서 살고 있는 이처럼 드문 행복(haec rara felicitas)을[18] 누리게 된다. 그러므로 나는 자유가 국가의 경건함과 평화를(pietate et reipublicae pace) 손상시키지 않고 인정될 수 있을 뿐만 아니라 이러한 자유는 오직 국가의 평화 그리고 경건함과 함께할 때만 고양될 수 있으며 이를 제시하는 것이 하찮거나 쓸모없다고 생각하지 않는다.

이것이 내가 이 논고에서(in hac Tractatu) 증명하려고 했던 핵심점이다. 이를 증명하기 위해서는 제일 먼저 종교의 주요 편견들, 곧 고대 노예 신분의 흔적을 지적하는 것이 필요하다. 그리고 최고의 힘을 가진 권리에 대한 편견도 지적할 필요가 있다. 많은 사람들은 매우 파렴치하

---

자유이므로 그것은 곧 민주주의의 자유이다.

15 (역주) 정신적으로 자유롭게 생각하는 영역을 말한다.

16 (역주) 소신은 바로 앞에서 말한 의견(opinio)이다.

17 (역주) facta는 직역하면 행동한 것이고 dicta는 말한 것이다. 이 인용문은 로마의 역사가이자 민족학자인 타키투스(P. Cornelius Tacitus)의「연대기」1권 12장(Annales, 1, 12)에 나온다.

18 (역주) 보통 그리스어 eudaimonia는 공동체의 안녕이나 복지로서의 행복이라고 한다면 felicitas는 신의 축복으로서의 행복이라는 의미를 가지고 있다.

게 이와 같은 권리의 대부분을 강탈하려고 하며, 종교를 핑계 삼아 지금까지 이단적인 미신에 빠지기 쉬운 대중의 마음을(specie religionis multitudinis animum, Gentilium superstitioni adhuc obnoxium) 통치자의 권력으로부터 멀어지게 함으로써 모든 사람을 다시 노예 상태로 되돌려 놓으려 한다. 나는 먼저 이 책을 쓰게 된 동기를 언급하고 이 책의 순서를 짧게 말하겠다.

나는 사랑, 기쁨, 평화, 절제 그리고 모든 사람에 대한 신뢰의 종교가 기독교라고 자랑스럽게 공언하는 사람들이 가장 적대적으로 서로 싸우며 매일 격렬한 증오심을 표현한다는 사실 때문에 자주 놀랐다. 증오와 적개심의 특징은 사랑, 기쁨, 평화, 절제, 신뢰의 특징보다 각 사람들의 신앙을 보다 더 쉽게 알게 한다. 이미 오래 전부터 기독교도, 터키인, 유대인 또는 이교도는 신체의 외모와 의복에 의해서 또는 어떤 교회(Ecclesia)에 자주 참석하며, 어떤 소견에 참여하고 어떤 스승의 말을 맹종하는지에 의해서 오늘날과 같은 상태로 알려졌다. 그들 모두의 여타의 삶은 다 똑같다. 나는 이 불행한 사태의 원인은 대중들이 교회의 수장은 고귀하며 교회의 직책은 이익을 가져오고 주교들은 최고의 명예를 가진 것으로 평가하기 때문이라고 생각한다. 그리고 동시에 이와 같은 오용(誤用)이 교회에서 받아들여진 이래로 모든 무뢰한들은 즉시 성직(sacra officia)을 지배하려는 충동(libido)에 사로잡혔다. 그래서 신성한 종교의[19] 전도에 대한 사랑(amor divinae religionis propagandae)은 비열한 탐욕과 야망으로 타락하고 말았으며, 성전은 교회의 교사들이 아니라 웅변가들(oratores)이 설교하는 극장으로 바뀌었다. 그들 중 아무도 사람들을 제대로 가르치려고 하지 않았으며, 대중 앞에서 자신에 대

---

19 (역주) 신성한 종교는 기독교를 말한다.

한 경탄을 이끌어 내고 자기들의 적대자들을 비판하는 데만 열심이었다. 그리하여 그들은 군중이 가장 놀라워 하는 새로운 것과 낯선 것을 열심히 가르쳤다. 당연히 이로부터 시간이 지나도 결코 가라앉을 수 없는 커다란 반목과 질투와 증오(contentiones, invidia et odium)가 생길 수밖에 없었다. 과거의 종교에 외적 의식(儀式: cultus)만이 (나는 대중이 이러한 의식을 치르는 것이 신을 숭배하는 것이 아니고 입만 가지고 아첨하는 것처럼 여겨진다) 남아 있고 신앙이 이미 맹신과 편견뿐이라는 것은 놀랄 일이 아니다. 그런데 이 편견은 어떤 편견들(praeiudicia)이란[20] 말인가! 이 편견들은 인간들을 이성적 존재에서 짐승들로 퇴화시키며, 각자의 자유로운 판단과 참과 거짓을 구분하는 능력을 전적으로 금지하며, 지성의 빛(lumen intellectus)을[21] 완전히 소멸시키는 목적으로 고안된 것이 분명하다. 경건함, 오 불멸하는 하느님 그리고 종교(pietas, proh Deus immortalis, et religio)는 불합리한 비밀에 휩싸였으며, 이성을 전적으로 경멸하고 지성을 본성상 타락한 것으로서 부정하고 증오하는 자를, 물론 가장 간악한 일이기는 하지만 신성한 빛을(divinum lumen)[22] 지니고 있는 자로 믿게 되었다. 물론 그들이 신성한 빛의 불꽃을 조금만이라도 가졌더라면 그렇게 거만하게 헛소리를 하지 않을 것이며 더욱더 신중하게 신을 숭배하기를 배울 것이고, 지금처럼 증오에 의해서가 아니라 사랑에 의해서 모든 사람들 중에서 두드러졌을 것이다. 만일 그들이 자신의 행운이 아니라 적대자들의 영혼의 구원에 관심을 가진다면 그들은 자기들의 생각과 반대인 사람들을 그토록 심하게 박해하지 않을 것이고 오히려 연민을 느낄 것이다.

---

20 (역주) 편견들(praeiudicia)이란 독단적 신학 이론을 뜻한다.

21 (역주) 지성의 빛은 바로 이성능력이다.

22 (역주) 신성한 빛은 계시(revelatio)이다.

더 나아가서 만일 그들이 실제로 어떤 신성한 빛을 지녔더라면 이것은 나는 그들이 교리에서(ex doctrina) 확실히 나타날 것이다. 나는 다음의 사실을 인정한다. 나는 그들이 성서의 가장 심오한 신비(Scripturae profundissima mysteria)를 충분히 경탄하였지만 아리스토텔레스주의자 내지 플라톤주의자의 사변(speculatio)[23]이외에는 아무것도 가르치지 않았다고 생각한다. 그들은 이단의 추종자로(Gentiles sectari) 취급되지 않기 위해서 성서를 그러한 사변과[24] 일치하도록 만들었지만 희랍인들과 함께 헛소리하는 것에 만족할 수 없었다. 그러나 자기들과 함께 예언자들이 광기를[25] 나누어 가지기를 원하였고, 이것은 물론 그들이 꿈속에서도 성서의 신성함(Scripturae divinitas)을 전혀 알아보지 못한다는 것을 확실히 보여 준다. 그리고 성서의 신비에 대한 그들의 이러한 존경이 강해질수록 성서에 대한 그들의 태도는 믿는 것이 아니라 동조하는 것이라는 사실이 더 잘 드러난다. 그리고 이것은 또한 다음의 사실, 즉 그들 대부분은 성서를 이해하고 성서의 참다운 의미를 찾아내기 위해서 성서 자체는 어디에서나 참답고 신성하다는(ubique veracem et divinam esse) 기초를 제시한다는 사실로부터 명백하다. 곧 성서의 이해와 엄밀한 검토로부터 분명히 밝혀지는 것과 아울러 아무런 인간적 허구화(humanis figmentis)를 필요로 하지 않는 것을 사람들이 성서 자체로부터 훨씬 더 훌륭하게 이끌어 내리라는 것을 그들은 처음부터 성서 해석의 규칙으로서 제시하였다.

자연의 빛(lumen naturale)이 멸시당할 뿐만 아니라 많은 사람들로

23 (역주) 여기서 말하는 사변(思辨)은 현실적 · 구체적인 것을 도외시한 공허한 추상적 사유이다.

24 (역주) 아리스토텔레스주의자와 플라톤주의자의 추상적 사유이다.

25 (역주) 광기를 나누어 가진다는 것은 말도 안 되는 헛소리를 함께 한다는 뜻이다.

부터 불경함의 원천으로 비난받으며, 인간의 주석(註釋)이 신의 가르침으로(pro divinis documentis) 여겨지고, 교회와 교황청에서(in Ecclesia et in Curia)[26] 철학자들의 논쟁이 격렬하게 벌어지며, 사람들을 쉽사리 폭동으로 이끌고 가는, 너무 많이서 헤아리기조차 힘든 격렬한 증오와 불화를 고려했을 때, 나는 자유로운 정신으로 성서를 전적으로 새롭게 검토하고, 성서 자체가 가장 분명하고 정확하게 제시하는 것만을 성서의 교리로 인정하기로 굳게 결심하였다. 나는 이렇게 조심하면서 성서 해석에 대한 방법(methodus sacra volumina interpretandi)을 만들었고, 그렇게 준비하고 나서 무엇보다도 먼저 다음과 같은 것들을 연구하고자 했다. 즉, 예언(prophetia)은 무엇인가? 신은 어떤 방식으로 예언자들에게 자신을 계시하는가? 그리고 왜 신은 이 예언자들을 받아들였는가? 예언자들이 신과 자연에 대해서 숭고한 생각을 가졌기 때문인가? 아니면 단지 그들의 경건함 때문인가? 이것들에 대해서 알게 된 후 예언자들의 권위는 삶의 용도와 참다운 덕에만 의미가 있고 그들의 이론적 견해들(opiniones)은 별 의미가 없다는 결론에 쉽게 도달할 수 있었다.[27]

나는 그 후 계속해서 어떤 근거에서 이스라엘인들이 신의 선택된 민족(Hebraei Dei electi)으로 일컬어지게 되었는지를 탐구했다. 나는 그들이 안전하고 편하게 살 수 있도록 신이 특정한 지역을 선택했다는 것 말고는 다른 어떤 근거도 없었다는 것을 알았을 때 다음의 사실을 이해하게 되었다. 신이 모세에게 계시한 율법들(leges Mosi a Deo revele-

---

26 (역주) Curia는 원로원, 주교성성(主教聖省), 법정 등의 의미를 가지는데 여기에서는 로마 교황청으로 옮겼다.

27 (역주) 예언자들의 실천적인 언행이 중요하고 그들의 추상적인 교리나 주장은 거의 무의미하다는 의미이다.

tas)은 단지 이스라엘 국가의 법(iura singularis Hebraeorum imperii)에 지나지 않으며, 따라서 그것은 이스라엘인들 외에는 구속력이 없었다. 물론 만일 이스라엘 국가가 존속하지 못했더라면 그 율법은 이스라엘인들도 구속하지 못했을 것이다. 더 나아가서 성서가 인간의 지성은 본성상 타락했다고 결론 내릴 수 있는지의 여부를 알기 위해서 보편 종교(religio catholica)[28] 내지 예언자들과 사도들을 통해서 전 인류에게 계시된 신의 율법(lex divina)이 자연의 빛이 가르치는 것과 다른지의 여부를 탐구하려고 했다. 또 더 나아가서 나는 기적들(miracula)은 자연 질서를 거스르는 것인지 그리고 신의 현존과 섭리(Dei existentia et providentia)는 우리가 사물들의 제1원인을 통해서 명석하고 판명하게 사물들을 이해하는 것보다 더 확실하고 명백하게 증명되는지의 여부를 탐구하려고 했다.

그러나 나는 성서의 분명한 가르침 안에서 지성과(cum intellectu)[29] 일치하지 않거나 또는 모순되는 것은 하나도 발견하지 못했다. 이 외에도 예언자들은 모든 사람들이 쉽게 파악할 수 있는 단순한 것들만 가르쳤다는 것을 알게 되었다. 예언자는 신에 대한 대중의 헌심을 가장 잘 움직일 수 있도록 문체를 장식하고 추리를 확증하였다. 그래서 나는 다음과 같은 사실을 완전히 확신하게 되었다. 즉 성서는 이성(ratio)을 완전히 자유롭게 놓아두며, 철학과는 아무런 공통점이 없고, 성서와 철학은 각각 고유한 기초 위에 서 있는 것이다. 그러나 나는 이 사실을 모순 없이 증명하고 모든 문제를 확실하게 결정하기 위해서 성서가 어떤 방

---

28 (역주) catholica는 원래 '보편적인'의 뜻을 가졌지만 나중에 '가톨릭의'의 의미를 가지게 되었다.

29 (역주) 여기에서 말하는 지성은 이성(ratio)이며 자연의 빛(lumer naturale), 곧 신이 자신의 전지(Intelligentia)를 닮은 것을 인간에게 준 앎의 능력이다.

법으로 해석되어야만 하고 성서와 정신적 문제에 대한 모든 지식(cognotio)은 자연의 빛(lumen naturale)에 의해서 인식하는 것이 아니라 오직 성서 자체로부터 구해지지 않으면 안 된다는 것을 제시하고자 한다. 그 후 나는, 대중(vulgus)이 (미신에 빠져서 영원 자체보다 과거의 유산을 더 사랑하는) 신의 말 자체보다 성서를 한층 더(libros potius Scripturae quam ipsum Dei verbum) 숭배한 것에서 생긴 편견이 잘못된 것임을 증명하겠다. 그러고 나서 나는 신의 계시된 말(verbum Dei revelatum)은 몇 권의 특정한 책들에 의해서 확인되는 것이 아니고 예언자들에게 계시된 신성한 정신의 단순한 개념, 곧 정의와 자비(iustitia et charitas)를 실천함으로써 마음을 다 바쳐서 신을 섬기는 것이라는 사실을 제시하겠다. 나는 또한, 사람들이 저항하지 않고 성서의 가르침을 온 마음으로 받아들일 수 있도록 신의 말로 설교하려고 애쓴 예언자들과 사도들의 파악 능력과 견해를 제시하겠다.

나는 신앙의 기초를 밝힌 다음 마지막으로 이렇게 결론 내린다. 즉, 계시된 지식의 대상은[30] 오직 복종(obedientia)만을 목표로 삼으며, 그리하여 계시된 지식(cognitio revelata)은 그것의 목표와 기초와 수단에 있어서 자연적 지식과(a naturali cognitione) 전혀 다르고, 또한 공통적인 것은 아무것도 없다. 그러나 계시된 지식과 자연적 지식은 서로 모순되지 않고 자신의 영역을 소유하며, 둘 다 상대의 종속적인 것으로 여겨져서는 안 된다.

더 나아가서 인간의 기질(hominum ingenium)이 매우 다양하고, 어떤 사람에게는 이런 견해가 또 다른 어떤 사람에게는 저런 견해가 더 잘 어울리며, 또 이 사람이 숭배하는 것이 저 사람에게는 웃음거리가

30 (역주) 계시된 지식의 대상은 인간을 말한다.

될 수 있기 때문에 앞에서 말한 것과 연관해서 다음처럼 결론 내리고자 한다. 모든 사람은 자신의 기질에 의해서(ex suo ingenio) 자신의 신앙의 기초를 해석할 판단의 자유와 능력(iudicii libertas et potestas)을 인정받아야만 하고 경건하든지 아니면 불경건하든지 간에 각자의 신앙은 오로지 그의 행적에 의해서만(ex solis operibus) 판단되어야 할 것이다. 그러므로 이런 방식으로 모든 사람이 진심을 다해서 자유롭게 신에게 복종할 수 있다면 오직 정의와 자비만이(sola iustitia et charitas) 모든 사람의 존경을 받을 것이다.

계시된 신의 법(lex divina revelata)이 모든 사람에게 그의 자유를 허용한다는 것을 밝힌 다음 다음 문제로 넘어가겠다. 곧, 이 자유는 국가의 평화와 최고 권력의 권리를 해치지 않고 인정될 수 있고 또한 인정되어야만 하며 실로 평화에 대한 중대한 위험 없이는 그리고 전체 국가에 대한 커다란 손상 없이는 배제될 수 없다. 이것을 증명하기 위해서 나는 개인의 자연권으로부터(a iure naturali uniusquiusque) 시작하여 다음의 사실을 제시한다. 즉 이 개인의 자연권은 개인의 욕망과 능력(cupiditas et potentia)에 비례하여 확장된다.[31] 그리고 자연권에 따르면 아무도 타인의 기질에 의해서 억지로 살 필요가 없고, 각자는 자신의 자유의 수호자(suae libertatis vindex)인 것이다. 또한 실제로 어느 누구도 자기 방어력을 타인에게 양도하지 않는 한 이와 같은 권리를 포기할 수 없으며, 각자가 원하는 대로 살 권리를 양도받은 사람은 자기 방어력과 함께 이 자연권에 대한 절대적 통제를 필연적으로 부여받지 않으면 안 된다. 만일 그렇지 않다면 최고의 통치권(summum imperium)을 가진 자들은 자기들이 가질 수 있는 모든 것에 대한 권리

31 (역주) 개인의 자연권의 범위는 개인의 욕망 및 능력의 범위와 같다는 의미임.

를 가지며, 그들만이 법과 자유의 유일한 수호자(solos vindices iuris et libertatis)이고 나머지 사람들은 오직 통치자들의 결정에 따라서 행동하지 않으면 안 되는 것이다. 그러나 어느 누구도 인간이기를 중지할 정도로(ut homo esse desinat) 자기 방어력을 빼앗길 수 없기 때문에 나는 다음처럼 결론 내린다. 아무도 자신의 자연권을 절대적으로 빼앗길 수 없으며, 신민(臣民)들(subditos)은 유사(類似) 자연권에 의해서 국가를 위태롭게 하지 않고서는 박탈당할 수 없으며 따라서 그들에게 암묵적으로 인정되거나 아니면 통치자들이 분명하게 동의하는 권리를 보유한다.

이렇게 고찰한 다음 고대 이스라엘인들의 국가로(ad republicam Hebraeorum) 넘어가서, 종교가 어떤 근거에서 그리고 누구의 결정에 의해서 알 만한 가치가 있다고 여겨진 다른 것들과 함께 법적 힘(vis iuris)을 가지게 되었는지를 알려 주기 위해 그 국가에 대해서 매우 상세하게 기술할 것이다. 최고 통치권의 소유자는 시민법뿐만 아니라 신성한 법의 수호자이자 해석자(non tantum iuris civilis, sed etiam sacri vindices et interpretes)이며, 오로지 그들만이 무엇이 정의이고 불의인지, 무엇이 경건하고 불경스러운지를 결정할 권리를 가지고 있다. 결국 다음처럼 결론을 내린다. 그들이 모든 사람이 원하는 것을 자유롭게 생각하고 말할 수 있도록 허용한다면 정부는 자신의 권리를 가장 잘 보존할 수 있으며 안전하게 유지될 수 있다.

학식 있는 독자여(philosophe lector)[32], 이것이 여러분에게 이야기하고 싶은 주제이다. 나는 이 책 전체와 각 장(章)에서 논의된 주제들이 매우 중요하고 그 주제들은 당신에게 흥미로울 것이라고 생각한다.

---

32 (역주) Philosophus는 원래 '철학적인', '철학자'의 의미를 가졌지만 후에 '학식 있는'의 뜻도 가지게 되었다.

더 첨가해서 말하고 싶은 것이 있지만 이 머리말의 핵심은 철학자들에게 잘 알려져 있기 때문에 이 머리말을 더 길게 쓰고 싶지 않다. 그러나 여타의 사람들에게 이 논고(Tractatus)를 읽는 것을 권하려고 애쓰지는 않겠다. 왜냐하면 나는 이 논고가 어떤 면에서는 그들의 마음에 들 근거를 바랄 수 없기 때문이다. 나는 경건함의 겉모습을 한 저 편견들이 얼마나 끈질기게 정신 안에 붙어있는지 알고 있다. 또한 나는 대중으로부터 공포와 마찬가지로 미신을 제거하는 것이(vulgo superstitionem adimere ac metum) 불가능하다는 것을 알았다. 나는 그들의 완고함이 변하지 않으며, 이성의 인도를 받지 않고, 충동에 의해서 칭찬하거나 비난하는 데 그들의 마음을 빼앗긴다는 것을 알았다. 그러므로 나는 대중에게 그리고 대중과 유사한 정서를 가진 사람들에게는 이 책을 읽기를 권하지 않는다. 오히려 그들이 자기들의 습관대로 이 책을 그릇되게 해석해서 그들 자신이 피해를 보기보다 그들이 이 책을 무시하기를 바란다. 왜냐하면 그들 자신에게는 아무런 이익도 없이 이성은 신학의 하녀(theologiae ancilla)라는 믿음에 의해서 그들은 보다 자유롭게 철학적 문제들을 탐구하는 다른 사람들을 방해할 것이기 때문이다. 그러나 자유롭게 철학적 문제들을 탐구하는 사람들에게는 이 책이 큰 이로움이 될 것이라고 나는 확실한다.

그런데 아마도 이 책 전체를 숙독할 여유나 마음을 갖고 있는 이들이 별로 없을 것 같아 이 논고의 마지막 부분에서와 마찬가지로 여기에서도 다음의 사실을 강조하고자 한다. 나는 이 책에 내 조국의 최고 권력의 조사와 판단에 기꺼이 맡기지 못할 것은 아무것도 쓰지 않겠다. 왜냐하면 만일 내가 말한 것 가운데 어떤 것이 국법을 위반하거나 공공의 안녕에 해를 끼친다면 나는 그것을 철회할 용의가 있기 때문이다. 나는 내가 인간이며, 오류를 범할 수 있었다는 것을 알고 있다. 그러나 나는 오류를 범하지 않기 위해서 매우 조심했으며, 무엇보다도 조국의 법, 경건함 그리고 선한 도덕과 전적으로 일치하도록 글을 쓰려고 노력하였다.

# 1

# 예언

예언 내지 계시(prophetia sive revelatio)는 신이 인간에게 계시한 어떤 것에 대한 확실한 인식(certa cognitio)이다.[1] 예언자는, 신이 계시한 것에 대해 확실한 지식이 없어서 오직 신앙에 의해서만 계시된 것들을 받아들일 수 있는 사람들에게 신의 계시를 해석해 주는 사람이다. 왜냐하면 이스라엘인들에게 예언자(propheta)는 히브리어로 나비(nabi)[2],

---

1 (역주) cognitio는 지식이나 앎도 의미한다.

2 만일 히브리어의 세 번째 어근(語根)이 묵음(quiescentes)이라면 그것은 보통 생략되고 그 대신 두 번째 철자가 중복된다. 그래서 killah로부터 묵음 He가 삭제되어 kolel 그리고 이로부터 kol이 생기며, nibba로부터 nobeb이, 그리고 이로부터 nib spatajim, 발언 내지 웅변(loquela sive oratio)이 생긴다. 마찬가지로 baza로부터 bazaz나 buz(balah, balal, belijaLal; hamah, hamam; schagah, meschuga, schagag, schug)가 생긴다. 그러므로 랍비 살로몬 자르키(R. Salomo Jarchi)는 nibba(예언자)를 아주 옳게 해석했는데 이븐 에스라(Ibn Esra)는 히브리어를 정확하게 알지 못하면서 랍비 살로몬 자르키를 전적으로 부당하게 비난하였다. 더 나아가 다음의 사실을 주의하지 않으면 안 된다: nebuah는 예언에 대한 보편적인 의미를 가지고 이러저러한 예언을 자신 안에 포함하고 있음에 비해서 다른 단어들은 특별한 의미를 가지고 전문 지식인들에게 잘 알려진 이러저러한 종류의 예언을 의미한다.

곧 웅변가와 해석자(orator et interpres)로 일컬어졌기 때문이다. 그리고 이 말은 마치 우리가 출애굽기 7장 1절에서 인용하는 것처럼 성서에서는 항상 신의 해석자로(pro Dei interprete) 사용된다. 성서에서 신은 모세에게 이렇게 말한다: "보아라 나는 너를 파라오(Pharaoh)에게[3] 하느님처럼 되게 하겠다. 그리고 너의 형 아론(Aaron)은 너의 예언자가 될 것이다." 이것은 다음과 같은 것을 말한 것이다. 아론이 네가 말한 것을 바로에게 해석해 주었고 따라서 예언자의 역할을 행했기 때문에 너는 파라오의 신과 같거나 또는 신의 위치를 대신할 것이다.

예언자들(prophetis)에 대해서는 다음 장에서 다루고 지금은 예언(prophetia)에 대해서 다루겠다. 이미 앞에서 말한 정의(定義)에 의해서 자연적 지식(cognitio naturale)은 예언이라고 일컬어질 수 있다. 왜냐하면 우리가 자연의 빛(lumen naturale)에[4] 의해서 인식하는 것은 오직 신의 인식과 그의 영원한 결정에(a sola Dei cognitione eiusque aeternis decretis)[5] 의존하기 때문이다. 자연적 지식은 모든 인간에게 공통되는 기초를 토대로 삼고 있기 때문에 자기들에게 낯설고 드문 것을 열망하며 천부적 재능(dona naturalia)을 멸시하는 대중에게는 그렇게 높이 평가되지 못한다. 그러므로 보통 예언적 지식은 자연적 지식을 배제하는 것으로 여겨진다. 그럼에도 불구하고 자연적 지식은 신성하다고 일컬어지는 다른 종류의 지식과도 마찬가지의 권리를 가지고 있다.

---

3 (역주) 바로는 고대 이집트의 왕을 칭하는 파라오(Pharaoh)를 말한다.

4 (역주) 자연의 빛은 바로 이성(ratio) 내지 지성(intellectus)이다. 바로 앞에 나오는 '자연적 인식'은 이성적 인식이다. 데카르트나 스피노자는 중세 기독교 철학자들과 마찬가지로 인간의 이성은 신이 자신의 전지(全知, Intelligentia)를 닮은 능력을 인간에게 주었고 바로 그것이 이성 내지 지성이라고 확신한다. 근현대 유럽인들의 이성(지성)에 대한 견해는 이러한 철학사적 배경을 가지고 있다.

5 (역주) Dei decretum은 신의 결정 또는 신의(神意)이다.

왜냐하면 우리가 신의 본성에 참여하는 한 신의 본성에 의해서 그리고 신의 결정에 의해서 자연적 지식이 우리에게 주어졌기 때문이다. 신성한 지식이 자연적 지식의 한계를 초월하고 그 자체로 고찰된 인간 본성의 법에 의해서 설명될 수 없다는 것을 제외하고 자연적 지식은 일반적으로 신성한 지식이라고 일컬어지는 것과 차이가 없다. 그러나 자연적 지식에 포함되어 있는 확실성과 그러한 확실성이 생기는 원천, 곧 신에 연관하여 볼 때 자연적 지식은 예언적 지식에 전혀 뒤지지 않는다. 어떤 사람은 아마도, 예언자들이 인간의 신체를 가지고 있지만 어떤 인간적인 정신도 소유하지 않고, 따라서 그들의 감각과 의식은 우리와는 전혀 다르다고 이해하거나 또는 오히려 그렇게 꿈꾸려고 할 것이다.

그런데 비록 자연적 지식(scientia naturalis)이 신적이라고 할지라도 그것을 가르치는 교사들(propagatores)은[6] 예언자로[7] 일컬어질 수 없다. 왜냐하면 교사들이 가르치는 것을 일반인들은 오직 신앙만을 통해서 파악하지 않고, 교사들 자신과 똑같은 확실성과 타당성을 가지고 인식하며 파악할 수 있기 때문이다.

---

6 (역주) propagator는 연장하는 자, 연속하는 자의 뜻을 가지며 동시에 대변자, 교사의 의미도 가진다.

7 그것을 가르치는 교사들은 곧 신의 해석자들(Dei interpretes)이다. 왜냐하면 신의 해석자는 신의 결정에 대한 계시를 가지는 자인데, 그는 이 계시를 가지지 못한 다른 사람들에게 이 계시를 해석하며, 다른 사람들은 오직 예언자의 권위와 그가 가지고 있는 신뢰에만 의지하여 계시를 받아들인다. 그런데 만일 철학자의 말에 귀를 기울이는 사람이 철학자가 되는 것처럼 예언자의 말에 귀 기울이는 사람이 예언자가 된다면 예언자는 신적 결정의 해석자(divinorum decretorum interpres)가 아닐 것이다. 왜냐하면 이 경우 예언자의 청중들은 예언자의 증거와 권위가 아니라 예언자처럼 신의 계시 자체와 자신의 내면적 증거에 의존할 것이기 때문이다. 마찬가지로 최고의 권력은 그들의 통치 권리의 해석자이다. 왜냐하면 그들에 의해서 부여된 법은 최고 권력의 권위를 통해서만 방어되며 그들 자신의 증언에 의해서만 지지되기 때문이다.

우리의 정신(mens nostra)은 신의 본성을 객관적으로 자신 안에 포함하고 또한 그것에 참여하며, 사물들의 본성을 명확히 설명하고 삶의 태도를 가르쳐 주기 때문에, 그와 같이 파악된 정신의 본성(mentis natura)을 신의 계시의 제1원인(prima divinae revelationis causa)으로 정당하게 규정할 수 있다. 이는 우리가 명석판명하게 이해하는 모든 것이 신의 관념과 본성에 의해서 우리에게 지시되고, 말로가 아닌 신의 본성과 완전히 조화를 이루는 훨씬 더 완전한 방식으로 지시되기 때문인데, 마치 지성의 확실성을 맛본 사람이 자기 자신의 경험에서 확실하게 아는 것과도 같다.

그러나 내 주요 목표는 오직 성서에 관한 것만을 말하는 것이기 때문에 자연의 빛에[8] 대해서는 이렇게 몇 마디 말한 것으로 충분할 것이다. 이제 나는 신이 인간에게 계시하는 또 다른 원인들과 수단들로(ad alias causas et media) 넘어갈 것인데, 이것들 중에는 자연적 지식의 한계를 넘어서는 것도 있고 넘어서지 않는 것들도 있다(왜냐하면 인간이 자연의 빛에 의해서 알 수 있는 것을 신이 인간들에게 전하는 것을 방해할 것은 아무것도 없기 때문에). 나는 계속해서 이것들에 대해서 더욱더 상세하게 다룰 것이다.

그러나 물론 이것들에 대해서 언급될 수 있는 것은 오직 성서로부터(ex Scriptura sola) 도출해 내야만 한다. 예언자들의 입을 통하여 또는 글을 통하여 우리에게 전해진 것 외에 우리의 지성의 한계를 초월하는 것에 대해서 우리는 무엇을 말할 수 있는가? 오늘날 우리는 어떤 예언자도 살아 있지 않기 때문에 예언자들이 우리에게 남겨 준 성서(sacra volumina)를 펼쳐보는 수밖에는 도리가 없다. 여기에서 우리는 결코

8 (역주) 자연의 빛(lumen naturale)은 이미 앞의 역주에서 밝힌 것처럼 지성(intellectus) 내지 이성(ratio)을 뜻한다.

유사한 것들에 대해서 주장하지 않도록 그리고 예언자들이 확실히 발언하지 않은 것을 예언자들이 한 것처럼 하지 않도록 주의하여야 한다.

그러나 여기에서는 무엇보다도 유대인들은 매개 원인 내지 특별한 원인을 결코 언급하지도 않고 또 주의를 기울이지도 않고, 모든 것을 종교성과 경건함 내지(사람들이 보통 말하는 것처럼) 헌신으로 모든 것을 신에게 돌린다는 사실에 주의해야 한다. 왜냐하면 만일 그들이 장사해서 돈을 벌었다면 그들은 그 돈을 신이 주었다고 말하기 때문이다. 만일 그들이 어떤 것을 욕망하는 일이 생기면 신이 자신들의 마음(cor)을 그렇게 하도록 결정했다고 말한다. 그리고 만일 그들이 어떤 것을 생각한다면 신이 자신들에게 그렇게 하도록 이야기했다고 말한다. 그러므로 신이 어떤 사람에게 이야기했다고 성서가 말하는 모든 것을 예언과 초자연적 지식으로(pro prophetia et cognitione supranaturali)[9] 여겨서는 안 되며, 성서가 명백하게 말하는 것 또는 이야기의 상황에 의해서 예언이나 계시였다고 귀결되는 것만을 예언과 초자연적 지식으로 받아들여야 한다.

만일 우리가 성서를 정독한다면 다음의 사실을 알게 될 것이다. 즉 신은 예언자들에게 각각 말이나 형태(verbum et figura)로[10] 또는 두 가지 모두, 곧 말과 형태로 계시한다. 그러나 말과 형태 또한 현실적이었으며, 이것들을 예언자들이 듣거나 볼 때 이것들은 예언자들의 상상 외부에 있었거나, 또는 예언자가 깨어 있을 때, 어떤 것을 마치 듣거나 보는 것과 같은 일이 예언자에게 뚜렷하게 나타나는 상태에서도 예언자의 상상이 존재하고 있기 때문에 말과 형태는 단지 상상적이었다.

---

9 (역주) 초자연적 지식은 바로 계시이다.

10 (역주) 말은 신의 목소리이고 형태는 비유적으로 예언자들에게 나타난 신의 모습이다.

'출애굽기' 제25장 22절에서 분명한 것처럼, 신은 육성으로(vocevera) 이스라엘인들에게 지시하고자 했던 율법들(leges)을 모세에게 계시하였다. "내가 거기에서 너를 만나고, 속죄판 위, 곧 증거궤 위에 있는 두 게르빔(Cherubim)[11] 사이에서, 이스라엘 자손들을 위하여 내가 너에게 명령할 모든 것을 일러 주겠다." 이것은 다음의 사실을 말해 준다: 신은 육성으로 말하였다. 왜냐하면 모세는 자신이 원할 때면 항상 신이 자신과 대화할 준비가 되어 있다는 것을 알았기 때문이다. 나는 율법(lex)을 공포한 이 음성만이, 참다운 목소리(ver vox)라고 곧 제시할 것이다.

신이 사무엘을 부른 목소리도 역시 나는 참다운 것으로 여길 것이다. 왜냐하면 '사무엘상' 3장 21절은 다음처럼 말하기 때문이다: "주님께서는 실로에서 거듭 나타나셨다. 주님께서 실로에서 주님의 말씀으로 사무엘에게 당신을 드러내신 것이다." 이것은 사무엘에게 신이 나타난 것(apparatio Dei)은 말을 통해서 신 자신을 사무엘에게 계시하고 사무엘은 신이 말하는 것을 들었다는 것이다. 그러나 우리는 모세의 예언과 다른 예언자들의 예언을 구분해야 하기 때문에 사무엘이 들은 목소리를 상상적인 것이라고 필연적으로 설명한다. 이것은 이미 사무엘이 자주 듣고 따라서 그가 가장 쉽게 상상할 수 있었던 엘리의 목소리와 유사했다는 사실에 의해서 뒷받침된다. 사무엘은 신이 그를 세 번 불렀을 때 엘리가 자신을 불렀다고 생각하였다.

아비멜렉이 들은 목소리는 상상의 목소리였다. 왜냐하면 '창세기' 20장 6절은 다음처럼 말하기 때문이다: "그러자 하느님께서 꿈에 다시 그에게 말씀하셨다." 따라서 그는 하느님의 의지(Dei voluntas)를 깨어

---

11 (역주) 세 쌍의 날개를 가진 치품천사(熾品天使 세라빔, Seraphim) 다음 급에 속하는 지품천사(知品天使)를 게르빔이라고 하며 이 천사는 지식을 담당한다.

있을 때가 아니라 단지 꿈속에서 말하자면 존재하지 않는 것들을 자연적으로 상상하기 가장 적절한 시간에 전해 받았다.

어떤 유대인들의 견해에 따르면 신은 십계명의 말들(verba Decalogi)을 공포하지 않았고 이스라엘인들은 어떤 말도 듣지 못하고 단지 소음만 들었을 뿐이며 소음이 계속되는 동안 순수한 정신으로만 십계명의 율법들(leges Decalogi pura mente)을 알아들었다고 믿는다. 나도 언젠가 그 견해를 받아들인 적이 있었다. 왜냐하면 나는, '출애굽기'의 십계명의 말들과 '신명기'의 십계명의 말들이 다르다는 것을 알았기 때문이다. 이로부터(신은 오직 한 번만: semel tantum 말했기 때문에) 십계명은 신의 말 자체가 아니고 그 말들의 의미를 전달하려고 한 것으로 귀결되는 것처럼 여겨진다. 그러나 성서를 왜곡하지 않으려고 한다면 우리는 이스라엘인들이 신의 참다운 목소리를 들었다는 것을 인정해야 한다. 성서는 '신명기' 5장 4절에서 분명하게 말하기 때문이다: "주님께서는 그 산 위 불속에서 너희와 얼굴을 마주 보고 말씀하셨다." 곧 신은 보통 두 사람이 그들의 신체적 대면을 통하여 생각을 전하는 것처럼 말한 것이다. 그러므로 신은 십계명(Decalogum)을 계시한 어떤 목소리를 실제로 창조했다는 것이 성서와 훨씬 더 일치하는 것으로 여겨진다. 그러나 위에서 말한 두 사물의 어법들 및 추론들이 왜 서로 다른지에 관해서는 이 논고의 8장을 보라.[12]

하지만 그렇다고 해서 모든 어려움이 해소되는 것은 아니다. 왜냐하면 다른 피조물처럼 신에게 의존하는 피조물들이 일인칭으로 나는 너의 하나님 여호와이다(in prima persona, ego sum Jehova Deus tuus)라고 말하면서 자기 자신을 통해서 실제로 또는 말로 신의 본질이나 존

12 (역주) '출애굽기'와 '신명기'가 두 사본(寫本)이다.

재(essentia aut existentia Dei)를 표현해야 하고 또 설명할 수 있다면 그것은 이성과 모순되는 것으로 여겨지기 때문이다. 그리고 어떤 사람이 입으로 "나는 이해하였다: ego intellexi"라고 말할 경우 이해하는 것이 인간의 입이라고 생각하는 사람은 아무도 없고, 이해하는 것은 인간의 정신이라고 생각한다. 왜냐하면 말하는 사람의 입은 그 인간의 본성에 속하며, 말을 듣는 사람은 지성의 본성을 알고 자기 자신과 비교함으로써 말하는 사람의 정신을 쉽게 이해하기 때문이다. 그런데 이전에는 신에 관해서 이름 외에는 아무것도 몰랐고 신의 존재를 확실히 알기 위해 신과 말하기를 욕망했던 사람들의 경우, 나는 그들의 요구가 피조물을 통해서 (이 피조물은 다른 피조물들과 마찬가지로 신과 가까운 관계를 가지고 있지 않으며 신의 본성에도 속하지 않는다) 어떻게 충족되는지 알지 못하는데, 이 피조물은 나는 하느님이다(ego sum Deus)라고 말한다. 만일 신이 바로 '나는 하느님이다' 라는 그 말을 하기 위해서 모세의 입을, 그러나 왜 모세일까? 어떤 짐승의 입을 조종했더라면 어떠했을까? 그 사람들은 신의 존재를 이해했을까?

성서는 신 자신이 말했으며(신은 이 목적을 위해서 하늘에서 시나이산으로 내려왔다) 이스라엘인들은 신이 말하는 것을 들었을 뿐만 아니라 장로들(magnates)은 신을 보기까지 했다는 것을('출애굽기' 24장을 볼 것) 전적으로 지적하려는 것처럼 보인다. 모세에게 계시된 율법에는 아무것도 첨가되지 않았고 또 아무것도 삭제될 수 없었는데, 그 율법은 국법으로 제정되었고, 우리가 신을 마땅히 믿어야만 한다든가 신은 신체가 없고 이미지나 형태도 없다는 것에 대한 어떤 결정도 포함하고 있지 않다. 그 율법은 단지 신이 존재한다는 것 그리고 우리가 그를 믿고 오직 그만을 숭배하여야 한다는 것을 가르친다. 율법은 사람들이 신의 숭배로부터 떠나가지 않도록 하기 위해서 신과 유사한 이미지를 고안해 내거나 만드는 것을 금지하였다. 왜냐하면 그들은 신의 이미지를[13] 보지 못했기 때문에 그들이 만들 수 있는 이미지는 신을 닮지 않고 필연적으로 그들이 본 다른 피조물을 닮았을(leges Decalogi pura mente) 것이 분명하기 때문이다. 따라서 그러한 이미지를 통해서 그들이 신을 숭배했을 때 그들의 생각은 신에 대한 것이 아니고 그 이미지를 닮은 사물에 대한 것일 테고, 결국 그들은 신의 영광과 예배(honor Dei eiusque cultus)를 그 사물에 바칠 것이다. 그러나 실제로 성서는 신이 형태(figura)를 가지고 있으며, 모세가 신이 말하는 것을 들었을 때 비록 그가 단지 신의 뒷모습만 보았다고 할지라도 신의 형태를 직접 보았다는 것을 분명히 지적하고 있다. 그러므로 여기에 어떤 비밀(mysterium)이 숨겨져 있다는 것 같지만 이에 대해서는 나중에 보다 더 상세하게 말할 것이다. 지금부터 나는 신이 인간들에게 자신의 결정들(sua decreta)을[14] 계시한 수단을 지적하는 성서의 구절들을 계속해서 제시할 것이다.

계시가 오직 이미지들만을 통해서(per solas imagines) 성립한다는 것은 '역대기 상' 21장에 분명히 나와 있는데, 거기에서 신은 칼을 손에 든 천사를 통해서 자신의 분노를 다윗에게 알린다. 발람(Balaam)의[15] 경우도 마찬가지이다. 그리고 마이모니데스(Maimonides)와[16] 몇 사람들은, 어떤 사람도 눈을 뜨고 천사를 볼 수 없었다고 말한다. 그 근거

13 (역주) 신의 이미지(Dei imago)에서 이미지는 모습, 모사, 반향, 비유, 생각 등 다양한 의미를 가지고 있으나 여기에서는 신의 모습(형태)을 뜻하므로 '신의 이미지'로 옮겼다.

14 (역주) Dei decretum은 '신의 결정' 내지 신의(神意)이다.

15 (역주) '민수기' 22장 23절 참조. 발람은 고대 이스라엘의 믿을 수 없는 예언자로 알려진 인물이다.

16 (역주) 마이모니데스(1135-1204)는 가장 유명한 유대 철학자로서 특히 유대교 율법학자로 명성이 탁월하였다.

로 마노아(Manoah)에게 그리고 아브라함이 자기 아들을 희생시키려고 했을 때 아브라함에게 나타난 것과 같이 모든 천사 출현의 예들은 꿈에서 일어났다는 견해를 가지고 있다. 이것은 물론 수다에 지나지 않는다. 왜냐하면 그들은 성서에서 아리스토텔레스적 익살과 자기들의 망상을 이끌어 내는 것에만 관심을 가지고 있었기 때문이다. 이것은 확실히 내게는 가장 우스꽝스러운 것이었다.

신이 요셉에게 그의 장래의 통치에 대해서 계시한 것은 이미지에 의한 것이고 비실재적이었으며 오직 예언자의 상상에만 의존하였다.

신은 여호수아에게 이미지들과 말들을 통해서 자신이 이스라엘인들을 위해 싸우겠다고 계시하였다. 신은 여호수아에게 칼을 든 천사가 그의 군대를 이끄는 것처럼 보이게 했고, 이것을 말로 계시했으며, 여호수아는 이 말을 천사에게서 들었다. 이사야에게도 역시 (이 논고의 6장에서 이야기되는 것처럼) 신의 섭리(Dei providentia)가 이스라엘 민중을 저버릴 것이라는 사실이 형태들을 통해서(per figuras) 전달되었다. 말하자면 이사야는 자신의 상상 속에서 가장 높은 보좌에 앉아 있는 지극히 거룩한 신(Deus ter Sanctus)을[17] 보았으며 또한 이스라엘 민중이 자신의 죄로 타락하여 오물에 빠져서 신에게서 매우 멀어져 있는 것을 보았다. 이사야는 그 상태를 당시 이스라엘 민중의 가장 비참한 처지로 이해하였다. 그러나 이사야가 말한 장래의 재난은 신이 말한 것처럼 말을 통해서 그에게 계시되었다. 나는 이와 유사한 사례들을 성서에서 수없이 인용할 수 있지만, 그러한 사례들은 모든 사람에게 충분히 알려져 있다고 생각한다.

그러나 이 모든 것들은 '민수기' 12장 6, 7절에 의해서 더욱더 분명

17 (역주) Deus ter Sanctus는 '세 배로 거룩한 신' 이라고 옮길 수도 있으나 '지극히 거룩한 신' 이 적절한 번역이다.

하게 확인된다. 여기서는 다음처럼 말하고 있다. "너희 가운데 예언자가 있으면 나 주님이 환시 속에서(in visione)[18] 나 자신을 그에게 알리고 (곧 형태들과 상징들을 통해서 왜냐하면 모세의 예언의 경우에 있어서 신은 상징 없는 환상이 있다고 선언했기 때문이다), 꿈속에서 그에게 말할 것이다(곧 현실적인 말과 실제의 목소리가 아니라) 나의 종 모세는 다르다(나는 나 자신을 계시할 것이다). 나는 입과 입을 마주하여 그와 말하고 환시나 수수께끼로 말하지 않는다. 그는 주님의 모습까지 볼 수 있다." '출애굽기' 33장 11절에서 모세에 대하여 그는 나를 마치 친구처럼 바라보며 아무런 두려움도 없이 나와 함께 말한다고 한다. 또한 '신명기' 34장 10절에서 "이스라엘에는 모세와 같은 예언자가 다시는 일어나지 않았다. 그는 주님께서 얼굴을 마주 보고 사귀던 사람이다."라고 한층 더 확인되고 있다. 그러므로 다른 예언자들은 신의 참다운 목소리를 전혀 듣지 못하였다는 사실은 전혀 의심의 여지가 없다. 그런데 얼굴을 마주 보고 사귀던 사람이라는 것은 또한 오직 목소리에 의해서만 이루어졌다는 것으로 이해되지 않으면 안 된다. 왜냐하면 모세도 일찍이 신의 얼굴을 결코 본 일이 없기 때문이다('출애굽기' 33장).

이것들이 내가 성서에서 발견한 신과 인간 사이의 유일한 의사소통 수단들이고 따라서 내가 앞에서 제시한 것처럼 이것들 이외에 어떤 다른 수단들도 고안되거나 인정되어서는 안 된다. 우리는 다음의 사실을 아주 분명하게 이해한다. 즉 신은 직접 자신을 인간에게 전할 수 있다. 왜냐하면 신은 어떤 신체적 매개를 사용하지 않고서도(nullis mediis corporeis adhibitis) 자신의 본질을 우리의 정신에 전달할 수 있기 때

18 (역주) 성서에서는 visio를 '환시'(환상이)라고 하지만 원래 의미는 겉모습, 현상, 관념 등이다.

문이다. 그러나 어떤 인간이 우리의 인식의 기초에 포함되어 있지 않고 또 그 기초로부터 도출될 수 없는 것을 오직 정신으로만 파악하고자 한다면, 그의 정신은 필연적으로 한층 더 뛰어나며 인간의 정신을 한층 더 능가하지 않으면 안 된다. 나는 그리스도 말고는 어느 누구도 다른 사람들을 능가하여 그와 같은 완전성에 도달했다고 믿지 않는다. 말이나 모습 없이(sine verbis aut visionibus) 인간들을 구원으로 인도하는 신의 계율이 그리스도에게 직접 계시되었고, 그래서 신은 일찍이 대기(大氣)의 음성으로(voce aërea) 모세에게 말했던 것처럼 그리스도의 정신을 통해서 사도들에게 자신을 나타내었다. 그러므로 그리스도의 음성(vox Christi)은 바로 모세가 들었던 것과 마찬가지로 신의 음성(vox Dei)이라고 일컬어질 수 있다. 이러한 의미에서 우리는 또한 다음처럼 말할 수 있다. 신의 지혜(sapientia Dei), 곧 인간의 지혜를 초월하는 지혜는 그리스도 안에서 인간의 본성을 받아들였으며 예수는 구원의 길(via salutis)이었다.

그러나 나는 여기에서 다음의 사실을 주의해 보려고 한다. 나는 어떤 교회들이 그리스도에 대해서 제시한 교리들에 대해서 결코 긍정도, 부정도 하지 않을 것이다. 왜냐하면 나는 교리들을 이해하지 못한다고 자유롭게 고백할 수 있기 때문이다. 내가 지금까지 언급한 것은 성서 자체에서 뽑아 온 것이다. 왜냐하면 나는 어느 곳에서도 신이 그리스도에게 나타났거나 또는 그와 함께 말했다는 것을 읽지 못하고 단지 신이 그리스도를 통해서 사도들에게 자신을 계시하였고, 그리스도가 구원의 길이며, 고대 율법은 직접 신 자신에 의해서가 아니라 천사를 통해서(per angelum) 전해졌다는 것 등을 읽었기 때문이다. 그러므로 한 남자가 자신의 친구와 말하는 것처럼 (곧 두 몸을 매개로 해서) 만일 모세가 신과 얼굴에 얼굴을 맞대고 말했다고 한다면, 그리스도는 물론 신과 함께 정

신에서 정신으로(de mente ad mentem cum Deo) 소통한 것이다.[19]

그러므로 나는 다음처럼 주장한다. 그리스도를 빼놓고는 어느 누구도 상상력의 도움 없이, 곧 말과 이미지의 도움 없이는 신의 계시를 받아들이지 못했으며, 다음 장에서 한층 더 명백하게 제시하겠지만 예언을 위해서는 보다 더 완전한 정신이 아니라 보다 더 생생한 상상력이 필요하다. 여기에서 우리는 성서에서 예언자들이 성령에 의해서(per Spiritum Dei) 고취되었다거나 성령으로부터 말한다고 하는 것이 무엇을 의미하는지 알아야만 한다. 이것을 탐구하기 위해서 우선 우리는 보통 성령(Spiritus)으로 해석되는 히브리어 루아(ruagh)가 무엇을 의미하는지 알아야 한다.

루아(ruagh)라는 말의 원래 의미는 잘 알려져 있는 것처럼 바람(ventus)을 뜻하지만 이것으로부터 도출된 여러 가지 다른 의미로 흔히 사용된다. 왜냐하면 이 말은 다음과 같은 것들을 의미하는 것으로 사용되기 때문이다.

1. 숨(halitus): "그 입에는 숨(spiritus)조차 없으니" ('시편' 135장 17절)

2. 생명 내지 호흡(animus sive respiratio):[20] "그는 정신을 차렸다", ('사무엘기 상' 30장 12절), 곧 숨쉬기 시작하였다.

3. 용기와 힘: "우리는 그 소식을 듣고 마음이 녹아 내렸습니다." ('여호수아기' 2장 11절) "영(spiritus)이 내 안으로 들어오셔서 나를 일으켜 세우셨다." ('에제키엘서' 2장 2절)

4. 덕과 능력: "사람 안에 있는 영이, 전능하신 분의 입김이 사람을 깨우치는 것이더군요", ('욥기' 32장 8절) 곧 우리는 지혜를 단지 노인

---

19 (역주) 쉽게 말하자면, 그리스도는 신과 영적(靈的)으로 교체했다는 의미이다.

20 (역주) animus는 정신, 사고력, 생명, 생명력 등 여러 가지를 의미한다.

들에게서만 찾아서는 안 된다. 왜냐하면 내가 지금 통찰하는 것처럼 지혜(scientia)는[21] 인간의 특별한 덕과 능력에 의존하기 때문이다. 따라서 '민수기' 27장 18절에는 다음과 같은 말이 나온다. "그는 영을 지닌 사람이다."

5. 정신적 기질(animi sententia):[22] "다른 영을 지녀"('민수기' 14장 24절), 곧 다른 정신적 기질 내지 다른 정신 자세를 가지고 있고, 마찬가지로 '잠언' 1장 23절에는 다음과 같은 말이 있다. "너희에게 내 영(spiritus)을 (곧 내 정신을) 부어 주어." 이러한 의미에서 그것은 의지 내지 결정, 욕구 그리고 마음의 충동(voluntas sive decretus, appetitus et impetus animi)을 뜻하는 것으로 사용된다. "그들은 저마다 곧장 앞으로 나아가는데, 몸을 돌리지 않고 어디로든지 영이 가려는 곳으로 갔다."('에제키엘서' 1장 12절) 마찬가지로 "그들은 계획을 실행하지만 그것은 나에게서(ex meo spiritu)[23] 나온 것이 아니며."('이사야서' 30장 1절) 또한 "주님께서는 너희 위로 깊은 잠의 영(곧 욕구: appetitus)을 부으시고."('이사야서' 29장 10절) 또한 "그때 그들의 노기(spiritus)" 내지 충동(impetus)이 "풀렸다."('판관기' 8장 3절) 마찬가지로 "정신(spiritus)을 다스리는 이는 성(城; civitas)을 정복한 자보다 낫다."[24] ('잠언' 16장 32절) 다시 "정신(spiritus)의 자제력이 없는 사람은."('잠언' 25장 28절) "너희의 입김은 너희 자신을 집어삼키는 불이

---

21 (역주) 정확히 말하자면 지혜(sapientia)와 지식(scientia) 내지 학문을 구분하여야 한다. 그러나 이곳에서는 scientia가 지식이 아니라 지혜의 의미로 사용되었다.

22 (역주) sententia는 의견, 견해, 판단 등의 의미를 가지는데, 여기에서는 기질로 옮겼다.

23 (역주) 'ex meo spiritu'는 '성령으로부터'의 의미이다.

24 (역주) 여기에서 마음(spiritus)은 욕구(appetitus)이다. civitas는 시민권, 도시, 국가 등의 의미를 가지는데 성서에서는 도시나 국가를 상징하는 성(城)으로 번역하였다.

다." ('이사야서' 33장 11절) 더 나아가서 루아(ruagh)라는 이 말이 정신(animus)을 의미하는 한에 있어서 우리는 정신의 모든 정념들과 또한 주어진 것들(omnes animi passiones et etiam dotes)을 표현하기 위해서 그 말을 사용한다. 고귀한 정신(spiritus altus)은 긍지(superbia)를 의미하기 위해서, 낮은 정신(spiritus demissus)은 겸손(humilitas)을 의미하기 위해서 사용된다. 악한 정신(spiritus malus)은 증오와 우울함을 의미하기 위해서, 선한 정신(spiritus bonus)은 친절함을 의미하기 위해서 사용된다. 질투의 정신(spiritus zelotypiae), 간음의 정신(내지 욕구)이 있다. 지혜의, 충고의, 용기의 정신, 곧 (왜냐하면 히브리어는 형용사보다 명사를 더 자주 이용하는 경향이 있기 때문에) 현명한, 신중한, 용감한 정신(animus) 또는 지혜의, 통찰의, 용기의, 덕 그리고 안녕의 정신 등이 있다.

6. 루아(ruagh)는 마치 '전도서(코알렛)' 3장 19절처럼 정신 자체 내지 영혼(ipsa mens sive anima)을 의미한다: "사실 인간의 아들들의 운명(spiritus)이나 짐승의 운명이나 매한가지이다.

7. 마지막으로 루아는 세계의 방위들 (그 방위들로부터 불어오는 바람 때문에) 그리고 세계의 방위들을 향한 어떤 사물들의 측면들을 지시한다. '에제키엘서' 37장 9절과 42장 16-19절 등을 볼 것.

그러면 어떤 것이 신에게 연관되어 있으며 신의 것이라고 일컬어지는가?

1. 루아가 신의 능력(potentia Dei), 신의 눈(oculi Dei)이라고 일컬어질 때 그것은 신의 본성에 속하며 동시에 신의 일부를 형성한다.

2. 루아는 신의 권능 안에 있으며 신의 명령에 따라서 행동한다. 이는 마치 하늘이 신의 전차(戰車)와 숙소이기 때문에 성서에서 하늘이 신의 하늘로 일컬어지는 것과도 같다. 따라서 아시리아는 신의 형벌

(flagellum Dei)로 네부카드네자르는 신의 하인으로 불리어진다. 등등.

3. 그것은 신에게 헌납된 것이다. 예컨대 신의 신전, 신의 나사렛, 신의 빵 등이다.

4. 그것은 자연의 빛에 의해서 제시된 것이 아니라 예언자를 통해서 전해진 것이며, 따라서 모세의 율법(lex Mosis)은 신의 계율(lex Dei)이라고 일컫는다.

5. 그것은 최상급의 표현인데, 이는 마치 신의 산, 곧 가장 높은 산과 같고, 신의 잠, 곧 가장 깊은 잠과도 같다. 우리는 이러한 의미에서 '아모스서' 4장 11절을 설명할 수 있는데 여기에서 신은 다음처럼 말한다. "나 하느님이 소돔과 고모라를 뒤엎은 것처럼 너희를 뒤엎어 버리니." 이는 곧 잊을 수 없는 몰락이다. 말하자면 신이 말하기 때문에 이것은 다른 뜻으로는 해석될 수 없다. 솔로몬의 타고난 지혜 역시 신의 지혜(scientia etiam naturalis Salomonis Dei scientia)라고 일컫는다. 그것은 곧 신성한 내지 비범한 지혜이다. '시편'에서도 삼나무들의 특별한 크기를 표현하기 위해서 삼나무들은 신의 삼나무들(cedri Dei)로 불리었다. 그리고 '사무엘기 상' 11장 7절은 매우 큰 두려움을 의미하기 위해서 다음처럼 말한다. "주님에 대한 두려움이 백성을 사로잡자" 이러한 의미에서 유대인들의 이해력을 초월하는 모든 것과 그 당시 그들이 그 자연적 원인을 알지 못하는 모든 것을 유대인들은 신의 탓으로 돌렸다. 그리하여 폭풍은 신의 꾸짖음으로, 그러나 천둥과 번개는 신의 화살로 일컬었다. 왜냐하면 그들은, 자기들이 신의 보고(宝庫)라고 부른 동굴 안에 신이 바람을 가두어 둘 수 있다고 믿었기 때문이다. 이러한 견해로 그들은 바람의 지배자를 이올루스(Aeolus)가[25] 아니라 신으로

25 (역주) Aeolus는 그리스 신화에 등장하는 바람의 신이다.

믿은 점에서 이교도들과 다르다. 또한 똑같은 이유에서 기적들(miracula)은 신의 일로, 곧 경이로운 일로 불리었다. 왜냐하면 모든 자연 현상은 실제로 신의 일이고, 오직 신의 권능을 통해서(per solam divinam potentiam) 존재하고 작용하기 때문이다. 그러므로 이러한 의미에서 다윗 왕(Psaltes)은[26] 이집트에서의 기적을 신의 권능들이라고 부른다. 왜냐하면 그 기적들은 이스라엘인들이 전혀 기대하지 않았지만 위험한 가운데서 그들에게 구원의 길을 열어 주었으며 따라서 그들이 가장 크게 경탄을 자아냈기 때문이다.

그러므로 익숙하지 않은 자연의 일들(opera naturae insolita)은 신의 일로 불리고, 보통 크기가 아닌 큰 나무들도 신의 나무라고 일컬었기 때문에, '창세기'에서 괴력과 큰 키를 가진 자들이 비록 불경스러운 도둑이고 호색한이었다고 할지라도 그들을 신의 아들들이라 부른 것은 결코 놀랄 일이 아니다. 그러므로 유대인들뿐만 아니라 이교도인들까지의 고대인들은 다른 사람들을 능가하는 어떤 사람의 모든 것은 보통 완전히 신의 탓으로 돌렸다. 이집트 왕 바로(Pharao)는 꿈에 대한 해석을 들었을 때, 그는 요셉이 신의 정신을 가지고 있다고 말했다. 그리고 네부카드네자르왕도 다니엘에게 자신이 성스러운 신의 정신(mens)을[27] 가지고 있다고 말했다. 이런 일은 로마인들에게도 자주 있는 일이었다. 왜냐하면 그들은 매우 예술적으로 만들어진 것을 신의 손에 의해서(divina manu) 만들어졌다고 말했기 때문이다. 만일 어떤 사람이 이것을 히브리어로 번역하려고 한다면 그는 그것을 히브리어 학자에게 잘 알려진 것처럼 신의 손에 의해서 만들어진 것(manu Dei fabricata)이라고 말하지 않으면 안 될 것이다.

---

26 (역주) Psaltes는 '시편'(Psalm 또는 Psalmus)의 저자, 곧 다윗 왕을 말한다.

27 (역주) 여기에서 mens는 '뜻'으로 해석할 수도 있다.

그러므로 우리는 성령에 대하여(de Dei spiritu) 언급한 성서의 구절들을 쉽게 이해하고 설명할 수 있게 되었다. 몇몇 구절들에서 성령(spiritus Dei) 그리고 여호와의 영(spiritus Jehorae)은 가장 매섭고 건조하며 세찬 바람만을 의미하였다. 이는 '이사야서' 40장 7절에서와 마찬가지이다: "주님의 입김이 그 위로 불어오면, 풀은 마르고 꽃은 시든다." '창세기' 1장 2절도 마찬가지이다: "하느님의 영이 (또는 가장 강한 바람은) 그 물 위를 감돌고 있었다." 또한 그것은[28] 커다란 용기(animus)를[29] 의미한다. 왜냐하면 기드온과 삼손의 용기는 성서에서 성령으로, 곧 가장 대담하며 모든 것에 열려 있는 용기로 일컫기 때문이다. 마찬가지로 모든 비범한 덕이나 힘은 성령 또는 신의 덕(spiritus, seu virtus Dei)으로 불린다. 이는 마치 '출애굽기' 31장 3절에 있는 것과도 같다: "그를 (말하자면 브찰엘을) 하느님의 영으로, 곧 재능과 총명과 온갖 재주로 채워 주어." 곧 (성서 자체가 설명하는 것처럼) 인간들의 통상적인 운명을 초월하는 재능과 재주를 가지고(ingenio et arte) 그에게 성령을 채워 준다는 것이다. '이사야서' 11장 2절도 마찬가지이다: "그 위에 주님의 영이 머무르리니." 곧 예언자가 이 구절 다음에 가장 습관적으로 성서에서 지혜와 충고와 용기의 덕을 상세하게 설명하는 것과도 같다. 그러므로 사울 왕의 우울(melancholia Saulis)은 신의 우울(Dei spiritus malus), 곧 가장 심각한 우울증이다. 왜냐하면 사울 왕의 우울을 신의 우울이라고 부른 사울 왕의 종들은 악사를 불러서 하프 연주를 통해서 왕의 기분을 상쾌하게 하려고 했는데 이는 그들이 신의 우울을 자연적인 우울로 이해했다는 증거이다.

다음으로 성령은 '욥기' 27장 3절에서와 마찬가지로 인간의 정신 자

---

28 (역주) 그것은 성령을 말한다.

29 (역주) animus는 영혼, 정신, 감정 등의 의미와 함께 용기의 뜻도 가지고 있다.

체(ipso hominis mens)를 의미할 수 있다: "하느님의 숨(spiritus Dei)이 내 코에 있는 한." '창세기' 2장 7절의 비유도 마찬가지이다: "그 코에 생명의 숨을 불어 넣으시니." 마찬가지로 에제키엘은 '에제키엘서' 37장 14절에서 죽은 자에게 예언하면서 이렇게 말한다: "내가 너희 안에 내 영을 넣어 주어 너희를 살린 다음" 이것은 곧 '나는 너의 생명을 되살릴 것이니' 이다. 그리고 이와 같은 의미가 '욥기' 34장 14절에서도 이야기된다: "당신의 영을 되돌리시고 당신의 입김을 도로 거두시면 (곧 그가 우리에게 준 정신을)." '창세기' 6장 3절도 우리는 마찬가지로 이해해야 한다. "사람은 살덩어리일 따름이니 그들 안에 영원히 머물러서는 안 된다." 곧 인간은 지금부터 육체의 결정에 의해서(ex decretis carnis) 행동할 것이고, 인간이 선을 구분하도록 내가 인간에게 준 정신의 결정에 따라서 행동하지 않을 것이다. '시편' 51장 12-13절도 마찬가지이다: "하느님 깨끗한 마음을 제게 만들어 주시고 굳건한 영을 제 안에 새롭게 하소서 당신 면전에서 저를 내치지 마시고 당신의 거룩한 영[30]을 제게서 거두지 마소서." 우리가 믿는 것처럼 죄악은 오직 육체로부터만 생기고, 정신(mens)은 단지 선한 충동의 원인이기 때문에 다윗 왕은 육체적 욕구에 대항하는 신의 도움을 기원하며 오직 거룩한 신이 그에게 부여한 정신이 보존되기만을 청한다.

그런데 성서는 대중이 무지하여 나약함을 인정하고 신을 마치 인간처럼 묘사하며 신에게 정신, 영혼, 마음의 정서, 그리고 또한 신체와 호흡이 있는 것으로 기술하는 것과 같이 성서에서 신의 정신(spiritus Dei)은 흔히 신의 정신, 정서, 힘 그리고 호흡으로 사용된다. 따라서 '이사야서' 40장 13절은 다음처럼 말한다: "누가 주님의 영(또는 정

30 (역주) mens tuae는 '너의 정신' 이다. 성령은 보통 Spiritus sanctus로 표현되지만 mens Dei(신의 정신)로 표현되기도 한다.

신)을 지도하였으며." 이것은 곧 신 자체 이외에(praeter Deum ipsum) 누가 어떤 것을 원하도록 신의 정신을 결정하겠는가?와 같다. 그리고 '이사야서' 63장 10절은 다음과 같다: "그러나 그들은 그의 거룩하신 영을 거역하고 괴롭혔다." 그리고 이 구절은 '이사야서' 63장 11절에서와 마찬가지로 신의 정신을 설명하는 모세의 율법으로(pro lege Mosis) 보통 사용되었다: "당신의 거룩한 영을 그의 가슴속에 넣어 주신 분은 어디에 계신가?" 말하자면 여기에서 영은 전체 맥락에서 분명해지는 것처럼 모세의 율법이다. 그리고 '느헤미야기' 9장 20절은 다음과 같다: "당신의 선한 영을(또는 정신을) 내리시어 그들을 가르치시고," 말하자면 그는 법을 부여하는 시간에 대해서 말하고 있다. 똑같은 암시가 '신명기' 4장 6절에도 있는데, 여기에서 모세는 이렇게 말한다: "너희는 그것들을 잘 지키고 실천하여라. 그리하면 여러 민족들이 너희의 지혜와 슬기를 보게 될 것이다."[31] '시편' 143장 10절도 마찬가지이다: "당신의 선하신 영(mens tua bona)이 저를 바른 길로 인도하게 하소서." 이것은, 곧 우리에게 계시된 당신의 정신(mens tua nobis revelata)은 나를 올바른 길로 이끈다는 의미이다.

우리가 말한 것처럼 성령(spiritus Dei)은 또한 신의 호흡(Dei halitus)을 의미한다. '시편' 33장 6절에서처럼 호흡 역시 정신, 마음(animus) 그리고 신체와 마찬가지로 신에게 속하는 것으로 부적절하게 기술되고 있다. 그리고 다시 그것은 '욥기' 33장 4절에서처럼 신의 권능, 힘 내지 덕을 의미한다: "하느님의 영(spiritus Dei)이 저를 만드시고", 이것은 곧 신의 덕 내지 권능이며, 만일 당신이 원한다면 이것은 신의 결정(Dei decretum)이라고도 할 수 있다. 왜냐하면 다윗 왕 역시 시적

31 (역주) '신명기' 4장 6절에는 "그리하면 민족들이 너희의 지혜와 슬기를 보게 될 것이다"로 되어 있다.

언어로 다음처럼 말하기 때문이다. '시편' 33장 6절은 "주님은 말씀으로 하늘이, 그분의 입김으로 그 모든 군대가 만들어졌네." 곧 단숨에 언명된 그의 결정에 의해서 신은 그렇게 한 것이다. '시편' 139장 7절도 마찬가지이다: "당신의 얼을 피해 어디로 가겠습니까? 당신 얼굴 피해 어디로 달아나겠습니까?" 곧 (다윗 왕이 계속해서 말하는 것처럼) 내가 당신의 권능과 현존을 넘어서(extra tuam potentiam et praesentiam) 어디로 갈 수 있겠습니까?

마지막으로 성령은 성서에서 신의 감정(animi Dei affectus)을, 말하자면 '미카서' 2장 7절에서처럼 신의 친절과 자비(Dei benignitas et misercordia)를 표현하기 위해서 사용되었다. "주님의 인내가 (곧 자비도) 모자라단 말이냐? 그분께서 그러한 일(말하자면 잔인한 일)을 하시겠느냐?" '즈카르야서(스가랴서)' 4장 6절도 마찬가지이다: "권력으로도 힘으로도 되지 않고 나의 영으로만(solo meo spiritu) 될 수 있다." 이것은 곧 나의 자비로부터만 될 것이다의 뜻이다. 그리고 나는 '즈카르야서' 7장 12절도 같은 의미로 이해하지 않으면 안 된다고 생각한다: "그들은 만군의 주님께서 당신의 영으로 이전의 예언자들을 통하여 자기들에게 보내신 율법과 말씀을 듣지 않으려고 마음을 금강석처럼 만들었다." 다시 '하까이서' 2장 5절도 똑같은 의미에서 말한다: "나의 영(내지 나의 은총)이 너희 가운데 머무를 터이니, 너희는 두려워하지 마라."

'이사야서' 48장 16절에서 "이제 주 하느님께서는 나와 함께 당신의 영을 보내셨다"라고 한 것은 신의 자비로운 마음으로 또는 율법에 계시된 신의 정신으로도 이해할 수 있다. 왜냐하면 이사야는 다음처럼 말하기 때문이다: "처음부터(곧 신의 분노를 그리고 너를 벌하기 위해서 내린 하느님의 판결을 너에게 전하기 위해서 내가 처음에 너에게 왔을 때부터) 나는 숨어서 이야기하지 않았고 이 일이 생길 때부터 나는 거기에 있었다(이사야 자신이 7장에서 증언하는 것처럼)." 이것은 너의 부활을 예언하기 위해서 신의 자비에 의해서 보내진 기쁨의 사자(使者)가 바로 나라는 의미이다. 또한 내가 말한 것처럼 그는 율법에 계시된 성령을 언급하는 것으로 이해될 수도 있는데, '레위기' 19장 17절에서 말하는 것처럼 이사야는 다시 율법의 명령에 따라서 그들에게 경고하려고 왔다는 것을 뜻한다. 그러므로 그는 모세가 그들에게 경고하려고 했던 것과 똑같은 상황에서 그리고 똑같은 방식으로 그들에게 경고하며, 그는 모세와 마찬가지로 그들의 부활을 예언하는 것으로 끝맺는다. 그렇지만 내 생각에는 첫 번째 해석이[32] 가장 적절한 것으로 여겨진다.

우리가 의도한 것으로 되돌아가기 위하여, 앞에서 말한 이 모든 것으로부터 성서의 다음과 같은 구절들이 매우 명백하다: 말하자면 "성령(spiritus Dei)이 예언자에게 있었다, 주님은 성령을 인간에게 불어넣었다, 인간들은 성령과 거룩한 영으로(spiritu Dei, et Spiritu Sancto) 채워졌다"등의 성서 구절들을 명확하게 이해할 수 있다. 이 구절들로 예언자들은 특별하고 비상한 덕을 소유했으며[33] 한결같은 마음으로 경건함에 헌신했고 신의 정신이나 생각(Dei mens sive sententia)

32 (역주) 첫 번째 해석이란 성령(spiritus Dei)에 대한 여러 가지 해석들 중에서 첫 번째 해석인 신의 자비(Dei misercordia)를 말한다.

33 비록 어떤 사람들은 자연이 다른 사람들에게 부여하지 않는 재능을 소유한다고 할지라도, 그들에게 고유한 재능이 인간 본성에 대한 정의에 의해서 이해될 수 없는 그러한 것이 아니라면, 그것은 인간의 본성을 초월한다고 이야기될 수 없다. 예컨대 엄청난 크기의 거인이 있지만 그의 크기는 여전히 인간적이다. 시를 즉석에서 지을 수 있는 능력이 극소수의 사람들에게만 주어졌어도 이것은 여전히 인간적 재능이다. 어떤 사람이 어떤 것을 마치 자기 앞에 있는 것처럼 뜬 눈으로 그것을 매우 생생하게 상상하는 것도 마찬가지이다. 그러나 만일 매우 다른 지각 수단과 다른 인식의 기초(aliud percipiendi medium aliaque cognitionis fundamenta)를 가진 사람이 있다면 그는 물론 인간 본성의 한계를 초월할 것이다.

을[34] 알았다는 것이다. 왜냐하면 정신(spiritus)은[35] 히브리어로 정신(mens)과 아울러 생각(mentis sententia)을 의미하며, 율법은 신의 정신을 설명하므로 율법 자체는 신의 영 내지 정신(spiritus sive mens Dei)으로 일컫는다는 이유에 대해서도 우리가 밝혔기 때문이다. 그러므로 예언자들의 상상력은 그것이 신의 뜻(Dei decreto)을[36] 계시하는 한, 똑같은 이유에서 신의 정신으로도 일컬을 수 있었으며 또한 예언자들은 신의 정신을 가지고 있다고 이야기할 수 있었다. 그리고 신의 정신과 그의 영원한 생각들이(mens Dei eiusque aeternae sententiae) 우리의 정신 안에도 새겨져 있고, 따라서 우리도 (성서와 함께 말하자면) 신의 정신을 인식한다. 그러나 자연적 지식(cognitio naturalis)은 모든 사람에게 일반적이므로 그것은 내가 이미 말한 것처럼 그다지 높게 평가받지 못하고 있다. 특히 자신들을 다른 인간들보다 뛰어나다고 생각하고 모든 사람은 물론이고 모든 사람에게 공통되는 지식을 멸시하는 습관이 있는 이스라엘인들의 경우에는 더욱 그러하다. 마지막으로 예언자들은 성령을 소유했다고 이야기하였다. 왜냐하면 사람들은 예언적 지식의 원인을 몰랐고 그래서 경탄했으며, 그리하여 그들은 다른 경이로운 것들과 함께 그것을 신에게 돌렸고 또한 신의 지식이라고 부르곤 했기 때문이다.

우리는 이제 주저하지 않고 다음처럼 주장할 수 있다. 예언자들은 오직 상상력의 도움을 받아서(non nisi ope imaginationis), 현실적이든지 상상적이든지 간에 말이나 이미지의 수단을 통해서 신의 계시를 인

34 (역주) sententia는 의견, 견해, 의지, 결정, 판단… 등 여러 가지 뜻을 가지고 있지만 여기에서는 '생각'으로 옮겼다.

35 정신(spiritus)은 영 또는 마음(anima)와 같은 뜻이다.

36 (역주) Dei decretum은 신의 결정 내지 신의(神意) 또는 신의 뜻이다.

식했던 것이다. 성서에서 우리는 이것들 말고는 다른 어떤 수단도 발견하지 못하기 때문에 이미 제시한 것처럼 우리는 어떤 다른 것도 만들어 내면 안 된다. 내가 고백하건대, 나는 어떤 자연법칙에 따라서 계시가 이루어졌는지 알지 못한다. 그러나 그런 말은 수다에 지나지 않는 것 같다. 왜냐하면 그런 것은 어떤 특수한 것의 형태를 매우 초월적인 어떤 용어로 설명하려고 하는 것과 똑같기 때문이다. 물론 자연의 능력(naturae potentia)은 신의 권능(Dei potentia)일 뿐이므로 자연적 원인에 대한 무지는 신의 권능에 대해서 알지 못한다는 것과 똑같다.[37] 그러므로 우리가 어떤 것에 대한 자연적 원인을, 곧 신의 권능 자체를 알지 못할 때 그 도피처를 신의 권능으로 취하는 것은 어리석은 일이다. 이제 우리는 예언적 지식의 원인을 알 필요는 없다. 왜냐하면 이미 내가 주의해서 살펴본 것처럼 나는 오직 성서의 기록들만 탐구하려고 애쓸 것이고, 마치 자연의 자료들에서와 같이 그 기록들로부터 우리의 결론을 이끌어 낼 것이다. 그러나 기록들의 원인에 대해서는 관심을 갖지 않을 것이다.

예언자들은 상상력의 도움으로 신의 계시를 인식했기 때문에 그들은 의심할 여지없이 지성의 한계를 넘어서는 많은 것들을 인식했을 것이다. 왜냐하면 우리의 자연적 지식 전체가 기초로 삼고 있는 원리들과 개념들로부터만 더 많은 관념들이 예언자들의 말들과 이미지들로부터 구성될 수 있었기 때문이다.

예언자들이 모든 것을 거의 우화와 비유로 인식하고 가르친 이유와 모든 영적인 것을 신체적인 것으로(omnia spiritualia corporaliter) 표

37 (역주) 이 문장에서 우리는 자연(natura)=신(Deus)=실체(substantia)라는 스피노자의 자연주의적, 범신론적 형이상학을 엿볼 수 있다. 이와 같은 사상으로 인해서 스피노자는 유대교와 기독교 양쪽으로부터 파문당할 수밖에 없었다.

현한 이유는 분명하다. 그러므로 우리는 '민수기' 11장 17절, '열왕기상' 22장 21절 등에서 보는 것과 같이 성서나 예언자들이 왜 성령 내지 정신에 대해서(de Dei spiritu sive mente) 적절하지 않게 그리고 모호하게 말했는지에 대해서 놀랄 필요가 없다. 미카는 신을 앉아 있는 것으로, 그러나 다니엘은 신을 흰 옷 걸친 노인으로, 그리고 에제키엘은 신을 불꽃으로 보았다. 그리고 그리스도와 함께 있던 사람들에게 성령(Spiritus Sanctus)은 하늘에서 날아 내려오는 비둘기처럼 보였지만, 사도들에게는 불타오르는 혀처럼 보였고, 바오로가 개종할 때 그에게 성령은 거대한 빛으로 보였다. 왜냐하면 이 모든 것은 신과 정신에 대한 습관적 생각들과(cum vulgaribus de Deo et spiritibus imaginationibus) 완전히 일치하기 때문이다.

마지막으로 상상력은 헛되고 무상(無常)하기 때문에 예언자들에게 예언은 오래 남아 있지 않았으며 또한 자주 나타나지도 않았고 매우 드물게 나타났는데, 말하자면 특히 오직 극소수의 사람들에게만 그리고 그들에게도 매우 드물게 예언이 나타났다.

그러므로 우리는 예언자들이 확실한 정신의 원리로부터가 아니고 오직 상상을 통해서만 인식하는 것에 대한 확실성을 어디에서 이끌어낼 수 있는지 탐구하지 않으면 안 된다. 그러나 이에 관해서 언급될 수 있는 것은 성서 자체로부터 도출되어야만 된다. 왜냐하면, 이미 말한 것처럼 우리는 이것들에 대해서 아무런 확실한 지식도 가지고 있지 않으며 이것들은 이것들의 제1원인을 통해서 설명할 수 없기 때문이다. 그러나 나는 다음 장에서 성서가 예언자들의 예언의 확실성에 대해(de certitudine prophetarum) 가르치는 것을 밝힐 것이다.

# 2

# 예언자들

우리는 앞 장에서 이미 지적한 것처럼, 예언자들은 다른 이들보다 더 완전한 정신을 부여받은 것이 아니라 훨씬 보다 생생한 상상력을 부여받았고, 성서에서 이 점을 충분히 알 수 있다고 결론 내릴 수 있다. 왜냐하면 솔로몬의 경우 그가 지혜(sapientia)에서는 타인들을 능가했지만 예언의 재능에서는(dono prophetico) 그렇지 못했기 때문이다. 헤만(Heman), 다르다(Darda), 칼촐(Kalchol)과 같은 사람들 역시 가장 신중한 사람들이었지만 예언자들은 아니었다. 반면에 전혀 교육받지 못한 시골 사람들, 심지어 아브라함의 하녀였던 하가(Hagar)와 같은 여자들도 예언의 재능을 부여받았다. 이 사실은 경험, 그리고 이성과 일치한다. 왜냐하면 가장 상상력이 강한 사람들은 순수한 지성적 활동에는 그다지 적합지 않으며, 반대로 보다 강한 지성의 도야에 헌신하는 사람들은 자기들의 상상력을 강하게 통제하고 억제하며, 사실상 상상력을 제어함으로써 상상력을 지성과 섞이지 못하게 하기 때문이다.

그러므로 자연적인 그리고 정신적인 것에 대한 지혜와 인식을 예언자들의 책들에서 찾고자 하는 사람들은 전적으로 잘못된 길에 들어서 있는 것이다. 시대와 철학과 진리 자체의 요구에 응해서 나는 미신의 잠꼬대를 하는 이들, 즉 참다운 지식과 도덕에 헌신하고 있는 사람들에 대해 신랄한 적을 무시하고 어느 정도 앞의 사실을 증명하기로 결심하였다. 그런데 아하! 애석하게도 사태가 너무 지나치게 진행되고 말았다. 신에 대해 아무런 관념도 없고 그것들이 만들어진 원인조차도 알지 못하는 피조물들만을 통해서 신을 인식한다고 공공연하게 고백하는 이들이 염치도 없이 철학자들에게 무신론(atheismus)의 죄를 뒤집어 씌우고 있는 것이다.

그러나 주제를 체계적으로 다루기 위해서 나는, 예언들은 각 예언자의 상상력과 신체의 기질에 따라서, 또한 예언자들을 지배하여 온 견해에 따라서 다양하며, 내가 곧 상세하게 설명하겠지만 예언이 예언자들을 보다 더 박식하게 만들지 않는다는 것을 증명하고자 한다. 그러나 나는 우선 예언자들의 확실성에 대해서(de certitudine prophetarum) 다루고자 한다. 왜냐하면 그것은 이 장의 논의를 고찰하며 또한 내가 의도하고 있는 증명에 대해서 도 매우 중요하기 때문이다.

이미 밝힌 것처럼 예언은 오직 상상에(a sola imaginatione) 의존한다. 그러나 단순한 상상은, 명석판명한 관념(clara et distincta idea)과 달리, 자신의 본성상 확실성을 포함하고 있지 않기 때문에 예언 자체로는 확실성을 포함할 수 없다. 그러나 상상된 것이 우리에게 확실성을 부여하기 위해서는 어떤 합리적 사고가 첨가되지 않으면 안 된다. 그래서 예언자들은 계시 자체를 통해서가 아니라 어떤 징표(signum)를 통해서 신의 계시를 확인하였다. 이것은 아브라함의 경우 확실하다.( '창세기' 15장 8절을 볼 것), 그는 신의 약속을 들었을 때 징표를 요구했다. 그는 참다웁게 신을 믿었으며, 신에 대한 신앙을 가지기 위해서 징표를 찾은 것이 아니라 이것이 자신에 대한 신의 약속이라는 것을 알기 위해서 징표를 찾았던 것이다. 이것은 기드온의 경우 한층 더 분명한데, 그는 신에게 이렇게 말한다: "저와 이 말씀을 하시는 분이 당신이라는 표징을 보여 주십시오." ('판관기' 6장 17절을 볼 것). 모세에게도 신은 이렇게 말한다: "그리고 이것으로 내가 네게 보낸 징표가 되도록 하겠다." 이사야가 예언자가 되리라는 것을 오래전부터 알았던 히스기야 왕은 자신의 건강 회복을 미리 말한 그에게 예언의 징표를 요구하였다. 이것은 예언자들이 예언적으로 상상하는 것들에 대해서 예언자들에게 확실성을 부여하는 어떤 징표(signum)를 항상 지니고 있었다는 것을 확신하게 해 주며, 따라서 모세는 ('신명기' 18장 마지막 절) 예언자에게 징표를, 곧 어떤 미래 사건의 출현을 요구하라고 경고하였다. 이러한 관점에서 예언은 자연적 지식보다 뒤처지는데, 자연적 지식은 어떤 징표도 필요로 하지 않고 자신의 본성상 확실성을 포함한다.

사실 이 예언적 확실성은 결코 수학적인 확실성이 아니고 단지 도덕적인 확실성이었다. 이것은 성서에서도 확실하다. '신명기' 13장에서 모세는 어떤 예언자가 새로운 신들을 가르치려고 할 경우 자신의 이론을 징표와 기적으로 확인한다고 할지라도 결국 죽음에 처하게 된다고 경고한다. 왜냐하면 모세가 계속 경고하는 것처럼 신은 백성을 시험하기 위해서(ad tentandum populum)도 징표와 기적을 행하기 때문이다. 그리스도 역시 '마태오 복음서' 24장 24절에서 사도들에게 경고한다. 실로 에제키엘은 '에제키엘서' 14장 9절에서 신이 때때로 거짓 계시로(falsis revelationibus) 사람들을 속인다고 ('에제키엘서' 14장 9절에서) 분명하게 가르친다. 왜냐하면 신은 다음처럼 말하기 때문이다: "그런데 만일 예언자가 속아 넘어가서 무슨 말을 선포하였다면, 이는 주님이 그 예언자를 속인 것이다." 또한 미가도 아합의 예언자들에 대해서(de prophetis Achabi) 유사하게 증언한다('열왕기 상' 22장 23절을 볼 것).

비록 이러한 예들은 예언과 계시가 다소 의심스러운 것 같이 보이게 할지라도 그것들은 상당한 확실성을 가지고 있다. 왜냐하면 신은 경건한 자들과 선택받은 자들을 기만하지 않기 때문이다. 옛날 속담처럼 그리고 아비가일의 이야기와 그녀의 웅변이 증명하는 것처럼[1] 경건한 자들을 자신의 은총의 도구로 이용한다. 그러나 불경스러운 자들은 신의 분노의 수단과 집행자로 이용하였다. 이러한 것은 앞에서 인용한 미가의 경우에 있어서도 가장 확실하게 증명된다. 비록 신이 예언자들을 통해서 아합을 속이려고 결정하고 거짓 예언자들을 이용했다고 할지라도, 경건한 예언자에게 신은 있는 그대로의 사태를 계시했으며, 경건한 예언자가 진리를 미리 알리는 것을 금하지 않았다. 그러나 내가 말한 것처럼 예언자의 확실성은 단지 도덕적인 것이다. 왜냐하면 어느 누구도 신 앞에서 자신을 정당화할 수 없으며, 성서가 가르치고 사태가 지시하는 것과 같이 아무도 자신이 신의 경건함의 도구라고 자랑할 수 없기 때문이다. 왜냐하면 성서가 다윗의 경건함에 대해서 충분히 증명하고 있다고 할지라도 신의 분노는 다윗에게 인구 조사를 하도록 유혹했기 때문이다.

그러므로 예언자들의 확실성은 전적으로 다음의 세 가지를 기초로 삼았다.

1. 마치 우리가 깨어 있을 때 보통 대상들로부터 영향을 받는 것처럼 계시된 것들(res revelatas)은 가장 생생하게 상상된다.

---

1 (역주) '사무엘기 상' 25장 참조. 아비가일은 미모와 지혜를 겸비한 여인으로 원래 나발의 아내였으나 나발이 급사한 후 다윗의 아내가 되었다.

2. 징표(signum).

3. 무엇보다도 예언자들의 정신(animus)은 오직 올바른 것과 선한 것으로만(ad solum aequum et bonum)[2] 향했다.

그리고 비록 성서가 항상 어떤 징표를 언급하지 않았다 해도 우리는 예언자들이 언제나 징표를 가지고 있었다고 믿어야 한다. 왜냐하면 성서는 모든 조건과 상황을(이미 많은 사람들이 주의해 본 것처럼) 늘 이야기하지 않고 오히려 그것들을 당연한 것으로 전제하기 때문이다. 더 나아가서 우리는 다음의 사실을 인정할 수 있다: 예언자들이 예언할 때 모세의 율법에 포함된 것 외에 새로운 것이 없을 때에는 징표를 필요로 하지 않았다. 왜냐하면 모세의 율법에서 확증을 찾을 수 있었기 때문이다. 예컨대 예루살렘의 멸망에 대한 예레미야의 예언(prophetia Jeremiae de vastatione Hierosolymae)은 다른 예언자들의 예언에 의해서 그리고 율법의 경고에 의해서 확인되었으므로 징표를 필요로 하지 않았다. 이에 반해서 모든 예언자들의 면전에서 국가의 빠른 회복을 예언한 하나니아(Chanania)에게는 필연적으로 징표가 필요했는데, 그의 예언은 그가 예언한 사건이 확증될 때까지 징표가 없으므로 의심받을 수밖에 없었다. ('예레미야서' 28장 9절을 볼 것)

예언자들이 징표들로부터 얻은 확실성은 수학적 확실성(곧 지각하거나 본 것에 대한 지각으로부터 필연적으로 귀결되는 확실성)이 아니라 오로지 도덕적인 것이었으며, 징표들은 단지 예언자들을 확신시키기 위해서 부여되었을 뿐이다. 징표들은 예언자의 견해와 능력에 맞게 주어졌고, 한 예언자의 예언의 확실성을 인정하는 징표는 다른 견해를 가진 예언자를 전혀 확신시킬 수 없었으므로 징표는 서로 달랐다.

---

2 (역주) aequus는 똑같은, 평탄한, 편파적이지 않은, 정의로운, 옳은 등 여러 가지 의미를 가지고 있다.

마찬가지로 계시 자체도, 우리가 이미 말한 것처럼 각 예언자의 경우 그의 신체적 기질, 상상과 이전에 가졌던 견해에 따라 서로 달랐다. 계시는 기질에 따라서 다음과 같은 방식으로 차이가 있었다. 만일 예언자가 명랑한 성질의 소유자라면 승리, 평화 그리고 다른 기쁜 사건들이 그에게 계시되었다. 왜냐하면 이러한 종류의 사람들은 그렇게 상상하는 습관이 있기 때문이다. 이에 반해서 예언자가 슬픈 성질의 소유자라면 그에게는 전쟁, 심판 그리고 모든 재앙들이 계시된다. 따라서 예언자가 연민하고, 즐거워하고, 분노하고, 긴장하고 등에 따라서 계시의 유형이 다르다. 그러나 상상의 유형에 따라서도 계시가 변하였다. 말하자면, 만일 예언자가 교양 있는 사람이면, 그는 교양 있는 방식으로 신의 정신을 인식하였다. 그러나 만일 그가 혼란스러운 사람이면, 그는 신의 정신을 혼란스럽게 인식하였다. 그리고 환영들을 통해서(per imagines) 나타난 계시들에 대해서도 똑같은 것이 적용된다. 말하자면 예언자가 농부(rusticus)였으면 환영이 그에게 황소와 암소 등으로, 그러나 만일 예언자가 군인이면 그에게는 환영이 장군과 군대로, 마지막으로 예언자가 만일 신하라면 그에게는 환영이 왕의 옥좌와 그 비슷한 것들로 나타났다. 결국 예언은 예언자들의 다양한 견해에 따라서(pro diversitate opinionum prophetarum) 변화하였다. 말하자면 점성술의 어리석음을 믿었던 동방박사 세 명에게 ('마태오 복음서' 2장을 볼 것) 그리스도의 탄생은 동쪽에서 떠오르는 별들의 상상을 통해서(per imaginationem stellae in oriente ortae) 계시되었다. 네부카드네자르 왕의 예언자들에게(auguribus Nabucadonossoris)[3] 예루살렘의 파괴는 짐승의 내장으로 계시되었는가 하면('에제키엘서' 21장 26절을 볼 것)

3 (역주) 일반적으로 propheta는 예언자를 그리고 augur는 점쟁이를 뜻한다. augur는 특히 새를 가지고 점치는 점쟁이로서 propheta보다 미신적인 요소가 더 많다.

왕은 신탁과 자신이 공중으로 쏘아올린 화살의 방향으로부터 그러한 파괴를 예측했다. 그리고 인간들이 자유로운 선택과 자기 자신의 능력에 의해서 행동한다고 믿었던 예언자들에게 신은 그런 것에 무관심한 것처럼(ut indifferens) 그리고 미래의 인간의 행동을 알지 못하는 것처럼(ut futurarum humanarum actionum inscius) 계시되었다. 나는 이제 이 모든 것들을 하나씩 성서에서 증명할 것이다.

그러므로 첫 번째 것은 엘리사의 경우를 통해서 증명된다('열왕기 하' 3장 5절을 볼 것). 그는 요람 왕에게 예언하기 위해서 하프 연주를 요청했으며 음악 연주로 마음이 좋아진 후에만 신의 정신을 파악할 수 있었다. 오직 그럴 때만 그는 요람 왕과 그의 동맹에게 기쁜 소식을 전할 수 있었다. 그렇게 되기 전까지 그는 왕에 대한 자신의 분노 때문에 예언할 수 없었다. 어떤 사람에 대해서 분노한 사람들은 그 사람의 선한 것이 아니라 악한 것을 상상하게 되어 있다. 그러나 신은 화난 사람이나 슬퍼하는 사람에게 계시하지 않는다고 말하는 것은 공상에 불과하다. 왜냐하면 모세가 바로(Pharaoh)에게 분노했을 때 신은 장자 살육을 계시했으며('출애굽기' 11장 8절을 볼 것), 이것은 하프의 도움 없이도 이루어졌다. 분노한 카인에게도 신이 계시되었다. 분노를 참지 못하는 에제키엘에게는 유대인들의 비참함과 완고함이 계시되었으며('에제키엘서' 3장 14절을 볼 것), 예레미야는 가장 슬프고 삶에 대한 커다란 염증에 빠졌을 때 유대인들의 재난을 예언하였다. 그러므로 요시야는 그에게 조언을 청하지 않고 당시 여자 예언자에게 조언을 청했다. 왜냐하면 그녀의 여성적 재능이 신의 자비를 그에게 계시하는 데 더 적절하다고 믿었기 때문이다('역대기 하' 34장을 볼 것). 미가도 다른 예언자들이 행한 것처럼('열왕기 상' 20장에서 명백한 것처럼) 아합에게 결코 좋은 것을 예언하지 않고 일생 내내 나쁜 것들을 예언하였다('열왕기 상' 22장 8절 그리고 더 확실하게는 '열왕기 하' 18장 7절을 볼 것). 그러므로 예언자들의 다양한 신체적 기질에 따라서(pro vario corporis temperamento)[4] 서로 다른 계시들이 적합하였다.[5]

그리고 예언의 방식(stylus prophetiae)은 각 예언자의 말투에 따라서 변하였다. 교양 있는 문체로 잘 구성된 이사야와 나훔의 예언들과 달리 에제키엘과 아모스의 예언들은 세련되지 못하고 거친 문체로 작성되었다. 히브리어를 아는 사람은, 만일 그가 다양한 예언자들의 똑같은 내용을 가진 성서의 장들을 서로 비교한다면 그러한 문체를 한층 더 추적할 수 있다. 그는 문체에 있어서 커다란 차이를 발견할 것이다. 그러면 예컨대 궁내관(宮內官)인 이사야의 '이사야서' 1장 11~20절과 농부인 아모스의 '아모스서' 5장 21~24절을 비교해 보라. 다음으로 에돔 지방에서 작성된 '예레미야서' 49장에 있는 예레미야의 예언의 배열과 논법을 오바댜의 예언의 배열 및 논법과 비교해 보라. 더 나아가서 '이사야서' 40장 19, 20절 그리고 44장 8절부터를 '호세아서' 8장 6절, 13장 2절과도 비교해 보라. 나머지 경우들도 마찬가지이다. 이 모든 것들은 바르게 판단한다면 다음의 사실을 쉽게 제시할 수 있다. 즉, 신은 특별히 말하는 방식을 가지지 않고 단지 예언자의 교양과 능력에 따라서 유창하거나, 간결하거나, 통렬하거나, 장황하거나 또는 모호하였다.

예언의 현상들과 상징들은 비록 똑같은 것을 의미한다고 할지라도 서로 매우 달랐다. 왜냐하면 이사야에게 성전을 떠나는 신의 영광은 에제키엘에게 나타났던 것과는 다르게 나타났기 때문이다. 그러나 랍비

4 (역주) 신체적 기질은 한마디로 성격을 뜻한다.

5 (역주) 예언자들은 각자의 기질(성격)에 맞는 특정한 계시를 받아들였다는 의미이다.

들(Rabini)은[6] 두 가지 환영들이 완전히 똑같다고 주장하지만, 농부인 에제키엘은 그것에 대해서 가장 많이 놀라서 매우 상세하게 이야기했던 것이다. 그렇지만 만일 랍비들이 —나는 그것을 믿지 않지만,— 확실한 전통을 받아들이지 않았다면 그들의 주장은 단순히 가공된 것이다. 이사야는 여섯 개의 날개를 가진 천사들(Seraphines)을 보았지만 에제키엘은 네 개의 날개를 가진 짐승들을 보았기 때문이다. 이사야는 신이 옷을 입고 왕좌에 앉아 있는 것을 보았지만, 에제키엘은 신을 불 속에 있는 것처럼 보았다. 그들 두 사람은 보통 때 자기들이 신을 상상하던 것처럼 의심할 여지없이 신을 보았던 것이다.

게다가 계시 현상의 방식뿐만 아니라 계시의 명료함에도 차이가 있었다. '즈카르야서'의 현상들은 너무 모호해서 그 현상들에 대한 이야기가 증명해 주는 것처럼 설명 없이는 이해할 수 없다. 그런데 다니엘의 현상들은 설명이 되었다고 할지라도 예언자가 이해할 수 없었다. 이와 같은 모호함은 계시되는 것의 난점에서 생기지 않고(왜냐하면 이런 문제는 오직 인간사에만 관계되어 있고, 인간사는 미래와 연관되는 것이 아닌 한 인간의 능력을 초월하지 않기 때문에), 오히려 다니엘의 상상력의 본성에서부터만 생기는데, 그의 상상은 깨어 있을 때도 잠 잘 때와 마찬가지로 똑같이 예언할 능력을 가지고 있지 않았다. 이것은 다음과 같은 사실에서 명백하다. 그는 계시가 막 나타났을 때 너무 놀라서 예언하기를 거의 포기하였고, 따라서 그의 상상력이 그리고 신체의 힘이 허약했기 때문에 그에게 계시된 것이 전적으로 모호하게 나타났으며 계시된 것이 설명되었을 때조차도 다니엘은 그것을 이해할 수 없었다.

---

6 (역주) 랍비는 유태교의 율법학자를 가리킨다.

여기에서 우리는 다니엘이 들은 말들은(우리들이 앞에서 제시한 것처럼) 단지 상상적이었다는 것에 주의해야 한다. 그리고 그 순간 그가 놀라서 모든 말을 혼란스럽고 모호하게 상상했다는 것과 나중에 그것에 대해서 아무것도 이해할 수 없었다는 것은 전혀 놀랄 일이 아니다. 그러나 신이 다니엘에게 사태를 명확하게 계시하려고 하지 않았다고 말하는 사람은 "그리고 나는 뒷날 네 백성에게 일어날 일을 네가 깨닫게 해 주려고 왔노라."('다니엘서' 10장 14절)라고 말한 천사의 말을 읽지 않은 것 같다. 따라서 이 사태들은 모호한 채로 남았다. 왜냐하면 당시에는 그 계시를 더 명백하게 알 수 있는 충분한 상상력을 소유한 사람이 아무도 없었기 때문이다. 결국 신이 엘리아를 데려가리라는 계시를 받은 예언자들은 엘리아가 자신들이 발견할 수 있는 어떤 다른 장소에 버려졌으리라는 사실을 엘리사에게[7] 확신시키려고 했다. 이것은 물론 그들이 신의 계시를 옳게 이해하지 못했다는 것을 확실하게 증명한다. 이에 대해 더 상세하게 다룰 필요는 없다. 왜냐하면 신이 한 예언자에게 다른 예언자보다 훨씬 더 큰 예언의 은총(longe maiore gratia prophetizandum)을 주었다는 것은 성서에서 더 명백하게 증명되기 때문이다.

그러나 예언이나 계시는 예언자들의 뿌리 깊은 신념에 따라 서로 다르며, 예언자들은 서로 다른 신념들 그리고 반대되는 신념들까지도 주장하였으며 서로 다른 편견들을 주장하였다는 사실에 대해 밝힐 것이다(나는 단지 사변적인 것에 대해서만 말한다. 왜냐하면 정직과 선한 도덕을 고찰하는 것은 경우가 전혀 다르기 때문이다). 그 이유인즉 나는 이것에 보다 더 커다란 중요성이 있다고 믿기 때문이다. 결국 나는

---

7 (역주) 엘리사는 엘리아의 제자이다.

다음처럼 결론 내릴 수 있다. 예언은 예언자들을 결코 더 박식하게 만들지 않고 그들은 이미 파악한 견해들을 그대로 가지고 있으며, 그렇기 때문에 우리는 사변적인 것들에 대해서(circa res mere speculativas)[8] 만은 결코 예언자들을 신뢰할 필요가 없다.

모든 주석가들은, 예언자들이 인간의 지성이 받아들일 수 있는 모든 것을 안다는 사실을 확신하기 위해서 이상할 정도로 서둘렀다. 성서의 어떤 구절에서는 예언자들이 어떤 것에 대해서는 알지 못했다는 것을 분명하게 말하고 있는데도 그들은 그것을 인정하기보다 오히려 우리가 성서의 그 구절들을 이해하지 못했거나, 성서가 분명히 말하고 있지 않은 것을 말하고 있는 것처럼 성서의 말들을 왜곡하려 한다고 했다.

물론 이것들 중 하나가 허용된다면 우리는 성서 전체와 작별하지 않으면 안 된다.[9] 왜냐하면, 만일 가장 명확한 것이 모호하고 파악할 수 없는 것으로 설명되거나 멋대로 해석된다면 우리가 성서에서 어떤 것을 증명하려고 하는 것은 헛된 것이기 때문이다. 예컨대 여호수아와 그의 일대기를 쓴 저자가 태양은 지구 주위를 회전하지만 지구는 정지해 있고 태양은 어떤 시간동안 움직이지 않고 서 있다고 생각하였고 그것보다 더 확실한 것을 성서 안에서는 찾아볼 수 없다. 그렇지만 많은 사람들은 천체 안에 어떤 변화가 있을 수 있다는 것을 인정하려고 하지 않기 때문에 이 구절을 그렇게 설명하여 그것의 의미를 전혀 다른 것이 되게 하였다.

그러나 보다 더 옳게 철학하기(rectius philosophari)를 배운 사람들은 비록 그들이 성서에 공공연히 맞서 있다고 할지라도 지구가 움직이고 반대로 태양이 정지해 있으며 지구 주변을 돌지 않는다는 것을 이해

8 (역주) 사변적인 것들은 추상적 이론으로서의 철학적인 것들을 말한다.
9 (역주) 성서가 무의미하고 무가치해지기 때문에 성서를 버려야 한다는 뜻임.

하며, 따라서 있는 힘을 다해서 이러한 사실을 성서에서 이끌어 내려고 애썼다. 물론 나는 이 사람들에 대해서 놀랐다. 군인인 여호수아가 자신을 재능 있는 천문학자로 알았다는 것을 믿어야만 하는가? 그리고 기적은 그에게 계시될 수 없는가? 또는 여호수아가 그 원인을 알지 못한다면 태양 광선(lux solis)은 보통 때보다 지평선 위에 더 오래 남아 있을 수 없는 것인가? 물론 내가 보기에는 두 가지 대안이 모두 우스꽝스럽다. 나는 차라리 터놓고 다음처럼 말하고자 한다: 여호수아는 낮이 길어진 참다운 원인을 알지 못했으며 그와 함께 그의 모든 군대는 태양이 매일 지구 주위를 회전한다고 믿었으며 그날 태양이 얼마 동안 정지한 것이 낮이 연장된 원인이었던 것을 몰랐다. 여호수아는 당시 대기 중에 있는 많은 얼음이('여호수아기' 10장 11절을 볼 것) 보통 때와 다르게 광선이 강하게 굴절될 수 있게 했다는 것이다. 아니면 내가 여기에서 계속해서 더 이상 탐구하고 싶지 않은 것에는 주의를 기울이지 않았다.

또한 마찬가지로 뒤로 가는 그림자의 징표(signum umbrae retrogradae)는 이사야의 이해력에 알맞게, 말하자면 태양의 역행(逆行)을 통해서 그에게 계시되었다. 왜냐하면 그 역시 태양이 움직이고 지구가 정지해 있다고 믿었기 때문이다. 아마도 그는 환일(幻日 de parheliis)은[10] 꿈에도 생각하지 않은 것 같다. 우리는 이러한 견해를 주장하는데 전혀 주저할 필요가 없다. 왜냐하면 비록 예언자가 그 징표의 참다운 원인을 알지 못했다고 할지라도 그 징표는 실제로 일어날 수 있었을 것이고, 이사야는 왕에게 그러한 사실을 예언할 수 있었을 것이기 때문이다.

---

10 (역주) 환일(幻日)은 권층운(卷層雲)같은 구름이 태양 비슷하게 햇무리의 둘레에 나타나는 흰 빛 또는 연한 빛을 말한다.

솔로몬의 성전 건축에 대해서도, 만일 그것이 신에 의해서 계시되었다면 앞에서와 똑같이 말해야만 한다. 말하자면 성전 건축의 모든 척도들(omnes eius mensurae)이 솔로몬의 능력과 견해에 따라서 그에게 계시되었다. 왜냐하면, 우리는 솔로몬이 수학자였다고 믿을 필요가 없으므로 솔로몬이 원둘레와 원지름 사이의 비율을 알지 못했으며 보통 노동자들이 생각했던 것처럼 그 비율을 3대 1로 믿었을 것이라고 확신할 수 있기 때문이다. 만일 성서 '열왕기 상' 7장 23절을 우리가 이해하지 않는다면, 우리가 성서에서 이렇게 무엇을 이해할 수 있는지 모르겠다. 성서에서는 성전 건축이 간단하게 그리고 단지 역사적인 것으로 이야기되고 있기 때문이다. 그렇지만 만일 우리가 성서는 그것을 다르게 생각했고 우리에게 알려지지 않는 근거에서 그렇게 표현하고자 했다고 가정한다면 그것은 전체 성서를 전적으로 왜곡하는 것일 뿐이다. 왜냐하면 그러한 가정의 경우 모든 사람은 모든 성서 구절에 대해서 똑같은 입장을 취할 수 있는 평등한 권리를 가질 것이며, 따라서 인간의 사악함(humana malitia)이 고안해 낼 수 있는 모든 부당함과 악이 성서의 권위를 전혀 손상시키지 않고 옹호되고 마련될 수 있기 때문이다. 그러나 우리가 주장하는 것은 어떤 불경함도 포함하지 않는다. 왜냐하면 솔로몬, 이사야, 여호수아 등은 예언자들이었음에도 불구하고 인간이었으며 또한 어떤 인간적인 것도 그들에게는 낯선 것이 아니었다.

신이 인류를 멸망시키리라는 계시도 노아의 이해력에 따라(ad captum Noachi) 노아에게 내려졌다. 왜냐하면 노아는 팔레스타인 너머의 세계에는 아무도 살지 않는다고 믿었기 때문이다. 이러한 종류의 것들에 있어서뿐만 아니라 더 중요한 것들에 있어서도 예언자들은 자기들의 경건함과 상관없이 무지할 수 있었으며 실제로도 무지했다. 왜냐하면 그들은 신의 속성들에 대해서 아무런 특별한 것도 가르치지 않았고,

오히려 신에 대해서 매우 통상적인 견해를 가지고 있었다. 내가 이제 성서의 수많은 증거들에서 제시하겠지만 될 텐데 이 예언자들의 견해에 그들의 계시가 적용되었던 것이다. 그러므로 우리는, 예언자들은 그들의 정신적 재능의 고귀함과 탁월함 때문이 아니라 경건함과 영혼의 한결같음 때문에(ob pietatem et animi constantiam) 칭찬받고 또한 높이 평가받았던 것이라는 사실을 쉽게 알 수 있다.

신은 최초로 아담에게 계시되었는데, 아담은 신이 어디에나 존재하며 전지(全知)하다는 것을 알지 못하였다. 왜냐하면 그는 신에게서 자신을 숨겼고 마치 인간 앞에서처럼 신 앞에서 자신의 죄를 용서받으려고 애썼기 때문이다. 그래서 신은 아담에게도 그의 이해력에 맞게 계시되었다. 말하자면 신은 어디에나 있지 않은 것처럼 그리고 아담의 거처와 죄를 알지 못하는 것처럼 계시되었다. 아담은 신이 동산을 거닐면서 자신을 부르고 찾았으며, 자신의 죄지은 태도를 보고 자기에게 금지된 나무에서(de arbore prohibita) 선악과를 따먹었는지 신이 묻는 것을 들었거나 또는 들었다고 믿었다. 아담은 신이 만물의 창조자라는 것(quod Deus omnium rerum fuit opifex)말고는 신의 속성에 대해서 아무것도 몰랐다. 신은 카인에게도 카인의 이해력에 따라서, 인간의 일들을 자신이 알지 못하는 것처럼 계시되었다. 결국 카인이 자신의 죄를 회개하기 위해서 신에 대한 보다 더 숭고한 인식이 필요하지 않았다.

라반에게 신은 자신을 아브라함의 신으로 계시하였다. 왜냐하면 라반은 모든 민족이 그들의 특별한 신을 가지고 있다고 믿었기 때문이다. '창세기' 31장 29절을 보라. 아브라함도 역시 신이 어디에나 존재하며 만물에 대해서 미리 알고 있다는 것(praecognoscere)을 몰랐다. 왜냐하면, 그가 소돔 사람들에게 내려진 판결(sententia in Sodomitas)을 들었을 때, 그들 모두가 처벌받는 것이 마땅한지를 자신이 알기 전까지는 판결을 집행하지 말아달라고 그가 빌었기 때문이다. 말하자면 그는 다음처럼 말했다.('창세기' 18장 24절): "혹시 그 성읍 안에 의인이 쉰 명 있다면, 그래도 쓸어버리시렵니까?" 신은 아브라함에게 다르게 계시되지 않았다. 왜냐하면 신은 아브라함의 상상 속에서 다음처럼 말했기 때문이다: "이제 내가 내려가서 저들 모두가 저지른 짓이 정말 나에게 들려온 그 원성과 같은 것인지 아닌지 알아보아야겠다." 또한 아브라함에 대한 신의 증언은 오직 아브라함이 순종적이고 가솔들에게 정의와 선의 길을 따라가도록 명했다는 것만을(이에 대해서는 '창세기' 18장 19절을 볼 것) 포함한다. 그러나 이것은 아브라함이 신에 대해서 다른 사람들보다 뛰어난 생각을 가졌다는 것을 뜻하지는 않는다.

모세 또한 신이 전지(全知)하며, 그리고 인간의 모든 행동이 오직 신의 명령에 의해서(ex solo decreto)[11] 좌우된다는 것을 충분히 알지 못하였다. 왜냐하면, 비록 신이 그에게 이스라엘인들은 신의 말을 순종하여야 한다고 말했지만('출애굽기' 3장 18절을 볼 것), 모세는 여전히 의심하고 다음처럼 답했기 때문이다('출애굽기' 4장 1절을 볼 것): "그들이 저를 믿지 않고, 제 말을 듣지도 않으면서" 그러므로 신은 모세에게조차 인간의 미래 행동에 대해서 무관심하고 모르는 것처럼 계시되었던 것이다. 왜냐하면 신은 모세에게 두 가지 징표를 주면서 다음처럼 말했기 때문이다('출애굽기' 4장 8절): "그들이, 너를 믿지 않고, 첫 번째 표징이 말하는 것을 듣지 않는다 하더라도, 두 번째 표징이 말하는 것은 믿을 것이다. 그들이 이 두 표징도 믿지 않고, 너의 말도 믿는 않

11 (역주) decretum은 결정, 교리, 정리 등의 의미를 가지며 Dei decretum은 신의 결정, 신의(神意) 또는 신의 명령의 의미를 가진다.

거든 나일강에서 물을 퍼다가 등등."[12]

그리고 실제로 만일 어떤 사람이 모세의 견해를 편견 없이 근본적으로 숙고하고자 한다면, 신에 대한 모세의 생각(eius de Deo opinio)은,[13] 신은 언제나 존재하여 왔고, 존재하며, 그리고 항상 존재할 존재자라는 것(quod sit ens, quod semper extitit, existit et semper existet)이다. 이런 이유 때문에 그는 신을 여호와(Jehova)라는 이름으로 불렀는데, 이것은 히브리어로 '존재하는'의 이들 세 가지 시제(時制)를(haec tria tempora existendi) 즉 존재하여 왔고, 존재하며, 항상 존재할 시제로 표현한다. 그러나 신의 본성에 대해서 말하자면, '모세오경'의[14] 많은 구절이 증명하는 것처럼 모세는 신이 자비롭고 인자하며 등등과 가장 질투심이 강하다는 것 외에는 아무것도 가르치지 않았다. 더 나아가서 모세는 이러한 존재자(hac ens)가[15] 다른 모든 존재자와 너무 다르므로 볼 수 있는 이미지에 의해서도 표현될 수 없고 또한 이러한 존재자는 근본적으로 불가능하기 때문이 아니라 인간의 결함 때문에(propter humanam imbecillitatem) 보이지 않는다고 믿고 가르쳤다. 게다가 신은 권능 때문에 유일무이한 존재자였던 것이다.

물론 모세는 (의심할 여지없이 신의 계획과 명령에 따라서) 신을 대신해서 행동하는 존재자들이 있다는 것을 인정하였다. 곧 그 존재자들은 민족을 이끌고, 민족을 돌보고 배려할 권위와 능력을 신이 부여한 존재자들이다. 그리고 모세는 그들이 숭배할 의무가 있는 이 존재자를

12 (역주) 라틴어 성서의 원문은 cape aliquantulum aquae fluvii(강물을 약간 퍼라)인데 한글 성서에는 "나일강에 물을 퍼다가"로 번역되어 있다.

13 (역주) opinio는 의견, 견해 등을 뜻하나 여기서는 생각으로 옮겼다.

14 (역주) 모세오경(Pentateuch)은 구약성서의 처음 5권인 '창세기', '출애굽기', '레위기', '민수기', '신명기'를 일컫는다.

15 (역주) 이러한 존재자(hac ens)는 바로 신을 가리킨다.

최고의 그리고 최상의 신 내지 (히브리어 구절을 사용하자면) 신들의 신(Deus Deorum)이라고 가르쳤다. 그러므로 모세는 '출애굽기' 의 노래에서(15장 11절) 다음처럼 말한다: "주님(Jehova), 신들 가운데 누가 당신과 같겠습니까?" 그리고 이트로(Jetro)는[16] 다음처럼 말한다('출애굽기' 18장 11절): "이제 나는 주님께서 모든 신들보다 위대하시다는 것을 알았네", 곧 나는 모세에게 여호와는 모든 신들보다 더 위대하며 특별한 권능을 가지고 있다는 것을 인정하지 않으면 안 된다. 그러나 신의 자리를 대신한 이 존재자들이 신에 의해서 창조된 것이라고 모세가 믿었는지에 대해서는 의심할 수 있다. 왜냐하면 우리가 아는 모세는 그것들의 창조와 기원에 대해서 아무 말도 하지 않았기 때문이다.

그 외에도 모세는 이 존재자(hoc ens)가[17] 이 가시적 세계를 혼돈에서 질서로 이끌어 왔으며('창세기' 1장 2절을 볼 것), 자연에 씨앗을 심어 주었기 때문에 모든 것에서 최고의 권리와 최고의 권능을 소유한다고 가르쳤다. 그리고 ('신명기' 10장 14-15절을 볼 것) 신은 자신의 최고의 권리와 권능에 따라서 일정한 영토와 함께 이스라엘 민족을 오직 자신을 위해서 택했지만('신명기' 4장 19절과 32장 8-9절을 볼 것), 다른 민족들과 영토들은 그를 대신하는 다른 신들에게 맡겼다는 것이다. 그러므로 이 존재자는 이스라엘의 신 그리고 예루살렘의 신(Deus Israëlis et Deus Hierosolymae)으로 일컬어졌지만('역대기 하' 32장 19절), 다른 신들은 다른 민족들의 신들로 일컬어졌다. 그러므로 유대인들은 신이 (자신을 위해서) 택한 영토는 다른 영토들의 숭배와는 전혀 다른 특별한 형식의 숭배를 요구하므로 그들은 다른 영토들에서 하는 숭배, 곧 다른 신들에 대한 숭배를 참을 수 없었다. 왜냐하면 이스라

16 (역주) 이트로는 모세의 장인이다.

17 (역주) '이 존재자' 는 앞에서와 마찬가지로 신을 가리킨다.

엘인들은 앗시리아 왕이 유대 땅으로 데려온 사람들이 그 땅의 신에 대한 숭배를 몰랐으므로 사자들이 그들의 사지를 찢어 죽였다고 믿었기 때문이다('열왕기 하' 17장 25-26절을 볼 것). 그리고 에스라의[18] 견해에 따르면 야곱이 자신의 조국을 찾기를 결심했을 때 그는 똑같은 이유에서 자신의 아들들에게 새로운 예배 형식을 마련하고, 낯선 신들을, 곧 그들이 거주했던 땅의 신들에 대한 숭배를 버리기를 훈계했던 것이다('창세기' 35장 2-3절을 볼 것). 또한 다윗도 자신이 사울의 박해 때문에 할 수 없이 조국 밖에서 살 수밖에 없게 되었다고 사울에게 말하면서 자신은 신이 유산으로 준 땅에서 쫓겨나서 다른 신들을 섬기도록 추방당했다고 말했다('사무엘기 상' 26장 19절을 볼 것). 마지막으로 모세는 이 존재자 내지 신(hoc ens, sive Deus)은 천상에 자신의 거처를 가지고 있다고 믿었는데('신명기' 33장 27절을 볼 것), 이러한 견해는 이교도들 사이에도 널리 퍼져 있었다.

그런데 만일 모세의 계시들(Mosis revelationes)에[19] 대해서 검토해 보면 우리는 그것들이 이러한 견해에 일치했다는 것을 발견할 것이다. 왜냐하면, 그는 신의 본성이 우리가 말한 것과 같은, 예컨대 자비, 은총 등과 같은 조건을 받아들인다고 믿었으므로 신은 이러한 견해에 일치해서 그리고 이 속성들 아래에서 그에게 계시되었기 때문이다.('출애굽기' 34장 6-7절을 보라. 여기에서 신이 모세에서 어떻게 나타났는지 이야기된다. 또한 십계명의 4-5번을 볼 것). 그리고 나서 '출애굽기'

18 (역주) 에스라(Abraham ibn Ezra, 1092-1167)는 소위 스페인-유태 황금시대의 뛰어난 인물 중 한 사람으로서 저명한 성서 해석자였다. 그는 성서를 언어학적으로 정확하게 해석한 것으로 정평이 나 있다. 그는 천문학자이자 수학자이며 철학적 논문들도 남겼다.

19 (역주) 모세의 계시들이란 정확히 말하자면 신의 계시에 대한 모세의 예언을 가리킨다.

33장 18절에서는 모세가 신을 볼 수 있기를 간청했다고 이야기하고 있다. 왜냐하면 모세는 이미 내가 말한 것처럼 머리 속에 신에 대한 아무런 이미지도 형성하지 못했으므로 그리고 (이미 제시한 것처럼) 신은 오로지 예언자들의 상상력의 사정에 따라서만 계시되었으므로 신은 어떤 이미지로도 모세에게 나타나지 않았기 때문이다. 그리고 내가 거듭해서 말하는데, 이런 일이 생긴 이유는 모세의 상상력이 그러한 이미지를 받아들일 수 없었기 때문이다. 왜냐하면, 예컨대 다른 예언자들 이사야, 에제키엘, 다니엘 등은 신을 보았다고 증언하기 때문이다. 이런 이유 때문에 신은 모세에게 답하였다: "너는 내 얼굴을 볼 수 없다"(non poteris meam faciem videre) 그러나 모세는 신을 볼 수 있고, 곧 신을 볼 수 있는 것은 신의 본성 편에서 아무런 모순도 포함하고 있지 않다고 믿었기 때문에, 신을 볼 수 있기를 간청하였다. 그렇지 않다면 그는 그와 같은 것을 간청하지도 않았을 것이다. 신은 다음처럼 덧붙여서 말하였다: "왜냐하면 어느 누구도 나를 보고 살아남을 수 없기 때문이다"(quoniam nemo nemo me videbit, et vivet). 따라서 신은 모세의 견해에 일치하는 이유를 부여한다. 왜냐하면 신은 자신을 보는 것이 현실적으로 그런 것처럼 신의 본성에 대해서 모순되는 것을 포함한다고 말하지 않고 인간의 허약함 때문에(propter humanam imbecillitatem)[20] 자신을 볼 수 없는 일이 생긴다고 말하기 때문이다.

더 나아가서 이스라엘인들은 송아지를 숭배했기 때문에(quia vitulum adoverant) 다른 민족들과 다르지 않게 되었다는 것을 모세에게 계시하기 위해서, 신은 '출애굽기' 33장 2, 3절에서 최상의 존재자를[21]

---

20 (역주) 여기에서 말하는 허약함(imbecillitas)은 인간의 인식 능력이 신이나 신의 계시를 직접 알 수 없을 만큼 한계가 있다는 것을 의미한다.

21 (역주) 최상의 존재자는 신 자신이다.

대신해서 천사를 보내 이스라엘인들의 책임을 물을 것이지만 자기는 이스라엘인들 가운데 남아 있지 않겠노라고 말하였다. 이렇게 해서 모세는 신이 또한 다른 신들이나 천사들에게 보호를 맡긴 다른 민족들보다 이스라엘인들을 더 사랑할 것이라고 여길 아무런 이유도 가지지 못하게 되었는데, 이는 '출애굽기' 33장 16절에서 증명되는 것과 마찬가지이다. 마지막으로 사람들이 신은 천상에(in caelis) 거주한다고 믿었기 때문에 신은 하늘로부터 산으로 내려오는 것으로 계시되었다. 그리고 모세 또한 신과 이야기를 나누기 위해서 산으로 올라갔지만, 만일 그가 신은 어디에나 존재한다고 쉽게 상상할 수 있었더라면 그는 결코 그렇게 할 필요가 없었을 것이다.

이스라엘인들은 신이 자신을 그들에게 계시했음에도 불구하고 신에 대해서 거의 알지 못하였다. 이집트를 탈출한 며칠 후 자기들을 이집트를 벗어나도록 인도한 신이 송아지라고 믿으면서 신이 당연히 받아야 할 명예와 숭배를 송아지에게 돌렸을 때 그들은 이와 같은 사실을 충분히 증명했던 것이다. 이집트의 미신에(superstitionibus) 익숙해지고 거칠고 비참한 노예제도에 찌든 사람들이 신에 대해서 어떤 것을 건전하게 이해했다거나 또는 모세가 그들에게 살아가는 방식(modus vivendi) 이상의 어떤 것을 가르쳤다고 믿을 수는 없다. 확실히 모세는 그들이 정신의 자유에 의해서(ex animi libertate) 선하게 살도록 하기 위해서 철학자로서가 아니라 법적 권위에 의해서(ex imperio legis) 그들을 선하게 살도록 강제하는 입법자처럼 가르쳤다. 그러므로 이스라엘인들에게는 선하게 사는 근거 내지 참다운 삶 그리고 신에 대한 예배와 사랑은 참다운 자유와 신의 은총 그리고 선물이라기보다는 차라리 노예의 속박이었다. 모세는 말하자면 그들에게 과거의 신의 은총에 대해서(곧 이집트에서 노예 상태로부터의 해방 등) 감사함을 나타내기 위해서 신을 사랑하고 신의 율법을 지키기를 명령하였다. 그리고 더 나아가서 그는 그들이 이 규범들을 어겼을 경우 그들을 위협하여 떨게 만들었지만 반대로 그들이 지킬 경우에는 수많은 좋은 것들을 약속하였다. 그러므로 모세는 마치 부모가 전혀 이성을 가지지 못한 아이들을 돌보는 것과 똑같은 식으로 이스라엘인들을 가르쳤다. 따라서 이스라엘인들이 덕의 탁월함과 참다운 행복을 알지 못했다는 것은 확실하다.

요나는 신의 시야를 벗어나 도망치기로 생각했는데, 이러한 사실은 요나 역시 유대 땅 바깥의 땅들을 보살피는 것을 신이 신 자신을 대신할 다른 권력자들에게 맡겼다고 믿는 것처럼 보인다. 구약에서(in Vetere Testamento) 솔로몬보다 더 합리적으로 이야기한 사람은 아무도 없다. 그는 자연의 빛에[22] 의해서 당대의 모든 사람을 능가하였고, 그는 또한 자신이 법 위에 서 있으므로 (왜냐하면 법은 이성과 자연적 지성의 가르침이 결여된 사람들에게만 부과되는 것이므로) 왕에 관해서 세 가지 주요 조항들로 구성되는 율법을 별로 중요하게 평가하지 않았다('신명기' 17장 16-17절을 볼 것). 그는 이 율법을 멋대로 위반하기까지 하였다(그러나 이러한 것에서 그는 오류를 범했고, 말하자면 관능에 빠짐으로써 철학자의 격에 맞지 않는 것을 행하였다). 솔로몬은 인간을 위한 모든 행운(omnia fortunae bona)은 공허하다고 가르쳤으며('전도서'를 볼 것), 그리고 인간은 지혜보다 더 고귀한 것을 가지고 있지 않으며 인간에게는 어리석음(stultitia)보다 더 큰 처벌이 있을 수 없다고('잠언' 16장 22절을 볼 것) 가르쳤다.

그러나 우리가 주의해 보아야만 하는 또 다른 견해를 가진 예언자들에게 돌아가 보기로 하자.

---

22 (역주) 자연의 빛(lumen naturale)은 이성 내지 지성이다.

우리에게 예언서들을 (그것들이 아직 존재하는 한에 있어서) 물려준 랍비들은 (「안식일 논고」[23] 1장, 13절 2쪽에서 이야기되고 있는 것처럼) 에제키엘의 말들이 모세의 말들과 너무 반대되었기 때문에 '에제키엘서'를 정통으로 공인한 성서로 받아들이지 않기로 거의 결정했으며, 만일 하나니아(Chanania)라는 사람이 해석의 모순을 해설하는 작업을 담당하지 않았더라면 에제키엘서는 확실히 제외되었을 것이다. 그는 (거기에서 이야기되는 것에 의하면) 매우 큰 노력과 열정으로 그 일을 마쳤다고 한다. 지금은 소실된 주석을 하나니아가 써서 그렇게 했는지 아니면 에제키엘의 말과 표현을 대담하게 변화시키고 자신의 재주에 따라 꾸며서 그렇게 했는지의 여부는 확실하지 않다. 어떻든지 간에 적어도 '에제키엘서' 18장은 '출애굽기' 34장 7절과 그리고 '예레미야서' 32장 18절 등과 일치하지 않는 것으로 여겨진다.

사무엘은, 신은 자신이 내린 어떤 결정에 대해서도 결코 후회하지 않는다고 믿었다('사무엘기 상' 15장 29절을 볼 것). 왜냐하면 사울이 자신의 죄를 뉘우치고, 신을 경배하며 용서를 얻으려고 했을 때, 사무엘은 신이 사울에게 내린 판결을 바꾸지 않을 것이라고 말했기 때문이다. 그러나 예레미야에게는 반대로 다음처럼 계시되었다('예레미야서' 18장 8, 10절을 볼 것). 말하자면 신은 어떤 민족을 위해서 선을 결정했거나 아니면 악을 결정했다 하더라도 자신의 판결 시점으로부터 사람들이 보다 더 선한 것이나 보다 더 악한 것으로 향하는 것에 따라서, 자신의 결정을 거두리라는 것이다. 그러나 요엘은 신이 오직 재앙들(damni)만을 후회한다고 가르친다('요엘서' 2장 13절).

마지막으로 '창세기' 4장 7절에서 인간은 죄의 유혹을 극복하고 선

---

23 (역주) 「바빌로니아 탈무드의 안식일 논고」는 이 책의 10장에서 다시 언급되고 있다.

하게 행동할 수 있다는 것을 명백하게 말한다. 왜냐하면 카인이 이 말을 들었기 때문이다. 그러나 성서와 요세푸스가[24] 쓴 저술에서도 분명히 알 수 있듯이 카인은 죄의 유혹을 극복하지 못하였다. 이것은 또한 바로 앞에서 인용한 '예레미야서'의 장(章)과 가장 분명하게 일치한다. 왜냐하면 거기에서는 만일 사람들이 도덕과 삶의 방식을 바꾸고자 한다면 신은 그들을 악한 인간과 선한 인간으로 선언한 자신의 결정을 후회한다고 언급되어 있기 때문이다. 그러나 바오로는 이와 반대로 사람들이 오직 신의 특별한 소명과 은총에 의하지 않는다면 육체의 유혹을 결코 통제할 수 없다고 한층 더 분명하게 가르쳤다. ('로마서' 9장 10절 등으로부터 볼 것) '로마서' 3장 5절과 6장 19절에서 바오로가 정직을 신에게 귀속시킨 것에 대해서 말할 것 같으면, 바오로는 자신을 옳게 고쳐서, 곧 오로지 그렇게 인간적인 방식을 통해서 그리고 육신의 허약함을 통해서 말하고 있다.

그러므로 이로부터 우리가 입증하고자 했던 것이 충분히 밝혀졌다. 곧 신은 계시를 예언자의 이해력과 견해에 맞추었으며, 예언자들은 자비와 삶에서의 실천을 고찰하지 않고 오직 사변(思辨)만을[25] 고찰하는 것들에 대해서는 무지할 수 있었고, 실제로 그들은 무지했으며 반대되는 견해를 가지고 있기까지 했다. 그러므로 자연적인 것과 정신적인 것에 대한 인식(cognitio rerum naturalium et spiritualium)은 예언자들에게서 찾아서는 안 된다. 그러므로 우리는 다음처럼 결론을 내린다.

---

24 (역주) 요세푸스(Josephus, A.D. 37-100), 유대인으로서 고대 역사가인데 66년 반란에 참여했다가 포위되어 로마로 끌려와 그곳에서 거주하면서 저술에 힘썼다. 「유대민족 전쟁사」와 「고대유대민족사」가 그의 대표적 저술이다.

25 (역주) 사변(speculatio)은 추상적 이론, 다시 말해서 추상적인 철학 이론을 말한다.

우리는 오직 계시의 목적과 내용(finis et substantia revelationis)에[26] 관해서만 예언자들을 믿어야 한다. 나머지 것들을 각자의 선호에 따라서 믿는 것은 자유이다. 예컨대 카인에게 내린 계시는 신이 카인에게 참다운 삶을 살도록 훈계했다는 것만을 우리에게 가르친다. 오직 그것만이 계시의 의도와 내용이고, 그것은 의지의 자유나 철학적인 것들은 가르치지 않는다. 그러므로 그 훈계의 어법과 논법 안에 의지의 자유가 가장 확실하게 포함되어 있다고 할지라도 우리는 반대되는 견해를 가질 수 있다. 어법과 논법이 오직 카인의 이해력에만 맞추어졌기 때문이다.

또한 마찬가지로 미가에게 주어진 계시는 아람과 아합이 벌이는 전투의 참다운 결과를 가르치려고만 하고, 따라서 우리는 이것만을 믿을 수밖에 없다. 그러므로 이외에도 그 계시 안에 포함된 모든 것, 즉 신의 참다운 그리고 거짓된 성령, 신의 양 쪽에 서 있는 천상의 군대 그리고 나머지 계시의 사항들은 결코 우리와 아무런 상관이 없으며, 따라서 누구든지 자신의 이성과 일치하는 것으로 여겨지는 것들만 믿을 수 있다. 신이 욥에게 모든 것에 대한 자신의 권능을 보여 주기 위해서 사용한 논거들에 관해서는, 만일 이 논거들이 욥에게 계시되었고 저자의 목적은 역사를 이야기하는 것이고 (마치 어떤 사람들이 믿는 것처럼), 자기 자신의 생각을 꾸미려고 애쓰는 것이 아니라면, 앞에서 말한 것과 똑같은 경우로 이해되어야 한다. 즉, 이 논의들은 욥의 이해력에 맞추어진 것이었고 오직 욥 한 사람만을 확신시키기 위해서 고안되었다. 그리스도가 바라사이인들의 오만과 무지(contumaciae et ignorantiae)를 깨닫게 하고 사도들에게 참다운 삶을 권고하기 위해서 사용한 논거들에 대

---

**26** (역주) substantia는 본질, 성질, 상태 등을 뜻하지만 여기서는 내용으로 옮겼다.

해서도 결코 다른 결론을 내려서는 안 된다. 말하자면 그의 논거들은 각자의 견해와 원리에 맞추어졌다. 예컨대 그가 바라사이인들에게 다음과 같이 말했을 때('마태오 복음서' 12장 26절을 볼 것) "사탄이 사탄을 내쫓으면 서로 갈라선 것이다. 그러면 사탄의 나라가 어떻게 버티어 내겠느냐?", 그는 바라사이인들의 원리에 따라서 그들을 확신시키려고 했고, 악마나 어떤 악마의 왕국이 존재한다는 것을 그들에게 확신시키려고 하지는 않았다. 마찬가지로 '마태오 복음서' 18장 10절에서 그리스도가 사도들에게 "너희는 이 작은 이들 가운데 하나라도 업신여기지 않도록 주의하여라. 내가 너희에게 말한다. 하늘에서 그들의 천사들이 등등"을 말했을 때, 그는 단지 사도들이 오만하지 말고 어떤 사람도 멸시하지 않기만을 가르치려고 했고 이 논거들에 포함된 다른 것들을 가르치려고 하지는 않았다. 왜냐하면 그는 사도들을 보다 더 잘 설득시키기 위해서 다른 세부적인 것들을 논의에서 필요로 했기 때문이다.

마지막으로 사도들의 논거와 징표에 대해서도 똑같은 것이 언급되어야 하는데 여기에서는 이것에 대해서 더 상세히 이야기할 필요는 없다. 왜냐하면, 만일 내가 특정한 인간과 그의 이해력에 따라 작성되었고 철학에 커다란 손상을 끼쳐야만 신성한 교리(divina doctrina)로 주장될 수 있는 성서의 모든 구절을 열거하여야만 한다면, 내가 전념해서 이 저술의 목표로 삼는 간결함에서(a brevitate) 아주 멀어져 버리고 말 것이기 때문이다. 그러므로 몇 가지 소수의 일반적인 것들을 언급하는 것으로 충분할 것이며, 나머지는 호기심 많은 독자가 스스로 숙고해 보기를 바란다.

원래 여기에서 예언자들과 예언에 대해서 말한 것이, 우선 내가 의도한 목표에, 즉 철학과 신학의 분리에 기여한다고 할지라도, 나는 이제 일단 이 문제를 일반적으로 언급했기 때문에, 나는 다음 장에서 예언의 천품(donum propheticum)이 오직 이스라엘인들에게만 고유한 것이었는지 모든 민족들에게 공통적이었는지의 여부를 탐구할 것이며, 그다음에 이스라엘인들의 소명으로 여겨진 것에 대해서도 탐구할 것이다.

# 3

## 이스라엘인들의 소명(vocatio)에[1] 대하여, 그리고 예언의 재능(donum propheticum)이[2] 이스라엘인들에게만 고유했는가?

각자의 참다운 지복과 행복(vera felicitas et beatitudo)은[3] 다른 모든 사람들을 배제하고 오로지 자기만 선(善)을 향유한다는 명예 안에 있는 것이 아니고 오직 선의 향유 안에만 있다. 다른 사람들이 나누어 가지지 못한 안녕을 자기만 지니고 있기 때문에 또는 자신이 다른 사람들보다 더 복이 많고 더 운이 좋기 때문에 자기 자신을 보다 더 행복하다고 평가하는 사람은 무엇이 참다운 지복이고 축복인지 알지 못하는 것이다. 그가 그것에서 느끼는 기쁨은 만일 그것이 유치함이 아니라면 질투심과 악한 마음으로부터(ex invidia et malo animo) 생기는 것일 뿐

1 (역주) vocatio는 직업, 천직, 사명감 등 여러 가지 의미를 가지고 있으나 여기서는 소명으로 옮겼다.

2 (역주) donum은 재능, 천품, 주어진 것 등의 뜻을 가지며, 예언은 신이 부여한 것이므로 여기에서는 donum을 재능으로 옮겼다.

3 (역주) beatitudo는 일반적인 행복을 뜻하지만 felicitas는 축복이나 지복의 뜻을 가지므로 종교적 행복의 의미가 강하다.

이다. 예컨대 인간의 참다운 지복과 행복은 오로지 지혜에 그리고 진리의 인식에 있고 자신이 다른 사람들보다 더 지혜롭다거나 다른 사람들이 참다운 지식을 가지고 있지 못하는 데 있는 것이 아니다. 왜냐하면 그러한 것은 그의 지혜에, 곧 그의 참다운 지복에 아무것도 도움이 되지 않기 때문이다. 그러므로 이 때문에 기뻐하는 자는 타인의 불행을 기뻐하며 따라서 질투하며 악의적이고, 참다운 지혜도 모르고 참다운 삶의 안정도 모른다. 성서는 이스라엘인들에게 율법에 순종하라고 권고하면서 신이 자기 자신을 위해서 다른 모든 민족들보다 그들을 택했다고 말한다('신명기' 10장 15절을 볼 것). 성서는 또 신이 이스라엘인들을 가까이하고 다른 민족은 가까이 하지 않는다고('신명기' 4장 7절), 오직 그들을 위해서만 정의로운 율법을 제정하였고('신명기' 4장 8절), 다른 모든 민족들에 앞서 그들에게만 자신을 알렸다('신명기' 4장 32절을 볼 것)는 것 등등을 말한다. 이것들은 우리가 앞 장에서 제시한 것처럼 그리고 모세 또한 증언한 것처럼('신명기' 9장 6-7절을 볼 것) 참다운 행복을 확실히 알지 못하는 사람들의 수준에 맞게 이야기되었을 뿐이다.

왜냐하면, 신이 모든 사람을 똑같이 구원하겠다고 했더라도 이스라엘인들은 틀림없이 행복했을 것이기 때문이다. 또한 신이 다른 민족들 가까이에 있다고 해서 이스라엘인들을 소홀히 하지는 않았을 것이고, 율법이 모든 사람들을 위해서 제정되었다고 할지라도 율법이 덜 정의롭게 되거나 이스라엘인들이 덜 지혜롭게 되지는 않았을 것이다. 또한 기적들은 비록 다른 민족들을 위해서 행해졌다고 할지라도 그것들은 결코 신의 권능을 적게 나타내지는 않았을 것이다. 마지막으로 신이 이 모든 재능들을 모든 사람에게 똑같이 주었다고 할지라도 이스라엘인들은 똑같이 신을 숭배할 의무가 있었을 것이다. 그러나 신이 솔로몬에게

(‘열왕기 상’ 3장 12절을 볼 것) 앞으로 어느 누구도 솔로몬보다 지혜롭지 못하리라고 말한 것은 단지 솔로몬의 탁월한 지혜를 나타내려고 했던 표현 방식으로 보인다. 어떻든지 간에 신이 솔로몬에게 그의 보다 더 큰 지복을 위해서 앞으로는 어느 누구에게도 그와 같은 지혜를 주지 않겠다고 약속했다는 것을 우리는 결코 믿을 수 없다. 왜냐하면 이 약속은 솔로몬의 이해력을 전혀 증가시키지 않았을 것이고, 비록 신이 모든 사람들에게 똑같은 지혜를 나누어 주겠다고 할지라도 신중한 왕(prudens rex)은[4] 자신의 재능에 대해서 신에게 똑같이 감사했을 것이 분명하다.

그렇지만, 우리가 방금 인용한 ‘모세오경’(Pentateuch)의 구절들에서 모세가 이스라엘인들의 수준에 맞게 말하고 있었다고 주장하더라도, 우리는 ‘모세오경’에서 신이 오직 이스라엘인들만을 위해서 그 율법들을 제정했다는 것과 신이 그들과 매우 자주 이야기했으며, 다른 민족에게는 결코 일어나지 않은 매우 많은 놀라운 일들을 이스라엘인들이 목격했다는 것을 부정하려고 하지 않는다. 다만 모세는 이스라엘인들을 그들의 미숙한 이해력으로 한층 더 신을 숭배하도록 그런 식으로, 그런 논거들을 가지고 이스라엘인들을 훈계하려고 하였다는 사실을 강조하고 싶다. 더 나아가서 이스라엘인들은 지식도 경건함도 아닌 전혀 다른 것에서 타민족들보다 뛰어났고, 또는 (성서가 그들의 이해력에 대해서 말할 때처럼) 이스라엘인들은 자주 권고를 받았음에도 불구하고 참다운 삶이나 고귀한 사색을 위해서가 아니라 전적으로 다른 목적을 위해서 다른 민족들보다 앞서서 신에게 선택되었다. 그 목적들이 무엇인지는 순서에 따라서 제시하겠다.

---

4 (역주) 신중한 왕은 솔로몬을 말한다.

설명을 시작하기에 앞서 나는 신의 지도(Dei directio)[5] 그리고 외적 및 내적인 신의 도움(Dei auxilium), 신의 선택(Dei electio) 그리고 행운(fortuna)을 무엇으로 이해하는지 다음 부분에서 간략하게 해명하고자 한다. 나는 신의 지도를 고정 불변하는 자연의 질서 내지 자연적 사건들의 연쇄(rerum naturalium concatenatio)로 이해한다. 왜냐하면 나는 앞에서 그리고 이미 다른 곳에서 자연의 보편법칙에 따라서 모든 것이 생기고 결정된다고 말했는데, 이 법칙은 항상 영원한 진리와 필연성을 포함하는 영원한 신의(神意, Dei decreta)이기[6] 때문이다. 그러므로 모든 것이 자연법칙에 따라서 생긴다고 말하거나 또는 신의 결정과 지도에 의해서(ex Dei decreto et directione) 질서있게 된다고 말하는 것은 둘 다 똑같은 것을 말하는 것이다.[7] 더 나아가서 모든 자연적 사물들의 힘은 모든 것들을 생기게 하고 결정하는 신의 힘 자체(ipsa Dei potentia)이다. 그러므로 자연의 일부인 인간이 자기 자신을 위해서 그리고 자신의 자기 보존을 위해서 행하거나 또는 인간의 관여 없이 자연이 인간에게 부여하는 모든 것은 한편으로는 인간의 본성을 통해서 작용하고 다른 한편으로는 외적 사물들을 통해서 작용하는 신적 힘에 의해서만(a sola divina potentia) 인간에 부여된다. 그러므로 우리는 인간의 본성이 인간의 존재(esse)를 보존하기 위해서 단지 자기 자신의 힘에 의해서 수행할 수 있는 모든 것을 신의 내적 도움이라고 부르며, 이 외에 인간의 이익을 위해서 외적 원인들의 힘에 의해서 생기는 것을

5 (역주) Dei directio는 신의 올바른 방향 제시라는 의미에서 '신의 지도'이다. 이 문장에서는 이미 「에티카」에서 정립된 신=자연=실체가 전제되어 있음을 알 수 있다.

6 (역주) Dei decretum은 신의(神意) 또는 신의 결정이나 신의 명령의 의미를 갖는다.

7 (역주) 「에티카」 제1부 정리 16, 19, 33장을 참조할 것.

신의 외적 도움으로 부를 수 있다. 이로부터 또한 우리가 신의 선택을 무엇으로 이해해야만 하는지도 쉽게 도출될 수 있다. 왜냐하면, 자연의 예정된 질서에 의하지 않고서는, 곧 신의 영원한 지도와 결정에 의하지 않고서는(nisi ex praedeterminatio naturae ordine, hoc est, ex Dei aeterna directione et decreto) 어느 누구도 어떤 것을 행할 수 없기 때문이다. 그리하여 다음의 사실에 귀결된다. 신의 특별한 소명에 의하지 않고서는 아무도 자신을 위한 삶의 방식을 택하지 못하며 또한 어떤 것도 수행하지 못하는데, 신은 삶의 특별한 일이나 특별한 방식을 위해서 다른 사람들에 앞서 어떤 사람을 선택한다. 마지막으로 나는, 신이 외적이며 예기치 않은 원인들을 통해서 인간사(人間事)의 방향을 이끌어 가는 한, 행운은 신의 지도일 뿐이라고 이해한다.

나는 이러한 것을 예비적으로 고찰한 다음, 왜 이스라엘 민족이 다른 민족들보다 앞서 신에 의해서 선택된 것으로 이야기되었는지의 본래 의도로 되돌아 갈 것이다. 이 사실을 증명하기 위해서 나는 다음처럼 진행할 것이다.

우리가 가치 있게 욕망할 수 있는 모든 것은 다음과 같은 세 가지 항목들 중의 하나로 분류할 수 있다.

1. 사물들을 그것들의 제1원인들에 의해서 안다.
2. 정념들(passiones)을[8] 통제하거나 덕의 습관을 획득한다.
3. 안전하게 그리고 건강한 신체로 산다.

첫 번째 것과 두 번째 것의 획득에 직접 기여하며 가장 가까운 작용인(作用因)들로 고찰될 수 있는 수단들은 인간의 본성 자체 안에 포함되어 있다. 그러므로 그러한 수단들의 획득은 주로 인간의 능력에만 의

8 (역주) 정념들(passiones)은 열정들을 의미한다.

존하거나 특히 인간 본성의 법칙에만 의존한다. 그리고 이러한 이유 때문에, 만일 우리가 자연이 언젠가 다른 종류의 인간을 창조했다는 망상에 빠지지 않는다면, 이러한 재능이 어떤 민족에게만 고유하지 않고 항상 모든 민족들에게 공통적이었다는 것이 전적으로 확실하다.

삶의 안전과 신체 보존에 기여하는 수단들은 주로 외적인 것들 안에 있고, 이 수단들은 물론 우리가 알지 못하는 외적 원인의 작용에 주로 의존하기 때문에 행운의 선물(donna fortunae)로 일컬어진다. 그러므로 삶의 안전과 신체의 보존에 있어서 바보이든 신중한 사람이든 행복하거나 불행할 확률이 거의 같다. 그럼에도 불구하고 안전하게 살기 위해서 그리고 타인들과 짐승들로부터의 피해를 피하기 위해서 인간적인 성실과 경계(humana directio et vigilantia)는[9] 많은 도움이 될 수 있다. 이러한 목적을 달성하기 위해서는 확고한 법에 의해서 사회를 형성하고, 고정된 영토를 소유하며, 모든 사람의 힘을 하나의 신체와 같은 것으로, 곧 사회적 신체로 수렴하는 것보다 더 확실한 수단이 없다는 것을 이성과 경험이 우리에게 가르쳐 주었다.[10]

실제로 사회를 형성하고 보존하기 위해서는 적지 않은 재능과 경계심(ingenium et vigilantia)이 요구된다. 그러므로 주로 지혜와 경계심을 가진 사람들에 의해서 세워지고 통치되는 사회는 더욱더 안전하고 안정적이며 운에 덜 의존할 것이다. 그런가 하면 그와 같은 성질들을 결여한 사람들이 구성한 사회는 크게 운에 의존하며 불안정하다. 그럼에도 불구하고 만일 후자의 사회가 오래 존속한다면 그것은 그 자체 때문이 아니라 다른 것의 인도 때문이다. 실로 만일 사회가 커다란 위험을 극복하고 번영을 누린다면, 그 사회는 신의 인도를 (말하자면 신

---

9 (역주) directio는 방향, 올바름, 성실 등의 뜻을 가지고 있다.

10 (역주) 「에티카」 제4부, 정리 37, 주석2를 참조할 것.

이 인간의 본성과 정신을 통해서가 아니라 은폐된 외적 원인을 통해서 활동하는 한에 있어서) 경탄하고 숭배하지 않을 수 없다.[11] 왜냐하면 실로 그 사회가 경험한 것은 완전히 예기치 못한 것이고 추측하지 못한 것이기 때문인데, 그러한 것은 또한 실제로 기적으로 여겨질 수 있다.

오직 이러한 사실만을 통해서 민족은 서로 구분된다. 즉 그들이 그 밑에서 살아가고 통치되는 사회와 법에 연관해서만 서로 구분되는 것이다. 그러므로 이스라엘 민족(Hebrae natio)은 지성이나 정신의 안정감 때문이 아니라 사회와 운 때문에 다른 민족들보다 앞서 신에 의해 선택받았던 것이고, 그러한 사회와 운에 의해서 이스라엘 민족은 탁월함에 도달하여 그것을 다년간 유지하였다. 이러한 사실은 성서 자체에서도 매우 분명하다. 만일 어떤 사람이 단지 피상적으로만 살피더라도 다음과 같은 사실을 분명히 알 수 있다. 이스라엘인들은 자신들을 위해서 성공적으로 안전을 획득할 수 있었으며 커다란 위험을 극복할 수 있었는데, 주로 신의 외적 도움에 의해서만 그렇게 할 수 있었다. 다른 문제들에 있어서 그들은 다른 민족들과 똑같았으며 신은 모든 민족들에게 똑같이 은총을 베풀었다. 왜냐하면 지성에 관해서 보더라도 (마치 우리들이 앞 장에서 제시한 것처럼) 이스라엘인들은 신과 자연에 대해서(de Deo et natura) 매우 일상적인 사고력을 가지고 있었다. 그들은 지성 때문에 다른 민족들에 앞서 신에게 선택된 것은 아니었다. 또한 덕과 참다운 삶 때문에 그들이 선택되지도 않았다. 왜냐하면 그러한 것들에 있어서도 그들은 다른 민족들과 동등했고 극히 소수의 사람들만 선택되었기 때문이다. 그러므로 그들의 선택과 소명(electio et voca-

11 (역주) 신의 인도(Dei directio)는 바로 신의 은총을 의미한다.

tio)은 오로지 왕국의 일시적 행복과 안녕에 있었다.

또한 우리는 신이 이스라엘인들의 조상들이나[12] 그 후손들에게 이것 외에 다른 것도 약속했는지 알지 못한다. 오히려 율법은 순종하는 자에게는 왕국의 연속적인 지복과 삶의 다른 안락함만을 약속했고, 이에 반하여 불복종과 계약 위반에 대해서는 왕국의 몰락과 가장 가혹한 고난을 약속하였다. 이것은 별로 놀랍지 않다. 왜냐하면 전체 사회와 국가의 목적은 (방금 말한 것에서 분명한 것처럼 그리고 앞으로 내가 아주 상세하게 제시하게 될 것처럼) 안전하고 편안하게 사는 것(secure et commode vivere)이기 때문이다. 그러나 국가(imperium)는 모든 개인들이 복종하는 법에 의해서만 존속할 수 있다. 만일 한 사회의 모든 구성원들이 법을 무시하고자 한다면 그들은 그 사실 만으로도 사회를 해체하고 국가를 파괴하는 것이다. 그러므로 이스라엘인들의 지속적인 법에 대한 충성에 대해서 오로지 삶의 안전과 삶의 쾌적함이 약속될 수 있었다.[13] 반대로 그들의 불복종에 대해서는 국가의 몰락과 대개 그로부터 생기는 고난보다 더 확실한 어떤 처벌도 예고될 수 없었지만 여기에서는 이것에 대해서 더 상세하게 언급할 필요가 없다.

나는 단지 다음의 사실만을 덧붙인다. 구약의 율법(leges Veteris Testamenti)은 역시 오직 이스라엘인들에게만 계시되었고 규정되었다. 왜냐하면 신이 특별한 사회와 국가를 설립하기 위해서 그들을 선택했다면, 그들 역시 필연적으로 특별한 법을 가져야만 하기 때문이다. 그

12 '창세기' 15장에는 다음과 같은 말이 있다: 신은 아브라함에게 자신이 그의 보호자가 될 것이고, 그에게 매우 큰 보답을 베풀 것이라고 말하였다. 이에 대해서 아브라함은 자기가 이미 고령이 되었고 자식이 없으므로 자기 자신을 위해서 바라는 것이 전혀 없다고 답하였다.

13 영생을 위해서는(ad vitam aeternam) '구약'의 계명들을 고찰하는 것만으로는 충분치 않다는 것이 '마르코 복음' 10장 21절에서 분명하다.

러나 신이 다른 민족들에게도 특별한 법을 규정하고 예언을 통해서 자기 자신을 계시했는가, 곧 그들이 습관적으로 신을 상상하는 그러한 속성들에 의해서 신이 자기 자신을 계시했는지가 내게는 확실치 않다. 그러나 적어도 다른 민족들도 신의 외적 인도에 의해서(ex Dei directione externa) 국가와 특별한 법을 소유했었다는 것은 성서 자체에서 명백하다. 이것을 증명하기 위해서 나는 단지 성서의 두 구절만 인용할 것이다. '창세기' 14장 18-20절에서는 다음처럼 이야기하고 있다. 멜키체덱은 예루살렘의 왕이며 신의 가장 높은 제사장이었고, 그는 제사장의 권리에 따라서('민수기' 6장 23절을 볼 것) 아브라함을 축복했으며, 결국 신의 사랑을 받는 자인 아브라함은 전체 전리품의 십분의 일을 이 신의 제사장에게 주었던 것이다. 이 모든 것은 신이 이스라엘 민족을 세우기에 앞서서 예루살렘에 왕들과 제사장들을 설정했고 그들을 위한 의식(儀式)과 법을 규정했다는 사실을 충분히 증명한다. 신이 예언에 의해서 그렇게 했는지는, 우리가 이미 말한 것처럼 확실하지 않다. 그러나 나는 적어도 다음의 사실은 확실히 안다. 아브라함이 그의 거처에 살 때 그는 그 도시의 법에 따라서 종교적으로 살았다. 왜냐하면 아브라함은 신에게서 아무런 특별한 의식(儀式)도 받지 않았지만, '창세기' 26장 5절은 아브라함이 신의 의식, 규범, 제도, 법(cultus, praecepta, instituta et leges Dei)을 관찰했다는 것을 말하는데, 이것은 의심할 여지없이 멜기체덱 왕의 의식, 규범, 제도 그리고 법에 대한 것이다. '말라키서' 1장 10, 11절은 다음과 같은 말로 이스라엘인들을 꾸짖는다: "너희 가운데 누구라도 성전 문을 닫아걸어서 너희가 제단에 헛된 불을 피우지 못하게 하였으면 좋겠다. 나는 너희를 좋아하지 않는다. …… 해 뜨는 곳에서 해 지는 곳까지 내 이름은 민족들 가운데에서 드높다. 내 이름이 민족들 가운데에서 드높기에 곳곳에서 내 이름에 향과 정결한 예물이 바쳐진다. 만군의 주님께서 말씀하신다(ait Deus exercituum)." 만일 우리가 이 말들을 왜곡하지 않는다면, 단지 당시대에만 관계되는 이 말들은 다음의 사실을 충분히 증명한다. 당시 이스라엘인들은 다른 민족들보다 더 신의 사랑을 받지 않은 것이 아니고, 그 당시 기적 없이도 부분적으로 자기들의 왕국을 회복한 이스라엘인들에게 신은 기적을 통해서 더 많이 자기 자신을 알렸다. 더 나아가서 이방 민족들은 자기들이 신에게 받아들여질 수 있는 의식과 예식(ritus et ceremonias)을 가지고 있었다.

그러나 나는 이것들을 그냥 내버려 둘 것이다. 왜냐하면 다음의 사실을 증명한 것만도 내 목적을 위해서 충분하기 때문이다. 즉 이스라엘인들의 선택은 오직 현세적, 신체적 행복과 자유에만 관계되었거나 또는 그들의 왕국과 그들로 하여금 그러한 왕국에 도달하게끔 한 방법과 수단에 그리고 결과적으로 그러한 왕국의 건설에 필요한 법과 그 법이 드러나는 방법에만 관계되었다는 것이다. 그러나 인간의 참다운 지복(vera hominis faelicitas)이 성립하는 문제들에 있어서는 이스라엘인들도 다른 민족들과 똑같았다. 그러므로 성서에서 ('신명기' 4장 7절을 볼 것) 이스라엘인들이 자기들의 신을 가까이 한 것처럼 어떤 민족도 자신의 신들을 가까이 한 일이 없다고 말할 때 이것은 그들의 국가에 연관해서 그리고 그들에게 매우 많은 기적이 생긴 시기만을 언급하는 것으로 이해되어야 한다. 왜냐하면 지성과 덕에 관해서, 곧 축복(beatitudo)에 관해서 신은, 이미 우리가 말한 것처럼 그리고 합리적으로 증명한 것처럼, 모든 민족에게 은총을 내리기 때문이며, 이것은 또한 성서 자체에서도 확실하다. 왜냐하면 다윗 왕은 '시편' 145장 18절에서 다음처럼 말하기 때문이다: "주님께서는 당신을 부르는 모든 이에게 당신을 진실하게 부르는 모든 이에게 가까이 계시다." '시편' 같은 장 9절에는 다음과 같은 말이 있다: "주님은 모두에게 좋으신 분 그 자비(misericordia) 당신의 모든 조물 위에 미치네." '시편' 33장 15절은 "그는 우리의 마음(cor)을 똑같이 지으시며"라는 말로 신이 모든 사람에게 동일한 지성을 주었다는 것을 분명하게 말한다. 왜냐하면 이스라엘인들은, 모든 사람에게 잘 알려진 것처럼, 마음을 영혼과 지성의 거처(sedes animae et intellectus)로 여겼기 때문이다. 더 나아가서 '욥기' 28장 28절에서 신은 전 인류에게 신을 숭배하고 악행을 삼가고 선한 행동을 하도록 이 율법을 명령하였다. 욥은 비록 이방인이었다고 할지라도 경건하고 종교적으로 모든 사람보다 뛰어났기 때문에 가장 신의 마음에 들었다. 마지막으로 '요나서' 4장 2절에서는 다음의 사실이 가장 명확하다. 신은 이스라엘인들뿐만 아니라 모든 인류에게 은혜롭고 자비로우며 좀처럼 노하지 않고 사랑이 한없는 분이어서 내리려던 재앙마저 거둘 것이다. 왜냐하면 요나가 다음처럼 말하기 때문이다: "내가 서둘러 다시스로 달아났던 것도 바로 이것 때문입니다. 하나님은 은혜로우시며 등등을 내가 알고 있었기 때문이며('출애굽기' 34장 6절 모세의 말에서)" 따라서 신은 니네베의 이방인들을 용서할 것도 요나가 알고 있었다.

그러므로 우리는 신은 모든 사람들에게 똑같이 자비로우며 이스라엘인들은 오직 사회와 왕국 때문에 신에 의해서 선택되었기 때문에 다음처럼 결론을 내릴 수 있다: 한 사람 한 사람의 유대인을 사회 및 왕국과 상관없이 고찰할 경우 그는 다른 민족들보다 뛰어난 재능을 신에게서 부여받지 않았고 따라서 그와 이방인 사이에는 차이(discrimen inter ipsum et gentilem)가 전혀 없다. 그러므로 신은 모든 사람에게 인자하고 자비롭고 또한 참답기 때문에, 그리고 예언자의 기능은 조국의 특수한 법이 아니고 참다운 덕을 가르쳐서 사람들을 덕으로 계도하는 것이었기 때문에 모든 민족들이 예언자들을 소유했고 예언의 재능(donum propheticum)이 유대인들에게만 독특한 것이 아니었다는 사실은 의심할 여지가 없다. 이것은 또한 실제로 세속적인 역사와 마찬가지로 성스러운 역사에 의해서도 증명된다.

구약의 성스러운 역사에서 다른 민족들이 이스라엘인들만큼 많은 예언자들을 가졌다거나, 물론 신이 이방인 예언자를 다른 민족들에게 확실히 보냈다는 것이 상술되어 있지는 않다고 할지라도 그것은 의미가 없다. 왜냐하면 이스라엘인들은 다른 민족들의 역사는 기술하지 않고 오직 자기 민족의 역사를 기술하는 데만 관심을 쏟았기 때문이다. 그러므로 우리는 만일 구약에서 다음과 같은 사실을 발견한다면 그것으로 족하다. 즉 노아, 에녹, 아비멜렉, 발람 등과 같은 이방인들과 할례 받지 않은 사람들(homines gentiles et incircumcisos)이 예언하였고 더 나아가서 이스라엘의 예언자들이 신에 의해서 자신들의 민족뿐만 아니라 다른 많은 민족들에게도 보내졌다. 에제키엘은 당시 알려진 모든 민족들을 위해서 예언하였다. 물론 우리가 알기로는, 오바댜는 오직 에돔 사람들에게만 예언하였고, 요나는 주로 니네베 사람들에게 예언자였다. 이사야는 유대인들뿐만 아니라 다른 민족들의 재난을 몹시 슬퍼하고 예언하면서 그들의 부흥을 노래하였다. 왜냐하면 그는 '이사야서' 16장 9절에서 "나 이제 야제르가 통곡하듯이 시브마의 포도 줄기 때문에 통곡하리라"고 말하고, 19장에서는 먼저 이집트인들의 재난을 그리고 다음에는 그들의 부흥을 예언한다(같은 장 19, 20, 21, 25절을 볼 것). 물론 그는, 신이 그들을 해방시키기 위해서 구원자를 보낼 것이고, 신이 그들에게 자신을 알릴 것이며, 이집트인들은 성찬과 예물로 신을 숭배할 것이라고 말한다. 그리고 마지막으로 그는 그 민족을 축복받은 이집트인들 곧 신의 백성이라고 부른다. 이 모든 것들은 실제로 매우 주의할 만한 가치가 있다.

마지막으로 예레미야는 이스라엘 민족뿐만 아니라 여러 민족들의 예언자로 일컬어진다('예레미야서' 1장 5절을 볼 것). 그 역시 다른 민족들에게 다가오는 재앙을 통곡하면서 예언하고 그들의 부흥을 예견한다. 왜냐하면 그는 '예레미야서' 48장 31절에서 모압 사람들에게 다음과 같이 말하기 때문이다: "그러므로 내가 모압을 두고 통곡하고 모압의 전체를 위해 울부짖으며." 그리고 같은 장 36절에서는 다음처럼 말한다: "내 마음은 모압 때문에 피리처럼 슬피 운다" 그리고 결국 그는 이집트인들, 암몬인들, 엘람인들의 부흥과 마찬가지로 모압인들의 부흥을 예언한다.

그러므로 다른 민족들도 유대인들과 마찬가지로 자신들에게 예언한 예언자들을 가지고 있었다는 것은 의심할 여지가 없다. 성서는 오직 발람만이 유대인과 다른 민족들의 미래를 계시 받았다고 언급하고 있을지라도, 우리는 발람의 예언을 단지 그 경우에만 제한해서는 안 된다. 왜냐하면 이야기 자체에서 발람은 이미 오래 전부터 예언과 다른 신적 재능으로 유명했다는 것이 매우 확실하기 때문이다. 왜냐하면 발람을 자기에게 데려오도록 명령한 발락은 이렇게 말하기 때문이다('민수기' 22장 6절): "당신이 축복하는 이는 복을 받고, 당신이 저주하는 이는 저주를 받는 줄을 나는 알고 있습니다." 그러므로 발람은 신이 아브라함에게 부여한 것과 똑같은 힘을('창세기' 12장 3절을 볼 것) 가지고 있었다. 더 나아가서 발람은 보통 때 예언하는 것처럼 신의 의지(Dei voluntas)가 자신에게 계시될 때까지 자기를 기다리라고 전령들에게 말하였다. 발람이 예언할 때, 곧 그가 참다운 신의 마음(Dei mens)을 해석할 때 그는 자기 자신에 대해서 이렇게 말하곤 하였다: "열린 눈을 가진 사람의 말이며 하느님의 말씀을 듣는 이의 말이다. 전능하신 분의 환시를 보고 쓰러지지만 눈은 뜨이게 된다."[14] 마지막으로 발람은 신의 명령에 따라서 이스라엘인들을 축복한 다음에 (물론 습관대로) 다른 민족들에게 예언하고 그들의 미래를 말하기 시작하였다.

이 모든 것은 다음의 사실을 충분히 보여 준다. 발람은 항상 예언하였거나 또는 자주 예언했으며, (여기에서 주의해 보아야 할 것인데) 우선 예언자에게 자신의 예언에 대한 진리를 확신하게 해 주는 것, 곧 오로지 옳은 것과 선한 것에 전념하는 마음을 가지고 있었다. 왜냐하면 그는 발락이 생각한 것처럼 자신이 원하는 대로 어떤 사람을 축복하거나 저주하지도 않고 오로지 신이 원하는 사람들만을 축복하거나 저주했기 때문이다. 그러므로 발람은 발락에게 이렇게 답하였다: "발락이 비록 그의 집에 가득 찰 만한 금과 은을 준다 하여도, 나는 주님의 분부를 어기고서는 좋은 일이든 나쁜 일이든 내 마음대로 할 수가 없습니다. 나는 주님께서 말씀하신 것만 말해야 합니다."[15] 발람이 여행 중에 신이 발람에게 분노하였는데, 이와 똑같은 일이 모세가 신의 명령에 따라서 이집트로 향하고 있을 때에도 일어났다('출애굽기' 4장 24절을 볼 것). 그리고 모세가 예언을 해서 돈을 받았고 사무엘도 똑같이 행하였다('사무엘기 상' 9장 7, 8절을 볼 것). 그리고 만일 사무엘이 어떤 것에 있어서 죄를 범했다고 한다면(이에 대해서는 '베드로 후서' 2장 15, 16절과 '유다서' 1장 11절을 볼 것), "죄를 짓지 않고 선만을 행하는 의로운 인간이란 이 세상에 없다"('전도서' 7장 20절을 볼 것)는 말을 참조하기 바란다.

그리고 실제로 발람의 말들은 항상 신을 움직이는 힘이 분명히 있었으며, 그의 저주하는 힘도 상당히 매우 컸다. 왜냐하면 신이 발람의 말

14 (역주) '민수기' 24장 3, 4절을 참조할 것.

15 (역주) '민수기' 24장 13절을 참조할 것.

을 들으려고 하지 않았고, 발람의 저주를 축복으로 바꾼 것은 이스라엘인들에 대한 신의 커다란 자비의 증거로서(ad Dei magnam misericordiam erga Israëlitas testandum) 성서에서 자주 발견되기 때문이다('신명기' 23장 6절, '여호수아기' 24장 10절, '느헤미야기' 13장 2절을 볼 것). 따라서 발람은 신의 뜻에 가장 잘 맞았다. 왜냐하면 불경스러운 자의 말과 저주는 신의 마음을 전혀 움직이지 못하기 때문이다. 그러므로 발람은 참다운 예언자였으며, 여호수아가 그를 복점관(卜占官) 내지 점쟁이(divinus sive augur)[16]라고 불렀을지라도 이러한 명칭이 역시 명예로운 것이었음이 확실하다. 이방 민족들이 보통 점쟁이나 복점관이라고 불렀던 사람들은 참다운 예언자들이었고, 성서가 자주 비난하고 저주하는 사람들은 유대인들을 기만하였던 사이비-예언자들(pseudo-prophetae)처럼 이방민족들을 기만한 거짓-점쟁이들(pseudo-divinos)이었다. 이러한 사실은 성서의 다른 구절들에서도 확실하므로 우리는 예언의 재능이 유대인들에게만 고유하지 않고 모든 민족들에게 공통적이었다고 결론을 내린다.

그렇지만 바리사이인들은 이러한 신적 재능은 오직 자기 민족에게만 고유하고, 다른 민족들은 설명할 수 없는 악마의 힘에 의해서 (미신이 무엇인들 꾸며내지 못하겠는가) 미래를 예언했다고 강하게 주장한다. 바라사이인들이 구약성서의 권위로 자기들의 견해를 옹호하기 위해서 구약성서에서 가져온 주요 근거는 '출애굽기' 33장 16절인데, 여기에서 모세는 신에게 다음과 같이 말한다. "이제 저와 당신 백성이 당신 눈에 들었는지 무엇으로 알 수 있겠습니까? 저희와 함께 가시는 것이 아닙니까? 그래야만 저와 당신 백성이 땅 위에 있는 다른 모든 주민과

---

16 (역주) 복점관(divinus)이나 점쟁이(augur)나 모두 점쟁이지만 복점관은 관리로 고용되어 있는 점쟁이이다.

구분되는 것이 아닙니까?" 나는 다시 말한다. 이 구절로부터 바라사이인들은 모세가 신에게, 신은 유대인들에게만 임해야 하고 예언에 의해서 유대인들에게 자신을 나타내어야 하며, 더 나아가서 어떤 다른 민족에게도 은총을 주지 말 것을 간청했다고 추리할 것이다. 모세가 이방 민족들에게 신이 임하는 것을 시기했다거나 신에게 그와 같은 것을 탄원했으리라는 것은 물론 우스운 이야기이다.

사실은 다음과 같다. 모세는 자기 민족의 성격과 완고한 정신을 안 다음에 가장 큰 기적과 신의 특별한 외적 도움이 없이는 자신의 과업을 완성할 수 없다는 것을 분명히 알고 있었다. 확실히 그와 같은 도움이 없었다면 그들은 필연적으로 멸망했을 것이다. 그래서 모세는 그들이 보존되는 것을 신이 원한다는 사실이 확실해졌을 때 신에게 특별한 외적 도움을 간청하였다. 왜냐하면 모세는 '출애굽기' 34장 9절에서 다음처럼 말하기 때문이다. "주님(Dominus)[17], 제가 정녕 당신 눈에 든다면, 주께서 저희와 함께 가 주시기를 바랍니다. 이 백성이 목이 뻣뻣하기는 하지만 등등." 그러므로 그가 신에게 특별한 외적 도움을 청했던 이유는 유대 민족의 완고함 때문이었고, 모세가 이와 같은 신의 특별한 외적 도움 외에 그 어떤 것도 청하지 않았다는 것은 신의 답 자체가 한층 더 확실하게 보여 준다. 왜냐하면 신은 즉시 다음처럼 답하기 때문이다('출애굽기' 34장 10절). "이제 내가 계약을 맺는다. 나는 세상 어느 곳에서도 어떤 민족에게서도 일어난 적이 없는 기적들을 너의 온 백성 앞에서 일으키겠다." 그러므로 여기에서 모세는, 내가 설명한 것처럼, 오직 이스라엘인들의 선택에 대해서만 관여했고 다른 것은 신

17 (역주) dominus는 주인, 소유자, 권력자, 하느님, 그리스도 등 여러 가지 의미를 가지는데 성서에서는 만물의 주인인 하느님의 뜻으로 사용되므로 주님으로 번역되어 있다.

에게 간청하지 않았다.

그렇지만 나는 로마인들에게 보내는 바오로의 서한에서 내 마음을 크게 움직인 또 다른 성서의 구절을 발견했다. 즉 '로마서' 3장 1, 2절에서 바오로는 우리가 여기에서 제시한 것과 다른 것을 가르치는 것처럼 보인다. 왜냐하면 그는 이렇게 말하기 때문이다: "그렇다면 유대인으로서 더 이로운 점은 무엇입니까? 할례의 이점은 무엇입니까? 어느 모로 보나 많이 있습니다. 우선 하느님께서 당신의 말씀을 그들에게 맡기셨다는 것입니다." 그러나 만일 바오로가 주로 가르치려고 했던 교리에 주의를 기울인다면 우리의 교리와 모순되는 것을 아무것도 발견할 수 없고 오히려 반대로 그 교리는 우리가 여기에서 제시하는 것과 똑같은 것이다. 왜냐하면 그는 '로마서' 3장 29절에서 신을 유대인들과 이방인들의 신이라고 말하며 또한 '로마서' 2장 25, 26절에서 이렇게 말하기 때문이다: "그대가 율법을 실천하면 할례는 유익합니다. 그러나 그대가 율법을 어기면 그대가 받은 할례는 할례가 아닌 것이 되고 맙니다. 그러니 할례를 받지 않은 이들이 율법의 규정들을 지키면 할례를 받지 않았지만 할례는 받은 것으로 여겨지지 않겠습니까?" 더 나아가서 바오로는 '로마서' 3장 9절과 4장 15절에서 모든 사람이 똑같이, 곧 유대인들과 이방인들이 죄 아래 있지만, 계명과 율법이 없으면(sine mandato et lege) 죄도 있을 수 없다고 말한다. 그러므로 이로부터 율법은 모든 사람들에게 골고루 계시되었으며(우리가 앞에서 또한 '욥기' 28장 28절에서 밝힌 것처럼), 모든 사람은 율법 아래에서 살아 왔고 오직 참다운 덕에만 관계하는 율법은 특정한 왕국의 관계와 상태로만 향하고 어떤 한 민족의 성격에만 일치하는 그러한 율법이 아니라는 사실을 분명하게 제시하고 있다.

마지막으로 바오로는 다음처럼 결론을 내린다. 신은 모든 민족의 신이기 때문에, 곧 모두에게 똑같이 은총을 베풀기 때문에, 그리고 모든 사람은 똑같이 율법 아래에 있는 것처럼 죄 아래에도 있기 때문에 신은 모든 인간을 똑같이 율법의 속박으로부터 해방시킬 자(qui omnes aeque a servitute legis liberaret)인 자신의 그리스도를 모든 민족들에게 보냈다. 그래서 그들은 더 이상 법의 명령에 의해서가 아니라 한결같은 마음의 결정에 따라서 선하게 행동할 것이다. 그러므로 바오로는 정확히 우리가 원하는 것을 가르친다. 그러므로 바오로가 "오직 유대인들에게만 신의 말이 위임되었다" 라고 말할 때, 우리는 오직 유대인들에게만 율법이 글로 맡겨졌으며, 다른 민족들에게는 율법이 계시와 개념을 통해서만 주어졌다고 이해하거나 아니면 바오로가 (바오로의 목적은 오직 유대인들만이 제기할 수 있는 반대를 반박하는 것이기 때문에) 당시 유대인들의 이해력과 견해에 따라서 대답했다고 말해야 할 것이다. 왜냐하면 바오로는 자신이 부분적으로 보고, 부분적으로 들은 것에 대해서 가르치기 위해서 그리스인들에게는 그리스인이어야 했으며 유대인들에게는 유대인이어야만 했기 때문이다.

이제 유일하게 남아 있는 것은, 유대인들의 선택(Hebraeorum electio)이 일시적인 것이 아니고 오직 그들의 왕국에 관한 것만도 아니고 영원한 것이었다고 확신하고자 하는 사람들의 주장에 답하는 일이다. 왜냐하면 그들의 말에 따르면, 유대인들이 자기들의 왕국을 상실한 후 사방으로 흩어져서 모든 민족들로부터 떨어졌지만 어떤 다른 민족에게서도 일어날 수 없을 정도로 생존했다는 것이다. 더 나아가서 성서는 여러 구절들에서 신이 유대인들을 영원히 선택했으며, 그들이 왕국을 상실했을지라도 그들은 여전히 신의 선택받은 사람들로 남아 있다고 가르치는 것처럼 보인다. 그들은 이와 같은 영원한 선택(aeterna electio)을 가르치는 구절들을 주로 다음과 같은 것들로 생각한다.

1. '예레미야서' 31장 36절. 여기에서 예언자 예레미야는 이스라엘의 자손들을 하늘과 자연의 안정된 질서와 비교하면서 그들이 영원히 신의 백성으로 남을 것이라고 증언한다.

2. '에제키엘서' 20장 32절 등. 여기에서 예언자 에제키엘은, 비록 유대인들이 신의 도움을 받은 후에 신에 대한 예배를 저버렸다고 할지라도, 신은 유대인들의 조상을 이집트의 광야로 이끌었던 것처럼 유대인들이 흩어져 살던 모든 지역에서 그들을 다시 모아 그들 백성의 광야로 이끌어 갈 것이라는 것이다. 그리고 결국 신은 유대인들을 반역자와 계율을 어긴 자들로부터 분리시킨 후에 그들을 자신의 거룩한 산으로(ad montem eius sanctitatis) 인도할 것이고, 그곳에서 이스라엘의 전체 가정은 신을 예배할 것이다.

특히 바라사이인들은 이 이외의 다른 구절들도 보통 언급하지만, 만일 내가 이 두 가지 문제에 대해서 답한다면 모든 사람이 만족하리라고 나는 생각한다. 만일 내가 성서 자체에서 신이 이스라엘인들을 영원히 선택한 것이 아니고 오로지 이전에 가나안인들을 선택한 것과 똑같은 조건으로만 이스라엘인들을 선택했다는 것을 증명하는 것은 나에게 어렵지 않을 것이다. 가나안인들 역시 우리가 앞에서 제시한 것처럼 신을 독실하게 숭배한 사제들(pontifices)을 지니고 있었지만 자신들의 사치, 게으름 그리고 사악한 예식으로 인해서 신에게 거절당하였다.

왜냐하면 모세는 '레위기' 18장 27-28절에서 이스라엘인들에게 그 땅이 이전에 그곳에 살았던 사람들을 토해낸 것처럼 그들을 토하게 하지 않고자 한다면 가나안인들처럼 가증스러운 행위로 자기 자신들을 더럽히지 말라고 경고하였다. 그리고 '신명기' 8장 19-20절에서 모세는 단호한 어조로 이스라엘인들을 완전히 멸망시키겠다고 위협한다. 왜냐하면 그는 다음처럼 말하기 때문이다: "만일 너희가 정녕 주 너희 하느님을 잊고, 다른 신들을 따라가 그들을 섬기고 그들에게 경배한다면, 내가 오늘 분명히 경고하는데, 너희는 반드시 멸망하고 말 것이다." 그리고 이와 유사한 다른 구절들이 율법에서 발견되는데, 그 구절들은 신이 이스라엘 민족을 절대적으로도 그리고 영원히도 선택하지 않았다는 것을 명백하게 지적한다.

만일 예언자들이 이스라엘 민족을 위해서 신의 지식, 사랑 그리고 은총에 대한 새롭고 영원한 계약을 예언했다면, 이것은 오직 경건한 사람들에게만 약속되었다는 것을 쉽사리 증명할 수 있다. 왜냐하면 우리가 방금 인용한 '에제키엘서'의 똑같은 장에서 이스라엘 민족을 반란자들과 계율을 어긴 죄인들(rebelles et deficientes)로부터 분리시킬 것이라고 분명히 언급되고 있기 때문이다. 그리고 '스바냐서' 3장 12절과 13절은 신이 그들 가운데서 교만한 자를 제거하고 가난한 자들을 남겨 둘 것이라고 말한다. 그리고 이와 같은 선택은 참다운 덕에 관한 것이기 때문에 그것이 오직 경건한 유대인에게만 약속되었고 다른 민족들은 배제했다고 생각해서는 안 된다. 우리는 분명히 모든 민족들에서 발견될 수 있다고 우리가 제시한 참다운 이방인 예언자들이 자기 민족 중 신실한 사람들에게 똑같이 약속했고 그렇게 함으로써 그들을 안락하게 하였다고 믿지 않으면 안 된다. 그러므로 신의 지식과 사랑이라는 이 영원한 계약(hoc aeternum foedus)은 보편적이다. 이것은 또한 '스바니아서' 3장 9-10절에서 가장 분명하게 드러난다. 그러므로 이러한 점에서 유대인들과 이방인들 간의 어떤 차이도 인정될 수 없다. 그리고 또한 우리가 이미 제시한 것 이상으로 유대인들에 대한 어떤 특별한 선택도 없다.

그리고 오직 참다운 덕과만 관련된 이와 같은 선택에 대해서 말하면서 예언자들이 많은 희생 제물, 다른 의식(儀式) 그리고 성전들과 도시의 재건을 섞어서 말한 이유는 다음과 같다. 유대인의 예언자들은 예언의 방식과 본성에 따라서 그와 같은 비유적 표현을 가지고 키루스(Cyrus)왕[18] 시기에 예상되는 유대인들의 왕국과 성전의 재건을 유대인들에게 보여 주기 위해서, (그들은 유대인들의 예언자들이었는데,) 정신적인 메시지를 전달하려고 했다. 그러므로 오늘날 유대인들은 자기들이 다른 민족들보다 뛰어나다고 할 만한 장점은 없다.

그러나 유대인들이 그렇게 오랜 세월에 걸쳐 흩어져서 왕국도 없이 유지된 것은 결코 놀랄 일이 아니다. 왜냐하면 그들은 모든 민족이 전적으로 그들을 미워할 정도로 자신들을 모든 민족들로부터 분리시켰기 때문이다. 그러한 분리는 다른 민족들의 종교의식(儀式)에 반대되는 외적 의식에 의해서 뿐만 아니라 그들이 가장 종교적인 것으로 관찰하는 할례의 징표에 의해서도(etiam signo circumcisionis) 이루어졌다. 그러나 이와 같은 종교 의식들이 다른 민족들의 증오에 의해서 보존되었다는 것은 이전의 경험이 가르쳐 준다. 언젠가 스페인의 왕이 유대인들에게 자신의 왕국의 종교를[19] 받아들일 것인지 아니면 추방당할 것인지 선택하기를 강요했을 때 상당히 많은 수의 유대인들은 가톨릭교(Pontificiorum religio)를 받아들였다. 그리고 가톨릭교를 받아들인 사람들에게 스페인 사람들의 모든 특권이 인정되었고, 그들은 모든 공직을 맡을 만한 가치가 있다고 간주되었기 때문에 곧바로 스페인 사람들에게 동화되었다. 그리하여 얼마 지나지 않아서 그들의 어떤 흔적도 그리고 어떤 기억도 남지 않았다. 그러나 포르투갈 왕(rex Lusitanorum)이 자신의 왕국의 종교를 받아들이도록 강요한 사람들에게는 반대의 경우가 일어났다. 가톨릭교로 개종했음에도 불구하고 유대인들은 모든 것들로

---

**18** (역주) 키루스(Cyrus)는 기원 전 6세기 페르시아 제국을 건설한 왕이다.

**19** (역주) 스페인 왕국의 종교, 곧 가톨릭교를 말한다.

부터 분리되어 살았다. 왜냐하면 포르투갈 왕은 유대인들이 시민적 영예의 직에 어울릴 가치가 없다고 선언했기 때문이다.[20]

할례의 징표(signum circumcisionis) 역시 내가 평가하기에 실제로 매우 중요한 요소이므로, 이 한 가지만으로도 유대민족이 영원히 보존될 것이라고 나는 확신한다. 실로 그들의 종교의 기초가 그들의 정신을 약화시키지 않는다면, 인간사는 변화무쌍하기 때문에 그들에게도 다시 한 번 그들의 왕국을 건설하고 신이 다시 그들을 선택할 기회가 언젠가는 주어질 것이라고 나는 분명히 믿는다.[21] 우리는 중국인들에게서 그와 같은 가능성에 대한 두드러진 예를 볼 수 있다. 중국인들 역시 자기들을 다른 모든 민족과 분리시켰던 변발 관습을 종교적으로 지키면서 수천 년 동안 그렇게 분리되어 자신들을 보존해 왔으므로 그들은 고대에는 다른 모든 민족들을 월등하게 압도하였다. 그들의 왕국이 항상 독립을 유지하지는 않았지만, 그들이 왕국을 상실하면 되찾을 수 있었으며, 타타르인들의 정신이 부유한 사치와 태만으로 해이해지면 의심할 여지없이 다시금 독립을 되찾을 것이다.[22]

마지막으로 어떤 사람이, 유대인들은 이러저러한 이유에서 신에 의

---

20 (역주) 스피노자가 스페인이 포르투갈보다 유대인에 대해서 관대하다고 본 것은 그의 편견이다. 스페인의 종교 재판소 역시 순수 혈통법을 만들고 지극히 짧은 기간의 관용을 철폐하고 스페인 정부와 교회의 요직에 유대인들을 받아들이지 않았다. 따라서 개종한 유대인들은 외적으로는 가톨릭 신자였어도 내면으로는 은밀히 유대교를 신봉하였다.

21 (역주) 독립적인 유대인 국가의 재건에 대한 이와 같은 견해는 스피노자만의 고유한 생각이 아니고 소위 시몬주의자들 중 많은 사람들이 가지고 있던 생각이다.

22 (역주) 스피노자는 만주족의 변발을 전통적인 중국인(주로 한족)의 관습으로 잘못 알고 있다. 타타르인들은 북방 터키어계 민족인데 스피노자는 이들을 만주족과 혼동하고 있다. 19세기까지 유럽인들은, 예컨대 칸트, 헤겔, 쇼펜하우어, 마르크스 등은 중국이나 아시아 국가에 대해서 단편적인 지식을 소유했거나 아니면 잘못된 지식을 가지고 있었다.

해서 영원히 선택되었다는 사실을 옹호하고자 한다면, 이러한 선택은 임시적이든 영원하든 간에 유대인들에게 고유한 것인 한에 있어서 그들의 왕국과 물질적 편의에(오로지 이것만이 한 민족과 다른 민족들을 구분할 수 있기 때문에) 연관되어 있다는 것을 주장할 경우 나는 그에게 반대하지 않을 것이다. 그리고 지성과 참다운 덕에 관해서는 어떤 민족도 다른 민족들과 구분되지 않으며, 그렇기 때문에 이러한 점에 있어서는 결코 어떤 민족도 다른 민족들에 앞서 신에 의해서 선택되지 않는다.

# 4

## 신법(神法)

법(lex)이라는 명칭은, 절대적인 의미에서 보았을 때, 모든 것들이거나 또는 똑같은 종류의 일정한 수의 사물들이거나 간에 각각의 개별적인 것들이 그것에 따라서 하나의 똑같은 확실하고도 일정한 방식으로 작용하는 것을 의미한다. 그러나 이 방식은 자연의 필연성이나 또는 인간의 임의에(vel a necessitate naturae vel ab hominum placito) 의존한다. 자연의 필연성에 의존하는 법은 사물의 본성 자체 내지 정의로부터(ex ipsa rei natura sive definitione) 필연적으로 귀결되는 법이다. 그러나 인간의 임의에 의존하며, 더욱더 적절하게는 법령(ius)이라고 일컬어지는 법은 인간들이 더 안전하고 쾌적하게 살기 위해서(ad tutius et commodius vivendum) 또는 다른 이유를 위해서 자기 자신과 타인들에게 규정하는 법이다.

예컨대 더 작은 다른 사물과 충돌하는 모든 사물들은 다른 사물들에게 자기들의 운동을 전달하는 만큼 자기 자신들의 운동을 상실한다는 것은 모든 물체들의 보편적인 법칙이며, 이것은 자연의 필연성으로부터 귀결된다. 마찬가지로 또한 인간이 한 가지 사물을 기억할 때 그것과 유사한 것이지만 그것과 동시에 지각했던 것을 즉시 생각해 낸다는 사실은 인간의 본성에서 필연적으로 귀결되는 법칙이다. 그러나 인간들이 자연으로부터 가지는 자기들의 권리에 대해서 포기하거나 또는 강제로 포기하지 않으면 안 되며 특정한 생활 방식에 구속되는 것은 인간의 임의(placitum hominum)에[1] 의존한다. 그리고 내가 비록, 모든 것들이 확실하고 결정적인 방식으로 존재하고 작용하기 위해서 자연의 보편 법칙에 의해서(ex legibus universalibus naturae) 결정된다는 것을 인정한다고 할지라도 앞에서의 법령들은 인간의 임의에 의존한다고 나는 주장한다.[2]

1. 왜냐하면 인간은, 그가 자연의 일부일 때 한에서, 자연 능력의 한 부분(pars potentiae naturae)을 형성하기 때문이다. 그러므로 인간 본성의 필연성에서, 곧 자연 자체에서 나오는 것은, 우리가 자연을 인간 본성에 의해서 규정되는 것으로 파악하는 한, 비록 필연적일지라도 인간의 능력으로부터 생긴다. 그러므로 그와 같은 법적 제한(sanctio istarum legum)은 인간의 임의에 의존한다고 가장 적절하게 말할 수 있다. 왜냐하면 그것은 주로 인간 정신의 능력에 다음과 같이 의존하기 때문이다. 즉, 인간 정신이 참다운 관점과 거짓된 관점에 연관되는 한, 인간 정신이 이와 같은 법령들 없이도 가장 분명하게 파악할 수 있는 반면에, 앞에서 우리가 정의한 것처럼 자연의 필연적 법 없이는 그럴 수 없기 때문이다.

---

1 (역주) placitum은 마음에 드는 것, 견해, 의견, 자의, 임의 등의 의미를 가진다.

2 (역주) 여기에서 스피노자는 암암리에 토마스 아퀴나스가 말했던 신법, 자연법, 실정법의 구분을 따르지만, 이들 세 가지 법들은 결국 하나라는 범신론적, 자연주의적 법철학을 염두에 두고 있다.

2. 나는 또한 이 법령들이 인간의 임의에 의존한다고 말하였다. 왜냐하면 우리는 사물들을 그것들의 가장 가까운 원인들을 통해서 정의하고 설명해야 하며, 운명과 원인들의 연결에 대한 일반적인 고찰은 개별 사물에 대한 우리의 생각을 형성하고 정돈하는 데 결코 우리를 도와줄 수 없기 때문이다. 게다가 우리는 사물 자체의 배열과 상호 연결을, 곧 사물들이 실제로 어떻게 정돈되어 있고 연결되어 있는지 알지 못한다. 그러므로 사물들을 가능한 것으로 고찰하는 것이 삶의 실천을 위해서(ad usum vitae) 한층 더 낫고 확실히 필요하다. 법에 대해서는 이렇게 충분히 살펴보았다.

그러나 실제로 법이라는 명칭은 유추적으로 자연적인 것들에 적용될 수 있는 것으로 여겨지며, 우리는 법을 명령(mandatum) 이외의 어떤 다른 것으로도 이해하지 않는다. 인간들은 이와 같은 명령을 이행하거나 무시할 수 있다. 왜냐하면 이 명령은 인간이 넘어서려는 한계를 제한하기 때문이며 또한 인간의 힘을 초월하는 어떤 것도 제공될 수 없기 때문이다. 그러므로 법(lex)이란 인간이 어떤 목적을 위해서(ob aliquem finem) 자기 자신이나 타인들을(에게) 규정하는 삶의 방식이라고 정의될 수 있는 것이다.

그러나 법의 참다운 목적은 보통 오직 소수의 사람들에게만 명백하고, 자신들의 삶에서 이성이 제 역할을 거의 하지 못하는 대다수의 사람들은 그것을 파악할 수 없다. 그래서 입법자는 모든 사람들을 평등하게 복종시키도록 하기 위해서 법의 본성에서 필연적으로 따라 나오는 목적과는 매우 상이한 법의 또 다른 목적을 현명하게 고안해 내었다. 말하자면 입법자는 법을 지키려는 사람들에게는 대중이 가장 사랑하는 것을 약속하였으며, 반대로 법을 어기는 사람들에게는 대중이 가장 두려워하는 것으로 위협하였다. 이와 같은 방식으로 입법자들은 고삐로

가능한 한 말을 제어하는 것처럼 대중을 제어하려고 애썼다. 그러므로 다음의 사실이 생긴다. 법이란 대체로 타인들의 명령에 의해서 인간들을 규정하는 생활 방식(ratio vivendi)으로 여겨진다. 그리고 결국 법에 복종하는 사람들은 법 아래에서 사는 것으로 이야기되며 법에 묶여 있는 것으로 보인다. 그리고 교수형이 두려워서 사람들에게 자신의 몫을 나누어 주는 사람들은 타인의 명령과 사악한 강제에 의해서(ex alterius imperio et malo coactus) 행동하기 때문에 정의롭다고 일컬을 수 없다. 그러나 법의 참다운 근거나 필연성을 알고 각 사람들에게 그들의 몫을 나누어 주는 사람들은 확고한 마음을 가지고 타인의 결정이 아니라 자기 자신의 결정에 따라서 행동하기 때문에 정의롭다고 불릴 자격이 있다.

나는 바오로가 법 밑에서 살아가는 사람들은 법을 통해서 정당화될 수 없다고 말할 때 이러한 사실을 가르치려 했다고 생각한다. 왜냐하면 정의(iustitia)란 보통 정의되는 것처럼 각자에게 각자의 권리(ius)를 나누어 주기 위한 항구적이며 영원한 의지(constans et perpetua voluntas)이기 때문이다. 그러므로 솔로몬은 '잠언' 21장 15절에서 심판이 내려질 때 정의로운 자는 기뻐하지만 사악한 자는 두려워한다고 말한다. 법이란 인간들이 어떤 목적을 위해서 자기 자신들에게 또는 타인들에게 규정하는 생활 방식일 뿐이므로 법은 인간법과 신법(lex humana et lex divina)으로 구분된다. 내가 이해하는 인간법은 오직 생명과 국가의 안전에만 기여하는 생활 방식이다. 그러나 내가 이해하는 신법은 오직 최고선(summum bonum), 곧 신의 인식과 사랑에만 관계한다. 내가 이 법을 신법이라고 부르는 이유는 최고선의 본성 때문인데, 나는 이것을 여기에서 짧게 그리고 가능한 한 명백하게 설명할 것이다.

지성은 우리 자신의 가장 훌륭한 부분이기 때문에, 만일 우리가 실제로 우리의 이익을 찾고자 한다면 가능한 한 우리의 지성을 완전하게 하기 위해(서) 모든 노력을 기울여야 한다는 것은 명백하다. 왜냐하면 우리의 최고선은 당연히 지성의 완전함에 있기 때문이다. 더 나아가서 우리의 모든 인식과 의심을 없앨 수 있는 확실성은 오직 신의 인식에만(a sola Dei cognitione) 의존한다. 왜냐하면 한편으로는 신 없이는 어떤 것도 존재하거나 생각될 수 없기 때문이고, 또 한편으로는 우리가 신에 대한 명석하고도 판명한 관념(clara et distincta idea)을[3] 전혀 가지고 있지 않는 한 우리는 모든 것들에 대해서 의심할 수 있기 때문이다. 이로부터 우리의 최고선과 완전함은 오직 신의 인식에만 의존한다는 사실이 귀결된다 등등.

더 나아가서 신 없이는 아무것도 존재하거나 생각될 수 없기 때문에, 자연에 존재하는 모든 것은 자신의 본질과 자신의 완전함에 따라서 신의 개념을 포함하고 표현한다는 것이 확실하다. 그러므로 우리는 자연적인 것들에 대해서 더 많이 인식하면 할수록 더욱더 많고, 한층 더 완전한 신에 대한 지식을 얻는다. 또는 (원인을 통한 결과의 인식은 원인의 어떤 고유성에 대한 인식일 뿐이므로) 자연적인 것들에 대해서 우리가 더 많이 인식할수록 그만큼 더 우리는 모든 것들의 원인인 신의 본질을 한층 더 완전하게 인식한다. 그러므로 우리의 전체 인식(tota nostra cognitio), 곧 우리의 최고선은 신의 인식에 의존할 뿐만 아니라 전적으로 그 안에 존재한다. 이러한 사실은 또한 다음과 같은 것에서 생긴다. 인간은 자신이 다른 것들보다 사랑하는 사물의 본성과 완전성에 따라서 더욱더 완전할 수 있으며 그 반대로도 성립한다. 그러므로 신의, 곧 가장 완전한 존재의 정신적 인식을 무엇보다도 사랑하고 그것

3 (역주) 「에티카」 제1부, 정리 15를 참조할 것. 「지성 개선론」의 명석판명한 관념에 대한 부분도 참조할 것.

을 가장 잘 향유하는 사람은 필연적으로 가장 완전하며 최상의 행복에 가장 많이 참여한다. 그러므로 우리의 최고선과 우리의 행복(beatitudo)은[4] 신의 인식으로, 곧 신의 사랑으로 되돌아간다.[5] 그러므로 모든 인간의 이러한 목적을, 곧 신의 관념이 우리 안에 있는 한, 우리가 신 자신을 요구하는 수단은 신의 명령으로 일컬어질 수 있다. 왜냐하면 신이 우리의 정신 안에 존재하는 한, 신의 명령은 신 자신에 의해서 우리에게 규정되며, 그러므로 이러한 목적에 대응하는 삶의 방식은 신법(lex divina)이라고 적절하게 일컬어진다. 그러나 이와 같은 목적이 요구하는 이 수단들은 어떤 것이고 또 삶의 방식은 어떤 것인지 그리고 이로부터 최상의 국가의 기초와 인간들 사이의 삶의 방식이 어떻게 나오는지 등의 문제는 윤리학 일반에 속한다. 여기에서 나는 오직 신법에 대해서만 일반적으로 계속해서 고찰할 것이다.

따라서 신의 사랑이 인간의 최고의 행복(summa felicitas)이며 또한 지복(beatitudo)이고 모든 인간 행동의 궁극적 목적이므로 다음과 같은 사실이 귀결된다. 즉 처벌의 두려움에 의해서 또는 감각적 쾌락, 명예 등과 같은 것에 대한 사랑에 의해서가 아니라, 자신이 신을 안다든가 신에 대한 인식과 사랑이 최고선이라는 것을 안다는 사실에 의해서 신을 사랑하는 것을 자신의 목적으로 삼는 사람만이 신법을 따른다. 그러므로 신법의 핵심 내용과 그것의 최고의 명령은, 이미 말한 것처럼 어떤 처벌과 보상에 대한 두려움으로부터가 아니고 또한 우리가 즐기려고 하는 것에 대한 사랑으로부터 아니라, 신을 최고선으로서 사랑하는 것이다.

왜냐하면 이것은 다음처럼 신의 관념을 말하기 때문이다. 신은 우리

---

4 (역주) beatitudo는 축복, 지복, 행복 등의 의미를 가진다.

5 (역주) 「에티카」 제5부 정리 24~27 그리고 정리 30~33을 참조할 것.

의 최고선이거나 또는 신의 인식과 사랑은 우리의 모든 활동이 향하지 않으면 안 되는 궁극 목표인 것이다. 그렇지만 육신을 지닌 인간(homo carnalis)은 이것을 이해하지 못하며, 공허한 것으로 여길 것이다. 왜냐하면 인간은 신에 대해서 지나치게 보잘 것 없는 인식을 가지고 있기 때문에, 또한 그는 이 최고선에서 자신이 손으로 잡을 수 있거나 먹을 수 있거나 자신의 기쁨의 대부분의 원인이 되는 육체적 욕망을 일으킬 수 있는 것을 아무것도 발견하지 못하기 때문이다. 왜냐하면 이와 같은 선은 오직 사색과 순수한 정신 안에서만 (in sola speculatione et pura mente) 성립하기 때문이다. 그러나 지성과 건전한 정신 이외에는 아무것도 값진 것이 없다는 것을 아는 사람들은 내가 말한 것들을 의심할 여지없이 가장 확실한 것이라고 판단할 것이다. 그러므로 우리는 주로 신법이 어디에서 성립하는지를 그리고 또한 인간의 법들(legis humanae)이 무엇인지를 설명하였다. 인간의 법들은 그것들이 계시를 근거로 삼지 않았다고 전제할 경우, 또 다른 목적을 염두에 두고 있는 모든 법들이다. 왜냐하면 또한 이러한 관점에서 사물들은 신에게 관계되며(앞에서 제시한 것처럼), 비록 모세의 율법(lex Mosis)이 보편적으로가 아니라 주로 한 개별 민족의 성격에 그리고 특히 보존에 적용되었다고 할지라도 그것은 신의 율법 내지 신법(lex Dei, sive lex divina)이라고 일컬을 수 있기 때문이다. 우리는 모세의 율법이 예언자적 통찰에 의해서(lumine prohetico)[6] 인정되었다고 믿고 있다.

이제 우리가 방금 설명한 것처럼 자연적인 신법의 본성(natura legis divinae naturalis)을 고찰한다면, 다음과 같은 사실을 알게 될 것이다.

1. 신법은 모든 인간에게 보편적이고, 다시 말해서 공통적이다. 왜냐

---

6 (역주) lumine prophetico는 직역하면 '예언적 빛으로'이지만 역자는 '예언적 통찰에 의해서'로 의역하였다.

하면 우리는 그것을 보편적인 인간 본성으로부터(ex universali humana natura) 도출해 내기 때문이다.

2. 신법은 결국 역사가 어떤 종류의 것이든 역사에 대한 믿음(fides historiarum)을[7] 요구하지 않는다. 우리는 이 자연적인 신법을 단지 인간 본성에 대한 고찰만으로 이해할 수 있으므로 다른 사람들과 마찬가지로 바로 아담에게서 신법을 확실히 파악할 수 있으며, 은둔자의 삶을 살아가는 인간과 마찬가지로 인간들 사이에서 살아가는 각각의 다른 사람에게서도 신법을 똑같이 파악할 수 있는 것이 확실하다. 역사에 대한 믿음은 그것이 비록 확실하다고 할지라도 우리에게 신에 대한 인식도, 신에 대한 사랑도 줄 수 없다. 왜냐하면 신에 대한 사랑은 신에 대한 인식에서 생기기 때문이다. 그러나 신에 대한 인식은 그 자체로 확실하고 자명한 공통 개념으로부터 도출되지 않으면 안 된다. 역사에 대한 믿음은 우리의 최고선을 달성하기 위해서 필요한 것으로 요구되는 것과는 너무 거리가 멀다. 비록 역사에 대한 믿음이 우리에게 신에 대한 인식과 사랑(Dei cognitio et amor)을 줄 수 없다고 할지라도, 역사를 읽는 것이 사회적 삶의 관계에 유용하다는 것을 부정하지는 않는다. 우리가 인간들의 행동에서 가장 잘 알 수 있는 인간들의 관습과 조건을 더 잘 고찰하고 알수록 우리는 한층 더 그들 사이에서 조심스럽게 살 수 있으며, 이성이 권고하는 한, 한층 더 효과적으로 우리의 행동과 삶을 그들의 성격에 맞출 수 있기 때문이다.

3. 이 자연적 신법은 아무런 의식(儀式)도, 요구하지 않는다. 또한 다음과 같은 행동들도 요구하지 않는다. 즉 그 행동들은 그 자체로 중요하지 않으며, 오직 전통에 따라서만 좋다고 일컬어지거나 구원에 필요

---

7 (역주) 역사에 대한 믿음이란 역사적 이야기에 대한 인간의 일반적인 신뢰를 말한다.

한 어떤 선을 상징하거나, 만일 당신이 그 행동의 설명을 원한다면 그 설명이 인간의 이해력을 초월하는 행동들이다. 왜냐하면 자연의 빛(lumen naturale)은[8] 빛 자체의 영역 밖에 있는 것은 아무것도 요구하지 않고, 자신이 가장 확실하게 우리의 행복을 위한 선 내지 수단으로서 증명할 수 있는 것만을 요구하기 때문이다. 그러나 오직 명령과 전통을 통해서만 좋거나, 어떤 선한 것의 상징이므로 좋은 것은 우리의 지성을 완전하게 할 수 없다. 그것들은 단순한 그림자에 지나지 않으며 지성과 건전한 정신의 산물이며 열매인 행동들로 여겨질 수 없다. 여기에서는 이것을 더 상세하게 설명할 필요가 없다.

4. 마지막으로 신법에 대한 최고의 보답은 신법 자체인데, 그것은 곧 신을 인식하고 참다운 자유를 통해서 그리고 순수하고 지속적인 마음으로 신을 사랑하는 것이다. 그러나 신법의 형벌은 이 선한 것들의 결핍, 육신의 속박 내지 변화하고 동요하는 마음이다.

이러한 것들을 주의해서 살펴보았고 이제 나는 다음과 같은 것들을 탐구하고자 한다.

1. 우리는 자연의 빛에 의해서 인간에게 법을 규정하는 입법자나 통치자로서 신을 파악할 수 있는가?

2. 성서(Sacra Scriptura)는 이 자연의 빛과 법에 대해서(de lumine et lege hac naturali) 무엇을 가르치는가?

3. 일찍이 종교의식(儀式)은 어떤 목적을 위해서 설립되었는가?

4. 성서의 역사를 알고 그것을 믿는 것은 무엇을 가져다주는가?

나는 첫 번째 두 가지 문제들을 이 장에서 다루고, 그 다음 두 가지 문제들은 다음 장에서 다룰 것이다.

---

8 (역주) 자연의 빛(lumen naturale)은 신, 곧 자연이 인간에게 부여한 지성(intellectus) 내지 이성(ratio)을 지시한다.

첫 번째 물음에 대한 답은 신의 의지의 본성으로부터(ex natura voluntatis Dei) 쉽게 도출될 수 있는데, 신의 의지는 오직 우리의 이성과 관계해서만 신의 지성과 구분된다. 곧 신의 의지와 신의 지성(Dei voluntas et Dei intellectus)은 사실 그 자체로는 하나이며 똑같다. 신의 의지는 우리가 신의 지성에 대해서 형성할 수 있는 우리의 사유와 관계해서만 신의 지성과 구분된다. 예컨대 만일 우리가 삼각형의 본성이 영원한 진리인 신의 본성 안에 포함되어 있다는 사실에만 주의를 기울인다면, 우리는 신이 삼각형의 관념을 가지고 있다거나 삼각형의 본성을 이해한다고 말한다. 그러나 삼각형의 본성이 삼각형의 본질과 본성의 필연성에 의해서가 아니라 오직 신의 본성의 필연성에 의해서 신의 본성 안에 포함되어 있다는 것을, 곧 삼각형의 본질과 본성의 필연성도 또한 영원한 진리로 파악되는 한에 있어서 삼각형의 본질과 본성의 필연성은 삼각형의 본성이 아니고 오직 신의 본성과 지성에만 의존한다는 것을 주의해 본다면 우리는 신의 지성이라고 불렀던 것을 신의 의지 내지 신의 결정(Dei voluntas vel Dei decretum)이라고 부를 수 있다. 그러므로 삼각형의 세 각들이 두 직각과 같기를 신이 영원히 결정하고 원했다든지 아니면 신이 그러한 것 자체를 이해했다고 말하든지 간에 그것은 신에 관한 의지와 지성이 하나이며 똑같다는 것을 긍정하는 것이다.

이로부터 신의 긍정들과 부정들(Dei affirmationes et negationes)은 항상 영원한 필연성 내지 진리를 포함한다는 사실이 귀결된다. 그러므로 예컨대 만일 신이 아담에게 아담이 선악과를 먹는 것을[9] 원치 않는

9 (역주) 원문을 직역하면 '선악의 인식의 나무에 대해서 먹는 것을' (ut de arbore cognitionis boni et mali comederet)이지만 여기서는 성서의 번역에 따라서 '선악과를 먹는 것을' 로 의역하였다.

다고 말했다면, 이것은 아담이 선악과를 먹을 수 있다는 모순을 포함하지만, 아담이 선악과를 먹는 것은 불가능했을 것이다. 왜냐하면 신의 결정은 영원한 필연성과 진리를 포함하고 있는 것이 분명하기 때문이다. 그러나 성서가, 신은 아담에게 선악과를 먹는 것을 금지했고, 그럼에도 불구하고 아담은 선악과를 먹었다고 이야기하기 때문에, 신은 아담이 선악과를 먹었을 경우 필연적으로 받게 될 처벌만을 계시하였고 그 처벌의 사태의 필연성에 대해서는 계시하지 않았다는 것을 우리들은 필연적으로 말하지 않으면 안 된다. 그래서 다음과 같은 사실이 일어났던 것이다. 즉 아담은 저 계시를 영원하고 필연적인 진리로 지각하지 않고 법으로, 곧 이익이나 처벌을 결과로 가져오는 법령으로 지각하였다. 이 법령은 아담이 수행한 행동의 필연성과 본성에서가 아니라 오직 어떤 통치자의 의지와 절대적 명령에서 생긴 것이므로 그 계시는 오직 아담에게만 그리고 단지 그의 인식의 한계 때문에 법이 되었으며 신은 일종의 입법자나 통치자(legislator aut princeps)였다. 이와 똑같은 이유 즉 이스라엘인들의 지식의 한계 때문에 십계명(Decalogus)은 오직 이스라엘인들에게만 법이 되었다. 왜냐하면 신의 존재(Dei existentia)를 영원한 진리로 알지 못한 이스라엘인들은 십계명에서 자기들에게 계시된 것을, 즉 신이 존재하고 신만을 숭배하지 않으면 안 된다는 것을 법으로 지각하지 않으면 안 되었기 때문이다. 그러나 만일 신이 아무런 물질적 수단도 사용하지 않고[10] 그들에게 직접 말했다면 그들은 그것을 법으로가 아니라 영원한 진리로 지각했을 것이다.

10 (역주) 이 구절은 바로 앞의 구절의 의미를 가리킨다. 즉 신이 마치 신체적으로 직접 존재하고 그렇게 자연적(신체적)으로 존재하는 신만을 이스라엘인들이 숭배하지 않으면 안 된다는 것을 가리키기 위해서 신이 물질적 수단을 사용했다는 것이다.

그런데 우리가 이스라엘인들과 아담에 대해서 말한 것은 신의 이름으로 율법을 기술한 모든 예언자들에 대해서도 해당된다. 예컨대 모세는 계시로부터 또는 자신에게 계시된 바탕으로부터 이스라엘 민족이 특정한 영토에서 최선으로 연합해서 하나의 전체 사회를 형성하거나 왕국을 건설할 수 있는 방식과 방법을 알 수 있었다. 또한 모세는 이스라엘 민중을 가장 잘 복종할 수 있게 하는 방법도 알고 있었다. 그러나 모세는 이러한 방법이 모든 방법들 중 최선의 방법이라는 사실과 그들이 염원하는 것은 그와 같은 영토 안에서 필연적으로 민중의 전반적인 복종을 수반하는 결과일 것이라는 사실을 지각하지 못하였고 또한 그러한 사실은 그에게 계시되지도 않았다. 그러므로 모세는 이 모든 것들을 영원한 진리가 아니라 명령들과 훈계들(praecepta et instituta)로 지각하였으며 그것들을 신법으로 규정하였다. 그리하여 모세는 신을 자비롭고 정의로운 통치자, 입법자 그리고 왕으로 상상하였다. 그렇지만 이 모든 것들은 오직 인간 본성의 속성들일 뿐이고 신의 본성과는 거리가 먼 것이다.

그런데 내가 말한 이것은 신의 이름으로 법을 기술한 예언자들에게만 적용되고 그리스도에게는 적용되지 않는다. 왜냐하면, 그리스도 역시 신의 이름으로 법을 기술한 것처럼 보일지라도, 그는 사물들을 참답게 그리고 적절하게 지각했다고 보아야만 한다. 그 이유는 그리스도는 예언자라기보다는 오히려 신의 대변자(os Dei)였기 때문이다.[11] 왜냐하면 신은 이전에 마치 천사들을 통해서, 말하자면 창조된 음성 그리고 환영들(visiones) 등을 통해서 계시했던 것처럼 그리스도의 정신을 통해서(우리가 1장에서 제시한 것처럼) 인류에게 계시하였기 때문이다.

11 (역주) os는 입, 언어, 얼굴, 입구 등 여러 가지 의미를 가지고 있지만, 여기에서 os Dei는 직역하면 '신의 입', 곧 '신의 대변자'를 뜻한다.

그러므로 신이 그리스도의 견해에 자신의 계시를 적용했다고 주장하는 것은 계시된 것들을 예언자들에게 알리기 위해서 신이 이전에 자신의 계시를 천사들의 견해에 적용했다고 주장하는 것과 똑같이 비합리적일 것이다.

그리스도는 유대인들뿐만 아니라 전체 인류를 가르치기 위해서 보내졌기 때문에 그와 같은 주장은 특히 비합리적이다. 그러므로 그리스도의 정신이 오직 유대인들의 견해에만 맞추어져야 한다고 주장하는 것은 충분하지 못하고, 그의 정신은 인류에게 공통적으로 가르치는 견해에, 곧 공통적이며 참다운 개념들에 적용되어야만 했다. 그리고 물론 신이 예언자들의 경우에서처럼 말과 이미지를 통해서(per verba et imagines)가 아니고 그리스도 내지 그의 정신에 자기 자신을 계시했다는 사실로부터 우리는 오로지 다음과 같은 것을 이해할 수 있다. 즉 그리스도는 계시된 것들을 참답게 지각했거나 이해했던 것이다. 왜냐하면 사물은 그 자체가 말과 이미지들 없이 순수한 정신에 의해서 지각될 때 비로소 이해되기 때문이다.

그러므로 그리스도는 계시된 것들을 참답고 적절하게 지각하였다. 만일 그가 계시된 것들을 언젠가 법으로 규정했다면, 그는 민중의 무지와 완고함 때문에 그렇게 한 것이다. 그러므로 그는 다음과 같은 점에 있어서 신을 대신하여 행동하였다: 그리스도의 말은 비록 다른 예언자들의 말보다 한층 더 명료하다고 할지라도, 그는 자기 자신을 민중의 이해력에 맞추었으므로 계시된 것을 모호하게 그리고 흔히 우화를 통해서(per parabolas) 가르쳤다. 특히 천국(regnum caelorum)을 이해할 능력이 아직 없는 사람들에게 말할 때 그랬다('마태오 복음서' 13장 10절 등을 볼 것). 그리고 의심할 여지없이 천국의 비밀(mysteria caelorum)을 알 능력이 있는 사람들에게 그는 계시된 것을 영원한 진리로 가르쳤고 법으로 규정하지 않았다. 이렇게 해서 그리스도는 그들을 법의 속박으로부터 해방시켰으며, 그럼에도 불구하고 그는 법을 한층 더 강화하고 견고하게 했으며 그들의 가슴 깊이 법을 새겨 놓았다.

바오로도 역시 이 문제를 특정한 구절에서 지적한 것 같다. ('로마서' 7장 6절과 3장 28절을 볼 것) 그렇지만 그는 공공연하게 말하려고 하지 않고, '로마서' 3장 5절과 6장 19절에서 말하는 것처럼 인간들이 말하는 방식에 따라서만 말한다. 그가 신은 정의롭다고 했을 때 그는 분명히 바로 앞의 인간들이 말하는 방식에 따라서 말하며 그가 자신의 말을 대중의 능력에 또는 (그가 또한 '코린토 전서' 3장 1-2절에서 말하는 것처럼) 육체적 인간에 적용하면서 자비, 은총, 분노 등을 신에게 속한 것으로 돌리는 것은 의심할 여지없이 인간의 육체의 약점(carnis imbecillitas) 때문이었다. 왜냐하면 바오로는 '로마서' 9장 18절에서 결정적으로 다음처럼 가르치기 때문이다. 신의 분노와 자비는 인간의 일들이 아니라 오직 신의 부르심에만(a sola Dei vocatione), 곧 신의 의지에 의존한다. 더 나아가서 어느 누구도 법의 작용에 의해서는 정의롭게 되지 못하고, 바오로가 전적으로 영적(靈的) 승인으로 이해한 믿음에 의해서만(ex sola fide) 정의롭게 되는 것이다('로마서' 3장 28절을 볼 것). 더 나아가서 바오로는 자기 자신 안에 그리스도의 정신을 가지지 않으면 아무도 축복받을 수 없다고 가르쳤다('로마서' 8장 9절을 볼 것). 말하자면 바오로는 신의 율법들(leges Dei)을 영원한 진리로 지각하였던 것이다.[12]

그러므로 우리는 다음과 같이 결론 내린다. 신은 오로지 대중의 이해

---

12 (역주) 스피노자는 이 책에서 인식하다(cognosco)와 지각하다(percipio)를 똑같은 의미에서 쓰고 있다. 다시 말해서 스피노자는 cognosco와 percipio를 모두 '알다'의 의미에서 사용하고 있다.

력에 의해서 그리고 단지 대중의 사유의 결여에 의해서만 입법자나 통치자로 기술되었으며, 또한 정의롭고, 자비롭고 등등으로 일컬어진 것이다. 그리고 신은 실제로 오직 자신의 본성과 완전한 필연성에 의해서만 행동하고 만물을 이끌며 그의 결정과 의욕은 영원한 진리이고 항상 필연성을 포함한다. 이러한 사실은 내가 첫 번째 사항에서[13] 설명하고 제시하려고 마음먹었던 것이다.

그러면 이제 두 번째 사항으로 넘어가서 성서를 두루 읽고 성서가 자연의 빛과 이 신법에 대해서(de lumine naturale et lege hac divina)[14] 무엇을 가르치는지 알아보기로 하겠다. 우리가 마주치는 첫 번째 것은 최초의 인간에 대한 이야기 자체 (ipsa primi hominis historia)인데, 여기에서는 신이 아담에게 선과 악의 지식에 대한 나무의 열매(fructus arboris cognotionis boni et mali)를 먹는 것을 금지했다는 것을 이야기하고 있다. 이것은 신이 아담에게 선을 행하고 추구하기를, 선이 악에 반대되는 한에서가 아니라 선 자체이기 때문에 추구하기를, 곧 악에 대한 두려움으로부터가 아니라 선에 대한 사랑에 의해서(ex amore boni) 선을 행하고 추구하라고 명령하는 것을 의미하는 것 같다.

왜냐하면, 이미 제시한 것처럼, 선에 대한 참다운 인식과 사랑에 의해서 선을 행하는 사람은 자유롭게 그리고 확고한 마음으로 행동하지만, 악에 대한 두려움으로 선을 행하는 사람은 악에 의해 강제로 그리고 예속적으로 행동하며 타인의 지배 아래 살아간다. 그러므로 신이 아담에게 규정한 이 단일한 명령은 모든 자연적인 신법을 포함하며 자연적 빛의 명령과(cum dictamine luminis naturalis) 완전히 일치한

13 (역주) 신이 입법자이자 통치자라는 것.

14 (역주) 자연의 빛(lumen naturale)은 중세 때부터 신이 인간에게 부여한 이성(ratio) 내지 지성(intellectus)을 가리킨다.

다.[15] 이러한 사실을 기초로 하여 최초의 인간에 대한 이야기나 우화 전체를 설명하는 것은 어렵지 않다. 그러나 나는 그렇게 하고 싶지 않다. 왜냐하면 나는 내 설명이 성서를 저술한 사람의 정신과 완전히 일치하는지 확신할 수 없으며, 또한 많은 사람이 아담에 대한 이 이야기가 우화(parabola)라는 것을 인정하지 않고 실제 사실에 대한 단순한 이야기라고 분명히 믿고 있기 때문이다.[16]

성서의 다른 구절들을 인용하는 것이 더 나을 것이다. 특히 동시대의 모든 현명한 사람들을 능가하는 자연의 빛의 힘에 의해서(ex vi luminis naturalis) 말하며, 그의 말이 예언자의 말과 똑같이 민중에게 인정받은 사람에 의해서 기술된 구절들을 인용하는 것이 더 나을 것이다. 나는 솔로몬을 생각하는데, 성서에서는 그의 예언과 경건함(prophetia et pietas)이 아니라 신중함과 지혜(prudentia et sapientia)를 칭찬한다. 솔로몬은 자신의 '잠언'에서 인간의 지성을 참다운 삶의 원천이라고 부르고, 불행은 단지 어리석음에 있다고 말한다. 왜냐하면 그는 '잠언' 16장 22절에서 다음처럼 말하기 때문이다: "식견은 그것을 지닌 이에게 생명의 샘이 되지만, 미련한 자들의 교훈은 미련할 뿐이다." 여기에서 생명은(vita) '신명기' 30장 19절에서 명백한 것처럼 오직 히브리어에서는 참다운 삶(vera vita)으로 이해한다는 것에 주의해야 한다. 그러므로 지성의 열매는 오직 참다운 삶에 있고 처벌은 오직 참다운 삶의 결여에 있는데, 이러한 사실은 우리가 자연적인 신법과 관련해서 살펴본 네 번째 사항과 완전히 일치한다. 게다가 이 생명의 샘(fons vitae) 내지 지성만이, 이미 우리가 밝힌 것처럼, 현자들에게 법을 규정한

15 (역주) 아담에게 신이 말한 계율이 신법 및 이성에 완전히 일치한다는 의미이다.

16 (역주) 의외로 기독교 신자 중 상당수의 사람들이 성서의 계율이나 기적에 관한 이야기들을 실제 사실에 대한 이야기라고 확신하고 있음을 알 수 있다.

다는 사실을 똑같은 현자인 솔로몬이 가르친 것이다. 왜냐하면 그는 '잠언' 13장 14절에서 다음과 같이 말하기 때문이다: "현인의 가르침은 생명의 샘이라", 곧 방금 인용한 텍스트에서 분명한 것처럼 지혜 있는 사람의 가르침은 지혜(intellectus)이다.[17] 더 나아가서 솔로몬은 '잠언' 3장 13절에서 지성은 인간을 행복하게 그리고 축복받게 하며 참다운 마음의 평온함을 가져다준다고 가르친다. 왜냐하면 그는 다음처럼 말하기 때문이다. "행복하여라, 지혜를 찾는 사람! 행복하여라, 슬기를 찾는 사람" 그 이유는 솔로몬이 '잠언' 3장 16절과 17절에서 계속해서 말하는 것처럼 "지혜의 오른손에는 장수가, 그 왼손에는 부와 영광이 들려 있다. 지혜의 길은 감미로운 길이고, 그 모든 앞길에는 평화가 깃들어 있다." 때문이다. 그러므로 솔로몬의 견해에 따르면, (이사야가 역시 '이사야서' 57장 20절에서 말한 것처럼) 그 마음이 갈등하는 정서에 의해서 동요하여 평화도 안정도 누리지 못하는 불경스러운 자들과 달리 오직 지혜로운 사람들만 평화롭고 한결같은 마음으로 살아가는 것이다.

마지막으로 우리는 솔로몬의 '잠언' 2장의 다음과 같은 구절에 가장 주의해야 한다. 왜냐하면 그것은 우리의 견해를 가장 분명하게 확인해주기 때문이다. '잠언' 2장 3절은 다음과 같이 시작한다. "그래, 네가 예지를 부르고 슬기를 향해 네 목소리를 높인다면 등등 그때에 너는 주님 경외함을 깨닫고 하느님을 아는 지식을 찾아 얻으리라." (지식은 오히려 사랑일 것이다. 왜냐하면 히브리어 '야다: Jadah'는 두 가지 의미

17 (역주) 라틴어판 성서에서 지혜를 intellectus라는 단어로 표시하고 있는데 intellectus보다는 sapientia로 표현했어야 적절했을 것이다. 여기에서 쓰고 있는 intellectus는 인간의 제한된 앎의 능력인 지성보다 오히려 완전한 앎의 능력인 지혜(sapientia)의 의미로 사용되고 있다.

를 다 가질 수 있기 때문이다). "왜냐하면"(이 부분을 주의할 것) "주님께서 지혜(sapientia)를 주시고, 주님께서 친히 지식과 명철(scientia et prudentia)을 주시기 때문이다." 이 말들로 솔로몬은 첫 번째로 오직 지혜 내지 지성(sapientia sive intellectus)만이[18] 신을 현명하게 경외하도록, 곧 참다운 신앙심을 가지고 경배하도록 우리를 가르치고, 두 번째로 솔로몬은 지혜와 지식이 신의 입에서 나오며 신은 그것을 우리에게 준다고 가르친다. 이것 역시 우리가 앞에서 증명한 것이다.

말하자면 우리의 지성과 우리의 지식은 오직 신의 관념이나 인식에만(a sola Dei idea sive cognitione) 의존하고, 그것에서 생기며 그것에 의해서 완전하게 된다. 다음으로 솔로몬은 계속해서 '잠언' 2장 9절에서 가장 분명한 말로 이와 같은 지식이 참다운 윤리학과 정치학을 포함하며 이들 양자는 바로 그러한 지식에서 도출된다고 가르친다: "그때 너는 정의와 공정과 정직을, 이 모든 선한 길을 깨닫게 되리라." 그는 이것으로 만족하지 못하고 계속해서 말한다: "그러면 지혜가 네 마음 속으로 들어가고, 지식이 네 영혼에 감미로우리라. 분별력이[19] 너를 보살피고, 슬기가 너를 지켜 줄 것이다." 이 모든 것은 자연적 지식과(cum scientia naturali) 완전히 일치한다. 왜냐하면 우리가 사물들을 인식하고 지식의 탁월함을 맛본 후에는 자연적 지식이 우리에게 윤리와 참다운 덕을 가르치기 때문이다. 또한 솔로몬의 견해에 의해서도 자연적 지성을 계발하는 사람의 행복과 평온함은 신의 지배에(곧 신의 외적 도움에) 달려 있는 것이 아니고 자기 자신의 내적 덕(이나 신의

18 (역주) 성서에서는 지혜(sapientia)와 지성(intellectus)을 구분하지 않고 쓰고 있다. 스피노자도 성서에서와 마찬가지로 지혜와 지성을 구분하지 않을 경우가 많지만, 스피노자는 어디까지나 철학자이므로 지성은 이론적 분석 능력으로 그리고 지혜는 종합적인 실천 능력으로 보는 경향이 있다.

19 히브리어 mezima는 원래 사유, 숙고, 각성을 의미한다.

내적 도움)에[20] 가장 많이 의존하는데, 그것은 인간의 자기 보존은 주로 신중함, 올바른 행동과 분별력에 달려 있기 때문이다.

마지막으로 우리는 '로마서' 1장 20절에서 바오로가 말하는 구절들을 결코 지나쳐 버려서는 안 될 것이다. 여기에서 바오로는(트레멜리우스Tremellius가 시리아 텍스트로부터 번역하는 것처럼) 다음처럼 말한다: " 세상이 창조된 때부터, 하느님의 보이지 않는 본성, 곧 그분의 영원한 힘과 신성을 조물을 통하여 알아보고 깨달을 수 있게 되었습니다. 따라서 그들은 변명할 수가 없습니다." 여기에서 바오로는 매우 분명하게 다음의 사실을 지적한다. 사람은 누구든지 자연의 빛에 의해서(lumine naturali) 신의 힘과 영원한 신성을 명백하게 이해할 수 있는데, 이것들로부터 각자는 자신이 무엇을 추구하고 또 무엇을 피해야 할지를 알 수 있고 또한 도출해 낼 수 있다. 따라서 바오로는 다음처럼 결론을 내린다. 각자가 초자연적 빛에 대해서 또는 그리스도의 육신의 수난, 부활 등에 대해서(de carnali Christi passione et resurrectione etc.) 몰랐다면 몰라도 어느 누구도 변명할 수 없으며 무지를 핑계로 내세울 수도 없는 것이다. 그러므로 바오로는 바로 다음에 계속해서 '로마서' 1장 24절에서 이렇게 말한다: "그리하여 하느님께서는, 그들이 마음의 욕망으로 더럽혀지도록 내버려 두시어 등등." 바오로는 '로마서' 1장의 마지막까지 무지의 악덕들(vitia ignorantiae)을 묘사하고 그것들을 무지의 처벌로 헤아리는데, 이것은 우리가 이미 인용한 '잠언' 16장 22절의 솔로몬의 다음과 같은 경구와 분명히 일치한다: "미련한 자들의 교훈은 미련할 뿐이다." 그러므로 바오로가 사악한 자는 변명

20 (역주) 인간 자신의 내적 덕과 신의 내적 도움을 동일하게 보는 스피노자의 입장은 범신론적, 자연주의적 형이상학의 특징을 잘 보여 준다.

할 수 없다(maleficos ess inexcusabiles)고[21] 말한 것은 놀랄 일이 아니다. 왜냐하면 모든 사람은 누구나 씨를 뿌린 것처럼 거두기(prout unusquisque seminat, ita metet) 때문이다. 만일 현명하게 고쳐지지 않는다면 악으로부터는 필연적으로 악이 나올 것이고, 만일 한결같은 마음을 지닌다면 선으로부터는 선이 나올 것이다.

그러므로 성서는 자연의 빛과 자연적 신법을 완전히 권한다. 이것으로서 나는 이 장에서 내가 의도한 것들을 끝마쳤다.

21 (역주) 여기에서 '변명할 수 없다'는 '용서받을 수 없다'와 똑같은 의미를 갖는다.

# 5

## 의식(儀式)제도가 만들어진 이유와 성서의 이야기에 대한 믿음의 근거, 그리고 그 믿음이 어떤 이유로 또 누구에게 필요한가?

앞 장에서 우리는 인간들을 참으로 행복하게 만들며 참다운 삶을 가르치는 신법(lex divina)이 모든 인간에게 보편적이라는 것을 제시하였다. 물론 우리는 신법을 인간의 본성으로부터 이끌어 낼 수 있으므로, 그것은 인간의 정신에 내재(內在)해 있으며 그 안에 새겨져 있는 것으로 여겨야 한다. 그러나 적어도 구약에 있는 의식들(caeremoniae)은 오직 이스라엘인들만을 위해서 제정되었고 그들의 왕국에 적용되었으므로 그것들은 대부분 각 개인보다 전체 사회에 관해서 수행될 수 있었다. 종교 의식은 신법에 속하지 않으므로 어떤 행복과 덕에도 기여하지 않는다는 것 역시 확실하다. 오히려 종교적 의식은 이스라엘인들의 선택에만, 곧 (우리가 이 책의 3장에서 제시한 것에 의하여) 그들의 일시적인 물질적 행복과 왕국의 평화에만 관계하며 그들의 왕국이 존속하는 동안만 유용할 수 있었다. 그러므로 만일 구약에서 종교의식이 신법에 속한 것으로 언급되어 있다면 그것은 종교의식이 계시에 의해서 또는 계시된 이론을 기초 삼아 제정되었기 때문이다. 그러나 제아무리 확고한 근거라고 해도 일반 신학자들에게는 그다지 가치가 없기 때문에 나는 방금 제시한 것들을 성서의 권위를 빌려서 입증하려고 한다. 그리고 다음으로는 종교의식이 어떤 이유를 가지고 그리고 어떤 식으로 유대 왕국의 건설과 보존에 기여했는지 한층 더 명백하게 밝히고자 한다.

이사야는 신법은 그 자체로는 종교의식(儀式)이 아니고 참다운 삶의 방식에서 성립하는 보편법이라는 것을 가장 분명하게 가르친다. 즉 '이사야서' 1장 10절에서 예언자 이사야는 자신의 동포에게 자신으로부터 신법을 듣기를 청하고 있다. 그는 우선 신법에서 모든 종류의 봉헌과 모든 축제(omnia sacrificiorum genera et omnia festa)를 배제하고, 신법을 (이것을 다음과 같은 몇 마디 말로 요약한다.) '이사야서' 1장 16, 17절에서 마음의 정화 덕 내지 선한 행동의 실천이나 습관 그리고 가난한 자들의 구원과 같은 몇 마디 말로 요약한다. 이와 마찬가지의 놀라운 증거는 '시편' 40장 6~8절이다. 왜냐하면 여기에서 다윗 왕(Psaltes)은[1] 신에게 이렇게 말하기 때문이다: "당신께서는 희생과 제물을 기꺼워하지 않으시고 오히려 저의 귀를 열어 주셨습니다.[2] … 저의 하느님 저는 당신 뜻을 즐겨 이룹니다. 제 가슴속에는 당신의 가르침이 새겨져 있습니다." 그러므로 다윗 왕은 자신의 내면 내지 정신에 새겨진 것만을 주의 법이라고 불렀고 그것으로부터 의식(儀式)은 배제하였다. 왜냐하면 의식은 본성상 선한 것이 아니고 오직 관습상 선하므로 결코 정신에 새겨지지 않았기 때문이다. 성서에는 이것들 말고도 똑같은 것을 증명하는 다른 구절들이 있지만 이들 두 가지 인용으로

1 (역주) Psaltes는 '시편'(Psalm)의 작가라는 뜻이므로 다름 아닌 다윗 왕을 지시한다.

2 파악(perceptio)을 의미하는 히브리어의 표현 방식이다.

충분하다.

그러나 종교의식은 국가의 일시적 안녕에만 관계하고 지복(至福)에는 아무것도 기여하지 않는다는 사실 역시 성서 자체에서 분명하다. 성서는 종교의식에 대해서는 물질적 편의와 쾌락 이외에는 아무것도 약속하지 않고, 오직 보편적 신법에 대해서만 지복을 약속하기 때문이다. 왜냐하면 보통 모세의 저술로 이야기되는 '모세오경'에서[3] 약속하는 것은 우리가 앞에서 이미 말한 것처럼 세속적인 행복, 즉 명예 내지 명성, 승리, 부유함, 쾌락과 건강뿐이다. 그리고 이 다섯 권의 책에는 종교의식 이외에도 많은 도덕 이론들이 포함되어 있지만 그 안에는 모든 인간에게 해당되는 보편적 도덕 이론들이 포함되어 있지 않고 오직 이스라엘 민족의 이해력과 재능에 적합한 도덕 이론들이 포함되어 있었다. 그러므로 또한 모세오경은 오직 유대 왕국의 유용성만을 목적으로 삼는다.

예컨대 모세는 살인하지 말고 도둑질하지 말라고 교사나 예언자로서 유대인들을 가르친 것이 아니고, 입법자와 통치자로서 그렇게 명령한 것이다. 왜냐하면 그는 이성에 의해서 자신의 교리를 정당화하지 않고, 자신의 명령에 형벌을 추가시키는데, 우리가 경험을 통하여 잘 아는 것처럼 형벌은 각 민족의 성격에 따라서 다를 수 있고 또 다를 수밖에 없다. 간통 금지에 대한 명령(iussum de non commitendo adulterio) 역시 오로지 국가와 왕국의 유용성만을 염두에 두고 있다. 만일 그가 이것을 국가의 유용성뿐만 아니라 각 개인의 마음의 평화 그리고 참다운 행복과 연관된 도덕적 교훈으로 만들고자 하는 의도를 가졌더라면, 그는 그리스도가 단지 보편적인 도덕적 규정만을 가르친 것처럼('마태오

---

3 (역주) 모세오경은 구약의 처음에 나오는 '창세기', '출애굽기', '레위기', '민수기', '신명기' 다섯 개의 경을 말한다.

복음서' 5장 28절을 볼 것) 외적 행동뿐만 아니라 마음의 동의 자체도 꾸짖었을 것이다. 이러한 이유 때문에 그리스도는 모세처럼 육신의 보상을 약속하지 않고 정신적 보상(praemium spirituale)을 약속했던 것이다. 그리고 이로부터 다음의 사실을 쉽게 이해할 수 있다. 그리스도는 어떤 새로운 법도 국가에 도입하려고 하지 않았기 때문에 결코 모세의 법을 폐지하지 않았다. 그가 주로 관심을 가진 것은 도덕적 교리를 가르치고 이것을 국가법과 구분하는 것이었는데, 그것은 무엇보다도 바리사이인들의 무지 때문이었다. 바리사이인들은 국법 내지 모세의 법을 지키는 사람이 행복하게 산다고 믿었지만 이미 우리가 말한 것처럼 이와 같은 국법은 오직 국가에만 관계하며, 이스라엘인들을 가르치는 것이 아니라 구속하는 데만 기여한다.

그러나 우리의 주제로 되돌아가서, 종교의식에 대해서는 오직 신체적 이익만을 약속하고 오직 보편적 신법에 대해서만 행복을 약속하는 성서의 다른 구절들을 인용해 보자. 이러한 주제에 대해서는 예언자들 중 어느 누구도 이사야보다 더 분명하게 가르친 사람이 없다. 왜냐하면 그는 '이사야서' 58장에서 위선을 꾸짖은 다음에 자신과 이웃에 대한 자유와 자비(libertas et charitas erga se et proxinum)를 권하고, 이에 대해서 다음과 같이 약속한다: "그리하면 너의 빛이 새벽빛처럼 터져 나오고 너의 상처가 곧바로 아물리라. 너의 의로움이 네 앞에 서서 가고 주님의 영광이 네 뒤를 지켜 주리라[4] 등등."[5] 그는 바로 다음에 안식일(sabbatum)을 거론하며 안식일을 조심스럽게 지키는 것에 대해서

4 죽음의 시간(tempus mortis)을 의미하는 히브리어 표현. '자신의 조상들에게로 돌아간다' (aggregari ad populos suos)는 죽는 것을 의미한다. '창세기' 49장 29, 33절을 볼 것.

5 (역주) '이사야서' 58장 8절 참조.

다음과 같이 약속한다: "너는 주님 안에서 기쁨을 얻고[6] 나는 네가 세상 높은 곳 위를 달리게 하며[7] 네 조상 야곱의 상속 재산으로 먹게 해 주리라. 주님께서 친히 말씀하셨다." 그러므로 우리는 예언자가 자유와 자비에 대해서는 건강한 육신 안의 건강한 정신을 약속하고, 죽은 다음에는 신의 영광을 약속하는 것을 안다. 그러나 예언자는 종교의식에 대해서는 오직 왕국의 안전과 번영 그리고 신체적 안녕만을 약속한다.

'시편' 15장과 24장에는 의식(儀式)에 대한 언급은 전혀 없고 단지 도덕적 교리에 대한 언급만 있다. 왜냐하면 도덕적 교리에서는 오직 은총(beatitudo)만이[8] 문제이며, 비록 비유적이긴 하지만 단지 은총만 우리에게 제시되고 있기 때문이다. 왜냐하면 거기에서 거론되는 신의 산(山), 신의 장막과 그 안의 거주라는 단어를 예루살렘의 산과 모세의 막사가 아니라 행복과 마음의 평온함으로 이해하지 않으면 안 된다. 그 이유는 이스라엘인들 중 아무도 그곳에 거주하지 않았고 오직 레위족만이 그곳을 관할했기 때문이다. 더 나아가서 앞 장에서 내가 인용한 솔로몬의 모든 잠언들 역시 오직 지성과 지혜의 도야에 대해서만 참다운 행복을 약속한다. 왜냐하면 오로지 지혜에 의해서만 신에 대한 두려움을 이해하고, 신에 대한 지식을 발견하게 되기 때문이다.

그러나 유대인들의 왕국이 몰락한 이후에는 유대인들이 의식(儀式)을 실천할 필요가 없다는 것을 예레미야는 분명히 말한다. 그는 도시의 파멸이 임박한 것을 보고 예언하면서, 신은, 신이 지상에서 긍휼, 공평,

---

6 이것은 네덜란드어에서 'met Godt en met eere'라고 말하는 것처럼 '매우 즐거워하다'를 의미한다.

7 이것은 말을 고삐에 물리는 것처럼 지배권을 의미한다.

8 (역주) beatitudo는 보다 더 구체적으로 말하자면 신의 은총으로서의 행복이다.

정의를 행한다는 것을 알고 이해하는 자들만을 기쁘게 여기며, 오직 이 사람들만 칭찬받을 만한 가치가 있다고('예레미야서' 9장 23절을 볼 것) 말한다. 만일 신이 이렇게 말했다면, 신은 도시가 파괴된 후에 모든 인간을 구속하는 자연법 이 외에는 유대인들에게 아무런 특별한 의식도 요구하지 않았을 것이다.

게다가 신약(Novum Testamentum)도 이러한 견해 자체를 분명하게 확인해 준다. 왜냐하면 우리가 말한 것처럼 신약에서는 오직 도덕적 교리(documenta moralia)만 가르치며 그에 대한 보상으로서 천국을 약속하고 있기 때문이다. 그러나 사도들은 일단 다른 국법에 구속되어 있는 다른 민족들에게도 복음을 전파하기 시작한 이후 의식(儀式)을 떠나 버렸다. 바리사이인들은 왕국의 몰락 이후에도 의식을 또는 적어도 의식의 큰 부분을 보존하였지만, 그것은 신을 기쁘게 하기 위해서보다는 기독교인들의 정신에 반대하기 위해서였다. 왜냐하면 고대 도시가 몰락한 후 유대인들은 포로가 되어 바빌론으로 잡혀 왔을 때, 그들은 내가 알기로는 몇 개의 종파로 나누어지기 이전에 의식을 무시해 버렸다. 실로 그들은 모세의 율법 전체에 등을 돌렸으며, 조국의 법을 전적으로 피상적인 것으로서 망각했고, 우리가 에제키엘과 느헤미야로부터 충분히 알게 된 것처럼 그들은 다른 민족들에게 동화되기 시작하였다. 그러므로 유대인들은 그들의 사회와 국가의 존재가 시작되기 이전과 마찬가지로 왕국이 멸망한 후에는 더 이상 모세의 율법에 구속당하지 않은 것이 분명하다. 왜냐하면 그들은 이집트를 탈출하기 이전에 다른 민족들 사이에서 살고 있을 때, 그들은 자연법 말고 어떤 특별한 법도 가지고 있지 않았기 때문이다. 그리고 그들은 그들이 살던 나라의 국법이 자연적인 신법에(legi divinae naturali) 모순되지 않는 한 의심할 여지없이 국법에(iure reipublicae) 구속당하였다.

그러나 유대민족의 족장들(Patriarchae)이 신에게 제물을 바친 것은 내가 믿기로는 어릴 때부터 제물에 대해서 익숙한 신에 대한 그들의 헌심을 고무하기 위한 것이었다. 왜냐하면 모든 사람은 에녹시대부터(a tempore Enos) 제물에 전적으로 익숙해졌으며 오직 제물을 통해서 신에게 헌신하도록 고무되었기 때문이다. 그러니까 족장들은 명령적인 어떤 신법이나 보편적 신법의 기초에 대한 학습에 의해서가 아니라 단지 당대의 관습에 따라서 신에게 제물을 바쳤던 것이다. 만일 그들이 어떤 사람의 명령에 의해서 그렇게 했다면, 그 명령은 그들이 살고 있던 나라의 법 이외의 다른 것이 결코 아니었다. 그들 역시(우리가 이미 이 장과 또한 3장에서 멜기세덱에 대해서 말할 때 살펴 본 것처럼) 이 법에 구속당하였다.

이로써 나는 성서의 권위에 의해서(scripturae autoritate) 내 주장을 확인했다고 생각한다. 이제 어떻게 그리고 어떤 이유에서 의식들(caeremoniae)이 이스라엘 왕국을 보존하고 견고하게 하는 데 기여했는지 제시하는 일이 남아 있다. 나는 이것을 보편적 원리를 근거 삼아 가능한 한 짧게 제시할 것이다.

사회(societas)는 적으로부터 안전하게 살기 위해서뿐만 아니라 많은 것에서 (있어서) 이익을 창출하기 위해서도 유용하며 가장 필요하기까지 하다. 왜냐하면 사람들이 서로 도우려고 하지 않는다면, 그들은 가능한 한 자신들을 지원하고 유지할 기량과 시간을 잃을 것이기 때문이다. 그 이유는 모든 사람이 모든 일에 똑같이 적합하지 않고, 어느 누구도 오직 자신이 필요로 하는 모든 것을 조달할 능력이 없기 때문이다. 만일 혼자 밭 갈고, 씨 뿌리고, 수확하고, 요리하고, 실 잣고, 바느질하며 삶을 유지하기 위해서 많은 일들을 해야 한다면, 감히 내가 말하건대, 아무도 그럴 힘과 시간이 없을 것이다. 인간 본성의 완성과 인간의 행복을 위해서 가장 필요한 예술들과 학문들은 말할 필요도 없다. 왜냐하면 우리는 국가 없이(sine politia) 야만적으로 살아가는 사람들은 비참하고 거의 짐승과 같은 삶을 이끌어 가지만 얼마 안 되는 그들의 빈약하고 조잡한 것들조차 어떤 종류의 상호협조 없이는 조달할 수 없다는 사실을 알기 때문이다.

만일 인간들이 본성상 참다운 이성이 지시하는 것만을 이미 욕망하도록 구성되었더라면, 확실히 사회는 어떤 법도 필요로 하지 않았을 것이다. 오히려 사람들에게 참다운 도덕 이론(vera documenta moralia을 가르치는 것으로 완전히 충분하며, 사람들은 참답게 유용한 것을 전적으로 자발적으로 그리고 자유로운 마음으로 행했을 것이다. 그러나 인간의 본성(humana natura)은 전혀 다르게 구성되어 있다. 모든 인간은 확실히 자기 자신의 이익을 추구하지만, 결코 건전한 이성의 명령에 따라서 추구하는 것은 아니다. 오히려 그들은 대부분 오직 충동과 마음의 정서에 의해서(ex sola libidne et animi affectibus) 지배당하며(이것들은 미래와 다른 것들에 대해서는 전혀 고려하지 않는다), 사물들을 욕구하고 그것들을 유용한 것으로 판단한다. 어떤 사회도 정부와 권력 없이는 그리고 인간의 충동과 고삐 풀린 격렬함을 통제하고 제지하는 법 없이는 존속할 수 없다. 그렇지만 인간의 본성은 절대적인 강요를 참지 못하며, 세네카(Seneca)가[9] 자신의 「비극」에서 말한 것처럼 폭정(violenta imperia)은 오래 지속하지 못하고 온건한 정부(moderata imperia)가 오래 지속한다.

왜냐하면 오직 두려움에 의해서만(ex solo metu) 행동하는 한, 인간들은 자신들이 가장 원하지 않는 것을 행하며, 자신들이 당연히 행하여

9 (역주) 세네카(4 BC-AD 65)는 로마의 정치가이자 철학자이며 비극 작가이다.

야 할 것의 이익과 필연성은 고려하지 않고, 오직 사형이나 다른 형벌을 당하지 않는 것에만 관심을 가지기 때문이다. 인간들은 자기에게 커다란 불행을 가져다준다고 할지라도 통치자의 불행이나 피해를 기뻐하며, 통치자에게 모든 불행이 닥치기를 욕망하고 그들이 행할 수 있는 곳에서는 그러한 불행을 야기시키려고 한다. 다음으로 인간들은 자기들과 동등한 사람들을 섬기고 그들의 지배를 받는 것을 결코 참지 못한다. 마지막으로 사람들에게 일단 인정했던 자유를 다시 빼앗는 것보다 더 어려운 것은 없다.

앞의 글들을 통해 다음과 같은 사실을 알게 된다. 첫째, 만일 가능하다면 전체 사회가 단일체로 정부의 권력을 장악해서 모든 사람이 자기 자신에게 복종하고 어느 누구도 자신과 동등한 사람에게 복종해서는 안 된다. 주권이 소수의 사람들이나 오직 한 사람에게만 주어진다면, 이 사람은 보통 사람의 본성을 능가하는 것을 소유하지 않으면 안 되거나 혹은 적어도 대중이 힘을 확신하도록 애쓰지 않으면 안 된다. 두 번째로 모든 국가에 있어서(in quocunque imperio) 사람들은 공포가 아니라 자기들이 가장 갈망하는 어떤 선(善)에 대한 희망에 의해서 좌우될 정도로 법을 창설하지 않으면 안 된다. 왜냐하면 각자는 이런 방식으로 기꺼이 자신의 책무를 행할 것이기 때문이다.

마지막으로, 복종은 오직 통치자의 권위에 의한 명령을 실행하는 것이므로 모든 사람들에 의해서 통치되고 법이 공통적 동의에 의해서 만들어지는 국가에서는 결코 복종이 자리 잡을 수 없다. 또는 이러한 사회에서는 법이 늘든지 또는 증가하든지 간에 상관없이 외적 권위에 의해서가 아니라 백성의 고유한 동의가 중요하기 때문에 백성은 언제나 자유롭다. 그러나 오직 한 사람만이 주권(imperium)을 소유한 곳에서는 정반대의 일이 생긴다. 왜냐하면 모든 주권의 명령이 오직 한 사람의 권위에 의해서만(ex sola autoritate unius) 실행되기 때문이다. 그러므로 만일 백성이 처음부터 통치자의 말에 복종하도록 교육받지 않았다면, 통치자가 필요할 경우 새로운 법을 제정하고 백성에게 인정했던 자유를 빼앗는 일은 어려울 것이다.

이러한 것을 일반적으로 고찰하였으니 이제 이스라엘 국가를 살펴보도록 하자. 이스라엘인들이 처음 이집트를 탈출했을 때 그들은 더 이상 다른 민족의 법에 구속당하지 않았고, 자기들이 원하는 새로운 법을 자유롭게 인정하거나 새로운 법을 제정하고 또한 원하는 장소라면 어디든지 영토로 소유하고 국가를 건설할 수 있었다. 그렇지만 현명하게 법을 구성하고 통치권을 공동으로 자기들의 수중에 장악하는 일은 그들의 능력을 훨씬 벗어나는 것이었다. 그들은 거의 모두가 교육받지 못했으며 비참한 노예 상태에 있었다. 그러므로 통치권(imperium)은[10] 오직 한 사람의 수중에만 놓여 있어야 했다. 그 한 사람은 다른 사람들을 명령하고, 그들을 권력으로 강요하고, 법을 제정하고 나중에는 법을 해석할 수 있었다. 모세는 이와 같은 통치권을 쉽사리 손에 넣을 수 있었다. 왜냐하면 그는 신적인 덕에 있어서 타인들을 능가했으며, 백성들에게 그 사실을 설득시켰고 많은 증거들을 통해서 그것을 증명했기 때문이다('출애굽기' 14장 마지막 절과 19장 9절을 볼 것). 그러므로 모세는 자신이 지닌 신적 힘에 의해서 신법(divina iura)을 제정하고 그것을 백성들에게 규정하였다. 그러나 그는, 백성들이 두려워서가 아니라 자발적으로 자기들의 책무를 행하도록 최대한의 관심을 기울였다 백성들의 완강한 기질(오직 권력만으로는 강요당하지 않는)과 임박한 전쟁의 두 가지 상황은 모세를 그렇게 행하도록 가장 많이 강요하였다. 전

10 (역주) imperium은 통치권, 주권, 국가, 왕국 등 여러 가지 의미를 가지고 있다.

쟁에서 성공적인 결과를 얻기 위해서는 병사들을 처벌의 위협으로 공포에 떨게 하기보다 용기를 가지도록 격려하지 않으면 안 된다. 왜냐하면 이렇게 해야만 각각의 병사는 오직 바로 처벌을 피하기 위해서가 아니라 용맹스럽고 용기에 가득 찬 정신을 가지고 전력을 다할 것이기 때문이다.

이러한 이유로 인해서 모세는, 백성들이 두려움에서가 아니라 헌신적으로 자기들의 책무를 수행하도록 신적 힘과 명령에 의해서(virtute et iussu divino) 종교를 국가에 도입하였다. 다음으로 그는 그들에게 이득을 가져다줌으로써 그들을 결속시켰고 미래에는 신 때문에 더 많은 것을 그들이 얻게 될 것을 약속하였다. 모세가 제정한 법을 연구하는 사람은 누구나 쉽게 인정하는 것처럼 그 법은 심하게 엄하지 않았다. 특히 피고의 유죄를 판결하기 위해서 어떤 것을 필요로 하는 상황에서는 더욱 그러하다.[11] 마지막으로 모세는 스스로를 다스릴 수 있는 능력이 없는 노예 상태에 물들어 온 백성들을 통치자에게 완전히 종속시키게 하기 위해 그들이 자유롭게 행동할 수 있는 것은 아무것도 남겨놓지 않았다. 왜냐하면 백성들은 오직 통치자의 의지에만(a solo imperantis arbitrio) 달려 있는 법을 기억하고 동시에 명령을 수행하는 것 말고는 아무것도 할 수 없었기 때문이다. 그 이유는, 그들은 자기들의 의지에 따라서가 아니라 확실하고 결정적인 법의 명령에 따라서 쟁기질하고 씨를 뿌리고 수확할 수 있었기 때문이다. 마찬가지로 그들은 법에 규정된 명령과 법령에 의하지 않으면 어떤 것을 먹을 수도, 입을 수도 없었고, 이발하고 면도할 수도 없었고, 기뻐할 수도 없었으며 그들

11 (역주) 스피노자가 여기에서 암시하고 있는 것은 유대 형법의 요구 사항이다. 사형에 대한 유대 형법은 두 명의 증인에 의한 증언이 필요하고 이 조건이 충족되지 않으면 살인 피의자는 사형 선고를 받지 않는다.

이 좋아하는 것도 결코 할 수 없었다. 뿐만 아니라 그들은 문기둥에, 손에 그리고 두 눈 사이에 항상 그들의 복종을 상기시키는 특정한 표시를 지니지 않으면 안 되었다.

그러므로 다음과 같은 것이 종교의식(儀式)의 목적이었다. 사람들은 자신의 결정에 의해서(ex proprio decreto)가 아니라 타인의 명령에 의해서 모든 행동을 해야 하며 끊임없이 자신들이 행동과 생각의 고유한 권리를 가지고 있지 않고 타인의 권리 아래에 있다는 것을 고백하지 않으면 안 되었다. 이 모든 것들로부터 의식(儀式)들이 은총(beatitudo)과 아무런 관계도 없다는 것은 한층 더 명확하다. 그리고 「구약」의 의식들, 실로 모세의 율법 전체는 오직 이스라엘 왕국만을 염두에 두었으며, 결국 오직 물질적 번영(corporis commoda)만을 염두에 두고 있었다.

그러나 세례, 성찬, 축제, 외적 예배 그리고 이 외의 기독교에 공통되는 그리고 언제나 공통적이었던 모든 의식들이 그리스도나 사도들에 의해서 만들어졌다면 이러한 기독교의 의식들은 오직 보편적 교회의 외적 징표(universalis Ecclesiae signa externa)로서 제정된 것이고, 행복에 어떤 것을 기여하거나 자신 안에 성스러운 어떤 것을 가지기 위한 것은 아니었다. 그러므로 비록 이 의식들이 어떤 정부를 위해서 제정되지는 않았다고 할지라도, 그것들은 전체 사회를 위해서 제정된 것이었다. 따라서 혼자 사는 사람은 그러한 종교의식들에 구속당하지 않았다.

실로 기독교가 금지된 왕국에 사는 사람은 이러한 의식들에서 멀리 떨어져서도 행복하게 살 수 있었을 것이다. 우리는 이러한 예를 일본 왕국에서 볼 수 있는데, 그곳에서는 기독교가 금지되어 있었고, 그곳에 거주하는 네덜란드인들은 동인도회사로부터 모든 외적인 의식(儀式)으로부터(ab omni externo cultu) 멀리하기를 요구받는다.[12] 그런데 또 다른 권위에 의해서 이것을 확인할 필요는 없다고 생각한다. 「신약」의 기본 원리로부터 이러한 사실 자체를 이끌어 내고, 많은 확실한 증거를 제시하는 것이 어렵지 않다고 할지라도, 나는 다른 주제를 다루고 싶어 이 주제는 그만 다루기로 하겠다. 나는 이 장의 두 번째 부분에서 취급하기로 했던 것을 진행하고자 한다. 그 부분의 핵심은 누구에게 그리고 어떻게 성서의 이야기에 대한 믿음이 필요한가이다. 그러나 이것을 자연의 빛에 의해서(lumine naturali)[13] 탐구하기 위해서는 다음처럼 진행하지 않으면 안 될 것 같다.

만일 어떤 사람이 자명하지 않은 어떤 것을 찬성하거나 반대하면서 자신의 견해를 받아들이도록 사람들을 설득하고자 한다면, 그는 자신의 논점을 이미 인정된 전제로부터 증명해야 하며, 경험이나 이성에 의해서, 말하자면 자연에서 감각 경험에 의해서 생기는 것이지만 자명한 지적 공리에 의해서 생기는 것에 대해서 사람들을 설득하지 않으면 안 된다. 그런데 경험(experientia)이 명석판명하게 이해되는 것이 아니라면, 그 경험은 사람을 설득한다고 할지라도 오직 지적 공리로부터, 곧 오직 지성의 힘으로부터 그리고 지성의 질서 있는 지각에서 도출되는 이론만큼 지성에 영향을 미칠 수 없으며 또한 의심의 안개를 걷어 낼 수도 없다. 특히 문제의 핵심이 정신적인 것이며 결코 감각에 속하지 않는 경우에는 더욱 그러하다.

그러나 오직 지적 개념으로부터만 연역하는 것에 대해서는 흔히 길

12 (역주) 밖으로 요란하게 드러나는 기독교 예배와 같은 종교 의식을 삼가해 달라는 요구를 받았다는 것.

13 (역주) lumen naturale는 신이 인간에게 부여한 지성(intellectus) 내지 이성(ratio)이다.

게 결합된 개념의 파악이 요구되며, 게다가 최고의 신중함, 예리한 재능 그리고 최고의 자제력을 요구하는데, 이 모든 것은 사람들에게서 거의 찾아보기 힘들다. 사람들은 몇 개의 공리로부터 자신의 모든 지각들(omnes suas perceptiones)을[14] 연역하여 그것들을 결합시키는 것보다 차라리 경험으로부터 배우고자 한다. 그러므로 만일 어떤 사람이 인류 전체는 말할 필요도 없고 어떤 민족 전체에게 어떤 교리를 가르치고 그것이 모든 사람에게 상세히 이해되기를 바란다면 그는 자신의 의도를 오직 경험에 의해서 확인하지 않으면 안 된다는 사실이 귀결된다. 그리고 그는 자신의 이론의 근거와 정의(定義)들을 인류의 대부분을 이루는 대중의 이해력에(ad captum plebis) 맞추어야 하며, 대중에게는 한층 더 잘 결합된 추리를 위한 정의들을 제공해서도 안 된다. 만일 그렇게 하지 않는다면 그는 단지 식자(識者)만을 위해서 글을 쓰게 될 것이다. 다시 말해서 그는 오직 극소수의 사람들에 의해서만 이해될 수 있을 것이다.

성서 전체는 우선 하나의 민족 전체를 위해서 그리고 나아가서는 인류 전체를 위해서 계시되었기 때문에 그 내용은 필연적으로 대중의 이해력에 가장 알맞지 않으면 안 되었으며 오직 경험만이 그것을 확인할 수 있었다. 이것을 좀 더 분명하게 설명해 보기로 하자.

성서가 오직 가르치고자 하는, 사변(speculatio)에 관한 이론은[15] 주로 다음과 같다: 말하자면 신 내지 존재자(Deus sive ens)가 존재한다. 신은 만물을 창조하고 최고의 지혜로 이끌고 가며 유지한다. 그리고 신은 경건하고 정직하게 살아가는 사람들을 가장 소중하게 배려하지만

14 (역주) perceptiones는 '지각들'이지만 이 표현이 의미하는 것은 지성 인식으로서의 개념들이다.

15 (역주) 순수하게 이론적인 내지 철학적인 교리를 의미한다.

그렇지 않은 다른 사람들은 심하게 벌하며 그들을 선한 사람들로부터 분리시킨다. 그런데 성서는 오직 경험에 의해서만, 즉 경험이 이야기하는 역사에 의해서만 앞의 사실을 확인한다. 성서는 그러한 사실에 대한 아무런 정의(定義)도 주지 않고, 성서의 모든 말과 추리(omnia verba et rationes)는 대중의 이해력에 맞추어져 있다. 그리고 경험은 이러한 것들에 대한 분명한 인식을 주지 못하고, 신이 무엇이며 어떻게 만물을 유지하고 이끌며 인간을 보살피는지를 가르치지 않는다고 할지라도 인간의 마음에 복종과 헌신을 충분히 새길 정도로 인간을 가르치고 계몽한다.

나는 성서의 이야기에 대한 믿음이 누구를 위해서 그리고 어떤 이유에서 필요한지 충분히 밝혀졌다고 생각한다. 왜냐하면 방금 제시한 것으로부터 가장 분명하게 성서에 대한 지식과 믿음은 사물을 명석판명하게 지각할 자질이 안 되는 대중에게 가장 필요했다는 사실이 귀결된다. 더 나아가서 신이 존재한다는 것을 믿지 않으며 신이 사물들과 인간들을 배려한다는 것을 믿지 않기 때문에 성서의 이야기를 부정하는 사람은 불경스러울 것이다. 그러나 성서의 이야기에 대해서는 알지 못하며, 그럼에도 불구하고 자연의 빛(lumen naturale)에 의해서 신이 존재한다는 것과 우리가 말한 또 다른 이론들을 알며 참다운 삶의 이유를 가진 사람은 전적으로 행복하고, 실로 대중보다 더 행복하다. 왜냐하면 그는 참다운 의견 이외에도 그것을 넘어서서 명석판명한 개념을 가지고 있기 때문이다. 마지막으로 성서의 이야기를 알지 못하며 자연의 빛에 의해서도 아무것도 알지 못하는 자는 불경하지도 완고하지도 않지만 인간이 아니고 신이 부여한 어떤 재능도 소유하지 않은 야수에 가까울 것이다.

그러나 여기에서 우리는 다음을 주의해 보아야 한다. 성서의 이야기를 아는 것이 대중에게 가장 필요하다고 우리가 말했을 때, 그것은 그들이 성서에 포함된 모든 이야기를 알아야 한다는 것이 아니고, 단지 본질적인 이야기만을 즉 다른 것은 필요 없이 방금 우리가 말한 교리를 한층 더 분명하게 제시하며 인간의 마음을 가장 잘 움직일 수 있는 이야기만을 알아야 한다는 것이다. 왜냐하면, 만일 성서의 모든 이야기들(omnes Scripturae historiae)이 그것들의 가르침을 증명해야 하며, 성서에 포함된 이야기 전체에 대한 고찰에 의해서만 결론이 도출될 수 있다면, 성서의 교리에 대한 증명과 결론은 대중은 물론이고 인간의 이해력과 힘을 완전히 넘어서 있으므로 누가 그토록 수많은 이야기와 무수히 많은 상황들 그리고 매우 다양한 이야기들로부터 이끌어 내야만 하는 이론의 부분들에 주의를 기울일 수 있겠는가? 나는 적어도 우리가 가지고 있는 형태로 우리에게 성서를 남겨 준 사람들도 그와 같은 증명을 탐구할 수 있을 정도로 충분한 재능이 있었다고는 확신할 수 없다. 한층 더 나아가서 이삭의 언쟁, 압살롬에서 행한 아히도벨의 충고, 유대인들과 이스라엘인들 사이의 시민 전쟁(bellum civili Iudaeorum et Israëlitarum) 그리고 이와 같은 식의 다른 이야기들을 들어야만 성서의 교리를 이해할 수 있다고 결코 생각하지 않는다. 또한 나는 에제키엘 시대에 살았던 사람들보다 모세의 시대에 살았던 사람들에게 이야기를 통해서 성서의 교리를 증명하는 일이 어려웠다고 생각하지도 않는다. 그러나 이것에 대해서는 다음에 상세하게 다루기로 하자.

대중은 오직 최대한 그들의 마음을 복종과 헌신으로 이끌어 줄 수 있는 이야기만 알 필요가 있다. 그러나 대중 자체는 이야기를 판단할 만한 충분한 능력이 없고, 이야기 자체의 교리보다는 특별하며 예기치 않은 사건을 더 좋아한다. 이러한 이유 때문에 이야기를 직접 읽어 주는 것 말고도 박약한 재능을 가진 대중을 가르치는 성직자 내지 교회의 목사(pastor sive Ecclesiae minister)가 필요하다.

우리의 주제를 벗어나지 않고, 우리가 처음에 의도한 것을 제시하기 위해서 다음과 같이 결론을 내린다. 이야기가 어떤 종류이든지 간에 이야기에 대한 믿음은 신법과는 아무런 관계도 없고, 그 믿음 자체는 인간들을 행복하게도 하지 않으며 성서에 대한 이론에 관해서만 유용성을 가지고 있다. 이 유용성의 관점에 있어서만 어떤 이야기는 다른 이야기들보다 뛰어날 수 있다. 그러므로 「구약」과 「신약」의 이야기들은 유익한 신념을 고무하는 점에서 서로 차이가 나며 세속적인 글들을 능가한다. 만일 어떤 사람이 성서의 이야기를 읽으면서 그것을 완전히 믿지만 성서가 가르치려고 의도하는 교리에 주의를 기울이지도 않고 삶을 개선하려고도 하지 않는다면, 그는 코란이나 시인의 연극 또는 단순한 역대기(chronica)를 대중의 통상적인 주의력을 가지고 읽을 수 있는 것과 다를 것이 없다. 반대로 우리가 말한 것처럼 성서의 이야기를 전혀 모르지만 건전한 견해와 참다운 삶의 근거들을 소유한 사람은 완전히 은총을 받으며[16] 실제로 그리스도의 성령(Christi Spiritus)을 자신 안에 소유한다.

유대인들은 분명히 나와 반대되는 견해를 가지고 있었다. 왜냐하면 유대인들의 주장에 의하면, 사람들이 참다운 견해와 참답게 사는 방식을 모세에게 예언적으로 계시된 교리가 아니라 오직 자연의 빛에만 의존하는 한 참다운 견해와 참답게 사는 방식은 행복에 아무런 이익도 되지 못하기 때문이다. 그 이유인즉 마이모니데스는 「왕들의 서」 8장, 법 11에서 다음과 같은 말을 공공연하게 주장하기 때문이다. "일곱 계명을[17]

16 (역주) '완전히 은총을 받으며' (absolute beatus est)는 '완전히 행복하며' 와 동일한 의미이다.

17 유대인들은 신이 노아에게 모든 민족들을 구속하는 일곱 계명을 주었다고 믿는

마음에 새기고 부지런히 수행하는 자는 경건한 민족에 속하여 내세를 상속받게 된다. 말하자면 만일 신이 자신의 율법에 규정했고, 이전에 노아의 자손들에게 규정한 일곱 계명을 모세를 통해서 우리에게 계시했기 때문에 그것을 마음에 새기고 수행한다면 그 사람은 경건한 민족에 속하여 내세를 상속받게 된다. 그러나 이성의 인도에 따라서 일곱 계명을 수행한다면 그는 경건한 민족의 주민도 또 현명한 민족의 주민도 아니다." 이것이 마이모니데스의 주장이다. 여기에 셈 토브(Shem Tob)의 아들인 랍비 요셉은[18] 「케보드 엘로힘」(Kebod Elohim), 곧 「신의 영광」으로 불리는 책에서 다음과 같이 추가했다: 비록 아리스토텔레스가 (랍비 요셉은 아리스토텔레스를 최고의 윤리학을 쓴 사람으로 생각하며 모든 사람보다 뛰어나다고 평가한다.) 참다운 윤리학에 속하며 그 자신이 자신의 윤리학에서 나오는 모든 것을 하나도 빼놓지 않았고, 모든 것을 면밀히 추구했다고 할지라도 그것 자체는 구원에 도움이 될 수 없었다는 것이다. 왜냐하면 아리스토텔레스는 자신이 가르치는 이론을 예언적으로 계시된 신의 교리(documenta divina prophetice revelata)로서가 아니라 단지 이성의 명령에 의해서만(ex solo dictamine rationis) 받아들였기 때문인 것이다.

신중한 독자라면 이 모든 것이 단지 허구(figmentum)이고, 어떤 추론에 의해서도 그리고 성서의 권위에 의해서도 지지받지 못한다는 것을 충분히 확신할 수 있을 것이다. 그러므로 그와 같은 견해를 반박하

---

다. 그러나 신은 오직 유대인들에게만 다른 많은 계명들을 주어서 그들을 다른 민족들보다 더 은총을 받게 한다고 믿는다.

18 (역주) 랍비 요셉(Joseph ben Shem Tov)은 15세기 스페인의 유대학자로서 마이모니데스를 비판하는 입장이었으며, 그는 아리스토텔레스의 철학이 유대교와 일치하는지 또는 아닌지에 대해서 유보적 견해를 가지고 있었다. 한편, 셈 토브는 아리스토텔레스의 「니코마코스 윤리학」에 대한 주석서도 저술하였다.

기 위해서는 그 견해 자체를 검토해 보는 것으로 충분할 것이다. 나는 참다운 구원에 대한 문제에 있어서 자연의 빛이 아무런 건전한 가르침도 줄 수 없다고 주장하는 사람들의 견해를 반박할 의도도 없다. 왜냐하면 어떤 건전한 이성도 스스로 인정하지 않는 사람들은 어떤 것도 이성적 추리에 의해서 증명할 수 없기 때문이다. 만일 그들이 이성을 초월하는 어떤 것을 스스로 팔고 있다면, 이것은 단지 허구일 뿐이며 이성적으로 매우 열등한 것인데, 이러한 사실은 그들의 일반적인 생활 방식이 이미 충분히 보여 준다. 그러나 여기에서는 그러한 사람들에 대해서 더 명백하게 이야기할 필요가 없다.

나는 단지 다음의 사실을 덧붙여서 말하고자 한다. 우리는 오직 일에 의하지 않고는(nisi ex operibus) 어느 누구도 알 수 없다.[19] 그러므로 누군가가 자비, 기쁨, 평화, 인내, 친절함, 선함, 믿음, 온유, 자제심과 같은 열매들로 충만하다면, 이것을 막을 수 있는 법은 (바오로가 '갈라디아서' 5장 22절에서 말하는 것처럼) 어디에도 없다. 그러한 사람은 오직 이성을 통해서 배웠든지 아니면 오직 성서만을 통해서 배웠든지 간에 실제로 신으로부터 배운 것이며 전적으로 은총을 받은 것이다(omnino beatus). 이것으로써 나는 신법에 관해서 논의하기로 했던 모든 것을 마쳤다.

19 (역주) 오직 실천적 행동에 의해서만 인간을 알고 평가할 수 있다는 말이다.

# 6

# 기적

사람들은 인간의 이해력을 초월하는 지식을 습관적으로 신성하다고 부르는 것과 마찬가지로 그 원인이 대중에게 알려지지 않은 일을 신성하다거나 또는 신의 역사(Dei opus)라고 습관적으로 부른다. 왜냐하면 대중은 자기들이 통상적으로 자연에 대해서 가졌던 견해와 어긋나는 기이한 것이 자연에서 생기는 것을 볼 때, 특히 그것이 그들에게 이익이나 쾌적함을 가져다 줄 경우, 신의 권능과 섭리(Dei potentia et providentia)가 가장 분명하게 입증되었다고 생각하기 때문이다. 사람들은 인간이 알 수 있는 신의 존재(existentia Dei)의 가장 분명한 증명을 바로 자연이 고유한 질서를 벗어나는 것에서 생기는 것이라고 생각한다. 그리하여 사람들은 사물들과 기적을 자연적 원인을 통해서 설명하거나 이해하려고 애쓰는 모든 사람을 신이나 신의 섭리를 제거하려고 한다고 생각한다.

말하자면 사람들은 자연이 통상적인 질서에 따라 작용하는 동안 신이 아무것도 행하지 않고, 반대로 신이 활동하는 동안에는 자연력과 자연의 원인이 작동하지 않는다고 판단한다. 그러므로 사람들은 수적으로 서로 구분되는 두 개의 힘을, 말하자면 신의 힘(potentia Dei)과 자연적 사물의 힘(potentia rerum naturalium)이 있다고 생각하지만, 자연적 사물의 힘은 일정한 방식으로 신에 의해서 결정되었거나 (오늘날 대부분의 사람들이 믿고 있는 것처럼) 창조되었다고 생각한다. 그들은 신의 힘은 바로 군주의 권능과 같지만 자연의 힘은 힘과 충동이라고 상상하는 것 이 외에는 두 가지 힘과 신과 자연을 전혀 이해하지 못하고 있다.

그러므로 비범한 자연의 작품들(opera naturae insolita)을 대중은 기적 내지 신의 역사(miracula sive Dei opera)라고 부른다. 대중은 한편으로는 신에 대한 헌신에서 다른 한편으로는 자연과학이 추구하는 것에 반대하기 위해서 자연 사물들의 원인에 대해서 알지 않으려고 하며, 자기들이 겨우 이해할 수 있고 가장 자기들에게 경외감을 일으키는 것만을 들으려고 한다. 물론 대중은 오직 신을 숭배할 뿐이고, 자연적 원인을 제거하고 사물들을 자연적 질서 밖에 있는 것으로 생각함으로써 모든 것을 신의 지배나 의지에 돌릴 수 있으며, 자연의 힘이 신에 의해서 압도당했다고 생각할 때만 신의 힘을 한층 더 경외한다. 이와 같은 생각은 초기 유대인들에게서 유래된 것으로 보인다. 그들은 눈으로 볼 수 있는 신들, 말하자면 태양, 달, 지구, 물, 공기 등을 믿는 그 시대의 이방 민족들의 믿음을 반박하고 이방 민족들이 믿는 신들은 약하고 덧없거나 변할 수 있으며 자기들은 볼 수 없는 신의 지배 아래에 있다는 것을 제시하기 위해서 그들의 기적에 대해서 말했다. 더 나아가서 그들은 이 기적으로부터 전체 자연은 자기들이 숭배하는 신의 명령에 의해서 자기들만의 이익을 위해서 진행한다는 것을 증명하려고 했다. 이러한 생각은 너무 인간들의 마음에 드는 것이어서 사람들은, 신은 다른 것들보다 기적을 사랑하며, 신이 만물을 창조하고 끊임없이 향하도록 하는 궁극 목적(causa finalis)이 기적이라는 것을 인간들에게 확신시키기 위해서 오늘날까지도 계속해서 기적을 만들어 낸다. 대중의 어리석음의 요구는 한이 없는 것 같다. 대중은 신에 대해서도, 또 자연에 대해서도 올바른 개념을 가지고 있지 않다. 대중은 신의 견해(Dei placita)와 인간의 견해를 혼동하고, 자연을 제한된 것으로 만들기 때문에 인간을 자연의 가장 중요한 부분이라고 믿는다. 이로써 나는 자연과 기적에 대한 대중의 견해와 편견을 충분히 상세하게 설명하였다. 그렇지만 주제를 질서 있게 정확히 제시하기 위해서 나는 다음처럼 증명하고자 한다.

1. 자연에 반대되는 것은 아무것도 생길 수 없지만, 자연은 영원히 고정되고 불변하는 질서를 보존한다는 것을, 그리고 동시에 기적을 무엇으로 이해해야 하는지를 나는 증명할 것이다.

2. 우리는 기적으로부터는 신의 본질(essentia)도, 존재(existentia)도, 섭리(providentia)도 알 수 없고, 자연의 고정된 불변하는 질서로부터 이 모든 것들을 훨씬 더 잘 알 수 있다.

3. 신의 명령과 의지 그리고 결국 섭리는 자연의 영원한 법칙에서 귀결되는 자연 질서 자체를 뜻할 뿐이라는 것을 성서의 몇 가지 예들을 통해서 증명할 것이다.

4. 마지막으로 성서에 나오는 기적의 해석 방식과 우리가 기적에 관해서 주의하지 않으면 안 될 점을 다루겠다.

그런데 이것들은 이 장에서 논의해야 할 중요한 것들이며, 이 주제들은 이 책 전체가 의도하는 것에도 적지 않게 기여하리라고 판단한다.

첫 번째 것에 대해서 말하자면 그것은 내가 4장에서 신법에 대해서 증명한 것들에 의해서 쉽사리 증명된다. 신이 원하거나 결정하는 것은 영원한 필연성과 진리를 포함하는 것이다. 왜냐하면 우리는 신의 지성이 신의 의지와 구분되지 않는다는 사실로부터 신이 어떤 것을 원한다고 말하는 것은 신이 그것을 이해한다고 말하는 것과 똑같다는 것을 증명했기 때문이다. 그러므로 신의 본성과 완전성으로부터(ex natura et perfectione divina) 신이 사물을 존재하는 그대로의 어떤 것으로 이해한다는 것이 필연적으로 귀결되는 것처럼 신이 존재하는 그대로의 사물을 원하는 것도 신의 본성과 필연성으로부터 필연적으로 귀결된다.

그러나 모든 것은 오직 신의 결정에 의해서만(ex solo divino decreto)[1] 필연적으로 참답기 때문에 보편적 자연법칙들(leges naturae universales)은 신의 본성의 필연성과 완전성에 기인하는 신의 결정이라는 것이 가장 분명하게 귀결된다. 만일 자연의 보편 법칙에 어긋나는 것이 일어난다면 그것은 신의 결정과 지성 그리고 본성에도 필연적으로 어긋난다. 그런데 어떤 사람이 신은 자연법칙에 어긋나게 어떤 것을 행한다고 주장한다면 그는 신이 신 자신의 본성에 어긋나게 행동한다고 주장할 수밖에 없는데, 이보다 더 부당한 주장은 없다. 또한 자연의 힘은 신의 힘과 덕이며, 신의 힘은 바로 신의 본질이라는 사실로부터 똑같은 것이 쉽게 증명될 수 있을 것이다. 나는 여기에서 이 문제는 기꺼이 넘어가려고 한다.

자연(natura)에서는[2] 보편 법칙 자체에 어긋나는 것은 어떤 것도 생길 수 없다. 또한 자연에서는 자연법칙과 일치하지 않거나 기인하지 않는 것은 어떤 것도 생길 수 없다. 왜냐하면 자연에서 생기는 것은 무엇이든지 간에 신의 의지와 영원한 결정에 의해서 생기기 때문이다. 곧

1 (역주) decretum은 결정, 원칙 등의 의미를 갖고 있다. Dei decretum은 '신의 결정' 또는 신의(神意)로 옮길 수 있다.

2 나는 여기에서 자연을 물질(materia)과 물질의 변용들(affectiones)로 이해할 뿐만 아니라 물질 이외에도 무수히 많은 다른 것들로도 이해한다.

이미 밝힌 것처럼 자연에서 생기는 모든 것은 영원한 필연성과 진리(aeterna necessitas et veritas)를 포함하는 법칙과 규칙에 따라서 생긴다. 그러므로 자연은, 비록 모든 법칙과 규칙이 우리에게 알려지지 않았다고 할지라도 영원한 필연성과 진리를 포함하는 법칙과 규칙을 언제나 지킨다. 자연은 또한 고정되어 있고 불변하는 질서를 지킨다. 어떤 건전한 이성도 자연에는 제한된 능력과 힘이 있으며 모든 것에 적용될 수 없다고 우리를 설득할 수 없다. 왜냐하면 자연의 힘과 능력은 신의 힘과 능력 자체이며 자연법칙과 규칙은 신의 결정 자체이므로 자연의 능력은 무한하고 자연법칙은 지성을 통해서 인식되는 모든 것에 미칠 만큼 광범위하다는 것은 전적으로 믿지 않으면 안 된다. 그렇지 않으면, 신은 너무 무력하게 자연을 창조하고 자연법칙과 규칙을 규정했기 때문에, 만일 신이 자연의 보존을 원하고 사건들의 과정이 자신이 원하는 대로 이루어지기를 바란다면 그는 어쩔 수 없이 자주 자연을 구하기 위해서 다시 오지 않으면 안 될 것이다. 나는 이와 같은 주장은 이성과는 너무 거리가 멀다고 판단한다.

자연법칙에서 나오지 않은 것은 어떤 것도 자연에서 생길 수 없으며 자연법칙은 신의 지성 자체에 의해서 인식되는 모든 것을 포괄하고 자연은 고정되고 불변하는 질서를 지킨다. 이로부터 다음의 사실이 가장 분명하게 귀결된다. 기적이라는 말(nomen miraculum)은 오직 인간의 견해에 관계해서만 이해될 수 있으며, 기적은 통상적인 것들의 또 다른 예를 따라서 그 자연적 원인을 설명할 수 없는 일, 또는 적어도 기적에 대해서 쓰거나 이야기하는 사람 자신이 해명할 수 없는 일을 의미할 뿐이다. 나는 확실히, 기적이란 자연의 빛에[3] 의해서 알려진 자연 사물의

3 (역주) lumen naturale는 몇 차례 앞의 (역주)들에서 지적한 것처럼 신이 인간에게 부여한 지성(intellectus) 내지 이성(ratio)이다.

원리에[4] 의해서 설명될 수 없는 것이라고 말할 수 있다. 그러나 기적은 자연 사물의 원리에 대해서 전혀 모르는 대중의 이해력에 따라서 만들어졌기 때문에 옛날 사람들은 대중이 자연적인 것들을 통상적으로 설명하는 방식을, 곧 보통 놀랍지 않은 것으로 여기는 다른 유사한 것을 생각하기 위해서 기억에 의하여 설명할 수 없는 것을 기적으로 여긴 것이 확실하다. 왜냐하면 어떤 것에 대해서 놀라지 않을 때 대중은 그것을 충분히 이해한다고 판단하기 때문이다. 고대인들과 지금까지의 거의 모든 사람들은 기적에 대한 이러한 기준 이외의 어떤 기준도 가지고 있지 않았다. 그러므로 성서에서는, 지금은 그 원인이 자연 사물에 대해서 알려진 원리에 의해서 쉽게 해명될 수 있는 많은 기적들이 이야기되고 있다. 이것은 우리가, 여호수아 시대에 태양의 정지와 아하즈 시대에 태양이 지는 것에 대해서 이미 앞의 2장에서 지적한 것이다. 그러나 우리는 이 장에서 다루기로 한, 기적의 해석에 관해서 논의하면서 바로 앞의 문제를 더욱더 충분히 다룰 것이다.

이제 두 번째 문제로 넘어갈 시간, 곧 다음의 사실을 증명할 시간이다: 우리는 기적으로부터 신의 본질(essentia)도, 존재(existentia)도, 섭리(providentia)도 이해할 수 없으며, 오히려 반대로 기적은 고정되고 불변하는 자연 질서에 의해서(ex fixo atque immutabili naturae ordine) 훨씬 더 잘 이해될 수 있다. 나는 다음과 같은 과정을 거치면서 이것을 증명하겠다. 신의 존재는 그 자체로 자명하지 않기 때문에[5] 신

4 (역주) 자연 사물의 원리는 자연법칙과 규칙을 말한다.

5 우리가 신 자체에 대해서 명석판명한 관념을 전혀 가지지 않고 단지 혼란한 관념만 가지고 있는 한 우리는 신의 존재를 그리고 결국 모든 것들을 의심한다. 왜냐하면 삼각형의 본질(natura triangli)을 옳게 알지 못하는 사람은 삼각형의 세 각의 합이 두 직각의 합과 똑같다는 것을 알지 못하는 것과 마찬가지로, 신의 본성을 혼란스럽게 파악하는 사람은 존재한다는 것이 신의 본성에 속하는 것(quod ad Dei

의 존재는, 개념들의 진리가 매우 확고하고 흔들리지 않아서 이 개념들을 변화시킬 수 있는 힘이 전혀 없으며 또한 생각될 수도 없는 그러한 개념들로부터 필연적으로 추론되지 않으면 안 된다. 만일 우리가 달리 우리의 추론을 의심의 위험에 내맡기지 않고자 한다면 적어도 그러한 개념들은 우리가 그 개념들로부터 신의 존재를 추론하는 순간부터 우리에게 그와 같은 필연적인 추론의 방식으로 나타나지 않으면 안 된다.

그러한 개념들 자체가 어떤 힘에 의해서 변화될 수 있다고 생각된다면 우리는 그 개념들의 진리에 대해서 의심하지 않으면 안 되고, 결국 우리의 추론에 대해서, 곧 신의 존재에 대해서(de Dei existentia)도 의심하게 되므로 결코 어떤 것도 확신할 수 없을 것이기 때문이다. 더 나아가서 우리가 증명한 것처럼 만일 어떤 것이든지 간에 자연의 원리와 일치하거나 상반될 때만 우리는 그것이 자연과 일치하거나 상반된다는 것을 안다. 그러므로 만일 우리가 자연에서 어떤 것이 어떤 힘에 의해서 (그 힘이 어떤 종류의 것이든지 간에) 산출될 수 있다는 것을 파악할 수 있다면 그 어떤 것은 자연의 첫 번째 원리에 상반될 것이다. 그러므로 우리는 그 것을 부당한 것으로서 부정하거나 또는 (방금 증명한 것처럼) 첫 번째 개념들과[6] 신과 모든 종류의 인식에 대해서 결국 의심하지 않으면 안 될 것이다. 우리가 기적을 자연 질서에 상반되는 일로

---

naturam pertineat existere)을 알지 못한다. 그러나 우리가 신의 본성을 명석판명하게 파악하기 위해서는, 보편적인 것들로 일컬어지는 가장 단순한 개념들에 우리의 주의를 기울이고 이 개념들에 신의 본성에 속하는 개념들을 결합시키는 것이 필요하다. 그때서야 비로소 신이 필연적으로 존재하고 어디에나 존재한다는 것이 우리에게 명백해지며 동시에 우리가 파악하는 모든 것은 자신 안에 신의 본성을 포함하며 신의 본성을 통해서 파악된다는 것이, 그리고 마지막으로 우리가 적절하게 파악하는 모든 것이 참답다는 것이 명백해진다.

6 (역주) 첫 번째 개념들이란 스피노자가 앞에서 언급한 확고하고 불변하는 개념들을 가리킨다.

이해하는 한 기적은 우리에게 신의 존재를 증명하기에는 너무 먼 거리에 떨어져 있다. 반대로 기적은 우리로 하여금 신의 존재를 의심하게 만든다. 그런가 하면 우리는 기적 없이 신의 존재에 대해서 완전히 확신할 수 있다. 말하자면 우리는 모든 것들이 확고하고 불변하는 자연질서를 따른다는 것을 안다.

그러나 자연적 원인에 의해서 설명될 수 없는 것이 기적이라고 가정한다면, 이것은 확실히 두 가지 방식으로 이해될 수 있는데, 기적은 인간의 지성으로는 탐구할 수 없는 것이거나 아니면 기적은 신 내지 신의 의지를 제외하고는 어떤 원인도 가지고 있지 않다는 것이다. 그런데 자연적 원인에 의해서 만들어지는 모든 것은 오직 신의 능력과 의지에 의해서 만들어지기 때문에 필연적으로 다음과 같은 결론에 도달하는 것이 분명하다: 말하자면 자연적 원인은 가지고 있든지 아니든지 간에 기적은 원인에 의해서는 설명될 수 없는 일, 곧 인간의 이해력을 초월하는 일인 것이다. 우리는 원인에 의해서는 설명될 수 없는 일을 통해서 그리고 우리의 이해력을 초월하는 것을 통해서는 아무것도 이해할 수 없다. 왜냐하면 우리가 명석판명하게 이해하는 것은 무엇이든지 그 자체에 의해서든지 또는 자체로 명석판명하게 이해되는 다른 것에 의해서 우리에게 분명히 알려지기 때문이다.

우리는 기적 내지 우리의 이해력을 초월하는 일로부터는 신의 본질도, 존재도 그리고 신에 대한 것과 자연에 대해서도 전혀 이해할 수 없다. 그러나 반대로 모든 것이 신에 의해서 결정되고 정리되며 자연의 작용은 신의 본질에서 나오지만 자연법칙들(naturae leges)은 신의 영원한 결정과 의지(Dei aeterna decreta et volitiones)라는 것을 알게 될 때 우리는 전적으로 다음처럼 결론을 내리지 않을 수 없다. 즉 우리가 자연 사물들을 더 잘 알고, 그것들이 자기들의 제1원인에 어떻게 의존하고 영원한 자연법칙에 따라서 어떻게 작용하는지 더 잘 이해할수록 우리는 더욱더 신과 신의 의지를 잘 알 수 있다. 그러므로 우리의 지성과 관련해서 우리가 명석판명하게 이해하는 일들이 우리가 전혀 모르는 일들보다, 비록 우리가 모르는 일들이 상상력에 강하게 호소하고 인간들의 경탄을 환기시킨다고 할지라도, 한층 더 신의 일로 일컬어지며 신의 의지에 속하게 된다. 왜냐하면 우리가 명석판명하게 이해하는 자연의 일들만이 신에 대한 보다 높은 인식을 우리에게 부여하며 신의 의지와 결정을 가장 명백하게 지시해 주기 때문이다. 사물에 대해서 알지 못할 때 신의 의지에 호소하는 사람들은 전적으로 정신 나간 사람들이다. 그들은 매우 우스꽝스럽게 무지를 공공연히 고백하고 있다.

더 나아가서 기적으로부터 우리가 어떤 것을 추론할 수 있다고 할지라도, 기적으로부터는 신의 존재(Dei existentia)가 결코 추론될 수 없다. 왜냐하면 기적은 제한된 일로서 오직 고정되고 한정된 힘만을 표현하므로 우리는 그와 같은 결과로부터 무한한 힘을 가진 원인의 존재를 추론할 수 없기 때문이다. 우리가 최대한으로 추론할 수 있는 것은 결과보다 힘이 큰 원인이다. 나는 최대한도로(ad summum)라고 말한다. 왜냐하면 어떤 일은 또한 동시적으로 발생하는 몇 가지 원인들의 결과이어서 그 결과의 힘과 능력은 함께 모인 모든 원인들보다 적겠지만 각각 떨어진 원인의 힘보다는 훨씬 더 클 수 있기 때문이다. 그런데 자연법칙은 (우리가 이미 제시한 것처럼) 범위가 무한하며 우리에 의해서 영원성의 관점에서 파악되며 자연은 자연법칙에 따라서 특정하고 불변하는 질서에 알맞게 진행하기 때문에 그러한 한에 있어서 자연법칙 자체는 어느 정도 우리에게 신의 무한성, 영원성 그리고 불변성(Dei infinitas, aeternitas, immutabilitas)을 보여 준다.

우리는 기적을 통해서는 신과 신의 존재와 섭리를 알 수 없고 오히려 자연의 고정된 그리고 불변하는 질서를 통해서 그것들을 훨씬 더 추론할 수 있다고 결론 내릴 수 있다. 나는 이와 같은 추론에서 인간의 이해력을 초월하거나 또는 초월하는 것으로 생각되는 한에 있어서의 기적에 대해서 말하고 있다. 왜냐하면 기적이 자연 질서를 파괴하거나 방해하는 것으로 또는 자연법칙에 상반되는 것으로 가정되는 한, (우리들이 이미 제시한 것처럼) 기적은 우리에게 신에 대한 어떤 인식도 줄 수 없을 뿐만 아니라 오히려 반대로 우리가 자연적으로 가지고 있는 인식을 소멸시키고 우리로 하여금 신과 모든 것들에 대해서 의심하게 만들기 때문이다.

나는 여기에서 자연에 어긋나는 일과 자연을 초월하는 일(곧 어떤 사람이 말하는 것처럼 자연에 상반되지는 않지만 자연 자체에서 산출되거나 야기될 수 없는 일) 사이의 어떤 차이도 인정하지 않는다. 기적은 자연 밖에서 발생하지 않고 자연 자체 안에서 발생하므로 우리가 그것을 초자연적인 것으로 설명한다고 할지라도, 신의 결정에 의해서 고정되고 불변하는 것으로 우리가 파악하는 자연 질서를 방해하는 것이 분명하다. 그러므로 만일 자연법칙에서 생기지 않는 어떤 것이 자연에서 생긴다면, 이것은 신이 자연의 보편법칙을 통해서 영원히 자연에 확정한 질서에 필연적으로 상반될 것이다. 이러한 주장은 자연과 자연법칙에 상반될 것이고 따라서 그러한 믿음은 우리로 하여금 모든 것에 대해서 의심하게 하며 우리를 무신론으로(ad atheismum) 이끌어 갈 것이다. 이렇게 해서 나는 내가 두 번째로 의도한 것을 확고한 근거를 가지고 충분히 증명했다고 생각하며 따라서 우리는 새롭게 다음처럼 결론 내릴 수 있다. 자연에 상반되든지 자연을 초월하든지 간에 기적은 단지 부당할 뿐이다. 그러므로 성서에서의 기적은 오직 인간의 이해력을 초월하거나 또는 초월한다고 믿어진다고 우리가 말하는 자연의 일

(opus naturae)로만[7] 이해될 수 있다.

그런데 세 번째 주제로 넘어가기에 앞서서 우선 우리의 주장을, 곧 기적으로부터는 신을 알 수 없다는 것을 성서의 권위에 의해서 확인하고자 한다. 비록 성서는 어느 곳에서도 그러한 사실을 공개적으로 가르치지는 않지만, 성서 자체에서 쉽게 추론될 수 있다. 즉 모세는 '신명기' 13장에서 거짓 예언자는 비록 기적을 행한다고 할지라도 사형에 처해야 한다고 명령한다: "너희 가운데에서 예언자나 환몽가가 나타나 너희에게 표징이나 기적을 예고하고 그가 말한 표징이나 기적이 일어나더라도 … 너희는 그 예언자나 환몽가의 말을 들어서는 안 된다 … 그것은 주 너희 하느님께서 … 너희를 시험하시는 것이 … 그 예언자나 환몽가는 죽임을 당해야 한다.[8] 구절로부터 거짓 예언자도 기적을 행할 수 있고, 만일 사람들이 신에 대한 참다운 인식과 사랑을 부여받지 못할 경우 사람들은 기적에 의해서 거짓 신을 쉽사리 참다운 신으로 받아들일 수 있다는 사실이 분명하게 귀결된다. 왜냐하면 모세는 다음과 같은 말을 첨가하기 때문이다 "그것은 주 너희 하느님께서 너희가 마음을 다하고 목숨을 다하여 주 너희 하느님을 사랑하는지 알아보시려고 너희를 시험하시는 것이다."[9]

더 나아가서 경험이 증명해 주는 것처럼 이스라엘인들은 수많은 기적들로부터 신에 대한 어떤 올바른 개념도 만들 수 없었다. 왜냐하면 그들은 모세가 자기들을 떠나가 버렸다는 확신이 들었을 때 아론에게 볼 수 있는 신(numina visibilia)을[10] 내놓으라고 요구하였기 때문이다.

---

7 (역주) '자연의 일' 은 바로 '자연 현상' 을 말한다.

8 (역주) '신명기' 13장 1~5절 참조.

9 (역주) '신명기' 13장 3절 참조.

10 (역주) numen은 신의 의지, 신의 힘, 신적 본질, 신성 등을 의미한다. 여기에서는 신으로 옮겼다.

그리고 수치스럽게도! 그토록 많은 기적들로부터 형성한 그들의 신에 대한 관념은 송아지(vitulus)였다. 아삽은 기적에 대해서 수없이 들었음에도 불구하고 신의 섭리를 의심했으며, 만일 그가 참다운 은총(vera beatitudo)을[11] 이해하지 못했더라면 그는 거의 참다운 길을 벗어났을 것이다('시편' 73장을 볼 것). 유대민족이 최고의 번영을 누렸던 시기에 솔로몬 역시 만물이 우연히 생겼으리라고 의심하였다. ('전도서' 3장 19-21절 그리고 9장 2-3절 등을 볼 것)

마지막으로 거의 모든 예언자들이 자연 질서와 인간의 사건을 신의 섭리에 대해서 형성한 개념과 조화시키는 일에 매우 모호했던 반면에, 사물들을 기적이 아니라 명확한 개념들에 의해서 이해하려고 애썼던 철학자들에게는 그러한 일이 전적으로 명확했다. 적어도 철학자들은 참다운 행복(vera felicitas)을 오직 덕과 마음의 안정에만 두며 자연이 자기들을 따르기를 바라지 않고 자기들이 자연을 따르기를 원한다. 왜냐하면 철학자들은 신이 인간 본성의 특별한 법칙의 요구에 따라서가 아니라 자연의 보편적 법칙에 따라서 자연을 이끌고 간다는 것을 확실히 알기 때문이다.

성서 자체로부터도 기적이 신에 대한 참다운 인식을 제공하지도 않으며 신의 섭리에 대해서도 분명하게 가르치지 않는다는 것이 확실하다. 그러나 '출애굽기' 10장의 2절에서는 신이 이집트인들을 속이고 자신이 신이라는 것을 이스라엘인들이 알게 하기 위해서 자기 자신에 대한 징표를 주었다고 한다. 만일 우리가 성서에서 이처럼 신이 인간들에게 자신을 알리기 위해서 기적의 징표를 행했다는 것을 자주 발견한다면, 그것은 기적이 실제로 이러한 사실을 가르쳤다는 것이 아니라 오

11 (역주) beatitudo는 은총 내지 행복을 의미하는데 보통 행복의 의미로 많이 쓰인다.

직 유대인들이 기적을 쉽게 확신하는 견해를 가지고 있었다는 것으로 귀결된다. 왜냐하면 우리는 이미 2장에서 예언자의 근거 내지 계시에 의해서 형성된 근거는 보편적이며 공통적인 개념들로부터 도출되지 않고, 그 근거가 제아무리 불합리하다고 할지라도 계시를 받은 사람들이나 성령(Spiritus Sanctus)의 확신을 받았다고 하는 사람들이 가진 전제 조건으로부터 도출되었다고 분명히 제시하였다. 나는 이 사실을 많은 예들을 가지고 설명하였으며 또한 그리스인들에게는 그리스인이었고 유대인들에게는 유대인이었던 바오로의 증거에 의해서도 설명하였다. 기적이 이집트인들과 유대인들이 가지고 있던 전제 조건에 의해서 그들을 설득시킬 수 있었다고 할지라도 그들에게 신의 참다운 관념과 인식을 부여할 수는 없었다. 그러나 기적은 그들에게 알려졌던 모든 것들보다 더 강한 신(Numen)이 있다는 것과, 신이 모든 민족들을 평등하게 돌본 것이 아니라 다른 민족들을 제쳐 두고 그 당시 기대 이상으로 모든 것이 가장 행복하게 번창했던 이스라엘인들만을 돌본다는 것을 그들이 인정하도록 하였다. 왜냐하면 오직 철학만이 그러한 사실을[12] 가르칠 수 있기 때문이다. 그러므로 유대인들과 인간사의 상이한 입장과 불평등한 운명에서 신의 섭리를 아는 모든 사람은 다음과 같은 사실을 인식하게 되었다: 이미 3장에서 우리들이 증명한 것처럼 유대인들은 참다운 인간의 완전성에서 다른 민족을 능가하지 않았음에도 불구하고 신이 다른 민족보다 유대인들을 더 사랑한다고 확신하게 되었던 것이다.

그러면 이제 세 번째 주제로 넘어가서 신의 결정과 명령(Dei decreta et mandata)이, 따라서 섭리가 실제로 자연 질서 이외의 다른 것이 아

12 (역주) 신이 모든 사람들을 평등하게 돌본다는 사실을 말한다.

니라는 것을 성서에 의해서 증명하려고 한다. 곧 성서가 어떤 일이 신이나 신의 뜻에 의해서 행해졌다고 말할 때 그것 자체는 실제로 자연법칙과 질서에 따라서(secundum leges et ordinem naturae) 이루어진 것일 뿐이고, 대중이 생각하는 것처럼 자연이 그때는 활동을 중지했거나 자연 질서가 일시적으로 방해받아서 그런 것은 아니라고 이해하여야 한다. 그러나 성서는 성서의 교리(doctrina)와 관계없는 것은 직접 가르치지 않는다. 왜냐하면 (우리들이 신법에 관해서 증명한 것처럼) 자연의 원인을 통해서 사물을 가르치는 것도 그리고 순수한 사변적(思辨的)인 것들을[13] 가르치는 것도 성서의 임무가 아니기 때문이다. 그러므로 여기에서 우리가 원하는 것은, 우연히 더 장황하고 더 상세한 상황에서 언급된 성서의 이야기로부터 추론이 도출되어야 한다. 나는 그와 같은 것을 몇 가지 인용할 것이다.

'사무엘기 상' 9장 15, 16절에서는 신이 사울을 사무엘에게 보내겠다고 사무엘에게 계시한 것이 이야기되고 있다. 그렇지만 신은 사람들이 보통 어떤 사람을 다른 사람에게 보내는 것처럼 사울을 사무엘에게 보내지 않았고, 오히려 신의 이와 같은 보냄(haec Dei missio)은 자연 질서 자체에 의한 것이었다. 당시 사울은 (이 전 장에서 이야기한 것처럼) 잃어버린 암당나귀들을 찾다가 못 찾고 집으로 돌아가려고 생각하고 있었다. 그러다가 사울은 자신의 하인의 권고로 당나귀들을 어디에서 찾을 수 있는지 알아보기 위해서 예언자 사무엘을 찾아갔다. 전체 이야기 안에는 이와 같은 자연 질서 외에 어느 곳에도 사울이 사무엘을 방문하라는 신의 명령이 없다는 것이 확실하다.

'시편' 105장 24절에는 이스라엘인들을 증오하도록 신이 유대인들

---

13 (역주) 순수한 사변적인 것들(res mere speculativas)은 추상적 이론들, 곧 철학적 이론들을 지시한다.

의 마음을 바꾸었다는 이야기가 있다. 이 역시 '출애굽기' 1장에서 분명한 것처럼 자연적인 변화였던 것이 확실하다. 거기에는 이집트인들이 이스라엘인들을 노예로 삼게 된 이집트인들의 충분한 이유가 이야기되고 있다.

'창세기' 9장 13절에서 신은 노아에게 자신이 구름 속에 무지개를 둘 것이라고 말한다. 이와 같은 신의 활동도 또한 태양 광선이 물방울과 부딪칠 때 생기는 빛의 굴절과 반사일 뿐이다.

'시편' 147장 18절에는 서리와 눈을 녹이는 바람의 자연적 활동과 따뜻함이 신의 말(verbun Dei)이라고 일컬어지고 있다. 그리고 '시편' 147장 15절에는 바람과 차가움은 신의 명령과 말(dictum Dei et verbum)이라고 일컬어지고 있다.

'시편' 104장 4절에서는 바람과 불이 신의 사자(使者)와 하인으로 일컬어지며, 성서에는 신의 결정, 명령, 포고, 말이 자연의 활동과 질서 이외의 다른 것이 아니라는 것을 가장 분명하게 지시하는 다른 많은 구절들이 발견된다.

그러므로 만일 우리가 성서에서 원인을 알 수 없고 자연 질서 외부에서, 실로 자연 질서에 상반되게 일어나는 것으로 보이는 것들을 발견한다 해도. 그것들은 분명히 우리를 당황하게 하지 않을 것이다. 오히려 우리는 실제로 생기는 것은 자연적으로 생긴다고 전적으로 믿게 될 것이다. 이것은 다음의 사실에 의해서도 확인된다. 수많은 상황들이 기적을 동반하는데, 비록 그러한 상황들이 항상 그런 것은 아니지만 특히 시적 유형으로(stilo poëtico) 노래 불릴 때 기적을 동반한다. 나는 기적의 상황들(circumstantiae miraculorum)은 그 자체가 자연적 원인들을 요구한다는 것을 분명히 제시한다.

즉, 이집트인들이 부스럼에 걸리도록 모세는 공중에 재를 뿌려야만 했다('출애굽기' 9장 10절을 볼 것). 메뚜기들 역시 신의 자연적 명령에 의해서(ex mandato Dei naturale), 곧 밤낮으로 불어 닥친 동풍에 의해서 이집트 영토에 몰려왔고 아주 강한 서풍에 의해서 그 영토를 떠났다('출애굽기' 10장 14, 19절을 볼 것). 이와 똑같은 신의 명령에 의해서, 밤새 매우 세차게 불어 댄 남동풍에 의해서 바다는 유대인을 위한 탈출의 길을 열어 놓았다('출애굽기' 14장 21절을 볼 것). 더 나아가서 엘리사는 죽었다고 믿은 아이를 되살리려고 했을 때, 그는 아이가 우선 체온을 되찾고 결국 눈을 뜰 때까지 몇 번이고 아이 위에 엎드리지 않으면 안 되었다('열왕기 하' 4장 34-35절을 볼 것). 그리고 '요한복음' 9장에서도 그리스도가 맹인을 치료하기 위해서 진흙을 사용한 상황을 이야기하고 있다. 그리하여 사람들이 말하는 것처럼 기적은 신의 절대적 명령이 아니라 다른 것을 요구한다는 사실을 증명하는 다른 수많은 구절들이 성서에 있다. 그러므로 기적의 상황과 기적에 대한 자연적 원인이 항상 그리고 모두 언급되지는 않는다고 할지라도 기적은 그러한 것들이 없이는 발생할 수 없다고 믿지 않으면 안 된다. 이것은 '출애굽기' 14장 27절에 의해서도 확실한데, 거기에는 오직 모세의 눈짓에 의해서 바닷물이 본래의 상태로 되돌아왔다고 이야기되고 있지만 어떤 바람에 의해서 그렇게 되었는지는 언급되지 않고 있다. '시편' (5장 10절)에서 우리는 신이 자신의 바람(곧 가장 강한 바람)을 일으키니 바다가 그들을 덮는 일이 일어났다는 것을 읽을 수 있는데, 그러므로 이야기에서 이러한 상황은 생략되어 있고 그렇기 때문에 기적은 한층 더 크게 보인다.

아마도 어떤 사람은, 사람들의 죄악과 그들의 기도는 비와 비옥한 대지의 원인이 될 수 있다거나, 신앙이 장님을 치료할 수 있거나 성서에서 이야기하고 있는 이런 종류의 다른 것들은 어떤 식으로도 자연적 원인에 의해서 설명될 수 없는 것으로서 우리가 성서에서 수없이 발견할 수 있다고 주장할 것이다. 그러나 이에 대해서는 내가 이미 답했다고 믿는다. 왜냐하면 나는, 성서가 사물들을 그것들의 가장 가까운 원인을 통해서 가르치지 않으며 사람들을, 특히 대중을 신앙심을 가지도록 가장 잘 움직일 수 있는 그러한 질서와 어법으로만 사물들을 이야기하고 있다는 것을 증명했기 때문이다. 그렇기 때문에 성서는 신과 사건들에 대해서 매우 부정확하게 이야기한다. 성서는 물론 이성에 호소하지 않고 사람들의 환상과 상상에 영향을 미쳐서 그들을 사로잡으려고 하기 때문이다. 만일 성서가 어떤 제국의 몰락을 마치 정치사가(政治史家)가 이야기하는 것처럼 이야기했다고 한다면 그것은 대중을 전혀 감동시키지 못했을 것이고, 반대로 만일 모든 것이 시적으로 묘사되고 성서에서 보통 행해지는 것처럼 신에게 돌려졌다면 성서는 대중을 가장 많이 감동시켰을 것이다. 성서가 인간의 죄악 때문에 대지가 불모지가 되었다거나 장님이 신앙에 의해서 치료되었다고 말할 때, 우리는 그것을 신이 인간들의 죄악 때문에 분노한다든가, 신이 슬퍼한다든가, 선을 약속하고 행한 것을 후회한다든가, 신이 징표를 보고 약속한 것을 기억한다는 것 그리고 시적으로 이야기되거나 작가의 견해와 선입견에 따라서 이야기되는 많은 것들과 똑같이 받아들이지 않으면 안 된다.

그러므로 우리는 이러한 사실로부터 다음처럼 확실하게 결론을 내릴 수 있다. 성서에서 실제로 일어난 것으로 이야기하는 모든 것은 다른 모든 것들과 마찬가지로 자연법칙에 따라서 필연적으로 생긴 것이다. 그리고 만일 어떤 것이 명백하게 자연법칙에 반대되는 것으로 또는 자연법칙에서 추론될 수 없는 것으로 발견될 수 있다면 그것은 불경한 인간에 의해서 성서에 삽입된 것으로 확실히 믿지 않으면 안 된다. 왜냐하면 자연에 반대되는 것은 무엇이든지 이성에 반대되며, 이성에 반대되는 것은 부당하므로 또한 거부되어야만 하기 때문이다.

그런데 기적의 해석(miraculorum interpretatio)에 대해서 주의하여야 할 것과 또는 오히려 기억하여야 할 것(왜냐하면 중요한 것들은 이미 말했기 때문에) 그리고 하나 또는 다른 예에 의해서 설명하여야 할 것 몇 가지가 남아 있는데, 나는 여기에서 이것을 네 번째로[14] 다루기로 약속하였다. 내가 그렇게 하고자 하는 것은, 어떤 사람도 성서를 그릇되게 해석하여 자신이 자연의 빛에 상반되는 것을 성서에서 찾아냈다고 서둘러서 생각하지 않게 하기 위해서이다.

사람들이 어떤 사건에 자기 자신의 판단을 섞지 않고 정확하게 그 사건이 일어나는 대로 단순하게 이야기하는 경우는 매우 드물다. 실로 그들이 새로운 어떤 것을 보거나 들을 때, 만일 그들이 매우 주의하지 않는다면, 그들은 미리 가졌던 견해에 압도당함으로써 그들이 본 것이나 들은 것과 매우 다르다는 것을 알게 된다. 이것은 특히 만일 일어난 사건이 이야기하는 사람이나 듣는 사람의 이해력을 초월한다거나, 그 사건이 특정한 방식으로 일어나는 것이 그 사람에게 이익이 된다면 더 그러하다. 그리하여 사람들은 자기들의 연대기와 역사서에서(in suis chronicis et historiis) 사건 자체(res ipsas actas) 보다 자기들의 견해를 더 많이 이야기하게 되었고, 하나의 똑같은 경우가 서로 다른 견해를 두 가지 가진 두 사람에 의해서 매우 다르게 이야기되므로 서로 다른 경우를 이야기하고 있는 것처럼 보인다. 마지막으로 연대기 작가와 역사가의 이야기만을 통해서 그들의 견해를 탐구하는 일은 흔히 매우 쉬운 일이다. 이것을 입증하기 위해서 나는 자연사(historia naturae)를 기술한 많은 철학자들과 또한 연대기 작가들로부터 많은 예들을 인용

14 (역주) 성서의 기적에 대한 해석 방법과 기적 이야기에 관해서 주의해야 할 핵심점들을 말한다.

할 수 있을 것이다. 그러나 그러한 일은 쓸모없다고 판단하여 성서에서 하나의 예만을 인용할 것이고, 나머지는 독자 자신이 판단하기를 바란다.

여호수아 당시 이스라엘인들은 (내가 이미 앞에서 언급한 것처럼) 태양이 소위 자전(自轉)을 수행하면서 움직이지만 지구는 정지하여 있다고 대중과 함께 믿고 있었다. 그래서 그들은 다섯 왕들과 전투할 때 자기들에게 생긴 기적을 이러한 선입견에 의해서 해석하였는데, 그 날이 보통보다 더 길었다고 단순하게 이야기하지 않고, 태양과 달이 정지했거나 또는 그것들의 운동을 멈추었다고 이야기했다. 이러한 해석 자체는 태양을 숭배한 이방 민족을 확신시키기 위해서, 그리고 이방 민족의 신과는 다른 신의 지배를 받고 있는 태양이 그 신의 명령에 따라서 자신의 자연적 질서를 변경하지 않으면 안 되었다고 경험 자체를 통해서 이방 민족을 논박하기 위해서 적지 않은 도움을 줄 수 있었을 것이다. 그러므로 한편으로는 종교로 인해서 또 다른 한편으로는 선입견으로 인해서 그들은 사태를 실제로 생길 수 있었던 것과는 매우 다르게 파악하고 기술하였다.

성서의 기적에 대해서 해석하고, 기적이 실제로 어떻게 일어났는지를 기적의 이야기에 의해서 이해하기 위해서는 기적에 대한 자기들의 견해를 처음으로 이야기하고 그 기록을 우리에게 남긴 사람들의 견해를 아는 것이 필요하다. 그리고 이러한 견해와 그들의 감각에 주어질 수 있는 것을 구분하지 않으면 안 된다. 왜냐하면 이렇게 하지 않을 경우 우리는 그들의 견해와 판단을 실제로 일어난 것과 같은 기적 자체와 혼동할 것이기 때문이다. 그들의 견해를 아는 것은 실제로 일어난 것과, 상상되고 오직 예언적 표상(repraesentatio propheticae)에 지나지 않는 것과의 혼동을 피하기 위해서도 한층 더 중요하다. 성서에서는 많은 것이 사실로서 기술되고 있으며 오직 표상과 상상의 산물이었던 많은 것들도 사실로 믿어졌기 때문이다. 신이 (최고 존재인) 하늘에서 내려왔고('출애굽기' 19장 18절과 '신명기' 5장 19절을 볼 것), 또 시나이 산에 연기가 난 것은 신이 불에 둘러싸여 그곳에서 강림했고, 또 엘리야기 불을 내뿜는 말이 이끄는 불의 마차를 타고 하늘로 올라갔다는 것이 사실로 믿어졌다. 이 모든 것은 확실히 그것을 자신들이 표상한대로 마치 현실적인 사태인 것처럼 우리에게 전달한 사람들의 견해에 맞춘 표상들(repraesentationes)에[15] 지나지 않았다. 왜냐하면 대중보다 조금이라도 더 아는 모든 사람은 신이 오른손도, 왼손도 가지고 있지 않고, 움직이지도 정지해 있지도 않으며, 어떤 장소에 있지도 않지만 절대적으로 무한하며 그 안에는 모든 완전함들이 포함되어 있다는 것을 알기 때문이다. 외적 감각의 영향을 받는 상상에 의하지 않고 순수한 지성의 인식을 통해서 사물을 판단하는 사람들은 이와 같은 사실을 안다. 이는 마치 대중이 통상적으로 신은 신체를 가지고 있고 지구로부터 그렇게 멀지 않은 별 위에 있는 보좌에서 왕의 지배권을 행사한다고 상상하는 것과 같다. 그리고 성서의 매우 많은 경우들이 (이미 말한 것처럼) 이와 같은 그리고 이와 유사한 견해들에 적용되었는데, 그렇다고 해서 철학자는 그것들을 현실적인 것으로 받아들여서는 안 된다.

마지막으로 기적에 대해서 실제로 무엇이 일어났는지를 알기 위해서는 이스라엘인들의 표현 방식과 어법(phrases et tropos)을[16] 이해하지 않으면 안 된다. 이 문제 자체에 충분히 주의를 기울이지 않는 사람은

15 (역주) 표상(repraesentatio)이란 아직 명백한 인식 내지 개념이 되기 이전 단계의 모습이나 형태를 가리킨다.

16 (역주) 표현 방식(phrasis)은 말하는 사람의 표현 내지 표현의 유형이고, 어법(tropus)은 말의 상징적 사용 내지 은유에 해당한다.

성서의 저자들이 결코 의도하지 않은 많은 기적들이 성서에 속한다고 생각할 것이며 실제로 일어난 사건과 기적뿐만 아니라 성서 저자들의 정신도 알지 못할 것이다. 예컨대 즈가리야는 '즈가리야서' 14장 7절에서 다가올 전쟁에 대해서 이야기하면서 다음처럼 말한다. "주님만 아시는 그날에는 낮과 밤이 없이 (왜냐하면 없을 것이기 때문에) 대낮만 이어지고 저녁 때에도 빛이 있을 것이다." 그는 이 말들을 가지고 엄청난 기적을 예언하는 것처럼 보인다. 그러나 그는 오직 전쟁이 하루 종일 팽팽하리라는 것, 그 결과는 신만이 알며 저녁 나절에야 유대인들이 승리를 쟁취하리라는 것만을 알려 주려고 했을 뿐이다. 왜냐하면 예언자들은 이와 유사한 표현으로 어떤 민족의 승리와 패배를 통상적으로 예언하고 기술했기 때문이다. 우리는 이사야 역시 이와 마찬가지로 '이사야서' 13장에서 바빌론의 멸망을 다음처럼 표현한 것을 알고 있다: "하늘의 별들과 별자리들은 제빛을 내지 못하고, 해는 떠올라도 어둡고, 달도 제빛을 비추지 못하리라."[17] 바빌론 제국이 멸망할 때 이러한 일이 생기리라고 믿은 사람은 확실히 아무도 없었을 것이다. 이사야가 곧바로 덧붙인 다음의 말을 믿은 사람도 없었을 것이다: "하늘은 떨고 땅은 흔들리다가 제자리에서 벗어나리라."[18]

마찬가지로 이사야는 '이사야서' 48장 끝에서 두 번째 절에서 유대인들이 바빌론에서 예루살렘으로 안전하게 돌아올 것이고 오는 중에 갈증을 겪지 않을 것임을 유대인들에게 알리기 위해서 다음처럼 말한다: "그분께서 그들을 사막으로 인도하셨지만 그들은 목마르지 않았다. 그분께서는 그들을 위하여 바위에서 물이 솟게 하셨다. 그분께서

17 (역주) '이사야서' 13장 10절.
18 (역주) '이사야서' 13장 13절.

바위를 가르시자 물이 쏟아져 나왔다."[19] 이사야는 단지 흔히 일어나는 것처럼 유대인들이 사막에서 자기들의 갈증을 가라앉힐 샘을 발견하리라는 것을 알리려고 했을 뿐이다. 왜냐하면 유대인들이 키루스(Cyrus) 왕의[20] 승낙을 받고 예루살렘으로 돌아왔을 때 그와 유사한 기적이 그들에게 일어났다는 아무런 증거도 없기 때문이다.

그리고 성서에는 이런 식의 많은 구절들이 있는데, 그것들은 단지 유대인들 사이에서 말하는 방식에 지나지 않았고, 여기에서 모든 것을 상세하게 검토할 필요는 없다. 그러나 이스라엘인들이 이러한 표현을 자기들의 말을 장식하기 위해서뿐만 아니라 가장 확실하게는 경건함을 고취하기 위해서 일반적으로 사용했다는 것을 주의해 보려고 한다. 왜냐하면 이와 같은 이유로 인해서 "주를 저주하다"가 "찬양하다" 대신에 사용되고 있으며('열왕기 상' 21장 10절과 '욥기' 2장 9절을 볼 것), 똑같은 이유에서 모든 것이 신에게 속하는 것으로 되돌려졌다. 그래서 성서는 가장 자연적인 것들을 이야기할 때도 오로지 기적만을 이야기하고 있는 것으로 보였다. 이에 대해서는 이미 앞에서 우리는 몇 가지 예들을 인용하였다. 그러므로 우리는 신이 이집트왕 파라오의 마음(cor Pharaonis)을 모질게 만들었다고 성서가 말할 때 그것은 파라오가 완고한 것을 지적한 것뿐이라고 믿어야 한다. 그리고 신이 하늘의 창문을 열었다고 이야기할 때도 그것은 오직 매우 비가 세차게 쏟아졌다는 것이며, 다른 것들도 이와 마찬가지이다. 이러한 점들을 우리가 염두에 둔다면, 그리고 수많은 이야기들이 매우 짧고, 모든 세부적인 것이 잘려나가고 여러 가지로 결함이 있다는 것을 반성한다면, 우리는 실제로 성서에서 자연의 빛에 반대되는 것으로 나타날 수 있는 것을 아

---

19 (역주) '이사야서' 48장 21절.

20 (역주) 키루스(B.C. 600~529)는 페르시아 제국을 건설한 왕이다.

무것도 발견할 수 없을 것이고, 이에 반해서 가장 모호한 것으로 여겨졌던 많은 구절들을 조금만 숙고해 본다면 그것들을 이해할 수 있고 쉽게 해석할 수 있을 것이다.

이로써 나는 내가 의도했던 것을 충분히 명쾌하게 증명했다고 판단한다. 그러나 이 장을 끝맺기 전에 나는 여기에서 기적에 관해서 다루면서 예언에 관해서 사용한 것과는 전혀 다른 방법을 사용하였다는 점을 주목하고자 한다. 즉 예언에 대해서 나는 성서에서 계시된 것을 근거로 삼아 추론할 수 있는 것만을 주장했음에 비해서 이 장에서는 오직 자연의 빛에 의해서 알려진 원리들로부터 중요한 것들을 도출해 냈다. 의도적으로 그렇게 한 것인데, 왜냐하면 예언은 인간의 이해력을 초월하며 순수한 신학적 문제이기 때문이다. 나는 예언에 대해서 아무것도 주장할 수 없었으며, 예언이 본래 어디에서 성립하는지 모르고, 오직 계시된 근거로부터만 예언을 알 수 있었다. 나는 예언의 역사(historia prophaetiae)를 제시하고, 가능한 한 나에게 예언의 본성과 특성을 가르쳐 주는 이론을 예언의 역사에 의해서 형성하지 않으면 안 되었다. 그러나 기적에 관해서, 우리가 자연법칙에 어긋나거나 또는 자연법으로부터 도출되지 않는 것이 자연에서 생긴다는 사실을 우리가 인정할 수 있을지의 여부는 확실히 철학적인 문제이기 때문에 예언의 경우와 같은 제약이 전혀 필요 없었다. 오히려 나는 자연의 빛에 의해 알려지는 기초를 통해서 이 문제를 해결하는 것이 바람직하다고 여겼다. 그 이유는 이 문제를 오직 성서의 이론과 기초에 의해서 쉽게 해결할 수 있기 때문이다. 나는 이러한 사실이 모든 사람에게 명백하도록 여기에서 짧게 증명하겠다.

성서의 몇 구절들에서 자연은 고정되고 불변하는 질서를 지킨다고 일반적으로 주장한다. '시편' 148장 6절과 '예레미야서' 31장 35, 36

절에서 그렇게 주장한다. 이외에도 '전도서' 1장 10절에서 철학자는[21] 자연 안에서는 어떤 새로운 것도 일어나지 않는다고 가르친다. 그리고 같은 장 11,12절에서 철학자는 똑같은 것을 설명하면서, 비록 새롭게 보이는 어떤 것이 가끔 일어난다고 할지라도 그것은 새로운 것이 아니고 이미 더 이상 기억에 없는 이전 시대에 있었던 것이라고 말한다. 왜냐하면 그 자신이 말하는 것처럼 과거의 사람들은 현재 사람들의 기억 안에 없으며, 현재의 사람들은 다가오는 세대의 기억 안에 머물지 않을 것이기 때문이다. 더 나아가서 '전도서(코헬렛)' 3장 11절에서 철학자는 신은 만물을 그때에 잘 맞게 정했다고 말하고 또 14절에서는 무릇 신이 행하시는 것은 영원히 있을 것이라 더 할 수도 없고 덜 할 수도 없는 것을 자신이 안다면서 말하였다. 이 모든 것은 자연은 고정되고 불변하는 질서를 지키며, 신은 우리에게 알려졌든지 알려지지 않았든지 간에 모든 시대에 걸쳐서 동일했고, 자연법칙은 너무 완전하고 풍요로워서 그것에 아무것도 더할 수도 없고 또 그것에서 아무것도 뺄 수도 없으며, 마지막으로 기적은 오직 인간의 무지(hominum ignorantia) 때문에 새로운 어떤 것으로 보인다는 사실을 명백하게 가르쳐 준다.

성서 어디에도 자연법칙에 어긋나거나 자연법칙에서 귀결될 수 없는 어떤 것이 자연에서 생긴다는 말이 없으므로 우리는 그러한 이론을 성서의 탓으로 돌려서는 안 된다. 여기에 추가할 것은, 기적은 우리들이 이미 증명한 것처럼 원인들과 상황들을 필요로 하며, 기적은 대중이 신의 탓으로 돌리는 어떤 왕권에서 생기지 않고, 신의 지배와 명령으로부터(ex imperio et decreto divino), 곧 (우리가 또한 성서 자체에 의해

21 (역주) 여기서 스피노자가 철학자라고 말하는 인물은 '전도서(코헬렛)' 1장 1절에 나오는 "다윗의 아들 예루살렘 왕 전도자(코헬렛)"를 가리킨다.

서 증명한 것처럼) 자연법칙과 자연 질서로부터 생긴다. 마지막으로 '신명기' 13장과 '마태오 복음서' 24장 24절에 의해서 확신할 수 있는 것처럼 기적은 거짓 예언자(seductor)에[22] 의해서도 행하여질 수 있다는 것이다. 더 나아가서 이로부터 가장 명확하게 기적은 자연적 사건들(res naturales)이었으며, 새로운 것도 아니고 (솔로몬의 말을 사용하자면) 자연에 반대되지도 않으며, 가능한 한 자연적인 것들과 일치하는 것으로 설명되어야 한다는 사실이 귀결된다. 누구든지 이와 같은 해석을 한층 더 쉽게 할 수 있게 하기 위해서 나는 단지 성서에서 몇 가지 규칙들을 이끌어 냈을 뿐이다.

그러나 나는 성서가 이러한 것을 가르친다고 말은 할지라도 그것을 구원에(ad salutem) 필요한 이론으로 이해하지 않고, 오직 예언자들이 우리와 마찬가지로 그러한 것들을 사용했다는 것으로 이해한다. 이러한 문제들을 각자는 자유롭게 판단할 수 있어서 자신에게 더 좋은 것을 느낌에 따라서 신에 대한 예배와 종교에 온 마음을 다해서 헌신하지 않으면 안 된다. 죠셉스(Josephus)도 이에 대해서 견해를 말하고 있다. 왜냐하면 그는 「고대사」 제2권의 결론에서 다음처럼 기술하고 있기 때문이다. "신의 의지에 의해서든지 아니면 자발적인 계시에 의해서든지 간에 고대의 순진한 사람들에게 구원의 길(via salutis)이 바다를 통해서 열렸다는 것을 믿지 않는 사람이 아무도 없게 하자. 그런가 하면 언젠가 마케도니아의 왕 알렉산더와 함께 있던 비교적 최근의 사람들에게는 다른 길이 없게 되었을 때 팜필리아(Pamphylia)의 바다가 갈라져서, 그들에게 통로를 마련해 주었다. 왜냐하면 신은 알렉산더를 통해서 페르시아의 지배를 파괴하고자 했기 때문이다. 또한 알렉산더의 행적

22 (역주) seductor는 '타락시키는 자'이므로 거짓 예언자라고 할 수 있다.

을 기술한 모든 사람은 이러한 사실을 인정한다. 그러므로 이것에 대해서는 각자가 좋아하는 대로 판단하도록 하는 것이 좋다." 이것은 죠셉스의 말이고 또한 기적을 믿는 것에 대한 그의 판단이다.

# 7

# 성서 해석

사람들은 입을 모아 성서는 인류에게 참다운 행복 내지 구원의 길(vera beatitudo vel salutis via)을 가르치는 신의 말이라고 말한다. 그러나 사람들은 사실 자체를 전혀 다르게 진술한다.[1] 왜냐하면 대중은 성서의 교리에 따라서(ex documentis Sacrae Scripturae) 살려고 그다지 애쓰는 것 같지 않기 때문이다. 그리고 거의 모든 사람이 자신의 생각을 신의 말인 듯 떠벌리며, 종교를 핑계로 다른 사람들을 강제로 자기들처럼 느끼게 하는 데만 온갖 노력을 다 기울인다. 대부분의 신학자들은 자기들이 고안해 낸 것과 견해(figmenta et placita)를 어떻게 하면 성서에서 억지로 빼낼 수 있을지 그리고 그것들을 신적 권위로 떠받치는 일에 관심을 가지고 있다. 그들은 오직 성서 내지 성령의 정신(Scriptura sive Spiritus Sancti mens)의 해석에 있어서 전혀 양심의 가책이 없으

1 (역주) 're ipsa aliud plane indicant(사실 자체를 전혀 다르게 진술한다)'에서 이 구절은 사실을 사실대로 생각하거나 말하지 않고 사실과 전혀 다른 것으로 생각하고 말한다는 것을 의미한다.

며 무모하게 행동하기까지 한다. 그리고 만약 그들이 염려하는 것이 있다면 그것은 성령의 이해에 있어서 오류를 범하여 구원의 길(via salutis)에서 벗어나지 않을까 하는 것이 아니라 다른 사람들이 자기들의 오류를 입증하여 자신들의 권위를 추락시켜 창피를 당하게 하지 않을까 하는 것이었다.

만일 사람들이 성서의 말들이 입증하는 것을 진심으로 받아들인다면 그들은 지금과는 완전히 다른 삶의 방식을 지닐 것이다. 그럴 경우 그들의 마음은 수많은 불화에 시달리지도 않을 것이고, 또 심한 증오로 싸우지도 않을 것이며, 성서를 해석하고 종교에서 새로운 것을 숙고하는 데 있어서도 맹목적이고 열정적인 욕망의 지배도 받지 않을 것이다. 또한 그들은 성서 자체가 가장 모호하게 가르치는 것을 성서의 교리로 받아들이라고 감히 시도하지는 않을 것이다. 마지막으로 수치심도 없이 성서의 많은 구절들을 고친 불경스러운 자들은 엄청난 죄악에 몸서리치며 불경한 손을 멈추었을 것이다. 그러나 야망과 파렴치(ambitio et scelus)가 절정에 달해서 종교는 성령의 교리에 대한 복종이 아니라 사람들의 주석(註釋)에 대한 옹호에 자리 잡고 있다. 실로 종교는 더 이상 지배가 아니라 사람들 사이의 불화의 씨앗에 그리고 증오의 번식에 자리 잡고 있으며, 사람들은 그러한 증오를 신적인 열광과 불타는 노력이라는 거짓된 명칭으로 은폐하고 있다.

이와 같은 악덕에 미신이 추가된다. 미신은 사람들에게 이성과 자연을 멸시하고 이성과 자연 두 가지 모두에 반대되는 것만을 존경하고 숭배하도록 가르친다. 그러므로 사람들이 성서를 한층 더 존경하고 숭배하기 위해서 성서가 이성과 자연에 가장 반대되는 것 같고, 그렇기 때문에 사람들은 성서에 가장 심원한 비밀이 숨겨져 있다고 언급하며, 다른 유용한 것들은 무시하고 무의미한 것을 밝히기 위해서 힘을 소진해

버리고 만다. 그리고 그들은 자기들의 망상이 빚어낸 모든 것을 성령의 탓으로 돌리며 모든 힘과 열정을 다해서 그 모든 것을 방어하려고 애쓴다. 왜냐하면 인간들이란 순수한 지성에 의해서 파악한 모든 것은 오로지 지성과 이성에 의해서 방어하고, 이에 반해서 마음의 열정에 의해서(ex animi affectibus) 믿게 되는 것은[2] 마음의 열정으로 방어하도록 되어 있기 때문이다.

그러나 이와 같은 혼란을 피하기 위해서, 우리의 정신을 신학자들의 편견으로부터 해방시키기 위해서, 그리고 인간의 허구(hominum figmenta)를 신성한 교리로 성급하게 받아들이지 않기 위해서 우리는 성서 해석의 참다운 방법에 대해서 다루어야 하며 또한 그것을 상세히 설명하여야만 한다. 왜냐하면, 만일 우리가 이러한 성서 해석 방법을 알지 못한다면, 우리는 성서와 성령이 무엇을 가르치려고 했는지 전혀 확실하게 알 수 없을 것이기 때문이다.

그러나 이것을 짤막하게 요약하자면 다음처럼 말한다. 성서의 해석 방법은 자연의 해석 방법과 다르지 않고 오히려 자연의 해석 방법과 완전히 일치한다. 왜냐하면 자연을 해석하는 방법(methodus interpretandi naturam)은 근본적으로 자연사(自然史)를 종합해서 연구하는 데 있으며, 우리는 확실한 소여(所與)로부터와 마찬가지로 이 자연사로부터 자연적 사물들의 정의를 도출할 수 있다. 이와 마찬가지로 성서 해석을 위해서는 성서의 성실한 역사를 연구할 필요가 있으며, 확실한 소여와 원리로부터와 마찬가지로 성서의 역사로부터 우리는 성서를 쓴 저자들의 정신(mens authorum Scripturae)을 정당하게 추론할 수 있

2 (역주) '마음의 열정에 의해서 믿게 되는'(ex animi affectibus opinantur)에서 'opinor'는 '추측하다', '믿다', '속견을 가지다' 등의 의미를 가지는데, 내용상으로는 명백하지 않은 앎을 가진다는 뜻이다.

다. 왜냐하면 이런 방식으로 누구든지 성서 자체와 성서의 역사로부터 이끌어 낼 수 있는 원리와 소여 외에는 성서 해석을 위해서 그리고 성서 안에 포함되어 있는 사태에 대해서 다른 원리와 소여를 어떤 것도 인정하지 않는다면 실수할 위험 없이 항상 진전할 수 있으며, 우리는 우리가 자연의 빛에 의해서 인식하는 것처럼 우리의 이해력을 초월하는 것을 확실하게 논의할 수 있을 것이다.

그러나 이와 같은 길이 확실한 길일 뿐만 아니라 유일한 길이라는 것, 그리고 이 길은 자연 해석의 방법과 일치한다는 것을 분명히 하기 위해서 다음의 사실을 주의해야 한다. 성서는 자연의 빛에 의해서 알려진 원리들로부터 도출될 수 없는 사건들에 대해서 매우 자주 다룬다. 왜냐하면 이야기와 계시가 성서의 대부분을 포함하고 있기 때문이다. 그러나 역사 이야기는 주로 기적을 포함한다. 곧 앞 장에서 우리가 제시한 것처럼 역사 이야기는 특별한 자연 사건을 기술한 역사가의 견해와 판단에 따르는 자연의 기이한 사건에 대한 이야기를 포함하고 있다. 그러나 계시 또한 우리가 2장에서 제시한 것처럼 예언자의 견해에 따른 것이었으며 그것은 실제로 인간의 이해력을 초월한다. 그러므로 이러한 모든 것에 대한 인식, 곧 성서에 포함되어 있는 거의 모든 것에 대한 인식은 오직 성서 자체에서 찾아야만 한다. 이와 마찬가지로 자연에 대한 인식은 자연 자체로부터 찾지 않으면 안 된다.

또한 성서(Biblia)에[3] 포함되어 있는 도덕적 이론들은, 그 이론들 자체가 공통의 개념들에 의해서 증명될 수 있다고 할지라도 성서가 그것들을 가르치려고 했다는 것에 의해서는 증명될 수 없고 오직 성서 자체에 의해서만 증명될 수 있다. 실로 편견 없이 성서의 신성(Scripturae

3 (역주) 성서는 Scriptura나 Sacra Scriptura로 일컬어졌지만 후에 가서는 Biblia라고도 일컬어졌다.

divinitas)을 입증하고 싶다면, 우리는 성서가 참다운 도덕 이론을 가르친다는 것을 오직 성서로부터 우리에게 명백하게 하지 않으면 안 된다. 왜냐하면 이러한 사실에 의해서만 성서의 신성이 증명될 수 있기 때문이다. 우리는 예언자들의 확실성을 예언자들이 옳고 선한 것으로 향하는 마음을 소유하고 있다는 사실에 주로 근거를 가지고 있다는 것을 증명하였다. 그러므로 우리가 예언자들을 믿기 위해서는 그들이 그와 같은 마음을 가지고 있다는 것을 증명하지 않으면 안 된다. 그러나 우리는, 기적이 거짓된 예언자들에 의해서도 작성될 수 있다는 사실은 말할 것도 없고, 기적에 의해서 신성(Dei divinitas)이 확신될 수 없다는 것도 이미 증명하였다. 그러므로 성서의 신성은 성서가 참다운 덕목을 가르친다는 사실로부터만 증명되어야만 한다. 이러한 사실은 오직 성서에 의해서만 증명될 수 있다. 만일 그럴 수 없다면 우리는 큰 편견을 가지고 성서를 대할 것이고 성서의 신성도 입증할 수 없을 것이다. 성서의 모든 지식(tota Scripturae cognitio)은[4] 오직 성서 자체에서 구하지 않으면 안 된다. 마지막으로 성서는, 성서가 언급하는 사물들의 정의를 자연과 다르게 제공하지 않는다. 그러므로 우리가 자연의 다양한 활동으로부터 자연 사물의 정의를 추론해야 되는 것처럼, 성서에 나타나는 사물의 정의는 다양한 이야기들로부터 도출되어야 한다.

성서 해석의 보편적 규칙은 성서의 역사에 의해서(ex ipsius historia)[5] 명백한 확실성을 가지지 않은 것은 어떤 것도 성서의 이론으로 돌려서는 안 된다. 그렇다면 성서의 역사는 무엇이어야만 하며 그것은 주로 무엇을 포함하여야만 하는지에 대해 이야기하자.

1. 그러한 연구는 성서가 기술된 그리고 성서의 저자들이 익숙하게

---

4 (역주) cognitio는 문맥에 따라서 인식 또는 지식으로 옮겼다.

5 (역주) 여기에서 역사(historia)는 이야기로서의 역사를 말한다.

말하는 언어의 본성과 특징(natura et proprietas lnguae)을 포함해야 한다. 왜냐하면 이렇게 해서 우리는 하나하나의 말이 일상적 언어 용법에 의해서 가질 수 있는 모든 의미를 탐구할 수 있기 때문이다. 그런데 성서가 다른 언어들로 퍼지기는 했지만 「구약」과 「신약」의 모든 저자들은 이스라엘인들이었기 때문에 자연히 무엇보다도 이 언어로 기술된 「구약」의 서(書)들을 이해하기 위해서뿐만 아니라 이스라엘적 성격을 지니고 있는 「신약」의 서(書)들의 이해를 위해서도 확실히 히브리어 역사(historia linguae Hebraicae)가 필요하다.

2. 각 서(書)의 의미들은 종합되고 주요 주제로 정리되어야 한다. 그렇게 할 때 우리는 똑같은 것들을 발견하고 그 모든 것을 즉시 소유할 수 있다. 다음으로 애매모호하거나 서로 반대되는 것으로 여겨지는 모든 것을 주의하여야 한다. 언명(言明)의 진리가 이성에 의해서 쉽게 또는 어렵게 파악되는 한에서가 아니라 언명의 의미가 문맥을 통해서 쉽게 또는 어렵게 전달되는 데 따라서 나는 언명들(sententias)을[6] 애매하다거나 아니면 명료하다고 부른다. 왜냐하면 우리는 말의 진리가 아니라 오직 말의 의미에 대해서만(de solo sensu orationum) 다루고 있기 때문이다. 우리는 성서의 의미를 찾는 데 있어서, 편견은 말할 필요도 없고 무엇보다도 우리의 이성 능력이 자연 인식의 원리들에 기초를 두는 한, 이성 능력의 그릇된 영향에 대해서 정말 조심하여야 할 것이다. 참다운 의미와 사실의 진리를 혼동하지 않기 위해서 우리는 참다운 의미를 오로지 언어의 용법에 의해서만 또는 성서 외에는 어떤 기초도 인정하지 않는 추론에 의해서 탐구해야 한다.

모든 것을 한층 더 쉽게 이해하기 위해서 나는 예를 들어서 설명하겠

6 (역주) sententia는 의견, 직관, 의지, 결정, 의미, 문장… 등 여러 가지 의미를 가지고 있는데 여기에서는 언명으로 옮겼다.

다. 신은 불이다(Deus sit ignis)와 신은 질투한다(Deus sit zelotypus)는 말의 의미에만 주의를 기울이면 가장 명료하다. 그러므로 나는 비록 그것들이 진리와 이성의 관점에서는 가장 모호하다고 할지라도 그것들을 명료한 것들에 속하는 것으로 여긴다. 실로 그것들의[7] 문자 그대로의 의미가 자연의 빛에(lumini naturali)[8] 반대된다고 할지라도 성서의 이야기에서 도출된 원리와 기초에 어긋나지 않는다면, 문자 그대로의 의미가 유지되지 않으면 안 된다. 그런데 반대로 문자 그대로 해석한 구절이 성서로부터 도출된 원리와 반대되는 것으로 발견된다면, 비록 이성과 완전히 일치한다고 해도 그것은 다르게 곧 은유적으로 해석하지 않으면 안 된다. 모세가 신을 불로 믿었는지 아니면 달리 믿었는지를 알기 위해 그 견해가 이성과 일치하는지 또는 이성과 반대되는지를 통해서 결론 내려서는 결코 안 되며 모세의 또 다른 언명들을 통해서만 결론을 내려야 한다. 말하자면 모세가 여러 구절들에서 신은 하늘과 땅 또는 물에 있는 가시적인 사물들과 아무런 유사성도 가지고 있지 않다고 명료하게 가르치기 때문에 이로부터 우리는 이와 같은 언명이나 비슷한 경우의 다른 언명들은 은유적으로(metaphorice) 해명되어야 한다고 결론 내려야 한다. 그러나 가능한 한 문자 그대로의 의미로부터 이탈해서는 안 되기 때문에 우선 신은 불이라고 하는 이 단일한 언명이 문자 그대로의 의미 외의 또 다른 의미를 인정하는지를, 곧 불이라는 명칭(nomen ignis)이 자연적인 불과는 다른 것을 의미하는지를 탐구해야 한다. 만일 불이라는 말이 언어 용법상 다른 의미를 가지지 않은 것으로 발견된다면, 이와 같은 언명은 이성에 반대된다고 할지라도 결

7 (역주) 그것들은 앞에서 모세가 말한 '신은 불이다', '신은 질투한다'의 구절들을 가리킨다.

8 (역주) lumen naturale(자연의 빛)는 이성 내지 지성을 말한다.

코 다른 방식으로 해석되어서는 안 된다. 반대로 여타의 모든 구절들은 비록 이성에 일치한다고 할지라도 모세의 그와 같은 언명과 일치하지 않으면 안 될 것이다. 만일 언어 용법에 의해서 이러한 것이 허용되지 않는다면 모세의 그와 같은 언명은 조화롭지 못할 것이고 따라서 우리는 그러한 언명에 대한 판단을 중지하여야 할 것이다. 불(ignis)이라는 명사는 분노와 질투(ira et zelotypia)의 뜻으로도 사용되기 때문에('욥기' 31장 12절을 볼 것) 모세의 언명은 쉽게 조화를 이루고, 그리하여 우리는 '신은 불이다'(Deus est ignis)와 '신은 질투한다'(Deus est zelotypus)의 두 언명들을 하나의 똑같은 언명이라고 정당하게 결론 내린다. 더 나아가서 모세는 신이 질투한다고 분명히 가르치고 어느 곳에서도 신이 열정이나 마음의 감정이 없다고 가르치지 않기 때문에, 비록 이러한 언명이 이성에 반대된다고 할지라도 이로부터 우리는 모세가 그러한 사실 자체를 믿었거나 적어도 가르치려고 했다는 것을 확실히 추론할 수 있다. 왜냐하면, 우리가 이미 증명한 것처럼 우리의 이성의 명령과 선입견에 따라서 성서의 정신(mens Scripturae)을 왜곡해서는 안 되기 때문이다. 성서에 대한 모든 지식은 오직 성서에서 얻어지지 않으면 안 된다.

3. 마지막으로 이 성서의 역사는 우리가 기억하고 있는 모든 예언서들의 상황(casus omnium librorum prophetarum)을[9] 기술하여야 한다. 각 책의 저자의 생애, 습관, 관심사, 그가 누구였는지, 어떤 기회에, 어떤 시기에, 누구를 위해서 그리고 마지막으로 어떤 언어로 썼는지가 확실히 기술되어야 한다. 더 나아가서 각 책의 운명(fortuna)도 기술하여야 한다. 즉 그것이 제일 먼저 어떻게 받아들여졌으며, 누구의 손에

9 (역주) casus는 추락, 우연, 불행, 종말, 기회 등 여러 가지 의미들을 가지고 있으며 여기서는 상황으로 옮겼다.

넘어 왔고, 얼마나 많은 사본(寫本)들이 있었는지, 누구의 결정에 의해서 성전(聖典)으로 받아들였는지, 그리고 모든 사람이 이미 신성하다고 일컫는 모든 책들이 어떻게 단일한 전체로 통합되었는지가 기술되어야만 한다.

나는 성서의 역사는 이 모든 것들을 포함해야 한다고 생각한다. 왜냐하면 어떤 언명이 법으로 제시되고, 어떤 언명이 도덕 이론(documenta moralia)으로 제시되었는지를 알기 위해서는 저자의 생애와 습관 그리고 관심을 아는 것이 필요하기 때문이다. 덧붙여서 우리가 저자의 기질과 성격(genias et ingenium)을 더 잘 알수록 그의 말을 한층 더 쉽게 설명할 수 있을 것이다. 더 나아가서 영원한 이론을 단지 일시적이거나 오직 소수의 이익만을 목적으로 삼는 이론으로 혼동하지 않으려면 이 모든 이론들이 어떤 경우에, 어떤 시기에 그리고 어떤 민족과 어떤 시대를 위해서 쓰였는지가 기술되지 않으면 안 된다.

마지막으로 각 책의 출처를 아는 것 외에도 그것이 위조하는 자의 손에 의해서 오염될 수 있었는지, 오류가 스며들었는지 그리고 그 오류가 충분히 숙련되고 믿을 만한 사람들에 의해서 정정되었는지 등등 우리가 말한 것 말고도 나머지 것들을 알 필요가 있다. 우리에게 밀려오는 것들을 맹목적으로 받아들이지 않고 오직 확실하고 의심할 수 없는 것만을 받아들이기 위해서는 이 모든 것을 아는 것이 전적으로 필요하다.

그런데 우리가 이 성서의 역사를 가지고, 이에 대한 연구에서 나오지 않거나 가장 명백하게 추론될 수 없는 것은 어떤 것도, 의심할 수 없는 예언자들의 이론으로 단언하지 않기로 확고하게 결정했을 때라야 비로소 예언자들과 성서의 정신을 탐구할 시기가 될 것이다. 그러나 이러한 과제를 위해서는 또한 우리가 자연사(自然史)를 통해서 자연 해석에 사용하는 것과 유사한 방법 및 질서가 요구된다. 우리는 자연적 사물들에 대한 연구에서 무엇보다도 우선 가장 보편적이며 자연 전체에 공통적인 사실을, 곧 운동과 정지를 그리고 자연이 항상 지키며 그것을 통해서 작용하는 운동과 정지의 법칙과 규칙을 탐구하려고 애쓰며, 이렇게 함으로써 점진적으로 보다 덜 보편적인 다른 것으로 나아간다. 마찬가지로 우리는 성서의 역사에서도 제일 먼저 가장 보편적인 것 그리고 전체 성서의 기초이자 토대인 것을 그리고 마지막으로 성서에서 영원하며 모든 인류를 위해서 가장 유익한 교리로 모든 예언자들이 추천한 것을 탐구해야 한다. 예컨대 하나의 전능한 신이 존재하는데, 오직 그만을 숭배하여야 하고, 신은 모든 사람을 배려하며, 또한 신은 신을 숭배하며 이웃을 자기 자신과 같이 사랑하는 사람을 특히 사랑한다는 것 등이 그러한 교리에 속한다. 성서는 이러한 그리고 이와 유사한 교리를 곳곳에서 명명백백하게 가르치고 있으므로 그러한 교리의 의미에 대해서는 아무도 의심하지 않을 것이다.

그러나 성서는 신이 무엇이고 신은 어떤 식으로 만물을 보고, 배려하는지와 같은 문제와 이와 유사한 문제들을 분명하게 그리고 영원한 교리를 통해서 가르치지 않는다. 오히려 반대로 우리가 이미 앞에서 밝힌 것처럼 예언자들은 이 문제들에 관해서 의견이 일치하지 않았다. 그러므로 비록 우리가 자연의 빛에 의해서 이 문제를 잘 결정할 수 있다고 할지라도, 이 문제와 유사한 것들 중에서는 어떤 것도 성령의 교리로서 제시되어서는 안 된다.

그러므로 우리는 이와 같은 성서의 보편적 교리를 인식한 다음에 보다 덜 보편적이지만 일상적인 생활 태도에 관계하며 개울처럼 보편적 교리에서 흘러나오는 다른 이론들로 진전하지 않으면 안 된다. 그러한 것에는 기회가 있어야만 실행될 수 있는 참다운 덕의 모든 특별한 활동들이 이에 속한다. 성서에서 이러한 문제들에 관해서 모호하고 애매함이 발견된다면 그것은 성서의 보편적 교리에 의해서 해명되고 결정되어야 한다. 그러나 그러한 문제들이 서로 반대되는 것으로 발견된다면, 우리는 그 문제들이 어떤 기회에, 어떤 시기에 또는 누구를 위해서 쓰였는지를 알아야 한다. 예컨대 그리스도가 "행복하여라. 슬퍼하는 사람들 그들은 위로를 받을 것이다."라고 말했을 때 우리는 이 말이 그리스도가 어떤 종류의 슬퍼하는 자들을 뜻하는지 알 수 없다. 그러나 나중에 그리스도는 신의 나라와 신의 정의 이외에는 어떤 것도 근심하지 말 것을 우리에게 가르치고 그것을 최고선(summum bonum)으로 추천하기 때문에('마태오 복음서' 6장 33절을 볼 것) 이로부터 그리스도가 뜻하는 슬퍼하는 자들은 신의 나라와 정의가 사람들로부터 무시당하는 것을 슬퍼하는 자들이라는 사실이 귀결된다. 왜냐하면 신의 나라와 정의 외에는 어떤 것도 사랑하지 않으며 운명이 가져다 주는 다른 모든 것을 경멸하는 사람들만이 그 때문에 슬퍼할 수 있기 때문이다. 또한 그리스도가 "어떤 사람이 너의 오른 뺨을 때리면 그에게 다른 뺨도 내밀어라"라고 그리고 뒤따르는 말들을 말할 때도 마찬가지이다.

만일 그리스도가 입법자로서 이 말들을 재판관에게 명했더라면, 그는 이 명령에 의해서 모세의 율법을 폐기하였겠지만 그는 반대의 뜻을 명백하게 밝힌다('마태오 복음서' 5장 17절을 볼 것). 그러므로 우리는 누가 이것을 말하고, 누구에게 그리고 어떤 시기에 말했는지 알지 않으면 안 된다. 말하자면 그리스도가 이것을 말했지만, 그는 입법자로서 법을 명령하지 않고 교사로서 이론들을 가르쳤다. 왜냐하면 우리가 앞에서 밝힌 것처럼 그리스도는 외적 행동이 아니라 마음을 고치려고 했기 때문이다. 더 나아가서 그는 타락한 국가에서 사는 억압받는 사람들에게 이런 것들을 말하였다. 그곳에서 정의는 완전히 무시당했으며, 그는 그 국가의 파멸이 임박한 것을 알았다. 그런데 그 도시의 멸망이 임박했다는 사실을 그리스도가 가르친 것과 똑같이 그 도시의 첫 번째 몰락 이전에 예레미야도 적절한 시기에 가르쳤다는 것을 우리는 알고 있다('예레미야, 애가' 3장 30절을 볼 것).

그러므로 이러한 가르침은 오직 억압의 시기에만 예언자들이 가르친 것이고, 결코 법으로 제정되지는 않았다. 그러나 이에 반해서 억압의 시기에 글을 쓰지 않고 훌륭한 국가의 건설에 〈이 사실에 주의할 것〉 애쓴 모세는 이웃에 대한 복수와 증오(vindicta et odium in proximum)를 비난하면서도 눈에는 눈(oculus pro oculo)으로 갚도록 명령하였다. 따라서 성서 자체의 기초로부터 다음의 사실이 가장 명백하게 귀결된다. 불의를 관용하고 모든 것들에서 불경스러운 자들에게 복종하여야만 하는가에 대한 그리스도와 예레미야의 가르침은 정의가 무시당하는 곳에 그리고 억압의 시기에 해당되고 훌륭한 국가(bona republica)에는 적용되지 않는 것이다. 정의가 지켜지는 훌륭한 국가에서는 누구든지 자신이 정당하다는 것을 증명하고자 한다면 복수심 때문이 아니라('레위기' 19장 17-18절을 볼 것) 마음을 다하여 조국의 정의와 법을 지키고 악인의 사악함을 막기 위해서 재판관에게 불의의 처벌을 요구할 의무가 있다('레위기' 5장 13절을 볼 것). 이 모든 것은 또한 자연적 이성과(cum ratione naturali)[10] 완전히 일치한다. 이와 같은 다른 많은 예들을 들 수 있지만 이제까지 말한 모든 것이 내가 가진 정신에 대한 의도와 이 방법의 유용성을 설명하기에는 충분했으며, 현재로서는 그것이 내가 유일하게 관심을 가진 것이다.

지금까지 우리는 생활 태도에 관계되며 따라서 훨씬 더 쉽게 탐구될 수 있는 성서의 언명들을 탐구하기만을 제시하여 왔다. 왜냐하면 실제

---

10 (역주) 자연적 이성(ratio naturale)은 스피노자가 이 책에서 자주 말하는 자연의 빛(lumen naturale)과 같은 의미를 가진다.

로 그런 언명들에 대해서는 성서의 저자들 사이에서 어떤 이견(異見)도 없었기 때문이다. 그러나 성서에 나타나는 오직 사변적인 다른 구절들은 그렇게 쉽사리 탐구될 수 없다. 왜냐하면 그러한 것들로 가는 길은 한층 더 좁기 때문이다. 그 이유인즉 사변적인 것들에 있어서는[11] 우리들이 이미 밝힌 것처럼 예언자들 사이에서도 서로 견해가 달랐으며 그들의 이야기들은 각 시대의 편견에 가장 잘 적용되었기 때문이다. 우리는 두 예언자들의 언명들이 똑같은 것이라고 가장 분명하게 확증하지 않으면 어떤 예언자의 정신을 다른 예언자의 보다 더 명백한 구절들로부터 결코 추론할 수도 없고 또 해명할 수도 없다. 그와 같은 경우 성서의 역사로부터 어떻게 예언자의 정신(mens prophetarum)을 이끌어낼 수 있는지에 대해서 짤막하게 설명하겠다.

이것에 관해서도 가장 보편적인 것으로부터 출발해야 하며, 다시 말해서 가장 명백한 성서의 언명으로부터 무엇이 예언 내지 계시(prophetia sive revelatio)이고 어디에 그것들이 주로 포함되어 있는지 탐구하지 않으면 안 된다. 다음으로는 기적이 무엇이고, 이렇게 더 나아가서 가장 일상적인 것들을 탐구하지 않으면 안 된다. 이로부터 우리는 각 예언자들의 견해로 내려가야만 한다. 그리고 이것으로부터 결국 각각의 계시 내지 예언, 역사(historia)[12] 그리고 기적의 의미로 진행하지 않으면 안 된다. 그러나 어떤 주의력을 가지고 이러한 것에 있어서 예언자와 역사가의 정신을 성령의 정신 그리고 사실의 진리와 혼동하지 않고 구별해야 하는지는 앞에서 많은 예들을 들면서 밝힌 일이 있다. 그러므로 나는 이것에 대해서 더 상세하게 다룰 필요가 없다. 그렇지만 계시의 의미와 관계해서 이와 같은 방법은 예언자들이 실제로 보거나

11 (역주) 추상적 내지 철학적인 이론이 바로 사변적인 것이다.

12 (역주) historia는 이야기, 역사 또는 이야기로서의 역사를 의미한다.

들은 것을 어떻게 발견할지를 우리에게 가르칠 뿐이고 그들의 신비적 기초에 의해서(hieroglyphicis) 상징하거나 표현하고자 했던 것은 가르쳐 주지 않는다. 왜냐하면 우리는 신비적 기호를 추측할 수 있을 뿐이고 그것을 성서의 기초로부터 확실하게 이끌어 낼 수 없기 때문이다.

따라서 우리는 성서 해석의 이유(ratio interpretandi Scripturam)를 밝혔으며 동시에 이러한 성서 해석이 성서의 참다운 의미를 탐구하기 위한 유일하고도 한층 더 명백한 길이라는 것을 증명하였다. 마치 바리사이인들이 주장하는 것처럼 예언자 자신들로부터 받아들인 확실한 전통 내지 참다운 설명을 소유한 자나 또는 마치 로마 가톨릭 교도들이 자랑하는 것처럼 성서 해석에서 오류를 범할 수 없는 교황(Pontifex)을 소유한 자가 있다면, 나는 그 사람들이 성서 해석에 대해서 한층 더 분명하리라는 것을 확실히 인정하겠다. 그렇지만 우리는 그러한 전통에 대해서도 그리고 교황의 권위에 대해서(de Pontificis autoritate)도 확신할 수 없기 때문에 그 위에 어떤 확실한 것도 세울 수 없다. 왜냐하면 교황의 권위는 고대의 초기 기독교도들에 의해서, 그리고 바리사이인들의 주장은 고대 유대인들의 종파에 의해서 부정될 것이기 때문이다. 그리고 만일 더 나아가서 (다른 것은 언급하지 않고) 바리사이인들이 그들의 랍비로부터 받아들인 이러한 전통이 모세로까지 거슬러 올라가는 세월의 연속을 주의해 본다면, 내가 다른 것에서 증명하는 것처럼 그들의 주장이 그르다는 것을 발견할 것이다. 그러므로 그와 같은 전통은 매우 의심스러운 것이 분명하다.

그리고 비록 우리의 해석 방법은 유대인들의 어떤 전통을, 말하자면 우리가 유대인들로부터 받아들인 히브리어 (언어의) 단어의 의미를 훼손되고 타락하지 않은 것으로 받아들일 것을 우리들에게 요구한다고 할지라도 우리는 유대인들의 전통은 의심하지만 히브리어 단어의 의미에 대해서는 의심하지 않는다. 왜냐하면 확실히 어떤 말의 뜻(sensus alicuius orationis)을 드물지 않게 바꾸는 것은 이익이 될 수 있지만 어떤 단어의 의미(alicuius verbi significatio)를 바꾸는 것은 결코 어떤 사람에게도 이익이 될 수 없기 때문이다. 그런 일을 행하는 것은 매우 어렵다. 왜냐하면 어떤 단어의 의미를 바꾸고자 하는 사람은 누구나, 각각의 경우 저자의 성격과 의도를 설명하면서 그 언어로 기술하고 단어를 받아들여진 의미로 사용한 모든 저자들에게도 설명하지 않으면 안 되기 때문이다. 그렇지 않으면 그는 가장 신중하게 텍스트를 위조해야 한다. 더 나아가서 언어는 대중과 배운 사람 모두에게 보존되지만 이야기의 의미(sensus orationum)와 책들은 오직 배운 사람들에 의해서만 보존된다. 그러므로 배운 사람들이 자기들이 소유할 수 있었던 희귀한 어떤 책의 이야기의 의미를 바꾸거나 훼손시켰을 수도 있지만 단어의 의미는 그렇게 할 수 없었다는 것을 우리들은 쉽게 파악할 수 있다. 이에 덧붙여서 만일 어떤 사람이 자신에게 습관화된 단어의 의미를 다른 것으로 바꾸려고 한다면 그는 나중에 말하기와 글쓰기에서 일관성을 유지하는 일이 어려울 것이다. 그러므로 이러한 그리고 다른 이유들에 의해서 어떤 사람도 언어를 훼손시킬 생각을 가질 수 없을 것이다. 그러나 확실히 저자가 쓴 것을 바꾸거나 그것을 그릇되게 해석함으로써 어떤 저자의 정신을 훼손시키는 일은 자주 있었다.

그러므로 성서의 지식은 오직 성서로부터만 도출되어야 한다는 것에 기초를 두고 있는 우리의 방법이 유일하고 참다운 것이기 때문에, 이 방법이 우리에게 성서에 대한 완전한 지식을 얻을 수 없다고 지적하는 곳에서는 성서에 대한 지식을 확실히 포기하지 않으면 안 된다. 그런데 나는 여기에서 우리의 방법이 성서의 완전하고 확실한 지식을 우리에게 제공할 수 있기 위해서 어떤 난점 내지 단점을 가지고 있는지를 말하고자 한다.

이 방법의[13] 무엇보다도 커다란 난점은 히브리어에 대한 완전한 지식을 요구한다는 것에서 생긴다. 그런데 그러한 지식을 어디에서 얻을 수 있을 것인가? 고대 히브리어를 능통하게 사용했던 사람들은 이 언어의 기초와 이론에 대해서 후대에 아무것도 남겨 주지 않았다. 우리는 그들로부터 아무것도 물려받지 못하였다. 어떤 사전도, 문법도 그리고 수사학도 물려받지 못하였다. 또한 이스라엘 민족은 모든 영화와 모든 아름다움(omnia ornamenta omneque decus)을 상실했으며(그토록 많은 패배와 박해를 겪은 후여서 놀랄 일도 아니다) 단지 약간의 언어의 흔적과 몇 권의 책만 남아 있다. 왜냐하면 과일, 새, 물고기에 대한 거의 모든 명사들과 다른 수많은 것들이 세월의 풍파 속에 사라져 버렸기 때문이다. 더 나아가서 성서에 나타나는 수많은 명사들과 동사들의 의미에 대해서는 완전히 모르거나 아니면 논의하고 있는 중이다. 우리는 이 모든 것을 모를 뿐만 아니라 특히 이 언어의 용법(huius linguae phraseologia)조차[14] 모르고 있다. 왜냐하면 이스라엘 민족에게 특유한 히브리어의 표현과 말하는 방식이 사물을 파괴하는 시간에 의해서 인간의 기억에서 거의 모두 소멸되어 버렸기 때문이다. 그러므로 우리는 언제나 우리가 원하는 대로 언어의 용법에 의해서 하나하나의 이야기의 의미를 탐구할 수 없다. 그리고 많은 이야기들이 나타나는데, 그것들은 비록 잘 알려진 단어들을 포함한다고 할지라도 의미가 매우 모호하며 전적으로 지각불가능하다.

---

13 (역주) 이 방법이란 성서 해석의 방법이다.

14 (역주) 이 언어는 히브리어, 곧 고대 이스라엘 언어를 가리킨다. 현대 이스라엘어는 영, 독, 불어를 혼합해서 만든 언어로서 히브리어와는 질적으로 다른 언어이다.

말하자면 히브리어의 완전한 역사를 소유할 수 없다는 사실에 첨가되는 것은 이 언어의 구조와 본성도 설명하기 힘들다는 것이다. 이러한 사실로부터 매우 많은 모호함들이 생기기 때문에 성서의 모든 이야기의 참다운 의미를 탐구하기를 가르치는 방법을 찾기란 불가능할 것이다.[15] 왜냐하면 모든 언어들에 있는 공통적인 모호함의 원인들 이외에, 매우 많은 모호함을 생기게 하는 히브리어에만 있는 몇 가지 다른 원인들이 있다. 나는 여기에서 그것들을 살펴보는 것을 가치 있는 일로 여긴다.

첫 번째로 흔히 성서에서 이야기의 애매함과 모호함(ambiguitas et orationum obscuritas)은 똑같은 언어 기관에 관련된 철자들(literae)이 서로 교체된다는 사실에서 생긴다. 이스라엘인들은 자기들의 발음에서 사용한 다섯 가지 구강 기관들에 따라서, 곧 입술, 혀, 치아, 입 천정 그리고 입구멍에 따라서 모든 알파벳 철자들을 다섯 가지 군(群)으로 나눈다. 예컨대 후두음(喉頭音)으로 일컬어지는 알레프, 헷, 아인, 헤(Alpha, Ghet, Hgain, He)는 우리에게 알려진 어떤 구분도 없이 서로 대체되어 사용되었다. 말하자면 엘(el)은 '으로'(ad)를 의미하며, 흔히 '위에'(super)를 의미하는 알(hgal)로 사용되며 그 반대도 성립한다. 이렇게 해서 이야기의 모든 부분들이 애매하게 되거나 의미 없는 말로 되고 말았다.

나아가서 두 번째로 이야기의 애매함은 접속사와 부사의 다양한 의미에서(ex multiplici coniunctionum et adverbiorum significatione) 생긴다. 예컨대 '바브'(vau) 라는 접속사는 철자 결합과 분리에 구분되지 않고 사용되며 그리고(et), 그러나(sed), 때문에(quia), 하지만(autem), 그때(tum)를 의미한다. '키'(ki)라는 접속사는 일곱 가지 또

15 말하자면 적어도 이 언어를 잘 모르고, 이 언어에 관한 어떤 용법도 소유하고 있지 않은 우리들이.

는 여덟 가지 의미를 가지고 있다. 그것들은 때문에(quia), …이지만(quamvis), 만일(si), …할 때(quando), …처럼(quemadmodum), …하는 것(quod), 연소(combustio) 등이다. 그런데 거의 모든 불변화사(不變化詞: particulae)의[16] 경우가 이러하다.

세 번째로 히브리어의 직설법에서 동사는 현재, 반과거, 대과거, 미래완료 그리고 다른 언어들에서 사용하는 시제들이 없다. 명령법과 부정법에서도 현재형 이외의 모든 시제가 없으며, 접속법에도 모든 시제가 완전히 결여되어 있다. 그리고 시제와 화법 형태의 이러한 모든 결함은 사용하기 쉬우며 우아한 언어의 기초에서 도출된 특정 규칙들에 의해서 보완될 수도 있었지만, 고대의 저자들은 그러한 규칙들을 완전히 무시했으며, 시제를 구분하지 않고 미래를 현재와 과거로 그리고 반대로 과거를 미래로, 게다가 직설법을 명령법과 접속법으로 사용했고 따라서 이야기의 커다란 모호함이 생겨났다.

히브리어의 모호함에 대한 이러한 세 가지 원인들 이외에도 우리가 주의해야 할 두 가지가 더 있는데 이것들은 훨씬 더 중요한 것들이다. 첫 번째 원인은 히브리어 철자에는 모음을 나타내는 것이 없었다는 것이다. 두 번째 원인은, 이야기들이 통상적으로 구두점에 의해서 분리되지 않았으며 설명되거나 지시되지도 않았다는 것이다. 그리고 비록 이들 두 가지, 곧 모음과 구두점이 보통 점과 액센트로 보충되고 있다고 할지라도 우리는 그것들로 만족할 수 없다. 왜냐하면 이러한 것들은 그 권위가 별로 가치 없는 한참 후대의 사람들에 의해서 고안되고 정해졌기 때문이다. 그러나 고대 이스라엘인들은 수많은 증거로부터 확실한 것처럼 모음과 액센트 없이 기술하였던 것이다. 그러나 후대 사람들이

16 (역주) 불변화사란 관사, 전치사, 접속사 등처럼 어형 변화가 없는 것들을 말한다.

자기들의 성서 해석에 따라서 이들 점과 액센트 두 가지를 첨가했던 것이다. 그러므로 우리가 지금 가지고 있는 액센트와 구두점은 단지 오늘날의 해석이며 다른 저자들의 해설과 마찬가지로 더 이상 신뢰도 없고 권위도 없다.

이 사실을 모르는 사람은 '히브리서'를 쓴 저자를 어떻게 정당화하여야 할지 이해하지 못할 것이다. 우리가 가지고 있는, 점이 찍혀 있는 히브리어 텍스트에는 '히브리서' 11장 21절과 '창세기' 47장 31절이 매우 다르게 해석되어 있다. 마치 사도가 점을 찍은 사람들에게서 배우지 않으면 안 되었을 것처럼 해석되어 있다. 적어도 내가 보기에는 점을 찍은 사람들이 훨씬 더 잘못을 범한 것 같다.

누구나 이 사실을 알 수 있게 하기 위해서 그리고 동시에 해석의 차이가 오직 모음의 부재로부터 생긴다는 것을 보여 주기 위해서 나는 여기에서 두 가지 해석들을 모두 제시하겠다.

구두점을 찍은 사람들(punctistae)은 자기들이 점을 찍으면서 다음처럼 해석하였다: "그리고 이스라엘이 그 위에 엎드렸다" 또는 (또한 똑같은 발성 기관에서 나오는 철자에서 아인〈Hgain〉을 알레프〈Aleph〉로 바꾸면서) "침상 밑에 엎드렸다." 그러나 '히브리서'의 저자는 미타(mita)대신에 마테(mate)라고 읽으면서 "이스라엘이[17] 지팡이를 짚고 몸을 구부렸다"로 해석하였는데, 차이는 오직 모음에서만 생긴다. 그런데 그 이야기에서 문제는 그 다음 장에서처럼 야곱의 질병이 아니고 그의 나이였기 때문에 역사가의 의도는 야곱이 침상 밑에 엎드렸다고 말하려는 것이 아니라 나이 먹은 사람들은 자신들을 지탱하기 위해서 지팡이를 필요로 하므로 지팡이에 의지해서 몸을 기울였다고 말하려고

---

17 (역주) 이스라엘은 야곱을 말한다.

했던 것처럼 보인다. 특히 이러한 이유는, 이와 같은 해석은 한 철자를 다른 철자로 바꿀 필요가 없기 때문이다. 이 예에 의해서 나는 '히브리서'의 구절과 '창세기'의 텍스트를 조화시킬 뿐만 아니라 우선 오늘날의 구두점과 액센트가[18] 얼마나 신뢰성이 없는지를 증명하고자 한다. 그러므로 아무런 편견도 가지지 않고 성서를 해석하고자 했던 사람은 이것들에[19] 대해서 의심하고 새롭게 검토할 것이다.

이로부터 (우리의 과제로 되돌아가기 위해서) 히브리어의 구조와 본성이 그렇기 때문에 수많은 모호함이 생겨서 그것들 모두를 해결할 수 있는 방법이 가능하지 않았다는 것을 누구든지 파악할 수 있을 것이다. 왜냐하면 우리는 이야기들의 상호 비교를 통해서(특별한 구절이 언어 사용에 의해서 용납할 수 있는 여러 의미들로부터 참다운 의미를 해명할 수 있는 유일한 길이라고 우리들이 증명한 것처럼) 모호함들을 완전히 벗어날 수 없기 때문이다. 왜냐하면 어떤 예언자도 다른 사람의 말이나 자기 자신의 말을 공공연하게 해명할 목적으로 저술하지 않았으므로 그와 같은 이야기의 비교는 단지 우연하게 어떤 이야기를 설명할 수 있을 뿐이다. 우리가 이미 분명히 증명한 것처럼 삶의 태도에 관한 것들 외에는 어떤 예언자나 사도들이 말하는 정신적 의미를 다른 예언자나 사도가 말하는 정신적 의미로부터 추론해 볼 수 없다. 그러므로 어떤 예언자나 사도들이 사변적인 것들을 말하거나 기적이나 역사를 이야기할 때 우리는 그렇게 추론해 낼 수 없다.

이 외에도 나는 성서에는 설명할 수 없는 많은 이야기들이 나타난다는 것을 예들을 통해서 증명할 수 있겠지만, 현재로서는 이 주제를 남

---

18 (역주) 신약성서 '히브리인들에게 보낸 서간'에 있는 구두점과 액센트를 가리킨다.

19 (역주) 이것들은 '히브리인들에게 보낸 서간'에 있는 구두점들과 액센트들을 말한다.

겨 놓고 여전히 남아 있는 것들, 곧 우리가 성서 해석에 대한 이와 같은 참다운 방법에서 만나는 난점들과 그 방법이 결여하고 있는 것을 살펴볼 것이다.

이러한 방법에 있어서 또 다른 난점들은, 우리가 그 대부분을 알지 못하는 모든 성서들의 경우에 대한 역사를 요구한다는 것에서 생긴다. 왜냐하면, 다음에 상세히 밝히겠지만, 우리는 대부분의 성서 저자들에 대해서 (만일 당신이 원하는 표현을 쓰자면) 완전히 알지 못하거나 의심하고 있기 때문이다. 더 나아가서 우리는 어떤 경우에 그리고 어떤 시기에, 어떤 저자들에 의해서 이 책들이 저술되었는지도 알지 못한다. 게다가 우리는 이 모든 책이 누구의 손에 들어갔는지 알지 못하며, 어떤 사본들에서 수많은 다양한 독서 방법이 발견되었는지도 모르고, 또 다른 곳에 수많은 다른 독서 방식이 있는지에 대해서도 알지 못한다. 그러나 이 모든 것을 아는 것이 중요하다는 것을 적절한 곳에서 짤막하게 지적했지만, 나는 거기에서 의도적으로 몇 가지를 생략했는데 여기에서 그것들을 고찰할 것이다.

만일 우리가 믿을 수 없거나 알 수 없는 것들을 포함하는 또는 매우 모호한 용어들로 쓰인, 그리고 우리가 저자도 모르고, 어떤 시기에 그리고 어떤 경우에 저술되었는지도 모르는 어떤 책을 읽는다면 그 책의 참다운 의미를 확실히 이해하려고 애쓰는 일은 쓸데없을 것이다. 왜냐하면 우리는 이 모든 것을 모르기 때문에 저자가 무엇을 의도했는지 또는 의도할 수 있었는지 전혀 알 수 없다. 그러나 만일 우리가 이것들을 잘 알고 있다면 우리의 생각을 결정하는 데 어떤 선입견에 의해서도 지배당하지 않고, 따라서 저자나 또는 저자가 독자로 삼은 사람에게 바로 정당한 것을 알릴 수 있으며 또한 바로 저자가 마음속에 가질 수 있었던 것이나 시대와 기회가 요구한 것을 생각할 수 있다.

모든 사람은 이러한 것을 확실히 알고 있다. 왜냐하면 다음과 같은 일이 종종 생기기 때문이다. 우리는 서로 다른 책들에서 비슷한 이야기들을 읽지만, 우리가 저자들에 대해 가지는 견해의 차이에 따라서 매우 다르게 판단한다. 나는 언젠가 격노한 올란두스(Orlandus)라는 이름을 가진 남자가 날개 달린 괴물을 타고 늘 공중을 날아다녔으며 원하는 곳은 어디든지 날아다녔고, 혼자서 수많은 사람들과 거인을 죽였다는 것을 책에서 읽었다. 이것과 이와 유사한 다른 공상들(phantasmata)은 지성의 관점에서 볼 때 전혀 이해할 수 없는 것들이다. 그러나 나는 이와 비슷한 이야기를 오비디우스(Publius Ovidius Naso)의[20] 페르세우스에 대한 대목에서 읽었으며, 마지막으로 '판관기'와 '열왕기'에서 혼자서 수천 명의 적들을 죽인 삼손에 대해서 그리고 공중을 날고 불의 말과 전차를 타고 하늘로 올라간 엘리야에 대해서 읽었다. 이 이야기들은 매우 유사하지만 우리는 각각의 이야기에 대해서 아주 다른 판단을 내린다. 첫 번째 작가는 오직 농담(nugas)만 쓰려고 했지만 두 번째 작가는 정치적 사실(res politicas)을 쓰려고 했고, 마지막으로 세 번째 작가는 신성한 것(sacras)을 쓰고자 했다. 그런데 우리로 하여금 이렇게 판단하게 하는 것은 저자들에 대한 우리의 견해로 인한 것 뿐이다. 그러므로 만일 우리가 저자들의 저술들을 해석하려고 한다면 모호한 사실이나 지성으로 알 수 없는 것들을 기술한 저자들에 대해서 알아야 하는 것이 확실하다. 또한 똑같은 이유에서 모호한 이야기에 대한 다양한 독서로부터 참다운 독서를 선택할 수 있기 위해서 어떤 사본에서 이러한 다양한 독서가 발견되는지 그리고 보다 더 큰 권위를 가진 다른 사

---

**20** (역주) 오비디우스(B.C.43~A.D.17)는 로마의 시인으로서 Amores, Tristien, Heros, Metamorphosis 등의 저자이다. 그는 술모(Sulmo)에서 출생하여 로마에서 활동하다가 흑해의 토미(Tomi)로 추방당해서 그곳에서 죽었다.

람들에 의해서 다른 많은 사본들이 발견되었는지의 여부도 아는 것이 필수적이다.

마지막으로 성서의 어떤 책들은 처음으로 쓰인 언어로 보존되지 않기 때문에 그 책을 해석하는 방법에 난점을 갖고 있다. '마태오 복음서'와 '히브리서'는 일반적인 견해에 의하면 히브리어로 쓰였지만 그것들은 남아 있지 않다. 그러나 '욥기'도 어떤 언어로 쓰였는지 의심스럽다. 이븐 에즈라는 자신의 주석에서 '욥기'는 다른 언어로부터 히브리어로 번역되었고, 이것이 모호함의 이유라고 주장한다. 나는 묵시록의 책들에 대해서(de libris apocryphis)는 아무 말도 하지 않겠다. 왜냐하면 그 책들의 전거(典據)가 매우 불확실하기 때문이다.

이것이 성서를 가능한 한 그 자체의 역사를 통해서 해석하기 위한 방법의 모든 난점들이다. 내가 열거하고자 한 이 난점들이 매우 중요하다고 판단하므로 나는 성서의 많은 구절들의 참다운 의미를 알 수 없거나 확실성 없이 추측할 뿐이라고 주저 없이 주장하겠다. 그러나 다시 한 번 다음의 사실이 강조되지 않으면 안 된다: 이 모든 난점은 알 수 없는 것, 곧 단지 상상만 할 수 밖에 없는 것들에 한해서 예언자들의 정신(mens prophetarum)을 파악하는 것을 방해할 수 있다. 그런데 이 모든 난점은 우리가 지성으로 파악할 수 있고 쉽게 명확한 개념을 형성할 수 있는 것들은 방해하지 않는다.[21] 왜냐하면 본성상 쉽게 파악되는 것

21 내가 이해하는 알 수 있는 것들(res perceptibiles)은 타당하게 증명될 수 있을 뿐만 아니라, 비록 증명될 수 없다고 할지라도 도덕적 확실성을 가지고 우리가 보통 받아들이며 놀라지 않고 듣는 그러한 것이다. 유클리드의 정리(Euclidis propositiones)는 증명되기 이전에도 누구든지 알 수 있다. 그래서 수학적으로 증명할 수 없다고 해도 법, 제도 그리고 관습과 마찬가지로 인간의 신념을 초월하지 않는 과거와 아울러 미래 사실에 대한 역사를 명확히 알 수 있는 것이라고 부른다. 모든 신념을 넘어서는 것으로 보이는 상형문자와 이야기들(hieroglyphica et historias)을 나는 알 수 없는 것들이라고 말한다. 그러나 이것들 중에도 우리가 저자들의

들은 쉽게 이해되지 않을 정도로 모호하게 표현하지 않기 때문이다. 속담이 말해주는 것처럼 '이해하는 사람에게는 한마디면 충분하다' (intelligenti dictum sat est). 매우 단순하고 가장 잘 이해할 수 있는 것만을 기술한 유클리드의 견해는 어떤 언어로 쓰였든지 간에 누구에게나 쉽게 설명될 수 있다. 왜냐하면 그의 정신을 파악하고 그의 참다운 의미를 확실히 알기 위해서는 그가 기술한 언어에 대한 완전한 지식이 필요 없고 일반적이며 초보적인 지식만 있으면 된다. 또한 우리는 저자의 생애, 관심 그리고 성격(vita, studium et mos authoris)을 알 필요가 없고, 그 책이 어떤 언어로 누구를 위해서 언제 쓰였는지도 알 필요가 없으며, 책의 운명이나 책의 다양한 독서 방식도 그리고 그 책이 어떻게 어떤 종교회의에서 받아들여졌는지도 알 필요가 없다. 그리고 위에서 유클리드에 대해서 말한 것은 본성상 쉽게 알 수 있는 것들에 관하여 쓴 모든 책에 대해서도 똑같이 해당된다.

그러므로 다음처럼 결론 내릴 수 있다. 우리는, 우리가 할 수 있는 성서에 대한 역사적 연구의 도움을 받아서 도덕 이론에 연관된 성서의 정신을 쉽게 파악할 수 있으며 성서의 참다운 의미를 확실히 알 수 있다. 왜냐하면 참다운 경건함에 대한 이론(verae pietatis documenta)은 우리가 가장 많이 사용하는 말들로 표현되기 때문이다. 그 이유는 그러한 이론은 매우 일반적이며 단순하고 이해하기 쉽기 때문이다. 그리고 참다운 구원과 행복(vera salus et beatitudo)은 참다운 마음의 안정에 있으며, 우리가 가장 명확하게 이해하는 것 안에서만 참다운 평화에 이르기 때문에,[22] 이로부터 우리는 구원으로 이끄는 그리고 행복에 필연적

---

정신을 알기 위해 우리의 방법론에 의해서 탐구할 수 있는 것들이 많이 있다.

22 (역주) acquiesco는 안정하다, 평화롭게 되다 등을 뜻하므로 마음이 평온하게 된다는 내용을 나타낸다(됨을 내용으로 가진다).

인 것들에 관련된 성서의 정신을 확실하게 파악할 수 있는 것이다. 그러므로 나머지 것들에 대해서 신경 쓸 필요가 없다. 왜냐하면 그것들은 대부분 이성과 지성에 의해서 파악할 수 없으며, 유용성을 가지기보다 오히려 호기심을 자극시키는 것들이기 때문이다.

이로써 나는 성서 해석의 참다운 방법을 제시하였고, 그것에 대한 나의 견해를 충분히 설명했다고 생각한다. 게다가 나는 이 방법이 자연의 빛(lumen naturale) 자체 외의 다른 어떤 빛도 요구하지 않는다는 사실을 이미 모든 사람들이 알고 있다는 것을 확신한다. 왜냐하면 이와 같은 빛의 본성과 장점은 주로 논리적 연역 과정에 의해서 알려진 것 또는 우리가 상식적으로 알고 있는 것으로 주어진 것으로부터 모호한 것을 이끌어 내거나 추론하는 데 있으며, 이것은 우리의 방법이 요구하는 것과 같은 것이다. 그리고 우리의 해석 방법이 성서에서 발견되는 모든 것을 충분히 확실하게 탐구하지 못한다고 인정할지라도, 그것은 방법의 결함에 연유한 것이 아니고 참답고 올바른 방법을 가르쳐 주는 길을 지금까지 어떤 사람도 시도하거나, 밟아 보지도 않았다는 사실과, 그리하여 시간이 너무 많이 지나서 이제는 그곳을 지나가기가 거의 어려워졌다는 것에서 생긴다. 이것은 내가 열거한 성서 해석의 난점들에 의해서 가장 명백하게 알 수 있는 것이다.

이제는 우리의 견해와 다른 견해를 검토하는 일이 남아 있다. 첫 번째 검토 대상이 되는 것은, 자연의 빛(lumen naturale)은 성서를 해석할 힘을 가지지 못하고 성서 해석을 위해서는 초자연적 빛(lumen supernaturale)이[23] 가장 요구된다고 주장하는 사람들의 견해이다. 그러나 초자연적 빛이 무엇인지는 그들이 설명하도록 남겨 두겠다. 나는 그

23 (역주) 자연의 빛은 이성 내지 지성을 의미하는 데 비해서 초자연적 빛은 초월적인 계시(revelatio)를 가리킨다.

들이 비록 모호한 용어를 쓰긴 했지만 성서의 참다운 의미에 대해서 대부분 의심하고 있다는 사실을 말하고자 했다는 것 외에는 어떤 것도 추측할 수 없다. 우리가 그들의 설명을 주의해서 살펴보면 그것은 초자연적인 것은 아무것도 포함하지 않고 단지 추측만이(meras coniecturas) 있을 뿐이다. 만일 원한다면 그들의 설명을, 자연의 빛 외에는 아무런 빛도 가지고 있지 않다고 솔직하게 인정하는 사람들의 설명과 비교해 보면 두 가지가 완전히 유사하다는 것을, 곧 인간적이며 오래 숙고되었고 노력해서 고안되었다는 것을 발견한다. 그러나 자연의 빛이 성서 해석을 위해서 불충분하다고 말하는 것은 완전히 잘못된 것이다. 우선 성서 해석의 난점은 결코 자연의 빛의 힘의 결여에서(defectu virium luminis naturalis) 생기지 않고, 오히려 비록 악의는 아니더라도 단지 성서의 역사를 작성할 수 있을 때조차도 성서의 역사를 무시한 사람들의 부주의에서(ex hominum socordia) 생겼다는 것이다: 다음으로 성서 해석의 난점은 (내가 틀리지 않는다면 모두가 인정하는 것처럼) 이 초자연적 빛은 오직 신도에게만 주어진 선물이라는 사실에서 생긴다. 그런데 예언자들과 사도들은 신도들뿐만 아니라 보통 대부분 신앙이 없는 자들과 불경한 자들에게도 설교했으며 따라서 이들도 예언자들과 사도들의 정신을 이해할 수 있었다. 만일 그렇지 않았다면 예언자들과 사도들은 이성을 지닌 성인들이 아니라 아이들과 아기들에게 설교한 것처럼 보였을 것이다. 만일 아무런 율법도 필요 없는 신도들만 모세의 율법을 이해할 수 있었다고 한다면 모세는 쓸데없이 율법을 규정한 것이 된다. 그러므로 예언자들과 사도들의 정신을 이해하기 위해서 초자연적 능력을 찾는 자들은 확실히 자연의 빛을 필요로 하는 것으로 보인다. 나는 그러한 사람들이 초자연적인 신의 선물을 가지고 있다고 판단하기가 매우 어렵다.

마이모니데스의 견해는 전혀 달랐다.[24] 왜냐하면 그는 성서의 모든 구절들은 다양하고 더욱이 대립되는 의미들을 인정하지만, 성서의 구절들이 우리의 해석에 따라서 이성에 일치하지 않거나 또는 이성에 반대되는 것이 아무것도 없다는 것을 알 경우에만 성서의 참다운 의미에 대해서 확실성을 가질 수 있다고 주장하기 때문이다. 그 이유는 만일 성서의 구절이 문자적 의미에서 이성에 반대되는 것으로 발견된다면, 그 구절이 확실한 것으로 보인다고 할지라도 달리 해석되지 않으면 안 돠기 때문이라는 것이다. 그리고 그는 이것을 「혼란에 빠진 사람들을 위한 지침서」(More Nebuchim) 2부 25장에서 가장 분명하게 지적한다. 왜냐하면 그는 다음처럼 말하기 때문이다.

"내가 세계는 영원히(ab aeterno) 존재하여 왔다고 말하기를 주저하는 것은 세계 창조에 대해서(de creationi mundi) 성서에 나오는 구절 때문이 아니라는 것을 알기 바란다. 왜냐하면 세계는 창조되었다고 가르치는 성서의 구절들이 신은 육체적이라고 가르치는 구절보다 많지 않기 때문이다. 세계 창조를 대상으로 삼는 성서 구절들에 대한 설명은 우리에게 폐쇄된 것도 아니고 접근이 어려운 것도 아니며, 우리는 신에게서 육체성을 부정한 것처럼 세계 창조를 설명할 수 있었을 것이다. 아마도 이것이 훨씬 더 쉬웠을 것이며, 우리는 은혜로운 신에게서 육체성을 부정하기 위해서 성서를 설명하는 것보다 세계 창조를 설명하고 세계의 영원성을 주장하는 것이 훨씬 더 편했을 것이다. 그러나 내가 이렇게 할 수 없고 또한 이것을 곧 세계가 영원하다는 것을 믿지 못하는

24 (역주) 마이모니데스(Maimonides, Moses, 1135-1204)는 유대철학자로서 자연과 현실에 관해서는 아리스토텔레스를 기초로 삼았고 종교 문제에 대해서는 성서를 기초로 삼았다.

데는 두 가지 이유가 있다. 1. 신이 육체적이지 않다는 명백한 증명이 있기 때문에 글자 그대로의 의미가 그 증명에 반대되는 모든 구절들을 설명할 필요가 있다. 왜냐하면 글자 그대로의 의미와는 다른 그 구절들은 필연적으로 설명할 수 있다는 것이 확실하기 때문이다. 그러나 세계의 영원성(mundi aeternitas)은 증명되지 않았고, 따라서 우리가 세계는 영원하다는 일부 통용되는 견해 때문에 성서를 훼손하고 또한 설명할 필요는 없다. 2. 두 번째 이유는 신이 비육체적이라고 믿는 것은 근본적인 율법에 반대되지 않는다 등등이라는 사실 안에 있다. 그러나 세계의 영원성을 아리스토텔레스가 파악한 식으로 믿는 것은 율법을 근본적으로 파괴한다 등등."

이상이 마이모니데스의 말인데, 이것으로부터 나의 주장이 분명하게 귀결된다. 왜냐하면, 만일 그가 이성에 의해서 세계가 영원하다는 것을 확신했다면, 그는 성서가 동일한 교리를 가르치는 것으로 드러나기 전까지 의심하지 않고 성서를 왜곡하고 설명했을 것이기 때문이다. 비록 성서는 도처에서 공공연하게 세계의 영원성에 대한 반대를 설명할지라도, 그는 성서는 세계의 영원성을 가르치려 했다고 확신했을 것이다. 그러므로 성서의 참다운 의미가 제아무리 명백해도 그가 사실의 진리를 의심할 수 있는 한, 또는 사실의 진리가 그에게 아직 확실하지 않은 한, 그는 성서의 참다운 의미에 대해서 확신할 수 없을 것이다. 그 이유는, 우리가 사실의 진리에 대해서(de rei veritate) 확신하지 못하는 한 우리는 그 사실이 이성에 부합하는지 그렇지 않은지 알지 못하기 때문이다. 그리고 결과적으로 우리는 또한 글자 그대로의 의미가[25] 참인지

25 (역주) 성서에 나오는 구절들의 의미를 가리킨다.

아니면 거짓인지를 알지 못하기 때문이다.

만일 이와 같은 그의 주장이 옳다면, 나는 성서 해석을 위해서(ad Scripturam interpretandum) 자연의 빛 이외의 다른 빛이 우리에게 필요하다는 것을 인정할 것이다. 왜냐하면 성서에서 우리가 발견하는 거의 모든 것은(우리가 이미 밝힌 것처럼) 자연의 빛에 의해서 알려진 원칙으로부터(ex principiis umine naturali notis) 도출될 수 없고 따라서 우리는 자연의 빛에 의해서 그 모든 것의 진리를 확신할 수 없으며, 결국 성서의 참다운 의미와 정신을 확신할 수 없다. 오히려 우리는 성서 해석을 위해서 필연적으로 또 다른 빛을[26] 필요로 한다. 더 나아가서 만일 이와 같은 견해가 옳다면 다음의 사실이 귀결된다. 대부분 증명을 모르거나 증명을 누릴 여유가 없는 대중은 성서의 이해를 위해서 오로지 철학자들의 권위와 증거에만 의존하지 않으면 안 될 것이고, 따라서 성서 해석에 대해서 철학자들은 오류를 범할 수 없다고 가정해야 할 것이다.

이와 같은 상황은 확실히 새로운 교회의 권위일 것이고 새로운 종류의 사제(司祭)들과 교황들일 것인데, 이들은 대중들에게서 존경받기보다는 오히려 웃음거리가 되기 쉽다. 그리고 비록 우리의 성서 해석 방법은 대중들이 연구할 여가를 가질 수 없는 히브리어에 대한 지식을 요구한다고 할지라도 사람들은 이것에 관해서 우리에게 어떤 이의도 제기할 수 없을 것이다. 왜냐하면 일찍이 예언자들과 사도들이 대상으로 삼아 설교하고 글을 쓴 유대민족과 이방민족(vulgus ludaeorum et

---

26 (역주) 자연의 빛(lumen naturale)은 스피노자에 의하면 인간이 선천적으로 가지고 있는 보편적 인식 능력이다. 여기에서 스피노자는 마이모니데스를 반박하면서 만일 마이모니데스와 같이 주장한다면 인간은 자연의 빛, 곧 이성과는 다른 어떤 완전한 인식 능력을 가져야 할 것이지만 그것은 불가능하다는 것을 암시한다.

Gentilium)은 예언자들과 사도들의 언어를 이해했으며, 그 언어를 통해서 예언자들의 정신을 알 수 있었다. 그러나 그들은 마이모니데스의 견해에 따르면 예언자들의 정신을 파악할 수 있기 위해서 마찬가지로 알지 않으면 안 될, 예언자들이 예언한 것들에 대한 이유를 결코 파악할 수 없었다.

우리의 방법은 대중이 성서 해석가의 고증에 만족해야 한다는 것을 필연적으로 요구하지 않는다. 왜냐하면 나는 예언자들과 사도들의 언어를 알고 있는 대중을 제시하고 있기 때문이다. 그러나 마이모니데스는 사물들의 원인을 이해하고 그리하여 예언자들과 사도들의 정신을 인식하는 어떤 대중도 제시할 수 없을 것이다. 오늘날의 대중은 구원에 필요한 모든 것을(omnia ad salutem necessaria), 비록 그것의 근거를 알지 못할지라도, 어떤 언어로도 쉽게 알 수 있다. 모든 것은 일반적이며 습관적인 용어로 표현되기 때문이다. 대중은 물론 해석가의 증거에서가 아니라 이와 같은 인식에서 만족하며, 성서의 나머지 부분에 관해서 말하자면, 대중은 배운 자들과 똑같은 운명을 따라가고 있는 것이다.[27]

그러나 우리는 마이모니데스의 견해로 되돌아 와서 그것을 한층 더 상세하게 검토해 보기로 하자. 첫 번째로 그는 예언자들이 모든 것에서 서로 의견이 일치했으며, 예언자들이 뛰어난 철학자이며 신학자였으리라고 가정한다. 왜냐하면 그는 예언자들이 사실의 진리에 의해서 결론 내렸기를 바라기 때문이다. 그런데 이것이 그르다는 것을 우리는 2장에서 제시하였다. 다음으로 그는 성서의 의미는 성서 자체로부터 확립될 수 없다고 가정한다. 왜냐하면 사실의 진리(rerum veritas)는[28] 성서

---

27 (역주) 배우지 못한 대중의 태도와 배운 자들의 태도가 똑같다는 의미이다.

28 (역주) rerum veritas는 '사물의 진리' 이기도 하다.

자체에 의해서 확립되지 않기 때문이다(실로 성서 자체는 아무것도 증명하지 않으며, 정의(定義)와 사물의 제1원인을 통해서 자신의 말하는 것을 가르치지도 않는다). 그러므로 마이모니데스의 견해에 의하면 성서의 참다운 의미는 성서 자체에 의해서 확립될 수도 없고 성서 자체에서 이끌어 낼 수도 없다는 것이다. 그런데 이와 같은 것 역시 그르다는 것은 이 장에서 확인된다. 왜냐하면, 비록 성서가 자연의 빛에 의해서 알려지는 것들에 관해서 이야기한다고 할지라도, 우리는 성서의 의미가 오직 성서 자체로부터 성립하며 또한 오로지 성서 자체를 통해서만 도출될 수 있다는 사실을 근거들과 예들을 가지고 밝혔기 때문이다. 결국 그는 성서의 단어들을 우리의 선입견에 따라서(secundum nostra praeconceptas opiniones) 해석하고 왜곡하며 또한 글자 그대로의 의미가 완전히 명백하고 가장 확실할지라도 그 의미를 부정하거나 임의의 다른 것으로 변경하는 것이 우리에게 허락되어 있다고 가정한다. 물론 이와 같은 뻔뻔함(licentia)은 우리가 이 장과 다른 장들에서 증명한 것과 정면으로 배치된다는 사실 이외에도 누구에게든지 과도하고 무모하게 보일 것이다.

그러나 만일 우리가 그에게 이처럼 큰 자유를 허락한다면 그것은 무엇을 가져다줄 것인가? 확실히 아무것도 없을 것이다. 왜냐하면, 성서의 대부분을 구성하는 것은 증명 불가능하므로 우리는 그것을 이와 같은 근거에서 탐구할 수도 없고, 마이모니데스의 이러한 기준에 의해서는 그것을 설명할 수도 없고 해석할 수도 없다. 반대로 만일 우리의 방법을 추구한다면, 우리는 이와 같은 종류의 매우 많은 것들을 설명할 수 있으며, 우리가 이미 근거들과 사실 자체를 통해서 밝힌 것처럼 그 많은 것들을 확실하게 해명할 수 있다. 그러나 본성에 의해서 파악할 수 있는 것들은 이미 우리가 밝히고 제시한 것처럼 오직 이야기의 문맥만 통해서도 그것들의 의미가 밝혀질 수 있다. 그러므로 마이모니데스의 방법은 전혀 쓸모가 없다. 게다가 그의 방법은 대중이 성실한 독서를 통해서 그리고 다른 방법에 의해서 성서의 의미에 대해서 가질 수 있는 모든 확실성을 제거해 버린다. 따라서 우리는 마이모니데스의 견해를 해롭고 쓸모없으며 부당한 것으로 던져 버릴 수 있다.

더 나아가서 바리사이인들의 전통은 우리가 앞에서 이미 말한 것처럼 그 자체로 확립되어 있지 않았다. 그러나 로마 교황의 권위(Pontificum Romanorum authoritas)는 한층 더 명백한 증거가 필요하다. 바로 이러한 이유로 인해서 나는 교황의 권위를 부정한다. 왜냐하면, 만일 로마의 교황들이 마치 일찍이 유대 민족의 대제사장들이 그랬던 것처럼 성서 자체에 의해서 교황의 권위를 우리에게 확실하게 제시해 줄 수 있다면 나는 로마 교황들 중에 이단자들과 자유사상가들(haeretici et impii)이 있다고 해도 별 의미를 두지 않겠다.[29] 왜냐하면 일찍이 이스라엘민족의 대제사장들 중에도 교활한 수단으로 사제직을 얻은 이단자들과 불경스러운 자들이 있었기 때문이다. 그렇지만 성서의 인준에 의해서 성서를 해석할 수 있는 최고의 권한은 그들의 수중에 있었다. '신명기' 17장 11, 12절과 33장 10절 그리고 '말라기서' 2장 8절을 보라. 그러나 로마 교황들은 우리에게 그러한 증거를 아무것도 제시하지 못하기 때문에 그들의 권위는 매우 의심스럽다. 그리고 이스라엘 민족의 대제사장의 예에 기만당해서 가톨릭교에도 대제사장(Pontifex)이[30]

29 (역주) 스피노자의 이러한 입장은 유대교, 가톨릭교, 신교 그리고 네덜란드 정부 모두에 의해서 파문 대상이 되었다. 그러나 스피노자의 핵심적인 생각은 교황의 권위와 같은 것은 성서 자체의 해석에서 나온 것이 아니면 가치가 없다는 것이다. 따라서 스피노자에게는 참다운 성서 해석의 방법이 매우 중요하다.

30 (역주) Pontifex는 사제, 주교, 대제사장(유대교), 교황(가톨릭교) 등 다양한 의미를 가지고 있다.

필요하다고 생각해서는 안 된다. 그러므로 모세의 율법(leges Mosis)은 유대 국가의 공적인 법이었으므로 필연적으로 법을 지키기 위해서 공적 권위를 필요로 했다는 것을 주의하지 않으면 안 된다. 왜냐하면 모든 사람이 자신의 의지에 따라서(ex suo arbitrio) 공적인 법을 해석할 수 있는 자유를 가지고 있다면 어떤 국가도 존속할 수 없고, 오히려 국가 자체는 즉시 해체될 것이고 공적 권리는 사적(私的) 권리가 될 것이기 때문이다.

그런데 종교에 있어서는 사정이 전혀 다르다. 왜냐하면 종교는 외적 행동이 아니라 정직하고 성실한 마음에서 성립하므로 그것은 공적인 법이나 권위에 속하지 않기 때문이다. 그 이유는 마음의 정직함과 성실함은 법적 명령에 의해서도, 국가의 권위에 의해서도 인간에게 주입될 수 없기 때문이다. 그리고 어느 누구도 행복하게 되기 위해서 권력이나 법에 의해서 강요당할 수는 없다. 행복해지기 위해서는 오히려 경건함, 우애 깊은 훈계, 좋은 교육 그리고 무엇보다도 자기 자신의 자유로운 판단이 요구된다.

따라서 종교에 있어서도 자유롭게 생각하는 최고의 권리는 모든 사람에게 속하고 어떤 사람이 이러한 권리를 포기할 수 있다는 것은 생각할 수 없기 때문에 또한 종교에 대해서 자유롭게 판단하고 결국 종교를 설명하고 해석하는 최고의 권리와 최고의 권위는 모든 사람에게 속할 것이다. 왜냐하면 법을 해석하는 최고의 권위와 공무에 대한 최고의 판단이 공권에 속하는 것은 바로 그것이 공적 권리에 속한다는 이유 때문이다. 이와 똑같은 이유 때문에 종교를 설명하고 판단하는 최고의 권위가 모든 사람들 각자에게 속하게 되는 근거는, 말하자면 그것은 각자의 권리에 관한 것이기 때문이다.

그러므로 국법을 해석하는 이스라엘 민족의 대제사장의 권위로부터 종교를 해석하는 로마 교황의 권위를 추론할 수 있다는 것은 맞지 않는 일이다. 이와는 반대로 종교 해석에 대한 이와 같은 권위는 각 개인 모두가 가장 많이 가지고 있다는 앞의 사실로부터[31] 한층 더 쉽게 추론될 수 있다. 이 점에서 우리는 우리의 성서 해석 방법이 최선의 것이라는 제시할 수 있다. 왜냐하면 성서를 해석하는 최고의 권위(maxima autoritas Scripturam interpretandi)가 각 개인에게 속하므로, 해석의 기준은 어떤 초자연적 빛도 또 어떤 외적 권위도 아니고 오로지 모든 사람에게 공통된 자연의 빛(lumen naturale)이어야만 하기 때문이다. 또한 해석의 기준은 가장 숙련된 철학자들만 다룰 수 있을 정도로 어려워서도 안 된다. 오히려 해석의 기준은 자연적이며 일반적인 기질과 능력에 알맞지 않으면 안 되는데, 우리는 이러한 것을 우리의 방법론으로 증명하였다. 왜냐하면 우리는 이미 방법론이 가지고 있는 난점들은 방법론의 본성으로부터가 아니라 인간들의 태만에서(ab hominum socordia, non autem natura methodi) 생긴다는 것을 알았기 때문이다.

---

**31** (역주) 이스라엘 민족의 대제사장들이 국법을 해석하는 권위를 가리킨다.

# 8

## 모세오경과 '여호수아기', '판관기(사사기)', '룻기', '사무엘기', '열왕기'는 자서전인가? 또 이 성서들의 저자는 누구였으며 한 사람이었는가? 아니면 여러 명이었는가?

앞 장에서 우리는 성서에 대한 지식의 기초와 원리에 대해서 다루었으며, 그것들은 오로지 전적으로 성서의 역사 안에 있다는 것을 밝혔다. 그러나 철저한 성서 역사의 연구가 필요했음에도 고대의 저자들은 그것을 무시하였다. 또는 그들이 그것을 기술하고 전해 주었다고 할지라도 시간의 흐름과 함께 소실되었을 것이며, 결국 성서의 지식에 대한 기초와 원리의 큰 부분이 단절되고 말았던 것이다. 만일 후세의 사람들이 올바른 한계를 지키고, 자기들이 물려받거나 발견한 소수의 것들을 후손들에게 성실하게 전달하고 그들의 지식으로 새로운 것을 고안해내지 않았더라면 그와 같은 소실이나 단절은 그다지 크지 않았을 것이다. 사실상 성서의 역사(Scripturae historia)는 불완전할 뿐만 아니라 그 연구가 한층 더 오류를 범하고 있다. 곧 성서의 전체 역사를 재건하기에는 성서의 지식에 대한 기초가 빈약할 뿐만 아니라 결함도 있다.

내 의도는 이러한 오류들을 고치고 신학의 일반적 편견(communia

theologiae praeiudicia)을 제거하는 것이다. 그러나 나는 이런 시도를 너무 늦게 했다는 걱정이 든다. 왜냐하면 사람들은 이 사항에 관해서는 고치려고 하지 않고 종교라는 명목하에 받아들인 것은 굳게 견지하기 때문이다. 그리고 오직 극소수의 사람들만 (비교적으로 말하자면) 이 사항을 이성적으로 판단하므로 이미 많은 사람들은 이와 같은 편견에 사로잡혀 있다. 그렇지만 나는 이것에[1] 대해서 완전히 절망할 이유가 전혀 없기 때문에 포기하지 않고 이 연구에 매진할 것이다.

그러나 이와 같은 주제를 체계적으로 밝히기 위해서 나는 성서의 원저자들에 대한 편견을 살펴보는 것으로 시작할 것이며, 먼저 모세오경의[2] 저자에 대해서 밝힐 것이다. 거의 모든 사람들은 모세오경의 저자를 모세로 믿었다. 바리사이인들은 이 생각을 완고하게 옹호했고 이와 달리 생각하는 것으로 보이면 이단으로 여겼으므로, 내가 알고 있는 학자들 중에서 자유로운 정신을 가지고 학식이 뛰어나며, 이것이 편견이라는 것을 가장 먼저 알았던 이븐 에즈라(Ibn Ezra)도 감히 자신의 정신을 공공연하게 설명하지 못하고 단지 모호한 말로만 문제를 지시하고자 했다. 그러나 나는 여기에서 주저하지 않고 그의 말을 더 분명하게 밝히고, 이 주제를 더욱더 명확하게 드러내고자 한다.

'신명기'에 대한 이븐 에즈라의 주석에 있는 말들은 다음과 같다: "'요단강 너머 등등' '만일 당신이 열두 개의 비밀을 이해한다면', '모세가 율법을 썼다' '그때에는 가나안 사람들이 그 땅에 있었다', '그것은 신의 산에서 계시될 것이다', '쇠로 만들어진 그의 침대를 보라',

---

1 (역주) 성서 해석의 오류를 고치고 신학의 일반적 편견을 제거하는 것을 목표로 삼는 연구를 지시한다.

2 (역주) '구약'의 처음 다섯 경전을 일컬어서 모세오경이라고 하는데, 그것들은 창세기, 출애굽기, 레위기, 민수기, 신명기 등으로 모세가 쓴 것으로 알려져 왔다.

'그러면 너는 진실을 알게 될 것이다." 이 몇 가지 안 되는 말로 에즈라는 모세오경을 쓴 사람이 모세가 아니고 훨씬 후세에 살았던 사람이며, 마지막으로 모세가 썼던 책은 지금의 책과는 다른 책이었다는 것을 은연중에 지적한다. 이것을 밝히기 위해서 그는 다음과 같은 것을 주의했다.

1. 모세오경의 머리말은 요단강을 건너지 않은 모세에 의해서 기술될 수 없었다.

2. 모세의 책 전체는 오직 하나의 제단 둘레에만 아주 분명하게 새겨져 있었다('신명기' 27장과 '여호수아기' 8장 32절 등을 볼 것). 랍비들의 말에 따르면 그 제단은 단지 열두 개의 돌로 이루어져 있었다. 따라서 모세의 책(liber Mosis)은 모세오경(Pentateuchon)보다 분량이 훨씬 더 적었다는 결론이 나온다. 내 생각에 이것은 저자인 에즈라가 '신명기' 27장에 나오는 열두 개의 저주로 이해하지 않는다면 그는 열두 개의 돌로 열두 개의 비밀(mysterium duodecim)을 의미하고자 했을 것이다. 아마도 에즈라는 이 열두 개의 저주가 모세의 율법서에 기록되지 않았다고 믿었을 것이다. 왜냐하면 모세는 율법을 기술한 것 외에도 그 열두 개의 저주를 레위족 제사장에게 읽게 하였고 이렇게 하여 유대인들이 기술된 율법을 준수할 수 있도록 했기 때문이다. 또는 에즈라가 아마도 모세의 죽음(mors Mosis)을 취급한 열두 개의 절로 이루어진 '신명기' 마지막 장을 의미했을지도 모른다. 그러나 여기에서는 이 추측을 비롯하여 또 다른 추측을 더 상세히 검토할 필요가 없다.

3. 더 나아가서 '신명기' 31장 9절에 "그리고 모세가 율법을 기록하였다"는 말이 나오는 것을 주의해 보자. 이 말은 확실히 모세의 말이 아니고 모세의 행적과 글(Mosis facta et scripta)을 이야기하는 다른 저자의 말이다.

4. '창세기' 12장 6절에서 아브라함이 가나안 땅을 여행하는 구절을 이야기할 때 역사가가 "당시에는 가나안인들이 그 땅에 살고 있었다" 라고 덧붙이는데, 그렇게 함으로써 그는 자신이 이 글을 쓴 시기를 분명히 배제한다. 그러므로 모세가 죽은 후 그리고 가나안인들이 이미 그 지역에서 쫓겨나서 더 이상 살 수 없었을 때 이 구절이 분명히 쓰인 것이다. 에즈라는 이 구절에 대한 주석에서도 이 말들과 똑같은 점을 의미한다: "(노아의 손자인)가나안이 다른 사람이 소유했던 가나안 땅을 차지한 것으로 보인다. 만일 이것이 사실이 아니라면 그 구절 안에는 비밀스러운 것이 있다. 그리고 그것을 이해하는 사람이 있으면 그를 침묵하게 하자." 곧 만일 가나안이 그 지역을 지배했다면 그 의미는 가나안인들이 이미 그 땅에 있었다는 것으로 그 땅에 다른 민족이 거주했던 때와 대립된다. 그러나 만일 가나안이 그 지역에 정착한 최초의 사람이었다면('창세기' 10장에서 귀결되는 것처럼) 창세기는 현재의 시간을, 말하자면 저자의 시간을 배제했던 것이다. 그러므로 창세기는 모세가 기술하지 않았다. 모세 당시에도 가나안인들이 그 지역을 소유하고 있었기 때문이다. 이 사실이 바로 에즈라가 침묵을 권유하는 비밀이다.

5. '창세기' 22장 14절에서 모리야 산(mons Morya)은 신의 산(mons Dei)으로 일컬어지는데, 이 산은 성전의 건축이 결정된 후에야 비로소 확실한 명칭을 가질 수 있었다.[3] 이와 같은 산의 선택은 모세 당시에는 이루어지지 않았다. 왜냐하면 모세는 어떤 장소도 신에 의해서 선택된 것으로 지시하지 않았고, 반대로 신이 언젠가는 자신의 이름이 부여된 장소를 선택하리라는 것을 예언하였다.

3 말하자면 아브라함이 아니라 역사가에 의해서 그렇게 일컬어진다. 왜냐하면 역사가는 그 당시 "주님의 산에서 계시를 받을 것이다"라고 장소를 말했고, 이것은 아브라함에 의해서 "신이 예언할 것이다"로 일컬어졌기 때문이다.

6. 마지막으로 다음을 주의해 보자. 바산의 왕 옥(Og rex Basan)에 대한 이야기 중에 다음의 글이 삽입되어 있다: "바산 임금 옥은 라파인들 가운데에서[4] 홀로 살아남았다. 쇠로 만든 그의 침대가 지금도 암몬 자손들이 사는 라빠에 있지 않는가? 그것은 보통 암마로 길이가 아홉 암마 너비가 네 암마나 된다." 이 삽입구는 이 책 '신명기'의 저자가 모세가 죽은 후 상당한 기간이 지난 다음에 살았다는 것을 가장 분명하게 보여 준다. 왜냐하면 이와 같은 식의 화법(modus loquendi)은 자신의 이야기에 신뢰를 부여하기 위해서 오래 전에 지나간 것들을 이야기하고 지나간 것들의 나머지들을 보여 주는 사람에게만 고유한 것이기 때문이다. 그리고 의심할 여지없이, '사무엘기 하' 12장 30절에서 이야기되는 것처럼, 이 침상은 그 도시 라빠를 정복한 다윗에 의해서 처음으로 발견되었다.

그러나 여기뿐만 아니라 한참 아래에서 이 역사가는[5] 모세의 말에 다음의 구절을 삽입한다: "므나쎄의 아들 야이르(Jair filius Manassis)는 그수르인들과 마아카인들의 경계에 이르기까지, 아르곱 지역을 모두 빼앗았다. 그런 다음에 그곳 바산을 자기 이름을 따서 '야이르의 부락들'이라[6] 불렀는데, 오늘날까지 그렇게 불린다." 역사가는 자신이 방금 인용한 모세의 말들을 설명하기 위해서, 다음의 구절을 덧붙였다: "그리고 길앗의 나머지 지역과 옥의 왕국인 바산 전 지역을 므나쎄 반쪽 지파에게 주었다.—아르곱의 전 지역, 곧 바산의 전 지역은 라파인들의 땅이라 불렸다." '신명기'의 저자 당시에 이스라엘인들은 야이르

---

4 히브리어 '레파임'(rephaim)은 저주받은 자들(damnatos)을 의미하며, 또한 '역대기 상' 20장에 의하면 고유명사로 여겨진다. 그러므로 나는 여기에서 그것이 어떤 성(姓)을 의미한다고 생각한다.

5 (역주) '신명기'의 저자로 추정되는 역사가를 말한다.

6 (역주) pagus는 지역, 지방, 시골, 마을 등을 뜻한다.

마을이 유대족에게 속한다는 것은 의심할 여지없이 알았지만 아르곱의 관할 지역 명칭이나 그 땅이 거인들의(라파인들) 땅의 명칭이라는 것을 알지 못하였다. 그러므로 '신명기'의 저자는 옛날에는 그 지역이 왜 그렇게 불리어졌는지 그리고 동시에 그들이 왜 므나쎄 족이 아니라 유대 족에 속하는 야이르로 지칭되었는지 이유를 부여하지 않으면 안 되었다('역대기 상' 2장 21-22절을 볼 것). 이로써 우리는 에즈라의 견해를 설명하였으며 또한 에즈라가 자신의 견해를 입증하기 위해서 인용한 모세오경의 구절들을 설명하였다. 그러나 에즈라가 실제로 모든 구절들을 주의해서 본 것은 아니었고 또한 중요한 구절들에 주의를 기울인 것도 아니었다. 왜냐하면 이 책들[7] 안에는 주의해야만 하는 훨씬 더 중요한 것들이 수없이 남아 있기 때문이다.

1. 이 책들, 모세오경의 저자는 모세에 대해서 삼인칭으로 말할 뿐만 아니라 그 이외에도 모세에 대해서 많은 것을 증언한다. 그는 분명히 다음처럼 증언한다: "주님은 모세와 이야기하였다." "주님은 모세와 얼굴을 맞대고 대화를 나누었다." "모세는 땅 위의 어떤 사람보다도 겸손하였다"('민수기' 12장 3절). "모세가 전쟁에서 돌아오는 군대 지휘관들, 곧 천인대장들과 백인대장들에게 화를 내었다"('민수기' 31장 14절). "모세 주님의 사람"('신명기' 33장 1절). "주님의 종 모세가 죽었다. 이스라엘에는 모세와 같은 예언자가 다시는 일어나지 않았다" 등등. 그러나 이에 반해서 모세가 대중에게 율법을 설명하면서 기록해 준 '신명기'에서 모세는 자신의 행위를 말하면서 일인칭으로 이야기한다. "주님께서 나에게 말씀하셨다"('신명기' 2장 2, 17절 등등). "나는 주님께 기도드렸다" 등등. 이 책, '신명기'의 후반에서 역사가는 모세

---

7 (역주) 모세오경을 가리킨다.

의 말을 전한 다음에 다시금 삼인칭으로 계속해서 이야기한다. 이와 같은 식으로 저자는 어떻게 모세가 율법을(곧 모세가 설명한 율법을) 글로 써서 대중들에게 전달했고 또한 그들을 새롭게 타일렀는지 그리고 어떻게 삶을 끝맺었는지 이야기한다. 이 모든 것들, 곧 말하는 방식, 증언, 역사 전체의 맥락은 이 책들이[8] 모세가 쓴 것이 아니라 다른 사람에 의해서 쓰였다는 것을 확신시켜 준다.

2. 다음 사항 역시 주의하여야 한다: 이러한 역사에서는 모세가 어떻게 죽었고 매장되었으며, 이스라엘인들이 어떻게 30일 상(喪)을 치렀는지를 주목해야 한다. 또한 이 이외에도 모세 이후에 살았으면서 모세가 모든 사람들을 능가한다고 말한 모든 예언자들과 모세를 비교해야만 한다. 모세가 아닌 어떤 역사가는 이렇게 말한다: "이스라엘에는 주님을 대면해서 알았던 모세와 같은 그러한 예언자는 아무도 없었다." 그와 같은 증언은 모세 자신이나 또는 직접적인 후계자도 할 수 없고, "그러한 예언자는 아무도 없었다. 등등"에서처럼 역사가는 한참 전의 시간에 대해서 말하는 것처럼 보이기 때문에 모세보다 수 세대 이후에 살았던 어떤 사람에 의해서 행해진 것이다. 그리고 모세의 묘에 대해서(de sepultra) 다음과 같은 글이 남아 있다: "오늘날까지 아무도 그것을 알지 못한다."

3. 모세가 살았을 당시의 명칭에 의해서가 아니라 한참 후에 다른 명칭으로 일컬어진 몇몇 지역을 주의해서 보아야만 한다. 예컨대 아브라함은 "단까지(ad Dan) 적들을 쫓아갔다"('창세기' 14장 14절을 볼 것). 이 도시는 여호수아가 죽고 한참 지난 후에 비로소 단이라는 명칭을 얻었다('판관기' 18장 29절을 볼 것).

---

8 (역주) 모세오경을 가리킨다.

4. 이야기가 때로는 모세가 살았던 시대를 지나서도 전개되고 있다. 왜냐하면 '출애굽기' 16장 35절에서는 다음처럼 이야기하고 있기 때문이다. "이스라엘 자손들은 정착지에 다다를 때까지 사십 년 동안 만나를 먹었다. 가나안 땅 경계에 다다를 때까지 그들은 만나를 먹었던 것이다." 말하자면 '여호수아기' 5장 12절에서 이야기하고 있는 시기에 이를 때까지 만나를 먹었다는 것이다. '창세기' 36장 31절에도 다음과 같은 말이 있다: "이스라엘 자손들을 임금이 다스리기 전에 에돔 땅을 다스리던 임금들은 이러하다." 의심할 여지없이 여기에서 역사가는[9] 다윗이 에돔인들을 정복하고 에돔 땅에 주둔군을 두기 이전[10] 에돔에 살았던 사람들의 왕들을 이야기하고 있다('사무엘기 하' 8장 14절을 볼 것).

그러므로 이 모든 것들로부터 모세오경은 모세가 쓴 것이 아니고 모세가 죽은 뒤 수백 년이 지난 후에 살았던 사람이 썼다는 사실이 매우 분명하게 드러난다. 그러나 만일 당신이 좋다면, 이 이외에 모세 자신이 쓴 그리고 모세오경에 인용되어 있는 책들을 주의해 보자. 왜냐하면 그 책들이 모세오경과 다르다는 것이 증명되기 때문이다. 첫 번째로 '출애굽기' 17장 14절에는 모세가 신의 명령에 의해서 아말렉과의 전

---

9 (역주) 역사가(historicus)는 여기에서 다윗에 관한 성서의 이야기를 쓴 저자를 가리킨다.

10 이때부터 여호람 왕의 지배에 이르기까지, 여호람 왕의 지배하에서 에돔인들은 여호람 왕에게 대항했는데, 에돔인들에게는 왕이 없었다('열왕기 하' 8장 20절). 그러나 유대인들이 임명한 총독들이 왕을 대신했다. '열왕기 상' 22장 48절을 볼 것. 그러므로 에돔의 총독이 왕으로 불리어졌다('열왕기 하' 3장 9절). 그러나 마지막 에돔 왕의 재위가 시작된 것이 사울 왕(Saul rex)의 즉위 이전인지 아닌지 또는 '창세기'의 36장에서 성서가 오직 죽을 때까지 정복당하지 않은 왕들만을 열거하기를 원했는지의 여부는 알 수가 없다. 그렇지만 신의 뜻에 의해서 군주국과는 전적으로 다른 이스라엘 국가를 조직한 모세를 이스라엘 왕들의 목록에 포함시키려고 하는 시도는 확실히 어리석은 짓이다.

쟁(bellum contra Hamalek)을 기술했다는 이야기가 있다. 그러나 같은 17장에는 모세가 어떤 책에서 그렇게 했는지 확인되지 않는다.[11] 그러나 '민수기' 21장 14절에는 「주님의 전쟁기」(liber bellorum Dei)가 인용되어 있다. 거기에는 확실히 아말렉과의 전쟁 그리고 그 이외에도 모든 숙영이('민수기' 33장 2절에서 모세오경의 저자는 이 모든 숙영(宿營)이 모세에 의해서 기술되었다고 증언한다) 이야기되고 있다. 이 이외에도 '출애굽기' 24장 4, 7절에는 '계약의 책'' (liber pacti)로 불리어지는 또 다른 책에 대한 증언이 있다. 이 책은 이스라엘인들이 처음으로 신과 계약을 맺었을 때 모세가 그들 앞에서 읽은 것이다. 그런데 이 책이나 이 서한이 포함하고 있는 것은 매우 적은 분량의 것이다. 곧 이 책은 '출애굽기' 20장 22절부터 같은 책 24장에서 이야기되고 있는 율법 내지 신의 계명(leges sive Dei iussa)을 포함하고 있었다. 앞에서 말한 장을 건전한 판단력과 선입관 없이 읽은 사람은 어느 누구도 이 사실을 부인하지 않을 것이다. 왜냐하면 그곳에서는 다음의 사실을 이야기하고 있기 때문이다: 모세는 신과 맺은 맹약(盟約)에 대한 대중의 견해를 알자마자 즉시 신의 말과 율법(Dei eloqua et iura)을 적었으며, 집회가 끝난 후 아침 무렵에 집회에 참석한 모든 사람들에게 맹약 조건을 낭독하였다. 맹약 조건이 낭독되고 모인 사람들 전체가 의심의 여지없이 그것을 이해했을 때 대중은 그것에 완전히 동의하였다.

그러므로 글을 쓴 짧은 시간을 통해서 또한 맹약을 비준하는 이유를 통해서 이 책은 방금 내가 말한 극소수의 항목 이외의 아무것도 포함하지 않았다는 사실이 귀결된다. 마지막으로 다음의 사실은 확실하다: 모세는 이집트 탈출로부터 40년 되는 해에 자신이 만든 모든 율법을 설

11 (역주) 모세오경의 다섯 책들 중 어떤 책에서 모세가 그렇게 기술했는지가 확인되지 않는다는 뜻이다.

명했으며('신명기' 1장 5절을 볼 것), 대중으로 하여금 율법에 대해서 의무감을 갖도록 했고('신명기' 29장 14절을 볼 것), 마지막으로 그는 설명된 율법과 이 새로운 맹약을 포함하는 책을 썼다('신명기' 31장 9절을 볼 것). 그리고 이것은 신의 율법서(liber legis Dei)라고 일컬어졌는데, 나중에 여호수아는 여기에 그 당시의 대중이 다시 신과의 맹약을 세 번째로 맺으면서('여호수아기' 24장 25- 26절을 볼 것) 그들이 꼭 지킬 수 있도록 맹약에 대한 설명을 첨가하였다.

그런데 우리는 모세의 이러한 맹약과 여호수아의 맹약을 동시에 포함한 책을 가지고 있지 않기 때문에 이 책이 소실된 것을 필연적으로 인정하여야 한다. 그렇지 않다면 멋대로 성서의 말을 왜곡한 칼데아의[12] 의역가 죠나단의[13] 무모함을 우리는 인정해야 한다. 왜냐하면 여기에서 죠나단은 이와 같은 난점에 직면하여 자신의 무지를 인정하기보다 성서를 훼손시키려고 하였기 때문이다. 그는 "여호수아는 이 말씀을 모두 하느님의 율법서에 기록하고"('여호수아기' 24장 26절을 '볼 것)를 "여호수아는 이 말들을 기록했으며 그것을 하느님의 율법책과 함께 보관하였다."로 번역하였다. 오직 자기들이 좋아하는 것만 보려고 하는 사람들과 무엇을 할 수 있겠는가? 이것은 성서자체를 부정하고 자기 자신의 두뇌를 통해서 새로운 성서를 만들어 내겠다는 것과 무엇이 다른가?

따라서 우리는 모세가 쓴 「신의 율법서」(liber legis Dei)는 모세오경이 아니고, 전혀 다른 책으로서 모세오경의 저자가 순서에 따라서 자신

---

12 (역주) 칼데아는 남부 메소포타미아를 지칭했으나 후에는 바빌로니아를 가리킨다.

13 (역주) 죠나단은 1세기 칼데아인으로서 죠나단 벤 우지엘(Jonathan be Uzziel)이며 타르굼(Targum)이라고 하는 아람어(칼데아어) 성서 번역판을 만든 것으로 알려져 있다. 유대 철학자 마이모니데스는 죠나단을 높이 평가하였다.

의 작품에 삽입한 것이라고 결론을 내릴 수 있다. 이러한 사실은 방금 말한 것에서 그리고 또한 내가 말하려고 하는 것으로부터 가장 분명하게 귀결된다. 모세가 율법서를 썼다고 우리에게 이야기해 주는, 방금 인용한 '신명기'의 구절에서 역사가는 다음의 사실을 덧붙인다: 모세는 제사장들에게 율법서를 주고 일정한 시간에 모든 대중 앞에서 낭독하라고 그들에게 명령했다는 것이다. 이것은 이 책이 모세오경보다 분량이 훨씬 적었다는 것을 보여 준다. 왜냐하면 그것은 단순한 집회에서 모든 사람들이 이해할 수 있을 정도로 낭독될 수 있었기 때문이다. 우리는 여기에서 다음의 사실도 주의해서 보아야 한다. 즉 모세는 자신이 쓴 모든 책들 중에서 오직 두 번째 맹약에 대한 이 책을 아가(雅歌, Canticum)와[14] 함께(모세는 모든 대중이 배울 수 있도록 나중에 이 아가를 첨가하였다) 종교적으로 지켜지고 보존되기를 명하였다. 왜냐하면 모세는 첫 번째 맹약에 의해서(primo pacto) 당시대의 이스라엘인들을 구속할 수 있었을 뿐만 아니라 두 번째 맹약에 의해서는 그들의 후손들까지도 구속할 수 있었기 때문이다('신명기' 29장 14-15절을 볼 것). 그러므로 그는 이 두 번째 맹약에 대한 책과 이 이외에도 우리가 이미 말한 것처럼 특히 미래 세대에 관심을 가지는 아가(雅歌)를 미래 세대를 위해서 종교적으로 보관하라고 명하였다. 따라서 모세가 이 책들 이외의 다른 책들을 썼다는 것은 확실하지 않고, 모세 자신이 율법서와 아가(雅歌) 이외의 어떤 다른 책도 후세를 위해서 종교적으로 보관하여야 한다고 명령한 것도 없으며, 또한 마지막으로 모세오경에는 모세가 썼다고 할 수 없는 많은 구절들이 발견되기 때문에 모세를 모세오경의 저자라고 가정하는 것은 근거가 없을 뿐만 아니라 전적으로 이

14 (역주) 여기에서 말하는 아가(Canticum)는 '신명기' 33장에 나오는 모세의 노래를 의미한다.

성에 배치된다는 사실이 귀결된다:

그런데 여기에서 아마도 어떤 사람은 다음처럼 물을지 모른다: 모세는 이 외에도 율법이 처음으로 그에게 계시되었을 때 율법을 기술하지 않았을까? 곧 그는 첫 번째 맹약의 서(書)에 포함되어 있다고 내가 말한 극소수의 율법 이외에 40년의 세월 동안 그 자신이 반포한 어떤 율법도 기록하지 않았을까? 그러나 이에 대해서 나는 다음처럼 답한다. 모세가 율법을 의사소통할 수 있는 때와 장소에서 또한 율법을 기술했다는 것이 이치에 맞는 것으로 보인다고 할지라도, 그 때문에 그러한 사실을 우리가 긍정하는 것이 정당하다는 것을 나는 부정한다. 왜냐하면 우리는 앞에서 그와 같은 문제에 있어서 우리는 오로지 성서 자체에 의해서 확립된 것만을 또는 이성에 일치하는 것으로 보이는 것에 의해서가 아니라 단지 성서의 기초를 통해서 정당한 추론에 의해서 추론되는 것만을 주장해야 한다는 것을 제시했기 때문이다. 게다가 이성 자체는 이러한 결론을 내리도록 우리를 강제하지 않는다. 왜냐하면 아마도 장로들이 모세의 명령을 기술해서 대중에게 전달했을 것이고, 후에 이것을 역사가가 수집하여 모세의 생애에 대한 이야기에 순서대로 그것을[15] 삽입했을 것이기 때문이다. 모세의 다섯 권의 책에 대해서는(de quinque libris Mosis) 이 정도로 하자. 이제는 나머지 책들도 검토해 볼 시간이다.

여호수아의 책도 비슷한 이유에서 자서전(autographon)이 아닌 것으로 드러난다. 왜냐하면 여호수아의 명성이 온 세상을 통해서 퍼져나간 것('여호수아기' 6장 27절을 볼 것), 모세가 그에게 명한 것을 아무것도 빠뜨리지 않았다는 것('여호수아기' 8장 마지막 절과 11장 15절

---

15 (역주) 바로 앞의 이것과 함께 그것은 모세의 명령을 가리킨다.

을 볼 것), 여호수아가 나이가 들어 모든 사람들을 불러 모았고 드디어 숨을 거두었다는 사실을 증언한 사람은 다른 사람이기 때문이다. 더 나아가서 어떤 것은 여호수아가 죽고 난 후의 이야기도 있다. 말하자면 여호수아를 여전히 알고 있는 노인들이 살아 있는 동안에는 여호수아가 죽은 후에도 신을 섬겼다. 그리고 '여호수아기' 16장 10절에는 다음의 구절이 있다: "그러나 그들은 게제르(Gazer)에 사는 가나안족을 쫓아내지 않았다. 그래서 그 가나안족은 오늘날까지 에프라임 사람들 가운데 살면서 노역을 하게 되었다." 이것은 '판관기' 1장에서 이야기되는 것과 동일한 것이고 '오늘날까지'(huncusque diem)와 같이 말하는 방식은 저자가 과거의 사실을 이야기하고 있다는 것을 보여 준다. 또한 이것과 유사한 것은 유다의 자손들에 관한 '여호수아기' 15장 마지막 절과 '여호수아기' 15장 13절에 나오는 칼렙의 이야기이다. 그리고 '여호수아기' 22장 10절부터 이야기하고 있는 것처럼 두 종족과 한 종족의 반쪽 지파가 요단강 건너편에 제단을 쌓은 경우는 여호수아가 죽은 후에 일어난 것으로 보인다. 왜냐하면 이야기 전체에서 여호수아의 이름은 어느 곳에서도 거론되지 않고, 오직 대중들만 전쟁을 수행할지를 숙고하고, 특사를 파견하였으며, 특사의 답을 기다렸고 끝내는 그 답을 승인했기 때문이다. 마지막으로 '여호수아기' 10장 14절로부터 이 책은 여호수아가 죽은 후 수 세대가 지난 다음에 쓰였다는 것이 명백하게 귀결된다. 왜냐하면 거기에는 "주님께서 사람의 말을 그날처럼 들어주신 때는, 전에도 없었고 뒤에도 없었다 등등"으로 쓰여 있기 때문이다. 그러므로 만일 여호수아가 언젠가 어떤 책을 썼다고 한다면 그것은 확실히 바로 이 이야기에서 인용한 '여호수아기' 10장 13절일 것이다.

그러나 '판관기(사사기)'에 관해서 말하자면, 건전한 정신을 가진 사람은 아무도 이 책이 재판관 자신들에 의해서 기술되었다고 확신할 수 없다고 생각한다. 왜냐하면 '판관기' 21장에 있는 전체 이야기의 맺는말은 이 책 전체가 오직 한 사람의 역사가에 의해서 기술되었다는 것을 분명히 보여 주고 있기 때문이다. 더 나아가서 '판관기'의 저자가 그 당시에는 이스라엘에 아무런 왕도 없었다고 언급하고 있기 때문에 왕들이 왕국을 소유한 이후에[16] 이 책이 쓰인 것이 확실하다.

'사무엘기'에 관해서도 사무엘이 살던 때를 훨씬 지나서 이야기가 만들어졌기 때문에 우리가 그것을 장황하게 다룰 이유가 없다. 그렇지만 이 책은 사무엘이 죽은 후 수 세대가 지난 다음 쓰였다는 것만 주의하고자 한다. 왜냐하면 '사무엘기 상' 9장 9절에서 역사가는 삽입문을 통해서 다음처럼 회상하기 때문이다: "옛날 이스라엘에서 하느님께 문의하러 가는 사람은 '선견자에게 가 보자!'고 하였다. 오늘날의 예언자를 옛날에는 선견자라고 하였던 것이다."

마지막으로 왕들의 책들(libri Regum)인 '열왕기'는 솔로몬왕의 행위 사실에 대한 책들('열왕기 상' 11장 41절을 볼 것)과 유다 왕들의 연대기('열왕기 상' 14장 19절, 29절을 볼 것) 그리고 이스라엘 왕들의 연대기로 편찬된 것이다.

그러므로 지금까지 우리가 검토해 본 모든 책들은 다른 사람들에 의해서 편찬되었으며, 그 책들의 내용에 있는 사건들은 지나간 것들을 이야기한 것이라고 결론을 내릴 수 있다.

이제 만일 이 모든 책들의 관계와 주제에 주의를 기울인다면, 우리는 이 모든 책들이 유대인의 고대사를 그 최초의 근원으로부터 예루살렘 도시의 첫 번째 파괴에 이르기까지(Judaeorum antiquitates ab eorum

---

16 (역주) 군주정치가 시작된 이후에야 비로소 '판관기'가 쓰였다는 것을 뜻한다.

prima origine usque primam urbis vastationem) 쓰고자 했던 한 사람의 역사가에 의해서 기술되었다는 것을 쉽사리 파악할 수 있다. 왜냐하면 이 책들이 서로 연관되어 있다는 사실만으로도 한 역사가의 이야기라는 것을 알 수 있다. 그 이유는, 이 역사가는 모세의 생애에 대한 이야기를 끝내자마자 다음처럼 여호수아의 이야기로 넘어가기 때문이다: "주님의 종 모세가 죽은 뒤 주님께서 모세의 시종인 여호수아에게 말씀하셨다." 그리고 이 이야기가 여호수아의 죽음으로 끝나자 역사가는 앞에서와 똑같이 넘어와서 연관성을 가지고 재판관들의 이야기(historia Judicum)인 '판관기'를 시작한다: " 여호수아가 죽은 뒤에 이스라엘 자손들이 주님께 여쭈어 보았다. 등등." 그리고 이 책으로부터 '룻기' (liber Ruth)로 넘어가면 역사가는 부록으로 다음처럼 추가한다: "그리고 판관들이 다스리던 시대에 나라에 기근이 든 일이 있었다." '사무엘기 상' 역시 똑같은 방식으로 '룻기'에 연관되며, '사무엘기 상'이 끝나자 역사가는 자신의 습관대로 '사무엘기 하'로 넘어간다. 그리고 다윗의 이야기가 아직 끝나지 않았으므로 역사가는 '사무엘기 하'에 '열왕기 상'을 연결시키고 그리고 다윗의 역사를 이야기하면서 결국 똑같은 관계하에서 '열왕기 상'에다 '열왕기 하'를 연관시킨다.

또한 이야기의 구성과 순서는 미리 자신의 확고한 목표를 가진 단 한 사람의 역사가가 있었다는 것을 지적해 준다. 왜냐하면 이 역사가는 이스라엘 민족의 최초의 근원을 이야기하는 것으로 시작하기 때문이다. 더 나아가서 역사가는 어떤 경우에 그리고 어떤 시기에 모세가 율법을 만들고 이스라엘인들에게 많은 예언을 행했는지를 말한다. 다음으로 어떻게 이스라엘인들이 모세의 예언에 따라서('신명기' 7장을 볼 것) 약속의 땅(terra promissa)을 침입했는지, 그러나 그 땅을 소유한 후 어떻게 율법을 어겼는지('신명기' 31장 16절), 그리고 어떻게 그들이 수

많은 불행에 닥치게 되었는지를 말한다. 다음으로 그들은 어떤 방식으로 왕들을 선출하려고 했는지('신명기' 17장 14절), 그들이 법을 준수하는 데 따라서 번성하거나 불행하게 된다는 것을('신명기' 28장과 36절과 마지막 절) 말하며, 마지막으로 모세가 예언한 것처럼 어떻게 왕국의 몰락(imperii ruina)에까지 이르게 되었는지를 이야기한다. 그러나 율법을 확인하는 데 아무런 기여도 하지 못하는 것에 대해서 역사가는 침묵하거나 또는 독자에게 다른 역사가들을 참고하기를 권한다. 그러므로 이 모든 책들은 모세의 말과 율법을 가르치고 그것들을 사물들의 과정을 통해서 증명하려는 하나의 목표에서 고안된 것이다.

동시에 고찰된 이들 세 가지 점들로부터, 즉, 이 모든 책들의 논의의 단순성, 이 책들의 관계 그리고 사건 후 수세기가 지난 다음에 이루어진 이 책들의 작성으로부터, 방금 우리가 말한 것처럼, 우리는 이 모든 책들이 오직 한 사람의 역사가에 의해서 쓰였다고 결론을 내린다.

그가 누구였는지 명백하게 제시할 수는 없지만, 나는 그를 에즈라(Ezra)라고 추측하며, 내가 이렇게 추측하는 강한 근거들이 있다. 왜냐하면 여호아김 왕의 석방에 이르기까지(usque ad Jojachini libertatem) 역사를 쓸 수 있었던 역사가(그는 우리가 아는 유일한 사람이었다)는 자신의 전체 삶을 특정한 왕의 연표에 맞추었는데(곧 여호아김의 삶인지 아니면 느부갓네살의 삶인지는 그 의미가 완전히 모호하다), 이로부터 성서의 저자는 에즈라 이전에 살았던 사람이 결코 아니라는 사실이 귀결된다. 그러나 성서는 에즈라 당시에 살았던 모든 사람들 중에서 오직 에즈라에 대해서만('에즈라기' 7장 10절을 볼 것) 그 자신이 신의 율법을 연구하고 추구했으며 모세의 율법을 잘 아는 저자였다고('에즈라기' 7장 6절) 증언한다. 따라서 이 책들을 쓴 사람을 에즈라 이외의 다른 사람이라고 결코 생각할 수 없다.

더 나아가서 에즈라에 대한 이러한 증거에서 우리는 에즈라가 신법(神法)의 탐구뿐만 아니라 그것의 해설에도 헌신한 것을 알며, '느헤미야기' 8장 8절에도 다음과 같은 말이 있다: "그들은 그 책 곧 하느님의 율법을 번역하고 설명하면서 읽어 주었다. 그래서 백성은 읽어 준 것을 알아들을 수 있었다." 그러나 '신명기'에는 모세의 율법서나 적어도 그 대부분이 포함되어 있을 뿐만 아니라 그것들을 설명하기 위한 많은 구절들이 포함되어 있으므로 나는 '신명기'를 에즈라가 쓰고 해석하고 설명한 그리고 당시의 사람들이 읽은 신의 율법서라고 추측한다. 한층 더 충분한 설명에 기여하는 '신명기'의 수많은 삽입구에 관해서 나는 에즈라(ibn Ezra)의 견해를 논의하면서 두 가지 예를 들겠는데, 거기에는 더욱더 많은 구절들이 발견된다. 예컨대 '신명기' 2장 12절에는 다음과 같은 말이 있다. "세이르에는 전에 호르인들이 살았으나 에사우의 자손들이 그들을 내쫓고 멸망시킨 뒤, 그들 대신 그곳에 살게 되었다. 이는 이스라엘이 주님께서 자기들에게 소유지로 주신 땅에 한 것과 똑같다." 곧 에즈라는 '신명기' 2장의 3–4절을 설명하면서 다음의 사실을 말한다: 에서 자손들의 소유인 세이르산은 사람이 살지 않던 곳은 아니었지만 마치 모세가 죽은 후 이스라엘의 자손이 가나안인들을 축출한 것처럼 에서의 자손이 그곳을 침략해서 호르인들을 쫓아내고 파괴하였던 것이다. '신명기' 10장의 6–9절 역시 모세의 말들 중에서 삽입구로 보충되어 있다. 왜냐하면 "그때에 주님께서는 레위지파를 따로 가려내셔서"로 시작하는 8절은 아론의 죽음과 관련된 것이 아니고 5절과 필연적으로 관련되어 있지 않으면 안 된다는 것을 누구든지 알 수 있기 때문이다. 여기에서 에즈라가 보충 구절을 삽입한 이유는 다음과 같은 것으로 보인다. 모세는 송아지의 숭배에 대한 이야기에서 자신이 아론을 위해서 신에게 기도했노라고 말했다는 것이다('신명기' 9장 20

절을 볼 것). 그러고 나서 에즈라는 모세가 여기에서 말하고 있는 시점에서 신이 자신을 위해서 레위 지파를 택했다는 것을 설명하며, 선택의 이유를 제시하기 위해서 그리고 왜 레위 지파가 유산 분배에 불려 오지 못했는지를 제시하기 위해서 설명한다. 그리고 그 이후로 에즈라는 모세의 말로 이야기의 실마리를 이어 나간다. 여기에다 '신명기'의 머리말과 모세에 대해서 삼인칭으로 이야기된 모든 구절들이 덧붙여져야만 한다. 그리고 이 외에도 지금은 우리가 알 수 없는 다른 많은 구절들이 확실히 있었을 것인데, 역사가는 그것들을 첨가하거나 달리 표현했을 것이고, 따라서 그 당시 사람들은 한층 더 쉽게 그것을 파악했을 것이다. 만일 우리가 모세 자신의 율법서를 가지고 있다면, 우리는 계명의 말들과 순서와 근거 등에서 성서와는 상당한 차이가 있다는 것을 발견하리라는 사실을 나는 의심하지 않는다. 왜냐하면 오직 이 책 '신명기'의 십계명과 '출애굽기'의(여기에서는 십계명의 역사가 분명하게 이야기되고 있다) 십계명을 비교하더라도, 나는 이 모든 것들에서 두 가지가 서로 다르다는 것을 안다. 왜냐하면 '신명기'의 네 번째 계명은 말하는 방식이 다를 뿐만 아니라 내용이 훨씬 더 길고, 그것이 기초로 삼고 있는 이유도 '출애굽기'의 십계명에서 서술되고 있는 근거와는 매우 크게 차이가 나기 때문이다. 마지막으로 여기에서 열 번째 계명을 설명하고 있는 순서도 '출애굽기'에서의 순서와는 다르다.

그러므로 내가 이미 말한 것처럼 구절들에서의 차이는 에즈라에 의해서 만들어졌다고 나는 판단한다. 왜냐하면 그는 당시의 사람들에게 신법(神法)을 설명하였고 따라서 이것은 에즈라가 해석하고 설명한 신의 율법서(liber legis Dei)이기 때문이다. 그리고 이 책 '신명기'는, 내가 말한 것처럼 그가 쓴 모든 책들 중에서 첫 번째 책이라고 나는 믿는다. 내가 그렇게 추측하는 이유는 '신명기'가 에즈라의 조국의 법(leges patriae)을 포함하고 있기 때문이다. 당시 대중은 그 법을 간절히 요구하였다. 그리고 또한 이 책 '신명기'는 넘어가는 구절에 의해서 앞선 책과 연결되는 다른 책들과는 달리 다음처럼 독립된 말로 시작하기 때문이다: "이것은 모세의 말씀이다 등등."

그런데 에즈라는 이 과업을 마치고 대중에게 율법을 가르친 후, 세계 창조로부터 이스라엘 도시의 완전한 파괴에 이르기까지 이스라엘 민족의 전체 역사를 기술하는 데 노력을 경주하였으며 여기에다 '신명기'를 알맞는 곳에 삽입했을 것이다. 아마도 에즈라는 처음의 다섯 권의 책들이 모세의 생애를 포함하고 자신은 주요 내용으로부터 명칭을 붙이고자 했기 때문에 그것들을 모세의 이름으로 불렀을 것이다.[17] 그리고 또한 똑같은 이유에서 그는 6권을 '여호수아기', 7권을 '판관기', 8권을 '룻기', 9권과 10권을 '사무엘기', 마지막으로 11권과 12권을 '열왕기'라는 명칭으로 불렀을 것이다. 그러나 에즈라가 이 저술들을 마지막으로 손질했는지 그리고 그가 바랐던 것처럼 그것들을 완성했는지에 대해서는 다음 장에서 보기로 하자.

17 (역주) 모세의 이름을 따서 '모세오경'이라고 했다는 뜻이다.

# 9

## 이 저술들을[1] 에즈라가 최종적으로 마무리했는가?, 히브리어판 성서에서 발견된 난외주석(欄外註釋, codex)은 상이한 독서 방식들을 표현하는가?

이 저술들의 원 저자에 대한 앞 장에서의 탐구가 이 저술들을 완전히 이해하는 데 얼마나 기여하는지는, 이 사실에 대한 내 견해의 근거로 인용한, 구절들에서 쉽게 파악할 수 있을 것이다. 만약 이러한 탐구가 없었다면 이 구절들은 모든 사람에게 가장 모호하게 남아 있었을 것이다. 그러나 저자 이외에도 이 책들에는 주의해야 할 것들이 있는데, 대중은 널리 퍼져 있는 미신으로 인해서 그것들을 알 수 없었다. 이 미신들 중에서 중요한 것은 에즈라가(어떤 다른 확실한 저자가 나에게 제시될 때까지 나는 에즈라를 내가 앞에서 언급한 책들의 저자로 여길 것이다) 이 저술에 포함되어 있는 이야기들을 마무리하지 않았고, 상이한 저자들이 쓴 역사를 수집하고 베꼈을 뿐이고, 더 이상 그것을 검토

---

1 (역주) 「구약」의 처음 열두 권의 책들을 말한다. 곧 모세오경 5권과 나머지 '여호수아기', '판관기(사사기)', '룻기', '사무엘기' 상 · 하, '열왕기' 상 · 하 등 7권을 일컫는다.

하지도, 순서대로 배열하지도 않고 후대에 남겨주었다는 것이다.

그가 이 작품을 모든 부분에서 완성하는 것을 방해한 이유를(아마도 그가 요절하지 않았더라면) 나는 짐작할 수 없다. 그러나 고대 이스라엘 역사가들의 저술들을 비록 다 보존하지 못하고 있을지라도 우리가 가지고 있는 그들의 극소수 단편들에 의해서 사실 자체(res ipsa)는 가장 분명하게 드러난다. 왜냐하면 '열왕기 하' 18장 17절에 있는 히즈키야왕의 이야기는 유대의 왕들의 연대기에서 발견되는 이사야와의 관계에 의해서 기술되었기 때문이다. 그 이유는, 우리는 거의 예외 없이[2] 유다 왕들의 연대기를 포함하고 있는 '이사야서'에서 다른 이야기에서와 마찬가지로 똑같은 말로 전체 이야기를 읽을 수 있기 때문이다('역대기 하' 32장 마지막에서 두 번째 절을 볼 것). 이로부터 누군가가 이사야의 이야기에 신비가 숨겨져 있다고 상상하지 않는다면 이사야의 이야기에 관련해서는 상이한 독서 방법들(variae lectiones)로 인한 다양한 사본이 있다는 결론을 내릴 수 있다. 더 나아가서 이 책 '열왕기 하'의 마지막 장도 '예레미야서'의 마지막 장과 39-40장에 포함되어 있다. 이 외에도 우리는 '사무엘기 하' 7장의 내용이 '역대기 상' 17장에 기술되어 있는 것을 발견한다. 그러나 상이한 구절들에서 발견할 수 있

2 예컨대 '열왕기 하' 18장 20절에서는 2인칭 단수로 "너는 말했다. 그러나 입으로만 등등."으로 쓰여 있고 '이사야서' 36장 5절에서는 "나는 이렇게 말했다. 전쟁이 조언과 용기를 필요로 한다는 것은 확실히 말에 지나지 않는다."로 나와 있으며 '열왕기 하' 18장 22절에서는 "그대들은 말했으면 한다."로 쓰여 있다. '이사야서'의 경우에는 '너'라고 단수로 발견되는 것이 여기에서는 '그대들'이라고 복수로 되어 있다. 게다가 '이사야서'에는 '열왕기 하' 18장 32절에 있는 이 말들이 발견되지 않는다: "올리브 기름과 꿀이 흐르는 땅으로 너희를 데려가서, 거기에서 살게 하고 죽이지 않겠다. 그러므로 히즈키야의 말을 듣지 말아라." 이렇게 다른 수많은 독서 방법들이 발견되는데, 이 방법들 중에서 어떤 것을 다른 것들보다 우선해서 택할지는 아무도 결정하지 못할 것이다.

는 말들의 현저한 변화로[3] 인해서 나단의 이야기에 대한 서로 다른 두 개의 사본(exemplar)에서 두 장(章)들이 각각 받아들여졌다는 것을 알 수 있다. 마지막으로 '창세기' 36장 31절에 있는 에돔왕의 계보(genealogia regum Idumaeae)는 비록 '역대기 상' 1장의 저자가 자신의 자료들을 우리가 에즈라가 썼다고 주장하는 열두 책들로부터가 아니라 또 다른 역사가들로부터 취했다는 것이 분명하다고 할지라도 똑같은 말로 '역대기 상' 1장에서 반복되고 있다. 그러므로 만일 우리가 이 역사가들을 접할 수만 있다면 사실 자체(res ipsa)를 직접 확인할 수 있겠지만 우리에게는 그들이 없기 때문에 우리에게 유일하게 남아 있는 것은 역사 자체를 검토하는 일이다. 말하자면 역사의 순서와 관계, 다양한 반복 그리고 마지막으로 연도 표기의 불일치를 검토하여 나머지 사항들을 판단할 수 있는 것이 우리에게 남아 있는 일이다.

그렇다면 이 역사들과 적어도 중요한 것들을 살펴보도록 하자. 그런데 첫 번째로 '창세기' 38장에서 역사가는 유다와 다말(Judae et Tamar)의 이야기를 다음처럼 이야기하기 시작한다. "그 무렵에 유다는 형제들과 떨어져 내려와" 그 무렵이라는 시간은 직접 언급된 다른 시간과 필연적으로 관계되지 않으면 안 된다.[4] 그러나 그 시간은 '창세기'

3 예컨대 우리는 '사무엘기 하' 7장 6절에서 다음의 내용을 읽는다: " 천막과 성막 안에 있으면서, 옮겨 다녔다." 그러나 '역대기 상' 17장 5절에는 다음과 같은 내용이 있다: "이 천막에서 저 천막으로, 이 성막에서 저 성막으로 옮겨 다니며 지내 왔다." '사무엘기 하' 7장 10절의 "그를 괴롭히기 위해서, ad affligendum eum"은 '역대기 상' 17장 9절에서는 "그를 억압하기 위해서, ad conterendum eum"으로 표현되고 있다. 그런데 완전히 눈멀지 않고 전적으로 정신 나가지 않은 사람이라면 누구든지 이 장들을 한번 읽어 보면 그는 이와 같은 종류의 매우 많고 중요한 많은 차이들을 관찰할 수 있을 것이다.

4 여기에서 텍스트가 오직 요셉이 팔려 온 시기만을 주의하고 있다는 것은 이야기의 맥락에서 확실할 뿐만 아니라 유다의 나이로부터도 추리될 수 있다. 만일 앞선 표현대로 계산할 수 있다면 당시 유다의 나이는 기껏해야 22살이었다. 왜냐하면 '창

에서 직접 다루어지는 시간에는 관계될 수 없다. 왜냐하면 요셉이 이집트로 끌려올 때부터 그의 아버지인 족장 야곱이 자신의 모든 가족을 데리고 그곳을 떠날 때까지는 22년 이상이 걸렸다고 할 수 없기 때문이다. 그 이유는 형제들이 요셉을 팔았을 때 요셉은 17세였으며, 파라오(Pharao)에[5] 의해서 그가 감옥에서 불려 나갔을 때가 30세였기 때문이다. 여기에 풍년 7년과 기근 2년을 합치면 모두 22년이 된다. 그런데 이와 같은 시간 동안에 그토록 많은 사건들이 일어날 수 있다는 것은 아무도 생각할 수 없다.

말하자면 유다는 그 무렵(tum)으로 언급된 때에 결혼한 아내로부터 세 아들을 얻었는데, 이들 중 장남은 성년이 되어 다말(Tamar)과 결혼하였다. 그가 죽은 후 이번에는 차남이 그녀와 결혼했고 또한 죽었다. 그리고 이런 일이 있은지 꽤 오랜 시간이 지나서 유다는 사실을 모른 채 자신의 며느리 타마르와 관계를 맺었고, 그녀는 유다에게 쌍둥이를 낳아 주었는데, 이들 중 한 아들은 앞에서 말한 기간 내에 또한 아버지가 되었다. 따라서 이 모든 것은 '창세기'에서 말한 기간 동안에 일어날 수 없으므로 앞에서 말한 모든 사건들은 이전에 다른 책에서 직접 다룬 다른 시기에 필연적으로 관련시키지 않으면 안 된다. 그러므로 에즈라는 이 이야기를 비판적으로 검토하지 않고 자신의 나머지 작품에 삽입시키면서 단순하게 이 이야기도 베낀 것이 분명하다.

---

세기' 29장의 마지막 절에서 유다는 족장인 아버지 야곱이 라반에게 예속된 지 10년 되던 해에 그리고 요셉은 14년 되던 해에 출생한 것이 확실히 알 수 있기 때문이다. 그래서 요셉이 팔려갈 때는 17세 정도였고 따라서 유다는 당시 21세가 넘지 않았을 것이다. 그러므로 요셉이 팔려가기 전에 유다가 오랫동안 집을 비웠다고 믿는 사람들은 스스로를 기만하고자 하며 성서의 신성에 대해서(de scripturae divinitate) 확신하기보다는 오히려 한층 더 의심하고 있는 셈이다.

5 (역주) 고대 이집트의 왕을 일컫는다.

그러나 이 '창세기' 38장뿐만 아니라 요셉과 야곱의 전체 이야기들은 우리가 필연적으로 인정하지 않으면 안 되는 것처럼 다양한 역사가로부터 발췌되거나 복사되었으므로 그것들은 다수가 서로 불일치하는 것으로 여겨진다. 왜냐하면 '창세기' 47장은 다음처럼 이야기하기 때문이다. 이집트 왕 파라오를 축복해 달라는 요셉의 청으로 야곱이 왔을 때 야곱의 나이는 130세였다. 이 나이로부터 만일 우리가 야곱이 요셉의 실종 때문에 슬픔으로 보낸 22년, 요셉이 팔려 갈 때의 나이 17년, 마지막으로 라헬(Rachel)과 결혼하기 위해서 봉사한 7년을 빼면 우리들은 그가 84세로 매우 연로했었다는 것을 발견하게 된다. 이 나이에 야곱은 레아(Lea)를 아내로 맞아들였다. 이에 반해서 그의 딸 디나(Dina)는 일곱 살도 채 안된 나이에 세겜(Sechem)에게 겁탈 당하였다.[6]

---

6 왜냐하면 어떤 사람들이, 야곱이 8년 내지 10년간 메소포타미아와 베텔 사이를 방랑했다고 믿는 것은, 만일 내가 에즈라를 경시(輕視)하지 않는다면 말할 수 있는 것처럼, 우스꽝스러운 느낌이 들기 때문이다. 야곱이 서두른 이유는 그가 자신의 연로한 부모를 뵙기를 확실히 원했을 뿐만 아니라 또한 그가 자신의 형제들로부터 도망갈 때 약속한 맹세를 이행하기 위한('창세기' 28장 20절, 31장 13절 그리고 35장 1절) 가장 중요한 목적이 있었다는 것이다. 신은 야곱에게 맹세를 지킬 것을 명령했고('창세기' 31장 3절과 13절) 그에게 고국으로 돌아갈 수 있도록 도와주겠다고 약속하였다. 만일 이러한 고찰이 이성적인 것이라기보다 오히려 추측으로 여겨진다면, 사람들이 원할 경우 야곱은 그렇게 짧은 여행에서 오딧세이보다 더 불행한 운명에 이끌려서 8년 내지 10년을 소비했다는 것을 우리는 인정할 것이다. 벤야민이, 야곱이 방랑하던 마지막 해에 태어났다고 하는 사실은 확실히 부정할 수 없을 것이다. 가설에 따르자면 그때는 요셉의 출생 후 대략 15년 내지 16년 되었을 때였다. 왜냐하면 야곱은 요셉이 출생하고 7년 되는 해에 라반을 떠났기 때문이다. 우리가 이 장에서 제시한 것처럼 요셉이 17세부터 자신이 이집트로 이주할 때까지 22년 이상이 걸리지 않았다. 또한 벤야민은 이집트로 이주할 당시 기껏해야 23세 내지 24세였다. 확실한 것은 그가 이 청춘의 나이에 손자를 가졌다는 사실이었다('창세기' 46장 21절을 볼 것) 이와 함께 다음을 참고할 것: '민수기 26장 38-40절 그리고 ' 역대기 상 ' 8장 1절). 왜냐하면 벤야민의 장남 벨라(Belah)는 이미 두 아들 아다이와 나아만(Ard et Nahgamen)을 낳았기 때문이다. 이것은 확실히 디나가 일곱 살에 겁탈 당했다고 주장하는 것만큼이나 부당하므로 이렇게 역사를 배열하는 방

시므온(Simeon)과 레위(Levi)가 세겜의 온 도시를 약탈하고 그곳의 모든 사람들을 검으로 학살했을 때 그들의 나이는 채 12살과 11살이 안 되었다고 한다.

여기에서 모세오경 전체(omnia Pentateuchi)를 검토할 필요는 없다. 만일 어떤 사람이 이 다섯 권의 책에 있는 교훈과 역사가 질서 없이 섞여서 이야기되어 있고 시간의 근거도 없고, 자주 그리고 때때로 똑같은 이야기가 다른 식으로 반복되고 있다는 것을 살필 수만 있다면, 그는 그것들이 뒤섞여서 수집되었으며 이 모든 것을 나중에 훨씬 더 쉽게 검토하고 순서 있게 배열하기 위해서 모아졌다는 사실을 쉽사리 알 수 있을 것이다.

그런데 이 다섯 권의 책에 있는 이야기들뿐만 아니라 나머지 일곱 권의 책에 있는 이야기들도 도시의 멸망에 이르기까지 똑같은 방식으로 수집되었다. 왜냐하면 '판관기' 2장 6절에는 (여호수아의 행적을 기술한) 새로운 역사가의 이야기가 언급되고 그의 그 이야기들은 단순히 복사된 것임을 누구든지 확실하게 알 수 있기 때문이다. '여호수아기' 마지막 장에서 여호수아가 어떻게 죽었고 어떻게 장례식을 치루었는지를 우리의 역사가는[7] 이야기한 후 '판관기(사사기)' 첫 장에서 여호수아가 죽은 후에 무슨 일이 일어났는지 이야기하겠노라고 약속하였다. 만일 에즈라가 이야기의 실마리를 이어나가고자 했다면 선행하는 구절들과 '판관기'에서 여호수아에 대해서 이야기하기 시작하는 것[8] 사이에는 어떤 논리적 관계가 있을 수 있겠는가?

---

식에 의해서 포함된 다른 부당함들은 언급할 필요도 없다. 따라서 무지한 사람들이(homines imperitos) 실마리를 풀려고 애쓸 경우 그들은 한층 더 다른 난점에 얽혀들고 그것을 흩어지게 만든다.

7 (역주) 우리의 역사가는 에즈라를 말한다.

8 곧 사용된 용어들과 이야기의 순서는 '여호수아기'에서 사용된 것들과는 다르다.

'사무엘기 상' 17-18장 등도 역시 다른 역사가에게서 가져온 것인데, 이 다른 역사가는 다윗이 사울의 궁전에 자주 오기 시작한 이유를 같은 책 16장에서 이야기되는 이유와는 전혀 다른 것으로 생각했다는 것이다. 그의 견해에 따르면, 다윗은 사울의 신하의 권고에 의해서 (16장에서 이야기되고 있는 것처럼) 그곳에 온 것이 아니라 자기 아버지가 그를 형제들에게 보냈고, 그가 우연히 블레셋 군인 골리앗(Goliat)을 이겼을 때 그를 궁전에 머물게 한 사울에게 알려졌기 때문에 그곳에 온 것이었다. 내가 추측하기로는 같은 책 26장에도 똑같은 것이 적용된다. 여기에서 역사가 에즈라는 24장에 있는 똑같은 이야기를 다른 역사가의 견해에 따라서(secundum opinionem alterius) 이야기하는 것으로 여겨진다. 그러나 나는 이 문제를 이 정도로 남겨 두고 연도 계산을 검토하는 것으로 넘어가겠다.

'열왕기 상' 6장에는 다음과 같은 말이 있다. 이스라엘 민족이 이집트를 탈출한지 480년 되는 해에 솔로몬이 성전을 건축하였던 것이다. 그러나 이야기 자체에 의하면(ex historiis ipsis) 더 긴 햇수가 필요했다고 결론을 내릴 수 있다. 그 이유는 다음과 같다.

모세가 사막에서 대중을 다스린 햇수 - 40년
요셉과 다른 저자들의 견해에 의한 여호수아가 통치한 햇수 - 26년
쿠산 리스아타임(Kusan Rishathaim)이 대중을 지배한 햇수 - 8년
크나즈(Kenaz)의 아들 오트니엘(Hotniel)이 통치한 햇수[9] - 40년

---

9 랍비 레비 벤 게르손(Levi ben Gerson)과 다른 사람들은 다음처럼 믿고 있다: 성서가 말하는 이 40년은 자유롭게 지나갔고, 그 시작은 여호수아가 죽은 이후부터 계산되어야 하며 따라서 백성이 쿠산 리스아타임에게 종속되어 있었던 이전의 8년이 포함되어야 하고, 그런가 하면 이어지는 18년은 에훗과 삼가르(Ehud et Samgar)이 통치한 80년에 추가하여야 할 것이다. 그래서 성서가 자유롭게 지나갔

모압 왕 에글론(Heglon rex Moabi)이 대중을 지배한 햇수 – 18년

에훗과 삼가르가 판관으로서 통치한 햇수 – 80년

가나안의 왕 야빈이 다시 백성을 통치한 햇수 – 20년

그 후 백성이 평화롭게 지낸 햇수 – 40년

다음으로 미디안인들에게 종속된 햇수 – 7년

기드온 당시 자유롭게 산 햇수 – 40년

그러나 아비멜렉의 통치를 받은 햇수 – 3년

푸아의 아들 톨라(Tola filius Puae)가 판관으로 통치한 햇수 – 23년

---

다고 증언한 햇수에 종속의 햇수를 함께 파악하지 않으면 안 된다. 그러나 성서는 이스라엘 민족이 몇 년이나 종속되어 있었고 또 몇 년을 자유로웠는지 분명히 헤아리고 있으며, '판관기'('사사기') 2장 18절은 판관들의 생전에(viventibus Judicibus) 이스라엘 민족은 항상 번성했다고 분명히 이야기한다. 따라서 다른 분야에서는 매우 학식이 있는 랍비 레비 벤 게르손과 그를 추종하는 사람들은 성서를 해석하기 보다는 개작하는 그러한 실마리를 푸는 데 자기들의 노력을 기울이고 있다. 이와 같은 것은 또한, 성서는 일반적인 햇수 계산에 있어서 오직 유대 국가의 시기만을 계산하고자 하며, 무정부나 예속의 시대는 불행한 시대로서 그리고 어느 정도 지배권이 중지된 시대로서 햇수 계산에 넣을 수 없다고 주장하는 사람들에게서도 똑같이 생기는 일이다. 왜냐하면 성서는 확실히 무정부시대(anarchiae tempora)를 침묵하면서 건너뛰고 있지만 그들이 공상하는 것처럼 예속의 햇수와 마찬가지로 자유의 햇수를 연대기에 삽입하는 것을 거부하지도 않고 또 삭제하지도 않는다. 그러나 에즈라는 '열왕기 상' 6장에서 이집트 탈출 이후의 모든 햇수를 일반적인 햇수 계산으로 완전히 파악하고자 했다. 그래서 이것은 명백한 사실이므로 성서를 잘 아는 사람은 일찍이 아무도 그러한 사실을 의심하지 않았다. 왜냐하면 성서의 정확한 구절들은 말할 필요도 없고 '룻기' 마지막 부분과 '역대기 상' 2장의 다윗의 계보에는 매우 오랜 시기가 거의 계산되지 않고 있다는 사실을 알 수 있기 때문이다. 유다 지파의 지도자였던 나흐손(Naghson)은 ('민수기' 7장 11절, 12절을 볼 것) 이집트 탈출로부터(ab exitu a Egypti) 2년 후 사막에서 죽었으며, 그의 아들 살몬은 여호수아와 함께 요르단을 건넜다. 그런데 살몬은 다윗의 계보에 따르면 다윗의 증조부였다. 만일 전체 480년에서 솔로몬의 통치 시기 4년, 다윗의 70년의 생애와 사막에서 지낸 40년을 빼면, 우리들은 그의 증조부가 요르단을 건넌 후 366년 지난 시기에 다윗이 출생했음을 알 수 있다. 그러므로 다윗 자신의 아버지, 할아버지, 증조부와 고조부 각자가 다 90세에 자식을 낳았다고 하지 않으면 안 될 것이다.

판관 야이르의 통치한 햇수 – 22년

백성이 다시 필리스티아인과 암몬인에게 예속당한 햇수 – 18년

판관 입타가 통치한 햇수 – 6년

베틀레헴의 판관 입찬(Absan Bethlehemita)이 통치한 햇수 – 7년

즈블룬의 판관 엘론(Elon Sebulonita)이 통치한 햇수 – 10년

비라돈의 판관 압돈(Habdan Pirhatonita)이 통치한 햇수 – 8년

백성이 다시 필리스티아인들에게 예속된 햇수 – 40년

삼손이 판관으로서 통치한 햇수[10] – 20년

그러나 엘리(Heli)가 판관으로서 통치한 햇수 – 40년

백성이 사무엘에 의해서 해방되기 이전까지 다시 필레스티아인들에게 종속된 햇수 – 20년

다윗이 통치한 햇수 – 40년

솔로몬이 성전을 건축하기 이전까지 통치한 햇수 – 4년

이 모든 것을 합친 햇수 – 580년

여기에 여호수아 사후 쿠산 리스아타임에게 정복당하기 전까지 번영

10 이 20년을 자유로운 시기에 연관시켜야만 하는지 아니면 백성이 필레스티아인(블레셋인)들의 속박 아래에 있던 바로 이전의 40년에 포함되는지에 대해서 우리는 의심할 수 있다. 필레스티아인(블레셋인)들 중 가장 중요한 인물들이 삼손과 함께 죽었을 때 이스라엘인들이 자기들의 자유를 되찾았다는 것이 내가 보기에 보다 더 그럴듯하고 한층 더 믿을 만하다 또한 나는 삼손이 통치한 이 20년을 필레스티아인의 속박이 지속된 40년에 연관시키는데 그 이유는 필레스티아인들이 이스라엘인들을 종속시킨 후 삼손이 태어났기 때문이다. 또 다른 이유는 「안식일 논고」(traité sabbat)에는 예루살렘에서 기술된 책에 대한 언급이 있는데, 그 책에는 삼손이 40년간 백성을 다스렸다는 말이 있기 때문인데 이것은 제쳐 두자. 그러나 문제는 이 햇수들만이 아니다.

했던 이스라엘 공화국(republica Hebraeorum)의 햇수들도 더해야만 한다. 나는 이 공화국의 번영은 상당 기간 계속되었다고 믿는다. 왜냐하면 여호수아가 죽자마자 그의 기적들(portenta)을 본 모든 사람이 한 순간에 죽었다는 것을 확신할 수 없으며, 그의 계승자들이 일거에 법을 폐지하고 최고의 덕으로부터 가장 심한 무가치와 나태함으로 떨어졌다고도 확신할 수 없다. 또한 쿠산 리스아타임의 이야기처럼 그렇게 순간적으로 이스라엘인들을 종속시켰다는 것을 확신할 수 없기 때문이다. 그러나 이와 같은 각각의 상황은 거의 한 세대가 필요하기 때문에 '판관기' 2장 7, 9-10절에서 성서는 침묵 속에 지나간 수많은 햇수의 역사를 포함하고 있다는 사실을 의심할 여지가 없다. 이 외에도 여기에 사무엘이 판관(判官 ludex)였던[11] 햇수가 더해져야 하지만 그 햇수는 성서에 나와 있지 않다. 다음으로 사울의 통치 기간이 더해져야 하지만, 그가 얼마 동안이나 통치했는지 그의 역사로부터 확실하지 않기 때문에 나는 앞에서의 계산에서 그 기간을 생략하였다. '사무엘기 상' 13장 1절에는 그가 2년간 통치했다는 말이 있지만 이 부분의 텍스트는 훼손되어 있으며 이야기 자체에 의하면 한층 더 긴 햇수가 요청된다. 히브리어를 조금이라도 아는 사람이라면 아무도 텍스트가 훼손되었다는 것을 의심하지 않을 수 없다. 왜냐하면 텍스트는 다음처럼 시작하기 때문이다: "사울이 통치하기 시작했을 때 그는 …살아 있으며, 2년간 이스라엘을 다스렸다." 사울이 통치하기 시작했을 때 그의 나이가 생략되어 있는 것을 누가 알지 못하겠는가? 그러나 나는 이야기를 통해서 더 긴 햇수가 추론된다는 것을 아무도 의심하지 않을 것으로 믿는다. 왜냐하면 '사무엘기 상' 27장 7절에는 다음과 같이 나와 있기 때문이다: 다

---

11 (역주) 판관(判官 ludex)은 유대의 구약 시대에 대권을 가지고 이스라엘 민족을 통치한 지배자를 일컫는다.

윗이 사울 때문에 필리스티아로(블레셋으로) 도망가서 그곳에 머문 기간이 1년 4개월이었다. 그러므로 이 계산에 따르면 나머지 기간이 8개월의 기간 안에 포함되어야 하는데 나는 아무도 이것을 믿지 않을 것이라고 판단한다.

죠셉스(Josephus)는 「고대유대민족사」(Antiquitas) 6권 끝 부분에서 텍스트를 다음처럼 교정한다. "따라서 사울은 사무엘이 살아 있는 동안 18년간 그러나 사무엘이 죽은 후 2년간 통치하였다." 그런데 '사무엘기 상' 13장의 이 전체 이야기는 앞의 이야기와 전혀 일치하지 않는다. 같은 책 7장 마지막 부분에는 필리스티아인들이 이스라엘인들에게 정복당해서 사무엘의 생전에는 이스라엘 국경은 감히 침략하지 못했다고 기술되어 있다. 그러나 여기 13장에는 다음처럼 기술되어 있다: 이스라엘인들은 사무엘 생전에 필리스티아인들에게 침략당했고 심한 고통과 가난에 빠졌으며 자기들 자신을 방어할 수 있는 무기뿐만 아니라 무기를 만들 수단마저도 강탈당했던 것이다. 만일 '사무엘기 상' 에 있는 이 모든 이야기가 모두 한 사람의 역사가에 의해서 기술되고 순서를 매겨진 것으로 보이도록 조화롭게 하려고 노력했다면 이것은 확실히 땀만 실컷 빼는 일이었다. 나는 나의 의도로 되돌아간다. 따라서 사울의 통치 기간은 앞에서의 계산에 더해져야만 한다. 한편, 이스라엘인들의 무정부 상태 햇수는 계산되지 않았는데, 그 이유는 그 기간이 성서에 의해서 확인되지 않기 때문이다. '판관기' 17장에서 끝부분에 이르기까지 이야기하고 있는 사건들이 일어난 시기도 나에게는 확실하지 않다.

따라서 이로부터 성서의 역사 자체에 의해서는 올바른 햇수 계산이 확인될 수 없고, 또한 이야기들 자체도 햇수 계산에서 서로 매우 다르다고 추정된다 . 그러므로 우리는 사전에 이 이야기들의 순서 정리와 검토가 이루어지지 않고 다양한 저자들에 의해서 수집되었다는 것을 인정하지 않으면 안 될 것이다. 유대 왕들의 연대기와 이스라엘 왕들의 연대기 사이에도 햇수 계산에 관한 차이가 적지 않은 것으로 보인다. 이스라엘 왕들의 연대기에는 아합의 아들 요람(Joram filius Ahabi)이 여호사팟의 아들 여호람(Joram filius Jehosaphat)의 통치 2년 되는 해에 통치하기 시작했다고 적혀 있다('열왕기 하' 3장 1절을 볼 것). 그러나 유대 왕들의 연대기에는 여호사팟의 아들 여호람이 아합의 아들 요람의 통치 5년 되는 해에 다스리기 시작했다고 적혀 있다('열왕기 하' 8장 16절을 볼 것). 이 외에도 만일 어떤 사람이 '역대기 하'의 이야기들을 '열왕기'의 이야기들과 비교한다면, 그는 그와 같은 수많은 불일치들을 발견할 것이다. 나는 여기에서 그것들을 검토할 필요가 없으며, 더군다나 이 이야기들을 일치시키려고 애쓰는 저자들의 주석(註釋)은 검토할 필요조차 없다. 왜냐하면 랍비들의 말은 완전히 망상이기 때문이다. 내가 읽은 주석가들은 꿈꾸고, 꾸며대며 결국에 가서는 언어 자체를 완전히 더럽힌다. 예컨대 '역대기 하'에서 "아하즈야(Aghazia)가 재위한 때는 그가 42세 나던 때였다"라고 말하는 것을 어떤 사람들은[12] 아하즈야의 출생으로부터가 아니고 오므리 왕의 재위로부터(a regno Homri) 이 42라는 햇수가 계산되는 것이라고 꾸며 댄다. 만일 그들이 '역대기'를 쓴 저자의 의도가 이것이었다는 것을 증명할 수 있다면, 나는 주저하지 않고 그 저자가 말하는 방법을 몰랐던 것이라고 주장할 것이다. 그리고 그들은 이런 식으로 다른 많은 것들을 날조한다. 만일 그 많은 것들이 사실이라고 한다면 나는 고대 이스라엘인들이 자기들의 언어를 그리고 말하는 순서를 완전히 알지 못했고 성서 해석

---

**12** (역주) 랍비 출신의 주석가들의 가리킨다.

의 근거나 기준도 전혀 몰랐으며, 모든 것이 오히려 멋대로 날조될 수 있었던 것이라고 거침없이 말할 수 있다.

그렇지만 만일 어떤 사람이 여기에서 내가 충분한 근거도 없이 너무 일반적으로 말한다고 생각한다면 나는 그에게 내가 틀린 근거를 요구하며 이 이야기들에 있어서 연대기 저자인 역사가들이 정당하게 따를 수 있는 어떤 확실한 원칙을 우리에게 제시하라고 요청할 것이다. 그리고 그가 이야기들을 해석하고 서로 조화시키려고 애쓴다면, 그는 표현과 말하는 방식, 배열의 순서 그리고 문맥을 엄밀히 관찰하고 설명함으로써 우리는 글쓰기에서 그의 설명에 따라 그것들을 모방할 수 있을 것이다.[13] 만일 그가 이 일에 성공한다면 나는 즉시 그에게 손을 내밀 것이고 그는 나에게 위대한 아폴론(Apollo)이[14] 될 것이다. 왜냐하면 나는 오랫동안 노력했음에도 불구하고 그와 유사한 것을 아무것도 발견할 수 없었다는 것을 인정하기 때문이다. 나는 다음의 사실을 덧붙이고자 한다. 여기에 자주 그리고 오랫동안 내가 사색하지 않은 것은 아무것도 쓰지 않으며, 비록 소년기부터 성서에 대한 통상적 견해의 영향을 받아왔다고 할지라도 결국에는 여기에서 표현한 내 입장을 인정하지 않을 수 없다. 그러나 나는 독자를 이 문제에 오래 붙들어 놓을 이유가 없으며 가망 없는 것으로(ad rem desperatam) 불러들일 이유도 없다. 그렇지만 내 견해를 훨씬 더 분명하게 설명하기 위해서 사실 자체를 표현하지 않으면 안 된다. 그러면 이 책의 운명(fortuna horum liborum)에 관해서 주목하여야 할 것으로 생각했던 것으로 넘어가기로 하자.

---

13 이렇게 하지 않고 달리 한다면 사람들은 성서의 말들(Scripturae verba)을 설명하지 않고 오히려 고칠 것이다.

14 (역주) 아폴론은 그리스 신화에서 흔히 디오니소스(Dionysos)와 대비된다. 디오니소스는 포도주, 술, 취함, 춤, 음악 등의 신임에 비해서 아폴론은 햇빛, 미술, 이성 등을 대변하는 신이다.

왜냐하면 앞에서 방금 밝힌 것들 이외에도 다음의 사실을 주목하여야만 하기 때문이다. 이 책들은 어떤 결함도 스며들 수 없을 정도로 세심하게 후대에게 보존된 것은 아니었다. 왜냐하면 고대의 필사가들(antiquiores scribae)은 의심스러운 원고들을 주목했으며, 이 외에도 전부는 아닐지라도 훼손된 구절들을 주목했기 때문이다. 그러나 그와 같은 결함이 독자들에게 큰 혼란을 야기할 정도로 중요한 문제인지의 여부에 대해서는 논의하지 않겠다. 적어도 자유로운 판단력을 가지고 성서를 읽는 사람들에게는 그런 것들이 별로 중요하지 않다고 생각한다. 나는 도덕적 교리와 관련해서는 모호함 자체나 의심을 불러일으킬 수 있는 어떤 결함도 그리고 상이한 원고도 없었다는 것을 확실하게 주장할 수 있다. 그러나 많은 사람은 도덕적 교리와 관련되지 않은 다른 부분의 원고들에 어떤 오류가 스며들 수 있다는 것을 인정하지 않으려고 한다. 그들은 신이 자신의 고유한 섭리에 의해서 전체 성서를 훼손되지 않게 보존했다고 주장한다. 그들은 다양한 성서의 이본(異本)들(varias lectiones)은 가장 심오한 비밀의 표시라고 말한다. 그들은 성서의 구절들 한 가운데에 있는 28개의 별표 공란에 대해서도 똑같은 것을 주장하며, 철자 표시들 자체도 커다란 비밀(magna arcana)을 포함하고 있는 것이 확실하다고 주장한다. 나는 그들이 오직 자기들만 신의 비밀을 지녔다는 것을 믿게 하기 위해서 어리석음과 노파의 맹신에서 이것을 알았는지 또는 오만함과 사악함에서 이것을 말했는지 모르겠지만 적어도 다음의 사실은 알고 있다. 그들의 글에서 비밀의 냄새를 풍기는 것은 아무것도 발견하지 못했고 단지 유치한 생각만을 읽었다. 이 외에도 나는 어떤 신비설의 수다쟁이들(nugatores aliquos kabbalistas)의 글을 읽고 그들의 광기에 한없이 놀랄 수밖에 없었다.

그러나 우리가 이미 말한 것처럼 사울에 대한 텍스트를(우리가 이미

'사무엘기 상' 13장 1절에서 인용한) 읽고 또 '사무엘기 하' 6장 2절의 다음 구절을 읽는, 건전한 판단력을 가진 사람은 아무도 이 구절들에 대한 결함이 스며들었다는 것을 의심하지 않을 것이다: "다윗은 유다 바알라에서 하느님의 궤(arca Dei)를 모셔 오려고 모든 군대를 거느리고 그곳으로 떠났다." 여기에서는 누구라도 그들이 궤를 가져오기 위해서 간 장소, 곧 기럇 여아림(Kirjat Jeharim)[15]이 빠져 있다는 것을 확실히 알 수 있다. 또한 우리는 '사무엘기 하' 13장 37절도 다음처럼 훼손되고 왜곡되었다는 것을 부정할 수 없다. 압살롬은 도망하여서, 그스르 왕 암미훗의 아들 탈마이에게로 갔고, 다윗은 죽은 아들 암논 때문에 슬픈 나날을 보냈다. 압살롬은 도망한 뒤에, 그수르로 가서, 그곳에 세 해 동안 머물러 있었다.[16] 그리고 내가 이전에 주목한 것으로 알고 있는 이와 같은 종류의 다른 예들이 있지만 그것들은 현재 문제되고 있지는 않다.

---

15 기럇 여아림은 유다 바알라(Jehuda Bahgal)로 일컬어지기도 한다. 따라서 킴키(Kimchi)와 다른 사람들은 내가 여기에서 '유다의 백성으로부터'(ex populo Jehudae)로 번역한 유다 바알라(Jehuda Bahgal)를 도시의 이름이라고 믿는다. 그러나 그들이 오류를 범한 것이다. 왜냐하면 바알라(Baale)는 복수이기 때문이다. 더 나아가서 만일 우리가 여기에서 '사무엘기'와 '역대기 상' 13장 5절을 비교해 보면 우리는 다윗이 일어나서 바알라로부터 떠난 것이 아니고 그곳으로 갔다는 것을 알 수 있다. 만일 '사무엘기 하'의 저자가 적어도 다윗이 궤를 가지고 온 장소를 지적하고자 했더라면, 그는 히브리어로 말하기 위해서 다음처럼 표현해야만 한다. "다윗은 일어나서 유다 바알라로 올라가서 등등, 유다 바알라로부터 하나님의 궤를 가져왔다."

16 이 텍스트에 관여한 사람들은 다음처럼 그것을 고쳤다: "압살롬은 도망가서 그스르 왕 암미훗의 아들 탈마이에게로 갔다. 거기에서 그는 3년간 머물렀으며, 다윗은 자기 아들이 그스르에 있는 시간 내내 아들 때문에 울었다." 그러나 이것을 해석하는 것이라고 하여 성서의 해석에서 어떤 것을 보태거나 빼면서 이 전체 구절들을 바꾸는 것이 허락된다면 나는 성서를 훼손하고 성서를 밀납 조각을 주무르듯 자신이 원하는 형태로 하도록 허락되어 있는 것이라고 선언할 것이다.

그러나 히브리어 사본에서(in Hebraeis codicibus) 도처에 발견되는 본문 바깥에 있는 난외의 주석들(notae marginales)도 의심스러운 사본들이라는 것은, 히브리어 철자들 사이에 있는 커다란 유사성에서 대부분 기인한다는 사실을 주목해 본 사람은 아무도 의심할 수 없을 것이다. 말하자면 카프(Kaf)와 베트(bet), 야드(Jod)와 바브(Vau), 달레트(Dalet)와 레쉬(Res) 사이의 유사성들이 그러한 것들이다. 예컨대 '사무엘기 하' 5장 24절의 "그리고 네가 듣는 그때(시간)에, et in eo (tempore), quo audies"는 난외 주석에는 "네가 들을 때, cum audies"로 되어 있다. 그리고 '판관기' 21장 22절의 "그리고 그들의 아버지들이나 오빠들이 우리에게 많이(곧 자주) 올 때, in multitudine 등등"은 난외 주석에는 "불평하기 위해서, ad litigandum"으로 되어 있다. 그리고 더 나아가서 많은 난외 주석들 역시 소위 묵음 철자의 사용에서 오류가 생기며, 이 철자들은 대부분 발음되지 않고 어떤 철자는 구분되지 않고 다른 철자 대신 사용된다. 예컨대 '레위기' 25장 30절에는 "그 집은 성이 없는(cui non est murus) 도시 안에 지어질 것이다"로 기술되어 있지만, 난외 주석에는 "성곽이 있는(cui est murus) 등등"으로 되어 있다.

그런데 이것이 비록 자명하다고 할지라도, 나는 어떤 바리사이인들이 우리를 설득하려고 애쓰는 이유들에 대해서 답하고자 한다. 즉 난외 주석들은 성서의 저자들이 어떤 비밀을 의미하기 위해서 추가하거나 지적한 것이라는 사실이 그들이 제시하는 이유들이다. 이 이유들 중 첫 번째를 그들은 성서를 소리 내어서 읽는 관습에서 찾는데 이것은 내게 큰 의미가 없다. 만일 후세들이 결정할 수 없는 다양한 독서 방식에 따라서 이 주석들이 추가되었다면, 난외 주석의 의미를 도처에서 받아들이는 관습은 왜 들어오게 되었는가라고 그들은 말한다. 자기들이 보유하고자 하는 의미가 왜 난외에 주석으로 기록되어 있느냐고 그들은 묻는다. 이와 반대로 그들은 자기들이 선호하는 의미와 독서 방식을 난외에 주석으로 기록할 것이 아니라 자기들이 읽고자 하는 대로 책 본문에 자체를 썼어야 했을 것이다.

그러나 두 번째 이유는 사실의 본성으로부터(ex ipsa rei natura) 받아들이는 모습을 지니는 것처럼 보인다. 곧 결함은 의도적으로 만들어진 것이 아니고 우연히 텍스트 안으로 스며들어 온 것이며, 그렇게 된 것은 다양하게 생긴다. 그런데 모세오경에서 오직 하나의 예외 말고는 명사 소녀(na′arah, puella)가 문법과는 반대로 헤(He)라는 철자 없이 불완전하게 기술되어 있지만 난외에는 보편적인 문법 규칙에 맞게 정확하게 기술되어 있다. 이러한 일은 필기를 잘못해서 생기는 것일까? 펜이 이 명사를 만날 때마다 항상 서둘러 실수를 범하는 것은 어디에서 생길 수 있는가? 더 나아가서 이러한 결함은 쉽사리 그리고 별 생각 없이 문법 규칙에 따라서 보충되고 수정될 수 있었을 것이다. 따라서 이러한 독서 방식은 우연히 생긴 것도 아니고 명백한 오류들로 교정되지도 않았기 때문에 그들의 추론에 따르면 이것은 성서의 원래 저자들이 확실한 의도를 가지고 거기에 어떤 의미를 부여하기 위해서 그렇게 한 것이다.

그러나 이것들에 대해서 쉽게 대답할 수 있다. 왜냐하면 나는 그들이 자기들에게 알맞은 관습에서 이끌어 내는 이유에 전혀 머물지 않을 것이기 때문이다. 나는 미신이 어떤 역할을 할 수 있었는지 모르지만 그와 같은 관습은 아마도 본문과 난외 주석 두 가지를 다 읽는 방식이 좋거나 용납할 만하여 두 가지를 다 받아들여 하나는 쓰기를 원했고, 다른 것은 읽기를 원한 것에서 만들어진 것 같다.

곧 그와 같이 매우 중요한 사실에 있어서(in re tanta) 성서 필사가들은 결정적 판단을 내리기를 주저했고, 확실히 그릇된 독서 방식을 참다운 독서 방식으로 받아들이지 않기 위해서 그들이 단지 쓰고 읽어야 할 것을 무조건 행해야 할 때 어떤 것에게도 우선권을 부여하지 않고자 했다. 특히 성서에서 난외 주석이 쓰여 있지 않을 경우에 그러하였다. 또는 아마도 옳게 기술되어 있다고 할지라도 난외에 주석되어 있는 대로 달리 읽기를 원했기 때문에 그러한 관습이 생겼을 것이다. 그래서 성서(Biblia)를 난외 주석에 따라서 읽는 것이 일반적으로 성립되었다.

필사가들(scribas)이 어떤 구절을 읽을 때는 난외에 주의하도록 한 이유를 지금 말하겠다. 그것은 모든 난외 주석의 독서 방법이 의심스러운 것은 아니었기 때문이다. 오히려 사용되지 않는 단어들, 말하자면 시대에 뒤진 폐어들(verba obsoleta)도 나타나며 그리고 당시의 관습상 공공 집회에서 낭독이 금지된 단어들도 나타난다. 왜냐하면 고대의 저자들은 악의가 없었으므로 사실을 전혀 우아하게 꾸미지 않고 사실을 사실에 걸맞는 명칭으로 지시했기 때문이다.

그러나 나중에 사악함과 사치가 만연했을 때 고대인들에게는 음난하지 않았던 말들이 음난하게 사용하기 시작하였다. 이러한 이유로 인해서 성서 자체를 바꿀 필요는 없었지만 대중의 약점에 편승하기 위해서 필사가들은 난외에서 주목할 수 있는 것처럼 성교나 배설물(coitus et excrementum)과 같은 명사를 보다 고상한 말로 바꾸어서 공적으로 읽는 것을 소개하였다.

마지막으로 난외 주석의 독서 방식에 따라서 성서를 읽고 해석하는 관습이 어디에서 생겼든지 간에 적어도 난외 주석 자체에 따라서 반드시 올바른 해석이 이루어지는 것은 아니다. 왜냐하면 내가 곧 밝히겠지만 탈무드에서 랍비들은 자주 마소라 학자들과(a Masoretis)[17] 차이가

---

17 (역주) 마소라 학자들이란 6세기부터 12세기에 걸쳐서 정통 히브리어 성서를 편찬하려고 애쓴 사람들이다. 그들은 히브리어에 모음 기호를 도입한 것으로 알려

난다. 이 외에도 랍비들은 난외 주석에서 발견되는, 자기들이 옳다고 하는 독서방식을 가지고 있는데 이것은 히브리어의 언어 사용에는 적절하지 않은 것으로 여겨진다. 예컨대 '사무엘기 하' 14장 22절에는 다음처럼 기술되어 있다: "임금님께서 이 종의 뜻대로 해 주시는 것을 보고," 이것은 완전히 규칙적인 구성이며 똑같은 장의 15절과 일치한다. 그러나 이것이 난외 주석에는 너의 종(servi tui)으로 되어 있고 동사의 인칭(persona verbi)과 일치하지 않는다. 마찬가지로 같은 책 16장 마지막 절(23절)에는 "마치 하나님께 여쭈어(곧 자문을 받아서) 보고 얻은 말씀처럼"이 쓰여 있다. 난외 주석에서는 어떤 사람(quis)이 동사의 주어로서 추가된다. 이러한 교정은 충분히 정확하게 이루어진 것으로 보이지는 않는다. 왜냐하면 문법 학자들에게 가장 잘 알려져 있는 것처럼 비인격적 동사를 3인칭 단수 능동 동사로 사용하는 것은 히브리어에서는 통상적인 일이기 때문이다. 그리고 이런 식의 수많은 난외 주석들이 발견되지만 그것들은 어떤 식으로도 기록된 성서보다 우선할 수 없다.

바리사이인들의 두 번째 이유에 대해서 말하자면, 방금 말한 것에 의해서 나는 그것에 대해서도 답할 수 있다. 즉 필사가들은 의심스러운 사본들(dubias lectiones)[18] 이외에 폐어들(verba obsoleta)에도 주의를 기울였던 것이다. 왜냐하면 다른 언어들에서와 마찬가지로 히브리어에서도 많은 말들이 용법의 관습에 따라서 나중에 폐어나 고어가 되었기 때문이다. 그리고 성서에서 이것들을 발견한 후대의 필사가들은, 이미 우리가 말한 것처럼, 모든 것이 당시에 받아들여진 용법에 따라서 공공

---

져 있다.

18 (역주) lectiones는 사본들 내지 독서 방식들의 의미를 가지고 있으나 다양한 사본에 따른 서로 다른 독서 방식을 의미한다.

연하게 대중에게 읽혀야 한다는 것에 주목하였다. 이렇기 때문에 나아아르(na′ar)라는 명사는 어디에서나 주석이 달려 있는 것을 발견할 수 있다. 왜냐하면 이 명사는 고대에는 양성(兩姓)을 의미했고 라틴어의 젊은이(iurenis)와 똑같은 것을 의미했기 때문이다. 마찬가지로 이스라엘인들의 수도도 역시 고대인들에게 있어서는 예루살라임(Jerusalaim)이 아니라 예루살렘(Jerusalem)으로 일컬어졌다. 나는 그(ipse)나 그녀(ipsa)에 대한 대명사에 대해서도 똑같은 견해를 가지는데, 후대의 필사가들은 여성을 의미하고자 할 경우에는 바우(Vau)를 요드(Jod)로 바꾸었다(히브리어에 자주 있는 변화). 그러나 고대인들은 이와 같은 대명사의 모음에 의해서만 통상적으로 여성과 남성을 구분하였다. 이처럼 더 나아가서 특정한 불규칙 동사들은 고대와 후대에 있어서 그 형태가 각각 다르다. 그리고 마지막으로 고대인들은 h, ′, m, g, t, j, w와 같은 부가 철자들(literis paragogicis)을 그 당시에 고유한 우아함에 어울리게 사용하였다.[19] 여기에서 나는 이 모든 것을 수많은 예들을 통해서 설명할 수 있지만 독자들을 지루하게 붙잡아 두고 싶지는 않다. 만일 누군가가 내가 어디에서 이러한 사실을 아느냐고 묻는다면 나는 그러한 사실을 고대의 저자들에게서, 곧 성서에서 자주 발견하였다고 말할 것이다. 그렇지만 후대인들은 그것을 모방하려고 하지 않았다. 이와 같은 유일한 이유에서 이미 사어(死語)가 되었다고 할지라도 다른 언어들에 남아 있는 폐어들(verba obsoleta)에서 알 수 있는 것이다.

내가 성서의 가장 중요한 난외주석이 의심스러운 사본이라고 주장하기 때문에 아마도 어떤 사람은 한 구절에 대해서 왜 두 개 이상의 사본이 전혀 없는지, 왜 일찍이 세 개 내지 그 이상의 사본이 없는지 물을

---

19 (역주) 고대 이스라엘인들이 사용한 몇 개의 무의미한 자음들은 단지 문장의 우아한 기풍을 장식하기 위한 치장용이었다는 것을 뜻한다.

것이다. 더 나아가서 난외 주석에서 교정된 성서의 어떤 구절들은 분명히 문법에 어긋나서 필사가들이 어떤 것이 옳은지를 결정하는 데 주저했다고 믿을 수 없을 것이다. 그러나 이 문제에 대해서도 역시 쉽게 대답할 수 있다. 첫 번째 점에 대해서 말한다면 현재 기록되어 있는 것으로 발견되는 것보다 많은 사본들이 있었다. 왜냐하면 탈무드에는 마소라 학파의 사람들이 무시한 많은 구절들이 기록되어 있기 때문이다. 그 구절들은 미소라 학파의 사본과 너무 많이 차이가 나서 미신을 믿는 봄베르 판 성서의 편집자(corrector Bibliorum Bombergianorum)도[20] 그 성서의 머리말에서 그 구절들을 조화시킬 수 없다고 고백할 정도였다: "여기에서 내가 아는 것은 단지 앞에서 이미 대답한 것 이외에는 아무것도 없다." 왜냐하면 "마소라 학파를 반대하는 것이 탈무드의 관습이기 때문이다." 우리는 한 구절에 두 개 이상의 사본이 없다고 주장할 수 있는 충분한 근거가 없다. 그렇지만 나는 한 구절에 대해서 두 개 이상의 사본이 발견되지 않았다는 것을 다음의 두 가지 이유에서 확실히 믿고 있다.

1. 왜냐하면 이 사본들의 차이를 생기게 한 것으로 우리가 밝힌 원인이 두 개 이상의 사본을 인정할 수 없기 때문이다. 그 이유인즉 그와 같은 차이가 주로 특정한 문자의 유사성에 의해서 생긴 것임을 우리가 밝혔기 때문이다. 그러므로 의심은 항상 베트나 카프(Bet an Kaf), 야드나 바브(Jod an Vau), 달레트나 레쉬(Dalet an Res) 중에 하나를 받아들임으로써 해결될 수 있으며, 이러한 용법은 매우 자주 일어난다. 그러므로 두 가지 철자가 다 적절한 의미를 가지는 일이 흔히 생길 수 있다. 다음으로 철자가 긴지 짧은지가 문제되는데 그것은 묵음으로 불리

20 (역주) 봄베르크 성서는 야콥 벤 하임(Jacob ben Hayyim)이 편집하고 봄베르크(D. Bomberg)가 인쇄하여 베니스에서 출판된 성서이다.(1524-1525)

는 문자에 의해서 결정된다. 여기에 덧붙여서 모든 난외 주석이 의심스러운 사본은 아니다. 왜냐하면 우리가 말한 것처럼 많은 난외 주석들이 구절의 품위를 위해서 삽입되었으며 또한 폐어와 고어(verba obsoleta et antiquata)를 설명하기 위해서 삽입되었기 때문이다.

2. 한 구절에 대한 두 개 이상의 사본이 발견되지 않는다고 내가 확신하는 두 번째 이유는 필사가들이 아마도 두 개 내지 세 개를 넘지 않는 지극히 적은 사본들을 발견하였던 것이다. 「필사가의 논고」(Tractatus Scribarum) 6장에는[21] 단지 세 가지 사본들만 언급되고 있는데, 이것들은 에즈라 시대에 발견된 것으로 꾸며져 있다. 왜냐하면 필사가들은 이 난외 주석들이 에즈라에 의해서 삽입되었다고 주장하기 때문이다. 세 가지 사본만 있었다고 할지라도 똑같은 구절에 있어서 두 가지 사본이 항상 일치했다는 것은 쉽게 파악할 수 있었다. 실로 만일 세 가지 사본들의 경우 각각의 사본이 똑같은 구절에 대해서 서로 다른 독서 방식을 부여한다면 우리는 물론 놀랄 수밖에 없다.

단지 「마카베오서, 1권」(libr. 1. Machabaeorum) 1장이나 죠셉스의 「고대유대민족사, 12권」(libr. 12. Antiquit) 5장을 읽은 사람이라면 에즈라 이후 어떻게 그토록 많은 사본의 손실이 생길 수 있었던가에 대해서 놀라지 않을 것이다. 실로 그렇게 힘들고 장기간에 걸친 박해 후에 이렇게 소수의 사본들이 보존되어 온 것도 기적(prodigium)처럼 여겨진다. 이 당시의 역사를 어느 정도 주의해서 읽는다면 아무도 이러한 사실에 대해서 의심하는 견해를 가지지 않을 것이다.

우리는 성서의 어느 구절에도 왜 두 개 이상의 사본이 존재하지 않는지에 대한 이유를 알게 되었다. 따라서 어디에서도 두 개 이상의 사본

21 (역주) 바빌로니아의 탈무드에 있는 논고를 말한다.

이 존재하지 않는다는 사실로부터 비밀을 암시하기 위해서(ad significanda mysterium) 성서가 주석된 구절에서 고의적으로 쓰였다고 결론을 내려서는 안 된다. 그러나 두 번째 반박에 관해서 말하자면, 곧 그릇되게 기술되어서 모든 시대의 기술(記述) 습관이 반대했고 따라서 불가피하게 수정되어 난외에 주석을 쓰지 않으면 안 되는 구절이 있다는 반박은 나와 별 상관이 없다. 왜냐하면 어떤 종교적 동기가 필사가들로 하여금 원문 자체를 수정하지 못하게 했는지에 대해서 나는 알아야 할 의무가 없기 때문이다. 그리고 아마도 그들은 성실한 마음에서 그렇게 했을 것이며, 자기들이 난외 주석에서 발견한 차이를 사본이 아니고 다양한 독서 방식으로 주목하면서 몇 개 안되는 성서 원본에서 발견했던 것처럼 성서를 후대에게 전해 주고자 했기 때문에 그렇게 했을 것이다. 나는 사본들 중 어떤 것이 다른 것보다 우월한지 전혀 알지 못할 정도로 사실 거의 모든 것을 의심스럽기 때문에 그것들을 의심스럽다고 말했다.

마지막으로 이 의심스러운 사본들 이외에도 필사가들은 단락들 중간에 공란을 남겨 놓으면서 훼손된 많은 구절들을 주목하였는데, 마소라 학파의 사람들은 그 구절들을 숫자로 표시하였다. 말하자면 그들은 28개의 구절들을 세었는데, 거기에서 단락 중간에 공란을 남겨 놓았고, 그들이 이와 같은 수에 어떤 비밀(aliquod mysterium)이 숨겨져 있다고 믿었는지 나로서는 알 수 없다. 이것들 중 하나의 예가 '창세기' 4장 8절에 있는데 그것은 다음처럼 기술되어 있다: "카인이 아우 아벨에게 "들에 나가자."하고 말하였다.… 그들이 들에 있을 때 카인이 등등이 발생하였다." 여기에 공란이 남겨져 있는데 우리는 카인이 동생에게 말한 것이 거기에 쓰여 있으리라고 기대한다. 그리고 필사가들이 이런 식으로(우리가 이미 살펴 본 것들 이외에) 남긴 28개의 공란이 발견된다. 그렇지만 이것들 중 상당수는 만일 공란으로 남겨지지 않았더라면 훼손된 것으로 보이지 않았을 것이다. 이것으로 충분하다.

# 10

## 앞의 책들과 똑같은 방식으로 구약의 나머지 책들을 검토한다.

구약의 나머지 책들로 넘어가자. 그런데 '역대기'(Paralipomenon) 상, 하 두 권에 대해서는 그것이 에즈라 이후 마카베오가 성전을 재건한 다음에[1] 쓰였다는 것 말고는 주목할 만한 어떤 확실한 것이나 중요한 것

---

1 만일 역대기가 에즈라 이 후에 마카베가 성전을 재건한 후에 씌였다는 것에 의혹을 가진다면, 그 의혹은 (확실한 것을 의혹이라고 말할 수 있다면, 이와 같은 의혹은) 여콘야 왕의 계보에서 생길 수 있으며 이 계보는 '역대기 상' 3장에 여콘야왕의 13대 후손 엘요에나이의 아들에 이르기까지 기록되어 있다. 거기에서 여호야킨이 감옥에 갇히기 전까지는 자식이 없었다는 것을 주의해야만 한다. 그러나 포로로 잡혀 있는 동안에 그가 자식들에게 이름을 지어 준 것으로 보면 그는 그 사이에 자식들을 낳은 것으로 추측할 수 있다. 그런데 손자들의 이름으로부터 추측해 보면 그는 포로 생활에서 해방된 후 손자들을 가진 것으로 보인다. 왜냐하면 그 손자의 이름은 프다야: Pedaja로(이것은 신이 해방하였다를 의미하기 때문이며 프다야는 즈루빠벨(zerubbabel)의 아버지로서 여호야킨 왕이 포로로 잡힌지 37년이나 38년 되는 해에 태어났다. 이 때는 페르시아 왕 키루스(cyrus)가 유대 민족에게 자유를 주기 33년 전이었으며 따라서 키루스 왕은 즈루빠벨이 13세나 14세 때 유대국의 통치권을 물려 준 것으로 보인다. 그러나 나는 시대의 중압감이 (지배적인 부당함과 미신) 설명을 허락하지 않기 때문에 이 문제를 더 이상 말하지 않고 넘어가겠다. 그러나 신중한 사람들에게는 내가 사실을 지적하는 것만으로 충분하다. 만일 그들이

이 없다. 왜냐하면 '역대기 상' 9장에서 역사가는 '예루살렘에 최초로 거주한 (말하자면 에즈라 당시에) 가문의 이름을' 이야기하고 있기 때문이다. 그리고 같은 장 17절에서는 문지기들에 대해 이야기하고 있으며 이들 중 두 명은 '느헤미야기' 11장 19절에서 다시 언급되고 있다. 이러한 사실은 이 책들이 도시가 재건된 다음에 기술되었다는 것을 증명해 준다.[2] 그러나 '역대기'의 저자와 그것의 권위, 유용성 그리고 교리에 대해서 나는 아무것도 확증할 수 없다. '지혜서' (liber Sapientiae)와 '토빗서' (liber Tobiae) 그리고 위경(僞經, Apocryphi)으로 일컬어지는 책들을 정전(正典)에서 배제했던 사람들이 이 책들을 왜 정전으로 받아들였는지 놀랄 수밖에 없다. 그러나 그것들의 권위를 실추시키는 것이 내 의도는 아니고, 모든 사람이 그것들을 받아들이는 그대로 두고자 한다.

'시편'도 수집되어 제2차 성전 건립기에 다섯 권으로 분류되었다. 왜냐하면 '시편' 88장은 유대인 필론(Philon)에[3] 의하면 여콘야 왕이 바빌론에서 감옥에 갇혀 있을 때 편집된 것이고, '시편' 89장은 왕이 자유를 찾았을 때 편집되었기 때문이다. 나는 필론이 자신이 살았던 시대의 지배적 견해가 아니거나 믿을 만한 사람들에게서 받아들이지 않은 것을 주장했으리라고 믿지 않는다.

솔로몬의 '잠언'도 '시편'과 같은 시기에 수집되었거나 적어도 요시아왕 때 수집되었다고 할 수 있다. 왜냐하면 '잠언' 25장 1절은 다음처

---

'역대기 상' 3장 17절부터 같은 장 끝까지 전해지고 있는 여호야킨 왕의 전체 후손을 주의 깊게 읽고 ''칠십 인 역 성서'라고 불리어지는 히브리어 성서를 비교해 보면 마카베오에 의해서 예루살렘 도시가 두 번째로 재건된 후 '역대기'가 만들어졌다는 것을 알 수 있다. 이 때에 여호야킨 왕의 후손들이 왕권을 상실했고 그전에 왕권을 상실한 것은 아니었다.

2 (역주) '역대기 상, 하'를 말한다.

3 (역주) 필론은 고대 그리스의 유대인 철학자인데, 이곳에서 스피노자의 필론 인용은 불확실한 것으로 알려지고 있다.

럼 말하고 있기 때문이다. "이것도 솔로몬의 잠언(Solomonis Proverbia)으로서, 유대 왕 히즈키야의 신하들이 수집한 것이다." 그런데 여기에서 나는, 지금 우리가 더 이상 가지고 있지 않는 다른 책들과 함께 이 책 '잠언'을 보존하기 위해서 '전도서'와 함께 이 책을 성서의 정전에서 감히 제외시키려고 했던 랍비들의 월권을 말하지 않고 넘어갈 수 없다. 만일 그들이 모세의 율법을 권고한 몇 개의 구절들을 발견하지 못했더라면 그들은 이 책을 '전도서'와 함께 성서에서 완전히 배제시켰을 것이다. 성서답고 탁월한 책들을 선택하는 일이 그들의 손에 달려 있었다는 것은 애석한 일이다. 그들이 진심으로 이 책들을 전해 주었는지는 의심할 수밖에 없을지라도, 이 책들을 우리에게 전하려고 한 그들에게 나는 감사한다. 나는 여기에서 랍비들의 행적을 철저하게 검토할 생각은 없다.

따라서 예언자들의 책들로(ad libros Prophetarum) 넘어가기로 하자 내가 이 책들을 주의 깊게 살펴 보았을 때 이 책들에 포함된 예언들은 다른 책들에서 수집한 것이고, 예언자들이 말하거나 쓴 책들을 이 책들에서 항상 일관된 순서로 기록하지도 않았으며, 모두 포함하지도 않고 단지 여기저기에서 단편적으로 발견할 수 있었던 것들만을 그 안에 포함하였다. 따라서 이 책들은 예언자들의 단편에 지나지 않는 것이다.

필사가가 '이사야서' 첫 절에서 증언하는 것처럼 이사야(Esaias)는 우찌야(Huzia) 왕이 통치할 당시 예언하기 시작하였다. 그는 당시에 예언을 했을 뿐만 아니라 그 이외에도 지금은 우리에게 없는 책에서 우찌야 왕에 대한 모든 사실을 썼다('역대기 하' 26장 22절을 볼 것). 그러나 우리가 현재 알고 있는 사실들은 유다와 이스라엘 왕들의 연대기에서 필사되었다는 것을 우리는 이미 밝혔다. 여기에 첨가되는 사실은, 이사야가 므나쎄 왕 통치 시에 예언했고 므나쎄 왕이 이사야를 죽였다고 랍비들이 주장하는 것이다. 그리고 이러한 사실은 우화를 이야기하는 것으로 여겨진다고 할지라도 랍비들은 이사야의 모든 예언들이 보존되어 있지는 않다고 믿은 것처럼 보인다.

다음으로 역사적으로 이야기하고 있는 예레미야의 예언들(Jeremiae prophetiae)은 다양한 연대기들로부터 발췌되고 수집되었다. 왜냐하면 예레미야의 예언들은 연대 순서 없이 혼합되어 있으며 나아가서 똑같은 이야기가 다양한 방식으로 반복되고 있기 때문이다. 그 이유인즉 '예레미야서' 21장에는 예레미야가 체포된 이유가 그에게 조언을 청했던 유대 왕 치드키야 (Zedechia)와 도시의 멸망을 그가 예언했기 때문이라는 것이다. 그리고 이 이야기가 중단되고, 22장에서는 예레미야가 치드키야 이전의 왕 여호야김에게 전한 고언으로 넘어가는데 여기에서 예레미야는 왕의 체포를 예언한다. 그리고 다음으로 25장에서는 이보다 앞선 해에, 곧 여호야김 왕의 통치 4년 되는 해에 예레미야에게 계시된 것이 기술된다. 그런 다음에 작가는 38장에서 (마치 중간 중간의 15장들이 삽입구를 통해서 이야기되는 것처럼) 자신이 21장에서 이야기하기 시작한 것을 38장에서 수집할 때까지 연대 순서와 상관없이 예언들을 수집하면서 여호아김 왕의 통치 1년 때의 사건들로 나아간다. 왜냐하면 38장이 시작되는 도입부는 21장의 8-10절과 연관되기 때문이다. 그러나 작가는 예레미야의 마지막 구금(ultima apprehensio)을 매우 다르게 기술하고 있으며 예레미야가 감옥에 오래 갇혀 있은 이유를 37장에서 이야기한 것과는 전혀 다르게 제시한다. 따라서 우리는 이 모든 것들이 다양한 역사가들에 의해서 수집되었다는 것과 그에 대해 다른 변명의 여지가 결코 있을 수 없다는 것을 확실하게 알 수 있다. 그러나 다른 장들에 포함되어 있는 나머지 예언들에서 예레미야는 일인칭으로(in prima persona) 말하는데, 이 나머지 예언들은 바루크(Baruch)가 예레미야의 구술에 따라서 쓴 책에서 필사된 것으로 보인다.

왜냐하면 이것은 36장 2절에서 확인되는 것처럼 요시아 왕 시절부터 여호야김 왕의 통치 4년에 이르기까지 예언자 예레미야에게 계시된 것만을 포함하고 있기 때문이다. 이 시기는 또한 이 책이 시작되는 시기이기도 하다. 그리고 45장 2절로부터 51장 59절에 이르기까지의 내용은 똑같은 책에서 필사된 것으로 보인다.

그러나 '에제키엘서'는 단지 단편에 지나지 않는데, 그것의 첫 번째 절들이 이 사실을 가장 분명하게 보여 준다. 책의 앞에 나오는 접속사가 이미 말한 것을 이야기하면서 앞으로 말하여야 할 것을 연관시키고 있다는 것을 누가 알지 못하겠는가? 그러나 접속사뿐만 아니라 전체 표현의 관계가 또 다른 저술이 있다는 것을 전제한다. 왜냐하면 이 책이 '30년 되는 해'(annus trigesimus)에와 함께 시작되고 있는 사실은 예언자가 이야기를 시작한다는 것이 아니라 계속해서 진행하고 있다는 것을 밝혀 주기 때문이다. 저자 자신 역시 이것을 '에제키엘서' 1장 3절에서 삽입구로 다음처럼 주목하고 있다: "주님의 말씀이 칼테아인의 땅 크바르 강 가에 있는 부즈의 아들 에제키엘 사제에게 내리고 등등" 이것은 마치 저자가 지금까지 필사한 에제키엘의 말이 30년째 되는 해 이전에 에제키엘이 부여받은 또 다른 계시들에 연관된다고 말하고자 하는 것 같다. 다음으로 죠셉스는 「고대유대민족사」 10권 7장에서 치드키야 왕이 바빌론을 보지 못하리라고 에제키엘이 예언했다고 이야기한다. 우리가 가지고 있는 '에제키엘서'에는 그러한 사실을 읽을 수 없고, 오히려 반대로 '에제키엘서' 17장에는 치드키야 왕이 체포되어 바빌론으로 끌려온다고 기록하고 있다.[4] 나는 호세아(Hosea)가 자신의

4 그러므로 아무도 에제키엘의 예언이 예레미야의 예견과 모순된다는 것을 의심할 수 없지만, 죠셉스의 이야기를 읽으면 모든 사람은 그것을 의심하게 된다. 그러나 사실에 의해서 모든 사람은 양자가 진리를 예언한 것을 알았던 것이다.

이름으로 된 책에 포함된 것 외의 것도썼는지는 확실하게 말할 수 없다. 그렇지만 우리는 그에 대한 더 많은 분량의 글을 가지지 못한 것을 놀랍게 여긴다. 왜냐하면 '호세아서' 저자의 증언에 의하면 호세아는 84년 이상을 예언했기 때문이다. 적어도 우리는 일반적으로 이 책들은, 예언서들의 저자들이 우리가 알지 못하는 예언자들을 포함한 모든 예언자들의 예언들을 수집한 것도 아니고 우리가 알고 있는 예언자들의 모든 예언들을 수집한 것도 아니라는 사실을 알고 있다. 왜냐하면 므나쎄(Manasse) 왕 통치 시에 예언한 그리고 '역대기 하' 33장 10, 18, 19절에서 일반적으로 언급되는 예언자들의 어떤 예언도 남아 있지 않고 또한 열두 예언자들의 모든 예언도 전혀 없기 때문이다. 그 이유인즉 '요나(Jonas)서'에서는 니베네 사람들에 대한 예언만 기록되어 있는 반면에 '열왕기 하' 14장 25절을 보면 요나는 이스라엘인들을 위해서도 예언했기 때문이다.

'욥기'에 대해서 그리고 욥(Job)에 대해서도 저자들 사이에서는 수많은 논쟁이 있어 왔다. 어떤 사람은 모세가 그 책을 썼으며 이야기 전체는 우화(parabola)에 지나지 않는다고 믿는다. 이것은 탈무드에 있는 일부 랍비들의 견해이며, 마이모니데스도 자신의 책 「혼란한 자에 대한 안내」(More Nebuchim)에서 그 주장에 동조한다. 그러나 다른 사람들은 그 이야기를 사실로 믿으며, 그들 중 일부는 욥이 야곱 시대에 살았고 야곱의 딸 디아나와 결혼했다고 믿는다. 그러나 이븐 에즈라(Aben Hezra)는 내가 이미 말한 것처럼 이 책에 대한 자신의 주석에서 이 책이 다른 나라의 언어로부터 히브리어로 번역되었다고 주장한다. 나는 그가 우리에게 이 사실을 한층 더 명백하게 밝혀 주었더라면 하는 아쉬움이 있다. 왜냐하면 그랬다면 우리는 이방인들(Gentiles)도 성서를 가졌으리라는 결론을 내릴 수 있기 때문이다. 따라서 나는 이 사실을 해결되지 않은 채로 놓아두지만, 욥이 처음에는 잘 지내다가 다음에는 매우 불행했고 마지막에는 매우 행복하게 된 강인한 성품을 지닌 어떤 이방인 남자였다고 추측한다. 왜냐하면 '에제키엘서' 14장 14절에는 세 사람들 중 욥이 거명되고 있기 때문이다. 그리고 나는 이와 같은 욥의 변화무쌍한 운명과 마음의 강인함(varia fortuna et animi constantia)은 신의 섭리에 대해서 논쟁할 많은 기회를 생기게 했고, 적어도 이 책의 저자에게 그의 대화를 구성하도록 하였다고 믿는다. 왜냐하면 '욥기'에 포함된 내용과 문체에서도 폐허 속에 앉아 심히 병든 자인 욥과 연구실에서 나태함에 빠져서 숙고하지 않는 사람으로부터는 이 이야기가 나올 수 없다고 보기 때문이다. 그리고 나는 여기에서 이 책이 다른 언어로부터 번역되었다고 하는 이븐 에즈라에게 동의한다. 왜냐하면 이 책의 시적 문체가 이방 민족의 시적 문체와 가깝기 때문이다. 그 이유인즉 신들의 아버지가 두 번 회의를 소집하고, 여기에서 사탄(Satan)으로 일컬어지는 모무스(Momus)가 신의 말을 아주 자유롭게 조롱하기 때문이다 등등. 그러나 이것들은 충분한 근거가 없는 단순한 추측에 지나지 않는다.

이제 나는 '다니엘서'로 넘어간다. 여기에서 의심할 여지없이 8장부터는 다니엘이 쓴 것을 포함하고 있다. 그러나 처음의 일곱 장들이 어디에서 필사되었는지는 알지 못한다. 1장 외에는 모두 칼데아(Chaldaea)어로[5] 쓰여 있기 때문에 우리는 그것들이 칼데아족의 연대기에서 온 것이 아닌가하고 추측할 수 있다. 만일 그것이 확실하다면 성서의 신성함은 그 안에 표현된 것 때문이며 사실을 표현하는 말과 언어와 이야기에 있지 않다는 사실에 대해 가장 분명한 증명이 될 것이다. 또 그

5 (역주) 칼데아는 원래 남부 메소포타미아지만 후에는 바빌로니아를 말한다

것은 최선의 사실을 가르치고 이야기하는 책들은 어떤 언어로 쓰이고 어떤 민족에 의해서 쓰였든지 간에 똑같이 신성한 것이라는 사실을 증명할 수 있다. 그러므로 이 장들이 칼데아어로 쓰였지만 그 글들은 성서의 나머지 부분들과 마찬가지로 성스럽다.

그러나 '에즈라기'의 첫 부분이 '다니엘서'와 매우 긴밀히 연관되어 있으므로, 유대인들의 역사를 최초의 포로시절부터 연속해서 계속 이야기한 사람은 한 사람의 동일한 저자라는 것을 쉽게 알 수 있다.

그리고 '다니엘서'에는 '에스테르기'가 확실히 결부된다. 왜냐하면 '에스테르기'가 시작되는 부분의 접속사는 어떤 다른 것도 언급하지 않고 있기 때문이다. 이 책은 모르도카이(Mardochae)가 썼다고 하는 책과 똑같은 것이라고 믿을 수 없다. 왜냐하면 '에스테르 기' 9장 20-22절은 다른 사람이 모르도카이가 편지를 썼다는 것과 그 편지의 내용을 이야기하기 때문이다. 더 나아가서 똑같은 장 31-32절은 다음처럼 이야기한다: 에스테르 왕비(regina Ester)는 유대 축제인 푸림절(Purim)을 칙령에 의해서 확립하였는데 이 사실은 책에, 곧 (히브리어로 말하는 것처럼) 당시의 모든 사람들이 알고 있는 책에 쓰여 있다는 것이다. 그러나 이 책은 이븐 에즈라가 인정하고 모든 사람들이 인정하는 것처럼 다른 책들과 함께 소실되었다. 마지막으로 역사가는 모르도카이에 대한 나머지 사항들을 페르시아 왕들의 연대기에서 언급하고 있다. 따라서 다니엘과 에즈라의 행적(res Daniëlis et Hezrae)을 이야기한 동일한 역사가가 '에스테르기'도 썼다는 사실은. 의심할 여지가 없다. 그 이외에도 동일한 역사가가 '느헤미야기'도[6] 썼는데, 그 이유인

6 이 책 대부분은 느헤미야(Nehemia)가 쓴 책으로부터 취해졌다는 것이 역사가에 의해서 '느헤미야기' 1장 1절에서 입증된다. 그러나 '느헤미야기' 8장부터 12장 26절까지 이야기하고 있는 것들과 그 이외에 느헤미야의 말들 중에 삽입구로 끼어

즉 '느헤미야기'가 '에즈라기' 2권으로 일컬어지기 때문이다. 따라서 느헤미아서를 통해서 호세아서, 욥기, 다니엘서에 포함되어 있는 모든 책들이 받아들여지고 필사된 것으로 여겨진다. 왜냐하면 그 책들의 저자는 아무것도 인용하지 않았고 또 저자의 공적 권위에 대해서 우리는 아무것도 알지 못하기 때문이다.

따라서 우리는 이 네 책들이, 즉, '다니엘서', '에즈라기', '에스테르기', '느헤미야기'가 한 사람의 동일한 역사가에 의해서 쓰였다고 주장한다. 그러나 그가 어떤 사람이었는지 나는 전혀 추측조차 할 수 없다. 그러나 그가 어떤 사람이었든지 간에 이 역사가가 어디에서 자신의 역사 지식을 얻었고 어디에서 그 지식의 대부분을 필사했는지 알기 위해서는 다음의 사실을 주의하지 않으면 안 된다. 제2차 성전 시기에 유대인들의 통치자와 족장은 제1차 성전 시기의 왕들과 마찬가지로 연대표 내지 연대기(annales sive chronologia)를 계속해서 쓴 작가나 사가(史家)를 거느리고 있었다. 왜냐하면 왕들의 연대기나 연대표는 '열왕기' 어디에나 인용되고 있기 때문이다. 그러나 제2차 성전의 족장과 제사장에 대한 연대기나 연대표는 '느헤미야기' 12장 23절에 처음으로 인용되었고, 다음에는 '마카베오서 상' 16장 24절에서 인용되었다. 그리고 의심할 여지없이 이 책은('에스테르기' 9장 31절을 볼 것) 즉 앞에서 말한 제 2차 성전의 족장과 제사장에 대한 연대기나 연대표의 역사서는 그 안에 에스테르 여왕의 칙령과 모르드카이의 이야기가 기록되어 있는 그 책이 틀림없다. 그러나 이븐 에즈라가 언급하듯이 이 책은 소실되어 존재하지 않는다. 따라서 연대기가 적혀 있는 이 책으로부터 네 책들 안에 포함되어 있는 모든 것이 추해지고 필사된 것으로 여겨진

---

있는 12장의 두 구절은 느헤미야 이후에 살았던 역사가에 의해서 추가된 것이 확실하다.

다. 왜냐하면 저자는 이 책 외에는 어떤 것도 인용하지 않고 있으며 우리는 이 책 외에는 다른 어떤 공적 권위를 가진 책은 전혀 알지 못하기 때문이다.

그러나 에즈라도 그리고 느헤미야도 이 네 책들, 곧 '다니엘서', '에즈라기', '에스테르기', '느헤미야기'를 쓰지 않았다는 것은 다음의 사실에 의해서 확실하다: '느헤미야 기' 12장 10-11절에는 대제사장 예수아(Jesuhga)로부터 제6대 제사장 야뚜아(Jaduah)에 이르기까지의 계보가 기록되어 있다. 그리고 야뚜아는 알렉산더 대왕이 페르시아 제국을 거의 정복했을 때 대왕을 만났으며(죠셉스의 「고대유대민족사」 2권 8장을 볼 것), 유대 철학자 필론(Philon)은[7] 자신의 「시대의 책, Liber Temporum」에서 야뚜아가 페르시아의 지배하에서 여섯 번째의 그리고 마지막 대제사장이었다고 말한다. '느헤미야기' 12장의, 22절에는 이 사실이 확실하게 언급되어 있다. 역사가는 다음처럼 말한다. "엘야십과 요야다와 요하난과 야뚜아 때의 레위 사람 가운데서. 가문별 우두머리들의 이름과 제사장들의 이름은 다리우스가 페르시아를 다스릴 때까지[8] 왕실의 일지에 기록되어 있다." 말하자면 그 이름들은 연대기에 기록되어 있었던 것이다. 에즈라 또는 느헤미야가 페르시아의 14대 왕 다리우스보다 더 오래 살았다고 아무도 생각하지 않으리라고 나는 믿는다.[9] 왜냐하면 키루스는 유대인들에게 성전 재건을 허락한 최

---

7 (역주) 필론(B.C.25~A.D.50년경)은 헬레니즘시대의 유대 철학자로서 유대교와 그리스 철학을 결합시키려고 하였다. 그는 신과 인간의 신비적 합일인 엑스타시스(extasis)가 로고스(logos)의 매개에 의해서 가능하다고 보았으며 플로티누스학파, 곧 신플라톤주의자의 선구 역할을 담당하였다.

8 만일 그것이 '그것을 넘어서'(ultra)를 의미하지 않는다면, 그것은 '까지'('ad) 대신 '넘어서'('al)를 쓴 필사가의 오류였다

9 에즈라(Hezras)는 대제사장 예수아(Josua)의 삼촌이었고('에즈라기' 7장 1절과 '역대기 상' 6장 13-15절을 볼 것), 그는 즈루빠벨과 함께 바빌론으로부터 예루살

초의 페르시아 왕이며, 그의 통치 시기로부터 페르시아의 열네 번째 마지막 왕 다리우스에 이르기까지는 약 230년이나 걸리기 때문이다. 그러므로 나는 이 책들이 마카베오가 성전에서 예배를 부활시킨 후 바로 쓰였다는 것을 의심하지 않는다. 더욱이 당시에 사악한 의도를 가진 자들이 '다니엘 서', '에즈라기', '에스테르기'의 위서(僞書)들을 간행했기 때문이다. 사악한 의도를 가진 자들은 확실히 사두가이 종파에[10] 속한 자들이었다. 왜냐하면 내가 아는 한 바리사이인들은 그 책들을 받아들이지 않았기 때문이다. 그리고 소위 에즈라의 네 번째 책에서 우리가 탈무드에서 읽는 우화들을 발견한다고 할지라도, 이 책들이 바리사이인들에 의해서 쓰인 것이라고 할 수는 없다. 왜냐하면 가장 우둔한 자들을 제외한다면 바리사이인들 모두는 어떤 수다쟁이가 그 우화들을

---

렘으로 넘어 왔다('느헤미야기' 12장 1절을 볼 것). 그러나 '느헤미야기' 1장 2절에서 확실한 것처럼, 에즈라는 다른 사람들이 행한 것과 마찬가지로 유대인들의 사태가 혼란스러운 것을 보고 바빌론으로 되돌아갔다. 거기에서 그는 아닥사스다 왕의 통치 때까지 머물다가 자신이 원했던 것을 성취하자 두 번째로 예루살렘을 찾았다. 느헤미야도 키루스 왕 시절에 즈루빠벨과 함께 예루살렘으로 왔다. '에즈라기' 2장 3(*2?확인 바람)절 63절을 볼 것. 이것을 '느헤미야기' 10장 2절 그리고 12장 1절과 비교하라. 왜냐하면 해석자들이 아티르사타(Hatirschata)를 특사(legatus)로 번역한다면, 그들은 어떤 예를 통해서도 그것을 증명할 수 없기 때문이다. 이에 반해서 궁전을 자주 드나든 유대인들에게는 새로운 명칭이 부여되었던 것이 확실하다. 그래서 다니엘(Daniel)은 벨트사차르(Beltesatsar)로, 즈루빠벨(Zerubabel)은 세스바차르(Sesbatsar)로 일컬어졌고('다니엘서' 1장 7절, '에즈라기' 1장 8절과 5장 14절을 볼 것), 느헤미야(Nehemia)는 아티르사타(Hatirschata)로 일컬어졌다. 그러나 그의 공직 때문에 느헤미야는 대리인(procurator) 내지 관리인(praesidens)으로 불리어졌다. '느헤미야기' 5장 14절과 12장 26절을 볼 것. 그러므로 아티르사타는 아셀레포니(Hatselephoni), 아소베바(Hatsobeba)와 마찬가지로 고유명사인 것이 확실하다. '역대기 상' 4장 3절과 8절, '느헤미야기' 10장 25절 등을 볼 것.

10 (역주) 사두가이교는 유대교의 한 종파로서 보수적 입장을 대변한다. 사두가이교도들은 사회적으로 상류층에 속하며 사제들과 혈연 관계를 맺고 있었다. 바리사이교는 종교적 특징이 강하고 율법을 정확히 해석하려고 했음에 비해서 사두가이교는 오히려 자신의 입장에서 율법을 보수적으로 해석하려고 하였다.

첨가했다고 믿기 때문이다. 이 우화들은 바리사이인들의 모든 전통을 우스꽝스러운 것으로 조롱하였다. 왜 이 네 권의 책들이 그 당시에 필사되고 편집되었을까? 그 이유는 다니엘의 예언들이 성취되어 백성의 종교에 대한 헌신이 강화되었고 그와 같은 가혹한 운명 속에서 백성은 더 나은 것과 미래의 구원에 대한 희망을 포기하지 않았기 때문에 백성에게 더 나은 세상과 미래의 구원과 희망을 증명하기 위해서 이 책들을 필사하고 편집하였던 것이다. 그러나 이 책들이 최근의 새로운 것이라고 할지라도, 만일 내가 틀리지 않는다면, 필사가들의 조급함으로 인해서 이 책들에는 수많은 오류들이 엿보인다. 왜냐하면 우리가 앞 장에서 다룬 것처럼 다른 책들과 마찬가지로 이 책들에서 난외 주석이 많이 발견되고, 내가 곧 밝히겠지만 이 외에도 어떤 근거도 제시할 수 없는 몇몇 구절들이 있기 때문이다.

우선 나는 이 책들의 난외 주석에 대해서 다음의 사실을 주목해 보고자 한다. 만일 우리가 이 난외 주석들이 이 책들의 저자들처럼 오래 되었다는 바리사이인들의 견해를 인정한다면, 아마도 다수였을 저자들이 난외 주석을 주목했다고 생각해야만 할 것이다. 왜냐하면 필사가들은 자기들이 필사한 연대기가 아주 정확하게 쓰이지 않았다는 것을 발견했기 때문이다. 그리고 몇몇 명백한 오류가 있었다고 할지라도 저자들은[11] 오래 전 자기의 선대의 저술을 감히 수정할 수 없었다. 여기에서 나는 이 주제들을 한층 더 상세히 다룰 필요가 없으며 난외 주석에서 주목하지 않은 것들을 지적하는 것으로 넘어가겠다.

그런데 제일 먼저 '에즈라기' 2장에는 얼마나 많은 오류들이 있는지 나는 알지 못한다. 2장 64절에는 전체 장에서 개별적으로 헤아려지는

11 (역주) 저자들(scriptores)이나 필사가들(descriptores)이나 모두 전해 내려오는 성서의 이야기를 쓴사람들을 말한다

총 인원의 합계가 42,360명이었으나 개별적 합계를 합산하면 우리들은 단지 29,818명이다. 따라서 여기에는 총 인원의 오류가 있거나 아니면 개별적 합계의 오류가 있다. 만일 총인원에서 오류가 발생했더라면 누구나 그것을 주의했을 것이고 따라서 그것은 쉽게 고쳐졌을 것이다. 그런데 이러한 사실은 '느헤미야기' 7장에 있는 기록에 의해서 분명하게 확인된다. 거기에는 '느헤미야기' 7장 5절이 분명히 언급하는 것처럼 계보에 대한 편지라고 일컬어지는 '에즈라기'의 제2장이 필사되어 있다. 여기에 주어진 총 인원은 '에즈라기'에 주어진 총인원과 정확히 일치하는데 비해서 부분적인 인원수는 매우 차이가 난다. 어떤 것은 '에즈라기'의 인원수보다 많고 또 어떤 것은 '에즈라기'의 인원수보다 적은데 그것들을 다 합치면 31,089명에 달한다. 따라서 '에즈라기'와 '느헤미야기'에는 단지 개별 인원수의 합계에서 수많은 오류들이 있는 것을 의심할 여지가 없다.

이 명백한 불일치들을 조화시키고자 하는 주석가들은 각자가 자신의 재능에 따라서 상상하며, 말하자면 성서의 모든 글자와 말을 존경하면서, 우리가 이미 앞에서 지적한 것과 마찬가지로 성서의 저자들(Bibliorum Scriptores)이 말한 것을 어떻게 말하거나 배열할지를 모르고 마찬가지로 단지 성서의 저자들을 멸시했을 뿐이다. 사실 주석가들은 성서의 명백함(Scripturae perspicuitas)을 전적으로 모호하게 만들 뿐이었다. 어디에서나 성서를 그들의 방식에 따라서 해석한다면 그 의미를 의심할 수 없는 말이 전혀 없을 것이기 때문이다. 그러나 나는 이 주제를 오래 붙잡고 있을 필요가 없다.

왜냐하면 다음의 사실을 확신하기 때문이다. 주석가들이 경건하게 성서의 저자들에 속한다고 본 모든 것을 만일 어떤 역사가가 모방하려고 했다면 주석가들은 그 역사가를 비웃을 것이다. 그리고 만일 성서의 어떤 부분에는 오류가 있다고 말하는 사람을 그 주석가들이 불경스럽다고 믿는다면, 성서를 마음대로 꾸며 대는 사람들을 나는 과연 어떤 이름으로 불러야 한단 말인가? 이 사람들은 성서의 역사가들이 더듬거리고 모든 것을 뒤섞는다고 역사가들을 격하시키며, 마지막으로 가장 분명하고도 명백한 성서의 의미도 부정하려고 하지 않는가? '에즈라기' 2장에 쓰인 계보에 대한 서한에서 에즈라가 동료와 함께 예루살렘으로 돌아온 사람의 수와 연관된 항목들을 썼다는 것보다 더 분명한 사실이 성서에서 무엇이란 말인가? 왜냐하면 에즈라는 전체 인원수에 자신들의 계보를 설명할 수 있는 사람들뿐만 아니라 설명할 수 없는 사람들도 포함시켰기 때문이다. 내가 말하는 것은, '느헤미야기' 7장 5절에 따라서 느헤미야가 이 편지를 단순히 필사했다는 것보다 더 분명하다는 것이다. 이 사실을 다르게 설명하는 사람들은 성서의 참다운 의미 그리고 성서 자체를 부정할 뿐이다. 그들은 성서의 어떤 구절을 다른 구절과 조화시키는 것이 경건하다고 믿는데, 이는 확실히 우스꽝스러운 경건함이며, 그들은 분명한 구절을 모호한 구절에 그리고 옳은 구절을 그릇된 구절에 조화시키며 올바른 구절을 손상된 구절로 오염시킨다. 그렇지만 그 동기가 순수하고 사악하지 않았다면 그들을 불경스러운 자들이라고 부르지는 않겠다. 왜냐하면 오류를 범하는 것은 인간적인 일이기 때문이다.

나는 다시 주제로 돌아간다. '에즈라기'와 '느헤미야기'의 계보에 대한 편지에서 인정할 수밖에 없는 총인원수에 관한 오류 이외에도 성(姓) 자체에서도 많은 오류를 볼 수 있으며 더 나아가, 계보 자체에서, 역사에서 그리고 예언에서도 많은 오류들을 주의해 볼 수 있다. 왜냐하면 '예레미야서' 22장의 여콘야(Jechona) 왕에 대한 예레미야의 예언은 전혀 여콘야왕의 역사와 일치하지 않으며('열왕기 하' 마지막 부분과 '예레미야서', '역대기 상' 3장 17-19절을 볼 것), 무엇보다도 '예레미야서' 22장의 마지막 구절의 말들이 일치하지 않는다. 나는 또한 치드키야 왕이 자신의 아들들이 살해당한 것을 본 후 자신의 눈을 파냈다고 하는데 어떤 근거에서 예레미야가 치드키야 왕에 대해서 "평화롭게 죽을 것이다"라고 말할 수 있었는지 모르겠다('예레미야서' 34장 5절을 볼 것). 만일 사건에 의해서 예언을 해석하여야 한다면, 이름들을 바꾸어야 할 것이고 치드키야를 여콘야로 반대로 여콘야를 치드키야로 알아야만 할 것이다. 그러나 이것은 지나치게 역설적이고, 따라서 특히 여기에 있는 어떤 오류는 성서 사본의 오류가 아니고 역사가의 잘못이기 때문에 나는 앞의 사실을 이해할 수 없는 문제로 남겨 놓고자 한다.

내가 말한 또 다른 오류들을 나는 여기에서 살피려고 생각하지 않는다. 왜냐하면 그것들을 살피는 일은 독자들에게 싫증을 불러일으킬 수 있기 때문이다. 더욱이 다른 사람들이 그것들을 살펴보았기 때문이다. R. 셀로모는[12] 내가 말한 계보에서 분명한 모순에 직면하자 다음처럼 말하지 않을 수 없었다('역대기 상' 8장에 대한 그의 주석을 볼 것): 역대기'를 쓴 것으로 여겨지는 에즈라가 벤야민을 다른 이름으로 불렀으며, 에즈라는 벤야민의 계보를 창세기에 있는 것과 다르게 제시하였고, 그리고 마지막으로 에즈라는 레위족의 대부분의 도시들에 대해서는 여호수아와 다르게 표현하였다. 왜냐하면 에즈라는 원래의 성서 원고에서 차이를 발견했기 때문이다. 그리고 조금 지나서 셀로모는 다음처럼 말한다. "에즈라는 기브온과 다른 사람들의 계보(genealogia Gibeonis et aliorum)를 따로 두 번 기록하였다. 왜냐하면 에즈라는 개별 가계에 대한 수많은 다양한 편지들을 발견하였으며 필사에 있어서는 여러 개의 성서본(聖書本)을 따랐기 때문이다. 그러나 만일 두 개의 서로 다른

12 (역주) R. 셀로모(R. Selomo)는 R. Shlomo Yitzhaki(1040-1105)로 프랑스의 랍비 학자이며 성서 주석가로 명성이 높았다고 한다.

가계가 있을 경우 에즈라는 두 가지를 다 필사하였다." 그래서 R. 셀로모는 매우 정확하지도, 확실하지도 않은 원래의 원고로부터(ex originalibus non satis correctis nec satis certis) 이런 식으로 이 책들이 필사되었다고 완전히 인정한다. 실로 성서의 구절들을 조화시키려고 하는 주석가들은 흔히 오류의 원인을 지적하는 일밖에 하지 않는다. 마지막으로 내가 평가하기에, 건전한 판단력을 가진 사람이라면 아무도 성서를 쓴 역사가가 자신이 전적으로 모순되게 보이게끔 그렇게 의도적으로 쓰려고 했다는 것을 믿지 않을 것이다.

그러나 아마도 어떤 사람은 내가 이런 식으로 성서를 파괴하고 있다고 말할 것이다. 왜냐하면 모든 사람은 성서가 이런 식으로 도처에서 오류를 범하고 있다고 의심할 수 있기 때문이다. 그러나 나는 이와 반대로 다음의 사실을 밝혔다. 나는 분명하고 순수한 성서의 구절들이 결함 있는 구절들에 적용되어 오염되지 않게 하기 위해서 이런 방식으로 염려하였다. 어떤 구절들이 훼손되었다고 해서 그것이 모든 구절들을 의심하게 만들지는 않기 때문이다. 그 이유인즉 일찍이 오류가 없는 책이란 없었기 때문이다. 그렇다면 누가 이런 이유 때문에 그 책들이 도처에서 오류를 범하고 있다고 의심하는가? 확실히 아무도 그렇게 의심하지 않을 것이다. 특히 말이 분명하고 저자의 정신을 명확하게 알 수 있을 경우에는 의심하지 않을 것이다.

이렇게 하여 나는 구약의 역사에 관해서(circa historiam librorum Veteris Testamenti) 살피려고 했던 문제들을 해결하였다. 이로부터 우리는 다음의 사실을 쉽게 파악할 수 있다. 마카베오 이전에는 어떤 성서의 정전(canon sacrorum librorum)도[13] 존재하지 않았지만 우리가

13 유대 교리 대공의회(Synagoga magna는 마케도니아인들이 아시아를 정복한 이후에 비로소 시작되었다. 그러나 에즈라, 다니엘, 느헤미야, 학개, 스가랴 등이 대공

이미 가지고 있는 성서는 제2차 성전 당시 기도의 격식을 만든 바리사이인들이 수많은 다른 것들에서 선택했으며 오로지 그들의 결정에 의해서 정전으로 받아들여졌던 것이다. 따라서 성서의 권위를 증명하기를 원하는 사람은 책들 하나하나의 권위를 증명해 보여야 하지만, 한 권의 책의 신성함을 증명하는 것은 모든 책들의 신성함을 이끌어 내기에는 충분치 못하다. 우리는 이 책들의 선택에서 바리사이인들의 회의는 오류를 범할 수 없었으리라고 주장하지 않으면 안 될 것이지만, 아무도 그러한 사실을 증명할 수 없을 것이다. 내가 오직 바리사이인들만이 구약의 책들을 선택했고 그것들을 성서의 정전으로 이끌어 들일 수 있었다고 주장하게 하는 이유는 다음과 같다. '다니엘서' 마지막 장인 12장 2절에는 죽은 자의 부활(resurrectio mortuorum)에 대한 예언이 있지만 사두가이 교인들은 이것을 부정하기 때문이다. 다음으로 탈무드에서 바리사이인들이 이 사실을 분명하게 지적하기 때문이다. 「안식

---

의회의 의장이었다고 하는 마이모니데스와 아브라함 벤 다비드(R. Abraham ben David는 12세기 스페인의 유대 역사가이자 철학자로서 「전통의 책」(Sefer Ha-Qabbalah)의 저자이다. 스피노자는 주석에서 이 책에서 전개되는 아브라함 벤 다비드의 주장이 근거 없다고 지적하고 있다.)와 다른 사람들의 주장은 우스꽝스러운 허구이다. 이러한 허구는 페르시아 제국이 34년 이상 지속하지 못했다는 랍비들의 전통을 기초로 삼고 있다. 그들은 단지 다음의 사실을 증명할 수 있을 뿐이다: 오직 바리사이인들로만 구성된 대공의회(magna Synagoga) 내지 종교회의(Synodus)의 결정이 예언자들에 의해서 받아들여졌고, 이 예언자들은 다시금 그러한 결정을 직접 신에게서 받아서 후대에게 글이 아니라 구두로 전한 모세를 비롯해서 다른 예언자들에게서 받아들였다는 것이다. 그러나 바리사이인들은 습관적으로 완고함을 가지고 이것을 믿게 내버려 두자. 하지만 공의회와 종교회의가 소집된 이유와 동시에 바리사이인들과 사두가이인들 간의 차이(Pharisaeorum et Tsadducaeorum controversias)를 아는 사람들은 유대교리 대공의회 내지 회의가 개최된 이유를 쉽게 짐작할 수 있을 것이다. 확실한 것은 그 회의에는 어떤 예언자도 참석하지 않았으며, 전통(traditio)으로 일컬어지는 바리사이인들의 결정이 이 회의를 통해서 권위로 받아들여졌다.

일 논고」(Tractatus Sabbathi) 2장 30면 2쪽에는 다음과 같은 말이 있다: "랍비 R. 예후다(R. Jehuda)는 다음처럼 말했다. 현자(賢者)들은 '전도서'를 은폐시키고자 했다. 왜냐하면 그 책의 말들은 율법의 말들 곧 모세의 율법서에 배치되기 때문이다. 그러나 그들은 왜 '전도서'를 은폐하지 않았을까? 왜냐하면 그것은 '전도서'가 시작에서 율법과 일치하며 결론에서도 율법에 일치하기 때문이다." 그리고 조금 뒤에는 다음과 같이 말했다. "그리고 그들은 '잠언'도 은폐하려고 하였다 등등." 그리고 마지막으로 「안식일 논고」 1장 13면 2쪽에는 다음과 같은 말이 있다: "참으로 히즈키야 왕의 아들로 여콘야(Neghunja)로 일컬어졌고 그 사람은 선한 사람으로 불리어질 것이다. 왜냐하면 그가 없었더라면 '에제키엘서'는 은폐되었을 것이기 때문이다. 왜냐하면 '에제키엘서'의 말들이 율법의 말들에 배치되었기 때문이다 등등." 이로부터 다음의 사실이 가장 분명하게 귀결된다. 율법에 정통한 사람들이 어떤 책을 성스러운 것으로 받아들이고 또 어떤 책을 배제할 것인가를 정하기 위해서 공의회를 소집했던 것이다. 따라서 모든 책들의 권위가 확실하기를 바라는 사람이 있다면, 그가 공의회를 다시 소집해서 그가 각 책들의 근거를 요구하도록 하자.

신약의 책들에 대해서도 똑같은 방식으로 검토하여야 할 시간이다. 그러나 학문에 그리고 언어에 가장 정통한 사람들이 이 일을 행했다는 것을 내가 들었기 때문에, 그리고 또 그러한 과제를 감히 떠맡을 수 있을 만큼 나는 정확한 그리스어 지식을 가지고 있지 않고, 끝으로 히브리어로 기술된 원본들이 없기 때문에 나는 그러한 과제를 포기하고 싶다. 내 주제에 대해서 중요한 것은 다음 장에서 살피고자 한다.

# 11

## 사도들은 사도로서, 예언자로서, 서한을 썼는가 아니면 교사로서 서한을 썼는가의 여부를 탐구하고, 사도들의 임무를 제시한다.

신약(Nouvum Testamentum)을 읽는 사람은 어느 누구도 사도들이 예언자들이었다는 것을 의심할 수 없다. 그러나 우리가 이 책의 1장 끝에서 밝힌 것과 같이 예언자들도 항상 계시를 통해서 말했던 것은 아니고 오히려 아주 드물게 계시를 통해서 말했기 때문에 우리는 사도들이 모세나 예레미야 그리고 다른 예언자들처럼 계시와 분명한 명령에 의해서 예언자로서 서한을 썼는지 아니면 개인이나 교사로서 서한을 썼는지에 대해서 의심할 수 있다. 왜냐하면 특히 바오로가 '코린토 전서' 14장 6절에서 하나는 계시(revelatio)에 의한 설교, 다른 하나는 인식(cognitio)에 의한 설교, 이렇게 두 종류의 설교를 지시하고 있기 때문이다. 나는 사도들이 그들의 서한에서 예언을 한 것인지 아니면 가르침을 쓴 것인지에 대해서 의심해 보아야 한다고 생각한다.

우리가 서한들의 문체를 주의해서 살펴보면 그 문체가 예언의 문체와는 전혀 다르다는 것을 발견하게 된다. 왜냐하면 예언자들은 "신은 이렇게 말한다", "만군의 주가 말씀하신다", "신의 명령"등등처럼 신의 명령에 의해서(ex Dei edicto) 어디에서나 자기들이 증언한다는 습관을 늘 가지고 있었기 때문이다. 그런데 이것은 예언자들이 공공집회에서 설교할 때 뿐만 아니라 계시가 쓰여 있는 서한에서도 마찬가지였고, 마치 엘리야가 여호람에게 쓴 서한에서 "주님께서 이렇게 말씀하십니다"로 시작하는 것처럼('역대기 하' 21장 12절을 볼 것) 분명하게 드러난다.

우리가 사도들의 서한에서는 이와 비슷한 것을 전혀 읽을 수 없고, 오히려 반대로 바오로는 '코린토 전서' 7장 40절에서 자신의 견해(sententia)에 따라서 말한다. 실로 우리는 수많은 구절에서 즉 ('로마서' 3장 28절) "그러므로 우리는 생각합니다"(arbitramur igitur)와[1] ('로마서' 8장 18절) "나는 생각합니다"(arbitror enim ego)등 모호하고 혼란스러운 정신의 표현 방식에 많이 접하게 된다. 이외에도 예언자들의 권위와는 동떨어진 표현 방식들이 발견된다. 말하자면 다음과 같은 것들이다. "그러나 그렇게 합의하여도 괜찮다는 뜻이지, 명령하는 것은 아닙니다."(코린토 전서 7장 6절을 볼 것), "그러나 주님의 자비를 입어

---

1 해석자들은 이 구절에서 Logízomai를 나는 추론한다(concludo)로 번역하며, 비록 그리스인들에게 logízomai가 히브리인들의 chaschab(계산하다, 생각하다, 판단하다: computare, cogitare, existimare)와 똑같은 것을 의미한다고 할지라도 바오로는 그 말을 숙고하다(syllogízomai)와 같은 식으로 사용했으리라고 주장한다. 이와 같은 의미는 시리아판 성서와 완전히 일치한다. 왜냐하면 성서의 시리아 번역본은(우리는 번역자도 모르고 출판 시기도 모르며 사도(使徒)의 모국어는 오직 시리아어였기 때문에 의심스럽긴 하지만 그것이 번역본이라면) 바오로의 텍스트를 트레멜리우스(Tremellius)가 '그러므로 우리가 생각하였다'(arbitamur igitur)로 정확하게 해석한 것처럼 '그래서 우리가 생각하였다'(methrahgenan hachil)로 번역한다. 왜냐하면 이 동사로부터 형성된 rehgjono는 숙고(arbitratus)를 의미하기 때문이다. 말하자면 히브리어에서 rehgjono는 rehgutha(의지,voluntas)이고 따라서 '우리는 원한다' 내지 '우리는 생각한다' 이다.

믿을 만한 사람이 된 자로서 의견을 내놓습니다."('코린토 전서' 7장 25절을 볼 것) 등등 이와 같은 것들이 많이 있다.

그리고 우리는 앞에서 말한 '코린토 전서' 7장에서 바오로가 자신은 신의 명령이나 지시를 가지고 있다 또는 가지고 있지 않다고 말할 때 그가 이해하고 말하는 것은 신이 그에게 계시한 명령이나 지시가 아니고 그리스도가 산(山)에서 제자들에게 가르친 그리스도의 가르침(Christi documenta)일 뿐이라는 사실에 주의해야 한다. 그 이외에도 만일 우리가 이 서한들에서 사도들이 복음을 전하는 방식을 살펴본다면, 예언자들의 방식과 매우 차이가 난다는 것을 알 수 있다. 왜냐하면 사도들은 어디에서나 예언하는 것처럼 하지 않고 토론하는 것처럼 추론하기 때문이다. 그러나 이에 반해서 예언은 오직 순수한 교리와 명령만 포함하고 있다. 왜냐하면 신은 추론하는 자로서 교리를 말하거나 명령하는 것이 아니라 자신의 본성의 절대적 권위를 통해서 말하고 명령하는 것으로 알려지기 때문이며, 또한 예언자의 권위는 추론에 의존하지 않기 때문이다. 자신의 주장을 이성적으로 확고히 하고자 하는 사람은 자신의 주장을 각자의 자유로운 판단에 맡겨야만 한다. 바오로 역시 이성적으로 추론하기 때문에 그렇게 한 것으로 보인다. 바오로는 '코린토 전서' 10장 15절에서 다음처럼 말한다. "나는 여러분을 슬기로운 사람으로 여겨 말합니다. 내가 하는 말을 스스로 판단하십시오." 그리고 마지막으로 우리가 이 책의 1장에서 밝힌 것처럼 예언자들은 자기들에게 계시된 것(res revelatas)을 (이 책의 1장에서 밝힌 것처럼) 자연의 빛(lumen naturale)에 의해서, 곧 이성적 추론에 의해서 알아내지 않는다.

그리고 비록 모세오경에도 이성 추론에 의존하는 것처럼 보이는 구절들이 있다고 할지라도, 그것을 주의해서 살핀다면 그 구절은 결코 강제적인 논증에 속할 수 없는 것으로 보인다. 예컨대 모세가 '신명기' 31장 27절에서 이스라엘인들에게 다음처럼 말했을 때: "내가 오늘 이처럼 너희와 함께 살아 있는데도 너희가 주님께 반항하는데 내가 죽은 다음에는 얼마나 더하겠느냐?" 이것은 모세가 죽은 후 이스라엘인들이 필연적으로 신을 참답게 숭배하지 않으리라는 것을 이성적으로 확인하려고 했다고 이해해서는 결코 안 된다. 왜냐하면 성서를 통해서도 밝혀질 수 있는 것처럼 이 논증은 잘못된 것이기 때문이다. 이스라엘인들은 여호수아와 장로들의 생전에 그리고 그 후 사무엘, 다윗, 솔로몬 등의 생전에도 한결같이 신앙심을 보존하고 있었다. 따라서 모세의 말들은 단지 도덕적 훈계일 뿐이고 모세는 그 말들로 한층 더 생생하게 미래의 백성의 타락에 대해서 예언하였다. 그러나 모세가 계시에 의해서 예언자로서 그렇게 말한 것이 아니라 백성에게 자신의 예언을 참다운 것으로 만들기 위해서 그 말들을 스스로 했다고 나는 생각하지 않는다. 그 이유는 '신명기' 31장 21절에서 신은 이 사실 자체를 모세에게 다른 말들로 계시하였고, 이야기되고 있기 때문이다. 그렇지만 여기에서는 확실히 신의 예언과 결정을 통해서 그에게 확실성을 부여할 필요가 없었다. 우리가 이 책의 1장에서 밝힌 것처럼, 모세가 이러한 예언을 자신의 상상 안에서 생생하게 현실화시키는 것이 필요했으며, 이와 같은 사실은 모세가 자주 경험한 이스라엘 백성의 현재의 완고함을 미래의 것으로 생각하는 것에서 가장 잘 드러날 수 있었다. 모세오경에서 발견되는 모세의 모든 논증은 이와 같은 식으로 이해해야 한다. 말하자면 그 논증들은 이성의 서고(書庫)에서(ex scriniis rationis) 이끌어 낸 것들이 아니고 모세가 신의 결정을 한층 더 효과적으로 표현하고 생생하게 상상하기 위해서 사용한 표현 방식일 뿐이다.

그렇지만 나는 예언자들이 계시에 의해서 이성적으로 논증할 수 있으리라는 것을 완전히 부정하고 싶지는 않다. 나는 예언자들이 계시된 사실에 대해서 가진 지식이 타당하게 논증될수록 그 사실은 더욱 자연적 지식에 근접하며 또한 예언자들의 초자연적 지식은 순수한 교리 내지 신의(神意) 내지 판단을 말한다는 것을 가장 잘 알게 해 준다고 주장한다. 최고의 예언자인 모세는 논리적으로 타당한 어떤 논증도 사용하지 않았다. 이에 반해서 '로마서'에서 발견되는 것처럼 바오로의 긴 연역과 논증은 결코 초자연적 계시에 의해서(ex revelatione supranaturali) 쓰인 것이라고 나는 인정할 수 없다.

따라서 사도들의 서한에서 말하는 방식과 표현 방식은 사도들의 서한이 계시와 신의 명령에 의해서가 아니라 오직 그들의 자연적 판단에 의해서 쓰였으며, 확실히 예언자의 권위와는 전혀 다른 예절바른 표현과 형제애가 넘치는 훈계만을 포함하고 있다. '로마서' 15장 15절에 나오는 바오로의 사과가 그와 같은 것이다: "형제여, 나는 여러분에게 상당히 대담하게 썼습니다." 이 외에도 우리는 앞의 사실 자체를 다음과 같은 것으로부터 결론 내릴 수 있다. 우리는 사도들이 글을 쓰도록 명령받았다는 사실을 우리는 어디에서도 읽을 수 없다. 그러나 그들은 어디를 가든지 간에 설교하고 또 말한 것을 징표로서 확신시키도록 명령받았던 것이다. 왜냐하면 사도들의 현존과 징표(praesentia et signa)는 이교도들을 개종시키고 그들을 종교 안에서 확고하게 하는 데 절대적으로 필요했는데, 이는 바오로 자신이 '로마서' 1장 11절에서 "내가 여러분을 보게 되기를 간절히 바랍니다. 여러분과 함께 성령의 은사를 나누어 여러분의 힘을 북돋아 주려는 것입니다."라고 분명히 지적하고 있다.

사도들은 예언자로서 설교하지는 않았으리라는 것을 같은 방식으로 결론 내릴 수 있다고 반박할 수 있다. 왜냐하면 사도들이 설교하기 위해서 여기저기로 갔을 때 그전의 예언자들처럼 명백한 명령에[2] 따라서 했던 것이 아니기 때문이다. 우리는 구약에서 요나가 설교하려고 니네베로 갔다는 것을 읽을 수 있다. 그리고 동시에 우리는 그가 분명히 그곳에 보내졌으며 그가 그곳에서 설교하지 않으면 안 되는 것이 그에게 계시되었다는 것을 읽게 된다. 모세에 대해서도 이와 마찬가지로 다음처럼 상세히 이야기되고 있다. 모세는 신의 사절(Dei legatus)로 이집트로 갔으며, 이스라엘 백성과 파라오왕에게 무엇을 말할지 그리고 그들의 믿음을 얻기 위해서 어떤 징표를 행해야 할지를 신에게서 들었다는 것이다. 이사야, 예레미야, 에제키엘은 분명히 이스라엘인들에게 설교하라는 명령을 받았다. 그리고 마지막으로 예언자들은 자기들이 신에게서 받은 것이라고 성서가 증명하는 것만 예언하였다. 그러나 신약에서는, 단 몇 구절만 제외하고는 사도들이 설교하기 위해서 이리저리로 갔을 때 위의 경우와 유사한 명령을 받지 않았다. 더구나 사도들은 자신의 판단에 따라서 설교 장소를 선택했다는 것을 분명히 지적하는 특정 구절들을 우리는 발견할 수 있다. 이는 마치 바오로와 바르나바를[3] 갈라서게까지 할 것 같은 논쟁인데 이것에 대해서는 '사도행전' 15장 37, 38절들을 보라. 바오로가 '로마서' 1장 13절에서 증언하는 것처럼 그들은 자주 어떤 곳으로 가려고 했지만 할 수 없었다. "비록 지금까지 좌절되기는 하였지만 나는 여러분에게 가려고 여러 번 작정하였습니다." 그리고 '로마서' 15장 22절에서 바오로는 이렇게 증언한다. "그래서 내가 여러분에게 가려고 했지만 여러 번이나 좌절되고 말았습니

2 (역주) 신의 명령을 의미한다

3 (역주) '사도행전' 15장 36-40절을 보면 바오로와 바르나바가 설교 장소 선택에 대해서 의견이 갈리고 서로 다른 곳으로 갔다는 사실이 적혀 있다. 바르나바(요셉)는 키프로스에서 설교하다가 순교하였다.

다." 그리고 마지막으로 바오로는 '코린토 전서' 16장 12절에서 이렇게 말한다. "아폴로 형제에 관해서 말하자면, 형제들과 함께 여러분에게 가라고 내가 간곡히 권고하였지만 그가 지금은 갈 뜻이 전혀 없습니다. 그러나 기회가 되면 갈 것입니다."

따라서 사도들의 이러한 표현 방식과 논쟁에서 사도들이 설교하기 위해서 어디론가 갈 때, 성서는 고대의 예언자들처럼 신의 명령에 의해서 가지 않았다고 증언한다. 이 증언에서 나는 사도들이 예언자로서가 아니라 교사로서 설교했으리라고 결론을 내릴 수 있다. 사도들과 구약의 예언자들과의 사명의 차이(differentia vocationis)를 주의해서 살펴보면 즉시 이 문제를 쉽게 해결할 수 있다. 왜냐하면 예언자들은 모든 민족들에게 설교하고 예언하도록 부름 받은 것이 아니고 오직 특정한 민족에게만 설교하고 예언하도록 부름 받았으므로 각각의 모든 경우에 대해서 하나의 분명한 명령이 필요했다.

사도들은 모든 사람에게 설교하고 모든 사람을 종교로 귀의하도록 부름을 받았다. 따라서 어디를 가든지 간에 그들은 그리스도의 명령을 수행했으며. 그들이 설교하여야 할 것이 그들에게 미리 계시될 필요가 없었다. 사도들은 그들에게 다음처럼 말한 그리스도의 제자들이었다. "사람들이 너희를 넘길 때 어떻게 말할까 무엇을 말할까 걱정하지 마라. 너희가 무엇을 말해야 할지, 그 때에 너희에게 일러 주실 것이다. 등등"('마태오 복음서' 10장 19-20절을 볼 것)

따라서 우리는 다음처럼 결론을 내릴 수 있다. 사도들은 말로 설교하고 징표로 확인하는 것만을 특수한 계시에 의해서 소유했으며(우리가 이 책의 2장 처음에 밝힌 것을 볼 것). 그들은 말이나 글로 확인하는 징표 없이 자연적인 인식을 통해서 단순하게 가르쳤다. 이 사실에 대해서는 '코린토 전서' 14장 6절을 보라. 여기에서 모든 서한들이 사도들의 인정에 의해서 시작된다는 사실은 우리에게 방해가 되지 않는다. 왜냐하면 내가 곧 밝히겠지만, 사도들에게는 예언할 힘(virtus ad prophetandum)뿐만 아니라 가르칠 권위(autoritas ad docentum) 까지도 부여되었기 때문이다. 그리하여 그들은 사도로서 서한을 썼으며, 이러한 이유에서 각자는 사도의 임무를 주장하기 시작하였다. 또는 아마도 그들은 독자의 마음을 사로잡기 위해서 그들은, 자신들이 모든 신자들에게 잘 알려진 그리고 참다운 종교와 구원의 길(vera religio et salutis via)을 확실한 증거를 가지고 밝힌 사람들이라는 것을 자신들의 설교를 통해서 모든 사람들 앞에서 증명하려고 했다.

왜냐하면 나는 다음의 사실을 발견하기 때문이다. 사도들의 사명과 사도들의 성스러운 신적 정신에 대해서 이 서한들에 기록된 모든 말들은, "신의 정신(spiritus Dei)", "성신(Spiritus Santus)"이 정신적으로 건강한, 축복받은, 신에게 바쳐진 등으로 (이것에 대해서 우리는 이 책의 1장에서 말하였다) 사용된 몇 가지 구절만을 제외하고는 사도들의 이전의 설교와 관계가 있다. 예컨대 바오로는 '코린토 전서' 7장 40절에서 다음처럼 말한다: "내 의견으로는 그런 여자는 그대로 혼자 지내는 것이 더 행복할 것입니다. 나도 하느님의 영을 받았다고 생각합니다." 여기에서 바오로는 하느님의 영(spiritus Dei)을 말의 문맥 자체가 지적하는 것처럼 신 자신의 정신(ipsa sua mens )으로 이해한다. 왜냐하면 바오로가 뜻하고자 하는 것은 다음과 같기 때문이다. '내가 판단하건대 내 견해에 따르면 재혼을 원치 않는 미망인은 축복받았습니다. 나는 결혼하지 않고 살기로 작정했으며 내가 축복받았다고 생각합니다.' 그리고 이와 같은 방식의 다른 구절들이 발견되는데, 나는 여기에서 그것들을 인용할 필요가 없다고 판단한다.

따라서 우리는 사도들의 서한이 오직 자연의 빛에 의해서(a solo lumine naturali) 쓰였다고 주장하지 않으면 안 되기 때문에 이제 우리는 어떻게 사도들이 오로지 자연적 지식에 의해서 그 지식의 영역에 속하지 않는 것을 가르칠 수 있었는지 살펴보아야 한다. 만일 우리가 이 책 「신학-정치론」 7장에서 성서의 해석에 관하여 말한 것을 살펴본다면, 이것을 이해하는 데 어떤 어려움도 없을 것이다. 왜냐하면, 비록 성서에 포함되어 있는 많은 것들이 우리의 이해력을 넘어서 있다고 할지라도, 만일 우리가 성서 자체에 의해서 제시되는 원리들만을 받아들인다면 성서에 포함된 많은 것들에 대해서 확실하게 논의할 수 있기 때문이다. 이와 마찬가지 방식으로 사도들도 자기들이 본 것들, 들은 것들 그리고 마지막으로 계시에 의해서 받아들인 것들로부터 많은 것을 결론 내리고 도출해 냈으며, 사람들이 원할 경우 그것들을 사람들에게 가르칠 수 있었다. 다음으로, 말하자면 단순히 그리스도에 대해 말하는 사도들이 설교하는 것처럼 종교가[4] 이성에 속하지 않는다고 할지라도, 종교의 내용은 그리스도의 전체 교리(tota Christi doctrina)[5]처럼 근본적으로 도덕적 가르침에 있었으므로 모든 사람은 누구나 자연의 빛으로 그 내용을 쉽게 받아들일 수 있었다.

마지막으로 사도들은 이전에는 징표를 가지고 확신했던 종교를 모든 사람이 쉽게 그리고 진심으로 받아들일 수 있도록 사람들의 일반적인 이해력에 적응시키기 위해서 초자연적 빛(lumen supernaturale)을[6] 필요로 하지 않게 되었다. 또한 사도들은 사람들에게 종교에 대해서 훈계할 때에도 초자연적 빛을 필요로 하지 않았다. 서한들의 목적은 사도들

---

4 (역주) 종교는 기독교를 말한다.

5 말하자면 산상 수훈에서 예수가 가르친 것과 성 마태오가 '마태오 복음' 5장 및 그 이하에서 언급한 것이다.

6 (역주) 초자연적 빛(lumen supernaturale)은 자연의 빛(lumen naturale)인 이성을 초월하는 것, 곧 계시(revelatio)를 의미한다.

각자가 사람들을 종교에서 강하게 만드는 데 가장 적절하다고 여기는 방식으로 사람들을 가르치고 훈계하는 것이었다. 여기에서 우리가 조금 전에 말한 것을 살펴보아야 한다. 사도들은 예언자로서 그리스도의 이야기에 대해서 설교하고 그 이야기를 징표로 확인할 힘을 지녔을 뿐만 아니라 각자가 최선이라고 판단하는 것에 따라서 그리스도의 이야기를 사람들에게 가르치고 훈계할 권위도 지니고 있었던 것이다.

바오로는 '티모테오 후서' 1장 11절에서 이것을 다음처럼 분명하게 지적한다: "나는 이 복음을 전하는 선포자와 사도와 스승으로 임명을 받았습니다." 그리고 '디모테오 전서' 2장 7절에서 그는 이렇게 말한다: "나는 이 증거의 선포자와 사도로, 다른 민족들에게 믿음과 진리를 가르치는 교사로 임명을 받았습니다. 나는 진실을 말할 뿐, 거짓말을 하지 않습니다." 바오로는 이 구절들로 사도와 교사 양자의 자격을 다 분명히 지적하고 있다. 이에 반해서 바오로는 자신이 원하면 누구에게든지 그리고 어디서든지 훈계할 수 있는 권위를 '필레몬서' 1장 8절에서 다음처럼 나타내고 있다. "그래서 나는 그리스도 안에서 큰 확신을 가지고 그대가 마땅히 해야 할 일을 명령할 수도 있지만 등등." 여기에서 우리는 다음의 사실에 주의해야 한다. 즉, 바오로가 필레몬에게 명령하고자 했던 것을 신으로부터 받았고 그가 예언자로서 명령해야만 했더라면, 확실히 바오로는 신의 명령(Dei praeceptum)을 간청으로 바꿀 수 없었을 것이다. 따라서 우리는 바오로가 예언자가 아니고 교사로서의 훈계할 자유에 대해서 말한 것으로 반드시 이해해야 한다.

그렇지만 지금까지 사도들이 각자 최선이라고 판단한 교육 방법(via docendi)을 선택할 수 있었는지는 명확하게 귀결되지 않고 있다. 우리는 단지 사도들이 그들의 직무에 의해서 예언자일 뿐만 아니라 또한 교사라는 것을 지적하였다. 이러한 주장을 정당화하기 위해서는 이성의 도움이 필요한데, 이성은 가르칠 권위(authoritas docendi)를 가진 자는 자신이 원하는 방법을 선택할 권위(authoritas elegendi)도 가진다는 것을 우리에게 확실하게 가르쳐 준다.

그러나 오직 성서에 의해서 전체 사실을 증명하는 것이 더욱더 만족스러울 것이다. 왜냐하면 성서에 의해서 사도들이 각자 자신만의 방법을 택했다는 것이 확인되기 때문이다. 그 사실은 '로마서' 15장 20절에서 바오로의 이러한 말로 확인된다: "이와 같이 나는 그리스도께서 아직 알려지지 않으신 곳에 복음을 전하는 것을 명예로 여깁니다. 남이 닦아 놓은 기초 위에 집을 짓지 않으려는 것입니다." 물론 모든 사도들이 똑같은 교육 방법을 소유했고, 또한 기독교를 똑같은 토대 위에 세우려고 했다면, 다른 사도의 토대가 자기 자신의 토대와 똑같을 것이며 바오로는 결코 다른 사도의 토대를 남의 터라고 부를 수 없었을 것이다. 그러나 바오로가 다른 사람의 터라고 부르고 있으므로 필연적으로 다음처럼 결론을 내리게 된다. 각각의 사도는 상이한 토대 위에 종교를 세웠으며, 사도들은 교육 능력에 있어서 다른 교사들과 똑같은 입장을 가지고 있었다. 그래서 사도들은 항상 기꺼이, 전혀 교양이 없고 언어와 과학과 아무도 그 진리를 의심하지 않는 수학조차도 배운 적이 없는 무지한 사람들을 가르치려고 애썼다.

다음으로 만일 우리가 서한을 어느 정도 주의 깊게 철저히 살펴본다면 사도들이 종교 자체에서는(in ipsa religione) 일치하지만 기초에 있어서는(in fundamentis) 특히 불일치한다는 것을 알게 될 것이다. 사람들을 종교에서 굳건하게 하기 위해서 그리고 그들에게 구원은 오직 신의 은총에(a solo Dei gratia) 의존한다는 것을 보여 주기 위해서 바오로는 아무도 자신의 일을 자랑해서는 안 되고 자신의 신앙만을 자랑할 수 있으며 아무도 자신의 일을 통해서 정당화될 수 없다고 가르쳤다

('로마서' 3장 27-28절을 볼 것). 그리고 더 나아가서 바오로는 예정조화에[7] 대한 교리(doctrina de praedestinatione) 전체를 가르쳤다. 그러나 야고보(Jacobus)는 이에 반하여 자신의 서한에서 인간은 신앙에 의해서 뿐만 아니라 일을 통해서도 정당화될 수 있다고 가르치면서('야고보서' 2장 24절을 볼 것) 바오로의 모든 논의를 제쳐 놓고 종교의 모든 교리를 작은 영역 안에서만 파악하였다.

마지막으로 다음의 사실을 의심할 여지가 없다. 말하자면 사도들은 다양한 기초 위에 종교를 세웠으며 많은 논쟁과 분열이 일어났다. 그러한 논쟁과 분열로 교회는 사도들의 시절부터 끊임없이 시달렸으며, 언젠가 종교가 철학적 사색에서 분리되어 그리스도가 자신의 제자들에게 가르친 극소수의 가장 단순한 교리로 돌아갈 때까지 교회는 이러한 논쟁과 분열로 괴롭힘을 당할 것이다. 종교와 철학의 분리는 사도들에게는 불가능했다. 왜냐하면 복음(Evangelium)이 아직 사람들에게 알려지지 않았기 때문이다. 따라서 사도들은 종교 교리의 새로움이 사람들의 귀에 거슬리는 것을 피하기 위해서 가능한 한 종교적 기초를 그 당시 사람들의 기질에 맞추어야만 했다.('코린토 전서' 9장 19, 20절 등을 볼 것). 그래서 사도들은 그 당시에 가장 잘 알려지고 받아들여진 기초 위에[8] 종교를 세웠다. 사도들 중에는 이교도들에게 설교하라고(ad gentibus praedicandum) 부름을 받은 바오로보다 더 철학적인 사람이 없었지만 철학을 경시한 유대인들에게 설교한 다른 사도들은 또한 자신들을 유대인들의 기질에 맞추어야만 했으며(여기에 대해서는 '갈라

7 (역주) 예정조화란 본래부터 신의 뜻에 의해서 우주 만물의 생성 소멸과 변화가 모두 미리 정해져 있다는 의미를 가진다.

8 (역주) 그리스 철학을 말한다, 예컨대 바오로는 그리스인으로서 이미 그리스 철학을 잘 알고 있었으며, 기독교로 개종한 후 그는 기독교 교리를 그리스 철학을 기초 삼아 체계화하고 질서 지우려고 애썼다.

디아서' 2장 11절을 볼 것), 철학적 사변에서(a speculationis philosophicis) 벗어나서 종교를 가르쳐야만 했다. 만일 우리가 모든 미신에서(ad omni superstitione)종교가 해방되어 있는 것을 볼 수 있다면, 이미 우리의 시대는 참으로 행복할 것이다.

# 12

## 신법의 참다운 원본에 대해서. 그리고 성서가 신성하다고 일컬어지는 이유와 또 신의 말이라고 일컬어지는 이유는 무엇인가? 결국 성서가 신의 말을 포함하고 있는 한에서 성서는 훼손되지 않고 우리들에게 전달되었다는 것을 밝힌다.

지금 있는 그대로의 성서(Biblia)를 신이 천상에서 인간에게 보낸 서한으로 여기는 사람들은 내가 다음처럼 주장한다면 내가 성령(Spiritus Sanctus) 모독죄를 범했다고 의심할 나위 없이 외칠 것이다. 즉 나는 신의 말을 결함이 있고 훼손되었으며 변조되었고 그 자체로 일관성이 없고 또한 유대인과 체결한 신의 맹약의 원본(Syngraphum pactī Dei)은 소실되었고 우리는 성서의 단편만 소유하고 있다고 주장할 수 있다. 그러나 만일 그들이 사실 자체를 숙고한다면 의심할 여지없이 그들의 외침은 수그러들 것이다. 왜냐하면 이성 자체와 아울러 예언자들과 사도들의 주장도 다음의 사실을 큰 소리로 확실히 알려 주기 때문이다: 신의 영원한 말과 맹약 그리고 참다운 종교는 사람들의 마음에, 곧 인간의 정신에 신에 의해서 새겨졌으며 이것이 바로 신의 참다운 원본이다. 신은 자신의 도장을 가지고, 말하자면 자신의 신성함의 형상으로서 자기 자신의 관념을 가지고 이 원본에 날인했던 것이다.

초기의 유대인들은 어린 아이들처럼 다루어졌기 때문에 그들에게 종교는 성문법으로서 (tanquam lex scripto) 전해졌다. 그러나 후에 가서 모세와('신명기' 30장 6절) 예레미야는('예레미야서' 31장 33절) 신이 초기의 유대인들의 마음에 자신의 법을 새길 미래의 시간을 유대인들에게 예견하였다. 따라서 일찍이 오직 유대인들만이, 특히 사두가이 교인들(Zaducaeis)이 석판에 적힌 법을 준수하기 위해서 애썼지만, 그러한 법 자체를 자신들의 정신에 새긴 사람들에게 석판의 법은 걸맞지 않았다. 이것을 주의해서 보려고 하는 사람은 내 주장에서 신의 말이나 참다운 종교와 신앙에 반대되는 것 또는 신앙을 약화시킬 수 있는 것을 발견할 수 없고, 오히려 이 책 10장 마지막 부분에서 밝힌 것처럼 내가 종교를 강화하고 있는 사실을 발견할 것이다. 만일 밝히지 않았더라면, 나는 완전히 침묵하기로 결정했어야만 할 것이다. 실로 모든 난점들을 피하기 위해서 나는 성서 안에는 가장 심원한 비밀이 숨겨져 있다는 것을(in Scriptris profundissima latere mysteria) 기꺼이 인정하여야만 했을 것이다. 그러나 이 책의 7장 앞 부분에서 말한 것처럼 이러한 교리에서는 참을 수 없는 미신과 다른 번거로운 해악들이 생기기 때문에 나는 이와 같은 과제를 피해서는 안 된다고 생각하였다. 더욱이 종교를 미신으로 장식하는 것은 불필요하며, 종교가 미신과 유사한 허구로 치장될 경우 종교의 영광은 사라질 것이기 때문이다.

사람들은 다음처럼 말할 것이다. 신법(lex divina)이 우리의 마음속에 새겨져 있다고 할지라도 성서는 신의 말이므로 사람들은 신의 말에 대해서와 마찬가지로 성서에 대해서도 성서가 훼손되고 오염되었다고 말해서는 안 된다는 것이다. 그러나 나는 반대로 사람들이 너무 성스럽게 되고 싶어서 종교를 미신으로 바꿀까봐 두렵다. 실로 사람들이 상징과 형상을, 곧 신의 말 대신에 종이와 잉크를 숭배하기 시작할까봐 두

렵다. 나는 성서와 신의 말에 대해서 가치 없는 것은 아무것도 말하지 않았으며 가장 분명한 근거를 가지고 참답다고 증명한 것만을 주장하였다. 이 때문에 나는 불경하거나 불경해 보이는 것은 아무것도 말하지 않았다고 확실히 증명할 수 있다. 나는 다음 사실을 인정한다. 종교가 짐이 되는, 종교를 가지지 않은 일부 사람들은 이러한 내 견해로부터 죄의 명분을 끌어낼 수 있으며 아무런 이유도 없이 오직 자기들의 쾌락만을 위해서 성서는 어디에나 결함과 오류가 있으며 아무런 권위도 가지고 있지 않다고 결론을 내릴 수 있다. 그러나 아무리 옳게 말한다고 해도 잘못 해석해서 왜곡할 수 있는 것을 저지할 수 없다는 속담에 따라서 그러한 사람들을 구하는 일은 불가능하다. 쾌락을 즐기려고 하는 사람들은 그렇게 하기 위한 이유를 쉽게 발견할 수 있다. 성서 원본과 맹약의 궤를 소유하고 예언자들, 사도들과 함께 산 당시의 사람들이 오늘날의 사람들보다 더 훌륭하지는 않았으며, 이방인들과 유대인들 모두(omnes tam Judaei quam Gentiles)는 항상 똑같았으며 모든 시대에 걸쳐서 특히 덕(virtus)은 부족하였다.

우리는 여기에서 모든 의심을 제거하기 위해서 어떤 이유에서 성서와 생명력 없는 어떤 것을 성스럽다고 말해야만 하는지를 증명해야 한다. 다음으로 실제로 신의 말은 무엇이며 신의 말이 오직 특정한 어떤 책에만 포함되어 있지 않다는 것을, 그리고 성서는 순종과 구원을 위해서 필연적인 것을 가르치는 한, 훼손될 수 없다는 것을 나는 증명해야만 한다. 왜냐하면 이러한 사실로부터 모든 사람은 내가 신의 말에 거슬리는 것을 아무것도 말하지 않았고 어떤 불경도 행하지 않았다는 것을 판단할 수 있을 것이다.

어떤 것이 경건함과 종교의 수행을 위해서 결정되었을 때 우리는 그것을 성스럽고 신적이라고 말한다. 그리고 그것은 사람들이 종교적으로 사용하는 동안에만 성스러울 것이다. 만일 그것이 경건하지 않게 된다면 동시에 성스럽지 않게 된다. 그러나 만일 그것이 불경스럽게 사용된다면, 이전에는 성스러웠던 그것이 불순하고 불경스럽게 될 것이다. 예컨대 야곱은 어떤 장소를 신의 집(domus Dei, Beth El)이라고 불렀다. 왜냐하면 그는 그곳에서 자신에게 계시한 신을 경배했기 때문이다. 그러나 예언자들은 그 장소를 불공정한 집(domus iniquitatis)이라고 불렀다.('아모스서' 5장 5절과 '호세아서' 10장 5절을 볼 것) 왜냐하면 이스라엘인들이 여로보암의 교사에 의해서(ex instituto Jarobohami)[1] 그곳에서 늘 우상에게 제물을 바쳐 왔기 때문이다.

이 사실을 가장 분명하게 제시하는 또 다른 사례가 있다. 말은 오직 사용에 의해서만 확실한 의미를 가지며, 그 말들이 사용에 따라서 배열되어 그 말들을 읽는 사람들을 헌신하게끔 동요시킨다면 그 말들은 신성할 것이고 그러한 말들로 배열되어 쓰여진 책도 역시 성스러울 것이다. 그러나 나중에 말들이 아무런 의미를 가지지 않거나, 악의에서건 또는 그 책이 필요하지 않아서이건 간에 그 책이 완전히 무시당할 정도로 말의 사용이 사라진다면, 그 말들과 책은 전혀 사용되지도 않고 성스럽지도 않을 것이다. 마지막으로 만일 책의 똑같은 말들이 달리 배열되거나 반대 의미로 뒤바뀐 말들을 사용하는 것이 지배적으로 된다면, 이전에는 성스러웠던 말들이나 책은 불순하고 천박하게 될 것이다. 이로부터 다음의 사실이 귀결된다. 정신을 떠나서는(extra mentem) 성스럽거나 천박하거나 불순한 어떤 것도 있을 수 없고 오직 정신과 관계해서만 그런 것들이 있을 수 있다.

위의 사실은 성서의 많은 구절들에서도 가장 분명하게 확인된다. 여

1 (역주) 여로보암은 이스라엘 왕국의 최초의 왕이다.('열왕기 상' 11장 26절 참조)

러 가지 예들 중에서 하나만 인용하자면 예레미야는 '예레미야서' 7장 4절에서 자기 시대의 유대인들이 솔로몬 신전을 신의 신전으로 잘못 불렀다고 말한다. 왜냐하면 예레미야가 똑같은 장에서 계속해서 말하는 것처럼 신을 경배하고 정의를 옹호하는 사람들이 자주 찾는 동안에만 신전은 신의 명칭을 가질 수 있기 때문이다. 그러나 그곳이 만일 살인자, 도둑, 우상 숭배자 그리고 다른 악당들이 자주 찾는 곳이라면 그곳은 오히려 범죄자들의 소굴로 변할 것이다.

나는 언약궤(arca foederis)가 어떻게 되었는지 성서에 나와 있지 않는 것을 이상하다고 생각한다. 이스라엘인들에게 언약궤보다 더 성스럽고 더 존경할 만한 것이 아무것도 없었지만 언약궤가 소실되었거나 신전과 함께 타버렸다는 것은 확실하다. 이러한 이유에서 성서는 사람들을 신에 대한 헌신으로 향해서 움직이게 할 때만 성스러우며 또한 성서의 말은 신적이다. 그러나 일찍이 유대인들이 그랬던 것처럼 사람들이 성서를 완전히 무시한다면, 성서는 종이와 잉크일 뿐이며 사람들은 그것을 완전히 천박하게 만들고 훼손되도록 내버려 둘 것이다. 따라서 성서가 훼손되거나 소실될 경우 사람들은 신의 말이 훼손되거나 소실된다고 부당하게 말한다. 그렇게 말하는 것은 예레미야 당시의 사람들이 성전에 대해서 성전(templum Dei)이 화염에 싸여서 사라져 버렸다고 말하는 것과 같다. 예레미야는 율법 자체에 대해서도 똑같은 것을 말한다. 왜냐하면 그는 당시의 불경한 자들(impios)[2]을 다음처럼 꾸짖었기 때문이다. "그렇지만 너희는 어떻게 '우리는 지혜롭고 주님의 율법이 우리와 함께 있다' 고 말할 수 있느냐? 확실히 율법은 잘못 꾸며졌다. 서기관들의 붓이 그것을 잘못 정리하였다.(쓸모없이 만들었다)."

---

2 (역주) 불경한 자들(impios)은 신을 믿지 않는 사람들, 곧 구체적으로 말하자면 유대교를 믿지 않는 사람들을 지시한다.

다시 말해서 너희들이 성서를 헛되게 만들었기 때문에 비록 성서가 너희들의 수중에 있다고 할지라도, 너희들이 신의 율법을[3] 가지고 있다고 말하는 것은 부당하다는 것이다.

모세가 첫 번째 석판을 깨뜨렸을 때도 결코 그가 분노해서 신의 말씀을 손에서 내던져서 깨뜨린 것이 아니고(그런 일은 모세에 대해서건 신의 말에 대해서건 생각할 수 없다) 단지 돌만 깨뜨렸던 것이다. 왜냐하면 이전에는 유대인들이 신에게 순종키로 한 맹약이 그 돌에 새겨져 있었으므로 그 돌이 신성했을지라도 그들이 송아지를 숭배해서 맹약을 파기했기 때문에 그 돌에 있던 신성함이 소멸되어 언약의 궤와 마찬가지로 파괴를 면할 수 없게 되었기 때문이다. 따라서 신의 맹약에 대한 참다운 원본, 곧 모든 것들 중 가장 성스러운 것이 소실될 수 있었다면, 모세가 쓴 최초의 원문도 보존되어 있지 않고, 우리가 앞에서 말한 것처럼 지금 우리가 가지고 있는 책들에서도 똑같은 일이 일어날 수 있었다는 사실은 놀랄 일이 아니다.

신의 말에 반대되는 것은 어떤 것도 말하지 않고 또 신의 말을 훼손하지도 않은 우리를 사람들이 불경죄로 고발하는 것을 멈추기를 바란다. 만일 사람들이 올바른 분노를 가질 수 없다면, 그들의 사악함이 신의 궤(Dei arca), 신전, 율법 그리고 모든 성스러운 것을 천박하게 하고 훼손시킨 고대인들에게[4] 그들의 분노를 돌리게 하자. 더 나아가서; '코린토 후서' 3장 3절에 있는 사도들의 말에 따라서 잉크가 아니라 신의 정신으로 쓰인, 그리고 석판이 아니라 육신의 판에 마음속으로 새겨진 신의 서한을 자신 속에 가지고 있는 사람은 문구나 숭배하고 그것을 배려하는 것을 중지하여야 할 것이다. 이로써 나는 성서가 어떤 이유에서

3 (역주) 신의 율법(lex Dei)은 신법을 말한다

4 (역주) 고대 유대인들을 말한다.

성스럽고 신적인지를 충분히 설명했다고 생각한다.

이제는 신의 말(debar Jehova: verbum Dei)을 무엇으로 제대로 이해해야만 하는지 알아보기로 하자. 히브리어 다바르(dabar)는 말, 이야기, 명령 그리고 사물을 의미한다. 우리는 히브리어에 있어서 어떤 근거에서 어떤 사물이 신의 것인지 그리고 신에게 관련되는지 이 책의 1장에서 밝혔다. 그리고 이로부터 성서가 신의 말, 이야기, 명령 그리고 사물을 통해서 무엇을 의미하고자 했는지 쉽게 이해할 수 있다. 따라서 나는 여기에서 모든 것을 반박할 필요가 없으며, 이 책의 6장 세 번째 절에서 밝힌 것도 반복할 필요가 없다. 여기에서 내가 말하고자 하는 것은 훨씬 더 잘 이해할 수 있도록 사실을 지적하는 것으로 충분하다.

말하자면 신의 말은 신 자신이 아니라 어떤 주관에 대해서 (de subjecto aliquio) 언급될 경우 이 책의 4장에서 우리가 다룬 대로 바로 신법을 의미한다. 곧 신의 말은 전체 인류에게 보편적인 종교 또는 가톨릭교인데 이에 대해서는 '이사야서' 1장 10절 등을 보라. 여기에서 이사야는 의식(儀式)이 아니라 자비와 참다운 마음에서 성립하는 참다운 삶의 방식을 가르치는데, 그는 참다운 삶의 방식을 율법과 신의 말이라고 번갈아서 부른다.

다음으로 신의 말은 실제로 신적 본성의 영원한 결정에 의존하며 그것에서 귀결되기 때문에 자연의 질서와 운명에 대해서 은유적으로 (metaphorice) 사용되며 무엇보다도 예언자들이 예견한 자연 질서의 부분을 위해서 사용된다. 왜냐하면 예언자들은 미래의 사실들을 자연적 원인들에 의해서 파악하지 않고 신의 명령 내지 결정(Dei placita vel decreta)으로서 파악했기 때문이다. 다음으로 예언자가 모두에게 공통되는 자연의 빛에 의해서 인식하지 않고 자신의 특별한 능력 내지 예언자적 재능으로 인식하는 한, 신의 말은 모든 예언자들 각자의 발언에 대해서도 사용된다. 왜냐하면 예언자들은, 우리가 이 책의 4장에서 밝힌 것처럼 실제로 신을 입법자로 늘 생각해 왔기 때문이다.

다음과 같은 세 가지 이유로 인해서 성서는 '신의 말(verbum Dei)' 이라고 일컬어진다. 우선, 영원한 신이 저자인 성서는 참다운 종교를 가르친다. 다음으로 성서는 미래의 사실에 대한 예언을 신의 결정(Dei decretum)[5]으로 이야기하고 있다. 마지막으로 성서의 실제 저자들은 일반적인 자연의 빛에 의해서가 아니라 그들에게 고유한 빛에 의해서 주로 가르쳤고 그렇게 가르친 것을 신의 말로 소개했다. 이것들 외에 성서에는 순수하게 역사적인 것들과 자연의 빛에 의해서 파악되는 많은 것들이 포함되어 있다고 할지라도 성서는 '신의 말' 이라는 명칭을 성서의 핵심 내용에서 취한다. 그래서 이로부터 우리는 어떤 이유에서 신을 성서의 저자로서 이해하여야만 하는지 쉽게 알게 된다. 말하자면 신이 인간들에게 특정한 수의 책들을 주어 의사소통을 원했기 때문이 아니라 그 책들 안에서 가르치는 참다운 종교 때문에 신을 성서의 저자로 이해하여야 한다.

더 나아가서 우리는 이로부터 왜 성서가 구약과 신약으로 구분되는지도 알 수 있다. 말하자면 그리스도의 출현 이전에(ante adventum Christi) 예언자들은 모세의 시대에 만들어진 맹약에 의해서 종교를 조국의 법으로 예언하곤 했기 때문이다. 그러나 예수의 출현 이후에 사도들은 오직 그리스도의 수난을 통해서(ex sola vi passionis Christ) 종교를 보편적 법(lex catholica)으로서[6] 모든 사람에게 예언하였다. 신약과 구약의 구분은 교리가 서로 다르기 때문도 아니고, 맹약의 원본들로 쓰

5 (역주) Dei decretum은 신의 뜻, 신의(神意), 신의 결정등으로 옮길 수 있다.

6 (역주) catholicus는 '가톨릭적인'의 의미와 함께 '보편적인'이라는 뜻도 가지고 있다.

였기 때문도 아니고, 또한 보편적인 종교를 아직 알지 못했던 사람들과의 관계 이외에는 가장 자연적인 보편적인 종교가 새로운 것도 아니다. 사도 요한(Johannes Euangelista)은 '요한 복음서' 1장 10절에서 이렇게 말한다: "그분께서 세상에 계셨고 세상이 그분을 알아보지 못하였다." 따라서 비록 우리가 지금보다 적은 수의 구약과 신약에 대한 책들을 가진다고 할지라도 우리는 신의 말을(이미 말한 것처럼 신의 말을 통해서 우리는 참다운 종교를 이해하게 된다) 잃어버리지 않을 것이다. 마찬가지로 맹약의 원본으로서 신전에 종교적으로 보관된 호법서처럼 뛰어난 다른 수많은 저술들과 우리가 가지고 있는 구약의 책들을 발췌하고 편집하도록 한 전쟁서, 연대기, 그리고 수많은 책들이 현존하지 않을지라도, 우리는 신의 말을 잃어 버렸다고 생각하지 않는다. 이러한 사실은 다음의 여러 가지 이유들에 의해서 확인된다.

1. 구약과 신약 두 가지는 명백한 명령에 의해서 모든 시대를 위해서 같은 시간에 쓰이지 않았고, 당시의 불경한 자들을 훈계하기 위해서 불려 온 예언자들의 사명과 사도들의 서한이 명백하게 제시하는 것처럼, 특정한 사람들의 시대와 그들의 특별한 성격이 요구하는 것에 따라서 쓰였다.

2. 이 책의 2장에서 예언자들에 대해서 밝힌 것에서 귀결되는 것처럼 성서와 예언자들의 정신을 이해하는 것은 신의 정신, 곧 사실의 진리 자체를 이해하는 것과 다르다. 또한 이러한 사실이 역사와 기적에 대해서도 타당하다는 것을 우리는 이 책의 6장에서 밝혔다. 그러나 참다운 종교와 참다운 덕이 문제가 되는 구절에 있어서는 결코 이렇게 말할 수 없다.

3. 구약의 책들은 많은 책들 중에서 선택되었으며, 이 책의 10장에서 밝힌 것처럼 그것들은 공의회와 바리사이파에 의해서 수집되고 인가되

었다. 그런데 신약의 책들도 수차례 종교평의회의 결집에 의해서 정전(正典)으로 선택되었으며, 이에 반해서 결집에서는 많은 사람이 성스럽게 여겨 온 많은 책들이 위작(僞作)으로 제외되었다. 그런데 이 회의들(바라사이파와 그리스도교파의)의 구성원은 예언자들이 아니라 교사들과 전문 학자들이었다. 그렇지만 이와 같은 책들의 선별에 있어서 그들은 신의 말을 기준으로 삼아야 했다는 것을 필히 인정하지 않으면 안 된다.

4. 사도들은 예언자로서가 아니라 교사로서 책을 썼으며 당시 자기들이 가르치려고 한 사람들을 위해서 가장 쉽다고 판단한 교육 방법을 택했다. 이로부터 앞 장 마지막 부분에서 결론을 내린 것처럼 사도들의 서한에는 이미 우리가 종교와 연관 없이 지낼 수도 있는 많은 것들이 포함되어 있다.

5. 신약에는 네 명의 복음 전도자들(quatuor Euangelistiae)이 있다. 그렇다고 해서 신이 그리스도의 이야기를 네 번이나 하기를 원했고, 이것을 글로 써서 인류에게 의사소통하려고 했다고 과연 누가 믿겠는가? 물론 한 복음에 다른 복음에는 없는 것들이 포함되어 있고 한 복음이 다른 복음을 이해하는 데 도움을 줄 수 있다고 할지라도, 우리는 네 복음에서 이야기되는 것들을 모두 필연적으로 알아야 하며, 그리스도의 이야기를 더 잘 이해하도록 하기 위해서 네 명의 복음 전도자를 택했다고 결론을 내릴 수는 없다. 왜냐하면 복음전도자들 각자는 자신의 복음을 서로 다른 장소에서 설교했으며 또한 다른 복음전도자를 설명하기 위해서가 아니라 그리스도의 이야기를 분명히 말하기 위해서 설교한 것을 더 간결하게 썼기 때문이다. 만일 서로 다른 복음들의 비교가 때로는 더 쉽고 명확하게 이해될 수 있다 할지라도 그것은 우연의 문제이고 그런 우연은 단지 극소수의 구절에서만 나타난다. 우리가 이 극소수

의 구절들을 알지 못한다고 해도 이야기의 명확성이 감소되거나 인간의 행복이 줄어들지도 않는다.

이로써 우리는 다음의 사실을 증명하였다: 성서는 오직 종교에 관해서만 곧 보편적 신법에 관해서만 신의 말(verbum Dei)로 불리어질 수 있다. 이제 성서가 고유하게 신의 말로 일컬어지는 한, 성서는 결함이 없고 왜곡되지도 않았으며 훼손되지도 않았다는 것을 밝히고자 한다. 그런데 나는 말의 의미가 언어 사용으로부터 탐구될 수 없거나 오직 성서로부터 도출될 수 없을 정도로 잘못 쓰이고 구성된 것을 결함 있고, 왜곡되고 훼손되었다고 말한다. 왜냐하면 성서가 신법을 포함하는 한, 항상 동일한 구두점, 동일한 철자 그리고 마지막으로 동일한 단어를 포함했다고 주장하지는 않기 때문이다. 그 이유는 마소라 학파의 사람들과 철자를 미신적으로 숭배하는 자들이 이것을 증명하도록 내버려 둘 것이기 때문이다. 그러나 오직 성서의 의미에 관해서 발언하는 말들은 신성하다고 불리어질 수 있는데, 원래 성서를 표현한 말들이 많은 변화를 겪었다고 가정한다고 할지라도 성서의 의미는 훼손되지 않고 우리들에게 전달되었다.

그와 같은 변화는 우리가 말한 것처럼 성서의 신성함을 전혀 손상시키지 않았다. 그 이유는 성서가 다른 말이나 다른 언어로 쓰였다고 해도 성서는 똑같이 신성할 것이기 때문이다. 이러한 이유에서 우리가 신법을 훼손되지 않은 채 받아들였다는 것은 결코 의심할 수 없다. 우리는 어떤 어려움이나 모호함도 없이 성서 자체로부터 성서의 본질적인 것을, 곧 모든 것을 넘어서서 신을 사랑하고 자기 자신과 마찬가지로 이웃을 사랑하는 것을 이해할 수 있다. 여기에는 거짓된 것이 있을 수 없으며, 성급하고 그릇된 펜에 의해서 쓰인 것도 있을 수 없다. 만일 성서가 일찍이 다른 것을 가르쳤다면, 성서는 나머지 모든 것을 필히 다르게 가르쳤어야만 했을 것이다. 이러한 가르침이 전체 종교의 기초이고 이것이 제거될 경우 성서의 전체 구조가 한꺼번에 붕괴될 것이다. 따라서 그와 같은 성서는 여기에서 우리가 말하고 있는 성서가 아니라 전혀 다른 책이 될 것이다. 성서는 모든 것을 넘어서서 신을 사랑하고 이웃을 자기 자신처럼 사랑하라는 것을 항상 가르쳤으며, 이러한 의미를 훼손시킬 수 있는 어떤 오류도 끼어들 수 없다. 그 오류는 즉시 모든 사람들에게 발각될 것이고, 이러한 의미를 왜곡할 수 있는 자의 사악한 의도는 즉시 드러날 수밖에 없을 것이라는 사실은 변하지 않을 것이다.

성서의 기초가 훼손되지 않았다고 주장해야 하기 때문에 아무런 모순 없이 귀결되는 것과 기본적인 나머지 것들에 대해서도 우리는 똑같은 것을 주장하지 않으면 안 된다. 즉 신은 존재하며, 만물을 주관한다. 신은 전능하며 신의 결정에 따라서 경건한 자는 선하며 옳지 못한 자는 악하다. 그리고 우리의 구원은 오직 신의 은총에 의존한다. 왜냐하면 성서는 이 모든 것들을 어디에서나 분명하게 가르치며 또 항상 가르치지 않으면 안 되기 때문이다. 그렇지 않다면 모든 것들은 헛되고 기초가 없을 것이다. 우리는 나머지 도덕 이론들에 대해서도 똑같이 주장하지 않으면 안 된다. 왜냐하면 그 도덕 이론들은 정의를 지켜라, 가난한 자를 도우라, 살인하지 마라, 타인의 것을 탐내지 마라 등등과 같은 일반적인 기초에서 가장 분명하게 귀결되기 때문이다.

이것들 중 어떤 것도 인간의 악의에 의해서 왜곡될 수 없으며 시간의 흐름에 의해서 소멸될 수도 없다. 왜냐하면 이것들 중 소멸된 것을 보편적인 가톨릭의 기초가 다시 구술했을 것이기 때문이다. 특히 신구약 양자의 도처에서 가장 권고하는 자비(caritas)의 교리가 소멸된 것을 회복했을 것이다. 여기에 다음과 같은 사실이 첨가된다. 너무 극악해서 어떤 사람도 범할 수 없는 그런 범죄가 아니라면 자신의 범죄를 변명하기 위해서 법을 파괴하려고 하고 불경스러운 어떤 것을 영원하고 구원을 주는 교리로 끌어들이려고 하는 사람은 아무도 없을 것이다. 인간의 본성은 왕이거나 신하이거나 비열한 짓을 저질렀을 경우, 자신의 행위가 정의와 품위에 반대되는(contra justum et decorum) 것이 결코 아니라고 변명하도록 되어 있다는 것을 우리는 알고 있기 때문이다. 우리는 완전하게 성서가 가르치는 보편적인 신법 전체는 훼손되지 않고 우리의 손에 전해져 내려왔다고 결론을 내린다.

이것들 외에도, 우리에게 성실하게 전달된 것들 말하자면 모든 사람에게 가장 잘 알려져 있는 성서의 주요 역사적인 이야기들이 있다. 일찍이 유대 민족은 자기 민족의 고대사(古代史)를 늘 성가(psalmus)로 부르곤 했으며, 그리스도의 중요한 행적과 그의 수난도 즉시 온 로마제국을 통해서 퍼져 나갔다. 물론 대부분의 사람들의 동의를 받는 것은 힘들지라도 로마 시대의 사람들이 전수받았던 것과는 다르게 후대의 사람들이 이 성서 이야기의 중요한 부분을 전했다는 것은 결코 믿을 수 없다.

따라서 성서의 위작이나 결함은 단지 사소한 문제에서만 나타날 수 있다. 말하자면 대중의 헌신을 강화하기 위한 역사나 예언의 이런저런 상황, 철학자들을 괴롭히는 기적 또는 이교자(離教者, schismaticus)가 종교에 끌어들이기 시작하여 신적 권위에 의해서 각자가 자신의 허구(sua figmenta)를 지탱하려고 했던 사변적인 것들에서 위작이나 결함이 생길 수 있었다. 그러나 그것들이 훼손이든 또는 아니든 간에 구원과는 상관이 없다. 이 주제는 이미 말한 것에서 그리고 특히 이 책의 2장에서 밝혔지만, 나는 이 주제를 다음 장에서도 충분히 밝힐 것이다.

# 13

## 성서는 가장 단순한 것만 가르치며, 순종 이외에는 다른 것을 목적으로 삼지 않는다는 것을 밝힌다. 신의 본성은 인간들이 확실한 삶의 이유에서 모방할 수 있는 것만을 가르친다.

이 논고(論考 Tractatus)의 2장에서 우리는 다음의 사실을 밝혔다: 예언자들은 고유한 지성 능력이 아니라 오직 고유한 상상력을 소유했으며, 신은 그들에게 어떤 철학의 비밀(philosophiae arcana)도 계시하지 않고 그들의 선입견에 알맞게 가장 단순한 것들만(res simplicissimas tantum) 계시하였다. 다음으로 5장에서 성서는 모든 사람들이 쉽게 파악할 수 있는 방식으로 사실들을 전달하고 가르친다고 밝혔다. 말하자면 성서는 공리들과 정리들로부터 사실들을 연합하여 결합하지 않고 믿게 만들기 위해서 단지 사실들을 단순하게 말하며, 오직 경험에 의해서만, 말하자면 기적과 역사에 의해서만 그 사실들을 확인한다. 기적과 역사는 대중의 마음에 가장 영향을 미칠 수 있는 문제와 표현에 의해서 이야기된다. (이것에 대해서는 이 책의 6장 3절에서 증명한 것을 볼 것) 마지막으로 나는 성서 이해의 난점은 고귀한 논증 방식에(in sublimitate argumenti)[1] 있지 않고 오직 언어에(in sola lingua) 있다는 것을 밝혔다.

여기에 다음의 사실이 첨가된다. 예언자는 식자들이 아니라 모든 유대인들에게 설교했지만, 사도들은 모든 사람들의 공공 집회가 열리는 교회에서 복음의 교리(doctrina Evangelica)를 가르치곤 하였다. 이 모든 것들로부터 성서의 교리는 고매한 사색도 그리고 철학적인 문제들도 포함하지 않고 이해가 느린 사람들도 파악할 수 있는 가장 단순한 것들을 포함한다는 사실이 귀결된다. 따라서 나는, 내가 앞에서 언급한 인간의 언어로 설명할 수 없을 정도의 심오한 비밀을 성서에서 발견하는 사람들의 재능에 놀라움을 금할 수 없다. 그들은 교회를 교육기관(Academia)으로, 종교를 과학으로 끌어들이며, 또는 논쟁 거리로 보이게 하기 위해서 철학적 사색의 많은 문제들을 종교로 끌어들였던 것이다.

만일 초자연적 빛(lumen supernaturale)을[2] 가졌다고 자랑하는 사람들이 자연의 빛만 가진 철학자들에게 지적 우위의 영역을 내주려고 하지 않았다면 그것은 놀랄 일이 아니다, 만일 그들이 새로운 그리고 일찍이 이방인 철학자 사이에서(그들이 이 철학자들을 맹목적이라고 말했다) 전혀 진부하지 않은 사변적 교리를 가르쳤다면 매우 놀랄 일이다.

왜냐하면, 그들이 성서에 숨겨져 있는 것으로 아는 비밀을 탐구해 본다면 아리스토텔레스나 플라톤 또는 그들과 유사한 사람들의 망상을 발견하거나 아니면 성서를 통해서 문제를 탐구하려는 식자들보다 무지

---

1 (역주) 고귀한 논증 방식이란 고도의 수학적, 추상적, 형식적인 논증 방식을 일컫는다.

2 (역주) 초자연적 빛은 예언이나 계시를 의미하고, 자연의 빛(lumen naturale)은 인간의 이성 내지 지성을 가리킨다.

한 사람들의 꿈에 그러한 망상이 더 쉽게 속할 수 있다는 것을 발견할 것이다.

나는 이것으로 성서의 교리에 순수하게 사변적인 것은[3] 아무것도 포함하고 있지 않다고 단적으로 주장하려는 것은 아니다. 왜냐하면 앞 장에서 성서를 위해서 근본적인 몇 가지 이러한 종류의 것들에 대해서 설명했기 때문이다. 그러나 성서에는 사변적인 것이 매우 적고 또한 특히 단순하다는 것을 주장하고자 한다. 나는 그 주장들은 어떤 것들이며 어떤 근거에 의해서 결정되는지를 밝히고자 한다. 이러한 일은 성서의 의도가 과학적 지식을 가르치는 것이 아니라는 사실을 알고 나면 이미 우리에게 쉬운 일이 될 것이다. 왜냐하면 이로부터 성서는 인간들에게 순종 이외에는 아무것도 요구하지 않으며 무지(ignorantia)가 아니라 완고함(contumacia)만을 저주한다는 것을 쉽게 알 수 있다. 또한 신에 대한 사랑은 오직 이웃 사랑에서(in sola amore proximi) 성립한다. 신의 명령에 순종해서 이웃을 사랑하는 사람은 바오로가 '로마서' 13장 8절에서 말하는 것처럼 율법을 수행했기 때문에 이로부터 다음의 사실이 귀결된다. 성서에는 사람들이 규정에 따라서 신에게 순종할 수 있도록 가르치는데, 그 규정에 대한 지식이 없거나 또는 순종에 대한 교육이 없으면 사람들은 완고해져서 순종하지 않을 것이다. 그러나 이러한 것을 직접 의도하지 않는 사변들(speculationes)은[4] 그것들이 신에 대한 지식에 관한 것이든지 자연 사물에 대한 지식에 관한 것이든지 간에 성서와는 상관이 없으며 따라서 그 사변들은 계시된 종교로부터 분리되어야 한다.

그런데 우리가 말한 것처럼 모든 사람들이 이러한 사실을 쉽게 알 수

3 (역주) 사변적인 것이란 추상적이며 철학적인 것을 말한다.

4 (역주) 사변들은 형식적, 추상적, 논리적인 철학의 사색들을 가리킨다.

있다고 할지라도 이 사실이 종교 전체에 대해서 결정적이기 때문에 나는 사실 전체를 한층 더 정확하고 분명하게 설명하고자 한다. 이를 위해서는 모든 것에 앞서서 다음의 사실들을 증명해야 한다; 신에 대한 지성적인 또는 정확한 지식은 순종(obedientia)처럼 모든 신자들에게 공통된 재능이 아니다. 또한 신의 예언자들을 통해서 모든 사람들에게 보편적으로 요구하는 지식은 신의 정의와 자비에 대한 지식일 뿐이다. 이 두 가지는 성서에 의해서 쉽게 증명된다.

왜냐하면 첫 번째 것은 '출애굽기' 6장 3절을 통해서 가장 분명하게 귀결되기 때문이다. 거기에서 신은 모세에게 부여한 특별한 은총을 강조하기 위해서 모세에게 이렇게 말한다. " 나는 아브라함과 이사악과 야곱에게 엘 사다이(El sadai)로 나타났으나 여호와(Jehova)라는[5] 내 이름으로 나를 그들에게 알리지는 않았다." 이 구절을 보다 더 잘 이해하려면 엘 사다이는 히브리어로 충족한 신을 의미한다는 것을 주목해야 한다. 왜냐하면 신은 모든 사람들 각자에게 충분한 것을 주기 때문이다. 그리고 비록 사다이(sadai)가 흔히 신만을 위해서 사용되긴 하지만 엘(El)이라는 명칭은 항상 신으로 이해된다고 하는 것은 의심한 여지가 없다. 나아가서 성서에서는 피조물과 관계없이 신의 절대적 본질(Dei absoluta essentia)을 지시하기 위해서 오직 야훼라는 명칭만 발견된다는 사실에 주의해야 한다. 그러므로 유대인들은 야훼만이 신의 고유명사이고 다른 것들은 부르는 형태의 이름이라고 논의한다. 그리고 실제로 신에 대한 다른 명칭들은 그것들이 명사든지 형용사든지 간에 신이 피조물들에 관계된 것으로 또는 피조물들을 통해서 나타나는 것으로 여겨지는 때에 한해서 신에게 속하는 속성들(attributa)이다. 엘

5 (역주) 여호와(Jehova)는 야훼로도 일컬어지며, 유대교에 있어서는 유대인들의 민족 신을 뜻하고, 기독교(가톨릭과 개신교)에 있어서는 절대적인 유일신을 의미한다.

(El)이나 첨가 어미음 헤(He)를 가진 엘로아(Eloah)는 잘 알려져 있는 것처럼 강한 자만을 의미하며, 마치 우리가 바오로를 사도라고 부르는 것처럼, 그것은 신의 탁월함에 의해서 오직 신에게만 속한다. 신의 권능의 다른 덕들은 엘(El)처럼 위대한 자, 놀라운 자, 정의로운 자, 자비로운 자로 표시되거나 또는 모든 것들을 포함하기 위해서 단수들의 의미를 가진 복수 명사가 사용되는데 이런 일은 성서에서 매우 자주 나타난다.

신이 모세에게 자신은 유대인들의 조상들에게 여호와(Jehova)의 이름으로 알려지지 않았다고 말한다. 따라서 유대인들의 조상들은 신의 절대적 본질을 표현하는 신의 속성은 어떤 것도 알지 못했고 오직 신의 행위와 언약, 곧 가시적 사물들을 통해서 나타나는 한에 있어서의 신의 권능에 대해서만 알았던 것이다. 그런데 신은 이것을 모세에게 말하면서 유대인들의 조상들에 대해서 신앙이 부족하다고 나무라지는 않는다. 오히려 신은 그들의 믿음과 신앙에 대해서 칭찬한다. 그들은 모세처럼 신에 대한 특별한 지식을 가질 수 없었지만 신의 언약을 확고하고도 확실한 것으로 믿었다. 하지만 모세는 신에 대한 고양된 지식을 가졌음에도 불구하고 신의 언약을 의심했으며, 신이 이스라엘인들에게 약속한 구원 대신에 이스라엘인들을 곤경에 빠뜨렸다고 비난했던 것이다.

이스라엘인들의 조상들은 신의 고유한 이름을 알지 못했는데도 신은 그들의 마음의 단순함과 신앙을 칭찬한다. 그리고 모세에게는 부여한 특별한 은총을 강조하기 위해서 그 사실을 말한다. 이로부터 내가 가장 먼저 주장한 다음의 사실이 가장 분명하게 귀결된다. 즉, 사람들은 명령에 따라서 신의 속성들(Dei attributa)을 알아야 할 의무는 없다. 신의 속성들을 아는 것은 오직 일부의 신자들에게만 주어진 특별한 재능이다. 성서의 더 많은 증거들에 의해서 이러한 사실을 밝힐 필요는 없을 것이다. 신에 대한 지식이 모든 신자들에게 있어서 똑같지 않다는 것을 누가 모르겠는가? 명령에 의해서 살고 존재할 수는 있어도 아무도 명령에 의해서 현명해지지는 않는 것이 아닌가? 남자들, 여자들, 아이들, 그리고 모든 사람은 명령에 의해서(ex mandato) 똑같이 복종할 수는 있지만 현명해질 수는 없다.

만일 누군가가 신의 속성에 대해서 필히 이해할 필요가 없지만 증거 없이 전적으로 단순하게 그것을 믿어야 한다고 말한다면 그는 분명히 헛소리를 하고 있는 셈이다. 왜냐하면 볼 수 없는 것들 그리고 오직 정신의 대상들(mentis objecta)인 것들을 증명 외에 다른 방법으로는 말고는 다른 눈으로 전혀 알 수 없기 때문이다. 따라서 증명할 수 없는 사람은 이 정신의 대상들을 전혀 알지 못한다. 따라서 신의 속성들과 유사한 것들에 대해 다른 사람에게서 전해 들은 것을 반복하는 것은 그 속성들의 정신을 다루거나 지시하지 못하고, 정신과 의미가 없이 말하는 앵무새나 자동인형의 말(verba psittaci vel automati)에 지나지 않는다.

앞으로 더 나아가기에 앞서서 방금 말한 것과는 전혀 모순되는 것으로 보이지만, '창세기' 는 왜 이스라엘인들의 조상들이 여호와의 이름으로 설교했다고 자주 말하는지 그 이유에 대해서 말하려고 한다. 이 책의 8장에서 우리가 밝힌 것들을 주의해서 보면 우리는 이 문제들을 쉽게 해결할 수 있다. 왜냐하면 바로 8장에서 우리는 다음의 사실을 밝혔기 때문이다. 즉, 모세오경의 저자(Scriptor Pentateuchi)는 사물들과 장소들을 당시에 불리어지던 이름과 똑같이 표시하지 않았고 따라서 '창세기' 에서 이스라엘인들의 조상들이 설교한 신이 여호와로 불린 이유는 그 조상들이 이 이름을 알았기 때문이 아니고 이 이름이 유대 민족들에게 가장 외경의 대상이었기 때문이다. 우리의 '출애굽기' 텍스트가 그 조상들이 신을 여호와라는 이름으로 알지 못했다는 것은 분명히 말하고 있는 것을 볼 때 우리는 앞의 견해를 취하지 않으면 안 된다. 그리고 또한 '출애굽기' 3장 13절에서 모세는 신의 이름(Dei nomen)을 알고자 한다. 만일 신의 이름이 이전에 알려졌다고 한다면, 그것은 적어도 모세에게도 알려졌을 것이다. 그러므로 우리는 다음처럼 우리가 원했던 결론을 내려야 한다. 즉 신앙심 깊은 이스라엘인들의 조상들은 신의 이름을 몰랐으며, 신에 대한 지식은 신의 명령이 아니라 신의 선물(donum Dei)이다.

이제 두 번째 주제로 넘어갈 시간이다. 즉 신은 예언자들을 통해서 사람들이 일정한 생활 방식에 의해서 모방할 수 있는 신의 속성인 정의와 자비에 대한 지식 이외에는 신(자신)에 대한 어떤 다른 지식도 요구하지 않았다는 사실을 밝혀야만 한다. 이 사실을 예레미야는 가장 분명한 말로 확실하게 가르친다. 왜냐하면 그는 '예레미야서' 22장 15-16절에서 요시아(Josia)왕에 대해서 이야기하면서 이렇게 말하기 때문이다: "네 아버지는 먹고 마시면서도 공정과 정의를 실천하지 않았느냐? 그러기에 그가 잘 되었다. 가난하고 궁핍한 자들의 송사를 들어 주었기에 그가 잘된 것이다. 이야말로 나를 알아 모시는 일이 아니냐? 주님의 말씀이다." '예레미야서' 9장 23절에 있는 구절도 마찬가지로 의미가 명백하다: "자랑하려는 이는 이런 일을, 곧 나를 이해하고 알아 모시는 일을 자랑하여라. 나는 과연 자애를 실천하고 공정과 정의를 세상에 실천하는 주님으로 이런 일들을 기꺼워한다. 주님의 말씀이다."

이와 똑같은 내용이 '출애굽기' 34장 6-7절에도 나와 있는데, 거기에서 신은 모세가 신을 보고 알려고 하자 신의 속성인 정의와 자비(divina justitia et charitas)를 모세에게 설명한 것 이외에는 어떤 다른 속성들도 계시하지 않는다. 다음에도 말하겠지만, 마지막으로 '요한 복음서'에 있는 구절에도 특히 주의를 기울여야 한다. 거기에서 사도 요한은 (말하자면) 아무도 신을 보지 못하기 때문에 오직 자비를 통해서만(per solam charitatem) 신을 설명할 수 있으며, 자비를 지닌 사람은 실제로 신을 지니며 알 수 있다고 결론을 내린다.

따라서 우리는 다음의 사실을 알았다. 예레미야와 모세와 요한은 모든 사람들이 알려고 하는 신에 대한 지식을 짧게 요약했으며, 우리가 원했던 것처럼, 그들은 그 지식을 다음처럼 제한한다. 신은 가장 올바르고, 가장 자비로우며 참다운 삶의 유일한 전형(unicum verae vitae exemplar)인 것이다. 여기에 다음의 사실이 첨가된다. 즉 성서는 신에 대한 어떤 정의(定義)도 분명히 내리지 않으며 앞에서 말한 방식이 아니면 어떤 다른 속성들도 받아들여야 할 것으로 규정하지 않으며, 분명하게 권고하지도 않는다. 이 모든 것들로부터 우리는 다음처럼 결론을 내린다. 그 자체로 있는 신의 본성을 고찰하는 신에 대한 지적(知的) 인식은, 사람들이 그것을 일정한 삶의 방식에서 모방하고 참다운 삶의 방식의 전형으로 취할 수 없다면 신앙과 계시된 종교에는 전혀 속할 수 없으며, 따라서 인간들이 신에 대한 지적 인식에 관하여 잘 몰랐다 하더라도 죄를 짓는 것은 아니다.

따라서 신은 자기 자신을 예언자들의 상상력과 미리 가진 견해들에 맞추었으며, 우리가 이 책의 2장에서 많은 예를 통해 밝힌 것처럼 신자들이 신에 대한 다양한 의견들을 가지고 있었다는 사실은 전혀 놀랄 일이 아니다. 또 다음의 사실 역시 결코 놀랄 일이 아니다. 성서는 도처에서 신에 대해서 부적절하게 이야기하며 그에게 손, 발, 눈, 귀, 정신 그리고 장소 운동이 있다고 기술한다. 그 외에도 그가 질투하며 자비로우며 등등처럼 감정의 움직임이 있다고 기술하고, 마지막으로 성서는 그를 천상의 왕좌에 앉아서 그리스도를 자신의 오른편에 둔 재판관으로 묘사한다. 이렇게 말하는 방식은 물론 대중의 이해력에 따른 것이었다. 성서는 대중을 가르치는 것이 아니라 순종하도록 하는 것을 목적으로 삼았던 것이다. 그렇지만 신학자들은 신의 본성과 일치할 수 없는 것을 자연의 빛으로 볼 경우에는 그것을 은유적으로 해석하지 않으면 안 되고 자기들이 이해할 수 없는 구절들은 문자 그대로 받아들여야만 한다고 한결같이 주장한다. 그러나 만일 성서에서 이러한 종류의 것으로 발견되는 모든 구절들이 필연적으로 은유적으로 해석되고 이해되어야만 한다면, 성서는 민중과 배우지 못한 대중을 위해서가 아니라 오직 식자들과 특히 철학자들을 위하여 썼을 것이다.

실로 만일 우리가 방금 말한 것들을 신에 대해서 경건하고 단순한 마음으로 믿는 것이 불경스럽다면, 적어도 예언자들은 대중의 허약함 때문에 그와 같은 표현을 조심했어야 할 것이며, 오히려 그들은 신의 속성들(Dei attributa)을 마치 모든 사람들 각자가 파악하는 것처럼 모든 것에 앞서서 확실하고도 분명하게 가르쳤어야만 했지만, 어디에서도 그와 같은 일은 행해지지 않았다. 따라서 우리는 행위를 고려하지 않고 견해들만 살피고 그 견해들이 어떤 경건함이나 불경스러움을 가지고 있다고 믿어서는 안 된다. 어떤 사람이 자신의 견해에 의해서 순종하게 되거나 또는 그 견해로부터 죄를 범하거나 반항할 자유를 얻을 때에만 그 사람은 경건하게 또는 불경하게 어떤 것을 믿는다고 말해야 한다. 그리하여 어떤 사람이 참다운 신앙을 가지고 불복종한다면 그는 실제로 불경스러운 믿음을 가지는 것이고, 반대로 그릇된 믿음을 가지고 순종하는 자는 경건한 믿음을 가지는 것이다. 왜냐하면 신에 대한 참다운 지식(vera Dei cognitio)은 우리가 이미 밝힌 것처럼 신의 명령이 아니라 신의 선물이기 때문이다. 그리고 신은 자신의 신적 정의와 사랑에 대한 인식, 곧 학문을 위해서가 아니라 오직 순종을 위해서만(tantum ad obedientiam) 필요한 인식 이외의 것은 아무것도 인간에게 요구하지 않았다.

# 14

## 신앙은 무엇이며 신도는 누구인가?
## 신앙의 기초를 결정하며 신앙을 철학으로부터 분리한다.

신앙에 대한 참다운 인식을 위해서는, 성서가 예언자들의 이해력뿐만 아니라 유대 민족의 변덕스럽고 불안한 이해력에도 맞추어져야 했다는 것을 특히 아는 것이 필요하다. 조금이라도 주의를 기울이는 사람은 이 사실을 모를 수 없다. 성서에 포함되어 있는 모든 것을 다 보편적이고 절대적인 신에 대한 교리로 받아들이며 대중의 이해력에 맞는 것이 무엇인지 정확히 모르는 사람은 대중의 견해들과 신에 대한 교리를 구분하지 못할 것이고 인간의 허구와 임의를 신에 대한 교리로 제시하고 성서의 권위를 오용할 것이다. 왜 수많은 종파들이 성서의 많은 사례들을 가지고 확인하면서 모순적 견해들을 신앙의 교리로 가르쳤으며 네덜란드인들에게 "철자 없는 이교도는 없다(Geen ketter sonder letter)라는 말이 왜 오래 전부터 속담이 되어 왔는지 누가 모르겠는가? 왜냐하면 성서의 책들(libri sacri)은 오직 한 사람이 쓴 것도 아니며 한 시대에 민중을 위해서 쓰인 것도 아니고 다양한 재능을 가진 수많은 사람들에 의해서 다양한 시대에 쓰인 것이기 때문이다. 만일 우리가 그 전체 시간을 헤아리고자 한다면 약 2천년이 될 것이고, 아마도 그 이상이 될 것이다.

말하자면 성서의 말들을 자기들의 견해에 맞춘다고 각 종파의 사람들을 불경스럽다고 비난할 마음은 없다. 왜냐하면 성서가 일찍이 그 당시 대중의 이해력에 맞춰졌던 것과 마찬가지로, 만일 각자가 정의와 자비에 속하는 문제들에 더욱더 기꺼운 마음으로 복종할 수 있다는 것을 안다면 각자는 성서를 자신의 견해에 맞출 수 있기 때문이다. 그러므로 우리는 이 똑같은 자유를 다른 사람들에게 있어서는 인정하려고 하지 않는 사람들을 비난한다. 그들은 아무리 정직하고 참다운 덕을 지녔다고 해도 자기들과 다른 견해를 가진 모든 사람들을 신의 적으로 박해하며, 이와 반대로 아무리 영혼이 타락했을지라도 자기들과 견해가 일치하는 자들을 신의 선택된 자들로서(tanquam Dei electos) 사랑한다. 이보다 더 사악하며 이보다 더 국가에 해로운 것은 결코 생각해 낼 수 없을 것이다.

신앙에 관해서 각자가 원하는 생각의 자유(libertas sentientes)가 어디까지 확장되어야 하며, 사람들의 다양한 견해에도 불구하고 누가 성실한 신도인가를 확실히 하기 위해서 우리는 신앙과 신앙의 기초(fides ejusque fundamentalia)를 정의하지 않으면 안 된다. 이것이 내가 이 장에서 말하려는 것이고, 동시에 나는 이 책 전체의 주요 목적인 신앙을 철학으로부터 분리할 것이다.

이것을 질서 있게 밝히기 위해서 성서 전체의 주요 목표를 다시 살펴볼 필요가 있다. 왜냐하면 성서의 주요 목표는 우리가 신앙을 정의하는 데 있어서 참다운 기준(vera norma)을 제시해 주기 때문이다. 우리는 앞 장에서 성서의 목적은 오로지 순종을 가르치는 것에 있다고 말하였다. 물론 아무도 이것을 부정할 수 없을 것이다. 구약과 신약 두 가지다 순종의 가르침(obidientiae disciplina) 이외의 아무것도 아니라는 것을 누가 모른단 말인가? 두 가지 성서는 모두 사람이 참다운 마음으로 순종하는 것 말고는 다른 것을 목적으로 삼지 않는다.

앞 장에서 밝힌 것은 생략하고, 모세는 이성적으로 이스라엘인들을 설득하려고 애쓰지 않고, 맹약과 서약 그리고 편의에 의해서 그들을 설득할 의무를 느끼고 있었다. 다음으로 그는 이스라엘 민중에게 율법을 어기면 처벌하겠다고 위협했고 율법을 지키면 상을 주겠다고 약속하였다. 이 모든 수단들은 학문을 가르치기 위한 것이 아니고 오로지 순종만을 위한 것이었다. 그러나 복음의 교리(Evangelica doctrina)는 단순한 신앙 이외에는 아무것도 포함하지 않는다. 말하자면 복음의 교리는 신에 대한 믿음과 존경으로 이것은 신에게는 순종과도 같다. 따라서 나는 지극히 명백한 문제를 증명하기 위해서 순종을 권고하는 구약과 신약 의 두 성서의 수많은 곳에서 발견되는 성서의 구절들을 수집할 필요는 없을 것이다.

다음으로 성서는 여러 구절들에서 신을 섬기기 위해서 각자가 반드시 행해야 하는 것을 아주 분명하게 가르치고 있다. 곧 전체 율법이 오직 이 한 가지에서, 말하자면 이웃에 대한 사랑(amor erga proximum)에서 성립한다는 것을 가르치고 있다. 그러므로 신의 명령에 따라서 자기 자신과 마찬가지로 이웃을 사랑하는 사람은 실제로 순종하며 율법에 따라서 복되지만, 이와 반대로 이웃을 증오하거나 무시하는 자는 반항적이며 순종하지 않는다는 사실 또한 아무도 부정할 수 없다. 마지막으로 성서는 식자들뿐만 아니라 시대와 종족을 막론하고 모든 인류를 위해서 쓰였고 전파되었다는 것은 모든 사람에게 잘 알려져 있다. 오직 이로부터 성서는 성서의 명령을 수행하는 데 필요한 것을 넘어서는 어떤 것도 우리가 믿기를 요구하지 않는다는 결론을 내릴 수 있다. 따라서 이 명령은 보편적인 종교 전체의 유일한 기준이며, 오직 그것에 의해서 모든 사람이 받아들여야 하는 신앙의 모든 교리들(omnia fidei dogmata)을 결정하지 않으면 안 된다.

이와 같은 사실이 매우 명백하고, 오직 이러한 기초나 이유에서 모든 것이 타당하게 도출될 수 있으므로 교회의 그토록 많은 견해의 차이들이 생기는 일이 어떻게 가능했는지 그리고 그러한 견해의 차이들은 이 책의 7장 처음에서 소개한 원인 말고 다른 원인들이 있었는지는 각자가 판단하도록 내버려 두겠다. 따라서 이것들 자체가 나로 하여금 여기에서 발견된 신앙의 기초로부터 교리를 결정하는 방식과 근거를 밝히도록 하였다. 왜냐하면, 만일 내가 그것을 행하지 못하고 일정한 규칙에 따라서 사실을 결정하지 못한다면, 내가 지금까지 거의 발전하지 못했다고 말하는 것은 당연할 것이기 때문이다. 실제로 각자는 특히 신의 속성들이 문제될 경우 자신이 원하는 것을 순종에 대한 필연적 수단이라는 핑계로 이끌어올 수 있을 것이다.

따라서 사태 자체를 체계적으로 밝히기 위해서 나는 주어진 이러한 기초에 의해서 다음처럼 정의되어야만 하는 신앙의 정의(fidei definitio)로부터 시작하겠다. 말하자면 신앙이 무엇인가 하면, 신앙이란 만일 신앙에 대해서 모른다면 신에 대한 순종이 소멸된다고 신에 대해서 생각하는 것 이외의 다른 것이 아니며 이러한 순종과 함께 필연적으로 주어진 것이 신앙이다. 이와 같은 정의는 매우 확실하고 분명하므로 방금 증명한 것으로부터 아무런 설명도 필요치 않다는 것이 귀결된다. 그러나 이러한 신앙의 정의로부터 무엇이 귀결되는지 이제 나는 간단히 밝히겠다.

1. 신앙(fides)은 신앙 자체를 통해서가 아니라 오직 순종(obedientia)을 통해서만 구원을 가져올 수 있거나, 야고보가 '야고보서' 2장 17

절에서 말하는 것처럼 신앙은 행함이 따르지 않으면 죽음(mors)이다. (이것에 대해서는 앞서 이야기한 '야고보서' 2장 전체를 볼 것.)

2. 참답게 순종하는 자는 필연적으로 참되고 구원을 가져다주는 신앙을 소유한다. 왜냐하면 순종하게 되면 신앙도 필연적으로 가지게 된다고 우리가 이미 말했기 때문이다. 이와 똑같은 것을 야고보서 2장 18절에서 사도 야고보가 분명히 말하고 있다: "나에게 실천 없는 그대의 믿음을 보여 주십시오. 나는 실천으로 나의 믿음을 보여 주겠습니다." 그리고 '요한 1서' 4장 7-8절에는 다음과 같은 말이 있다: "사랑하는 여러분,(말하자면 이웃을) 서로 사랑합시다. 사랑은 하느님에게서 오는 것이기 때문입니다. 사랑하는 이는 모두 하느님에게서 태어났으며 하느님을 압니다. 사랑하지 않는 사람은 하느님을 알지 못합니다. 하느님은 사랑이시기 때문입니다(nam Deus est Charitas)." 성서 구절에서 우리는 실천에 의하지 않고서는(nisi ex operibus) 아무도 믿음이 독실한지 또는 아닌지를 판단할 수 없다는 결론을 내릴 수 있다. 말하자면 만일 어떤 사람의 실천(opera)[1]이 선하다면, 그 사람의 교리가 다른 신자들의 교리와 다르다고 할지라도 그 사람의 믿음은 독실하다. 그런데 반대로 어떤 사람이 말로는 교리에 일치하더라도 그의 실천이 악하면 그의 믿음은 독실하지 못하다. 왜냐하면 순종하게 되면 신앙도 필연적으로 가지게 되며 실천 없는 신앙(fides absque operibus)은 죽은 것이기 때문이다.

'요한 1서' 4장 13절도 똑같은 것을 분명히 가르친다: "하느님께서는 우리에게 당신의 영을(말하자면 사랑: Charitas을) 나누어 주셨습니다. 우리는 이 사실로 우리가 그분 안에 머무르고 그분께서 우리 안에

---

1 (역주) 실천(opus)은 바로 행동이나 업적을 뜻한다.

머무르신다는 것을 압니다." 왜냐하면 요한은 이전에 신을 사랑이라고 말했기 때문인데, 이로부터 곧 자신이 받아들인 원리들로부터 그는 사랑을 가진 자는 실제로 성령(spiritus Dei)을 가지고 있다고 결론을 내린다. 참으로 아무도 신을 보지 못했기 때문에, 오로지 이웃 사랑을 통해서가 아니면(nisi ex sola charitate erga proximum) 아무도 신을 생각하거나 알 수 없으며, 따라서 아무도 이 사랑 말고는 신의 다른 속성을 알 수 없는 것이다.

이 주장들이 독자들에게 확신을 주지 못한다고 할지라도, 이 주장들은 요한의 뜻을 나타내 준다. 그러나 '요한 1서' 2장의 3-4절은 훨씬 더 분명하게 요한의 뜻을 나타내며, 거기에서 요한은 지금 내가 말하고자 하는 것을 아주 명백하게 가르친다. 요한은 이렇게 말한다: "우리가 하느님의 계명을 지키면, 그것으로 우리가 그분을 알고 있음을 알게 됩니다. '나는 그분을 안다' 하면서 그분의 계명을 지키지 않는 자는 거짓말쟁이이고, 그에게는 진리가 없습니다." 그리하여 정직하고 정의를 사랑하는 사람들을 자기들과 견해가 다르고 자기들과 똑같은 신앙의 교리를 지키지 않는다고 해서 박해하는 자들은 실제로 그리스도를 반대하는 자들(Anticharistos)이다. 왜냐하면 정의와 사랑(justitia et charitas)을 사랑하는 사람들은 오직 그것만으로도 신앙이 독실하다는 것을 우리가 알 수 있기 때문이다. 그래서 신앙이 독실한 사람들을 박해하는 자는 그리스도의 반대자이다.

마지막으로 신앙은 경건한 교리 이상의, 곧 복종하게끔 마음을 감동시키는 교리 이상의 참다운 교리를 요구하지 않는다. 교리들 중에는 진리를 반영하지 못하는 교리들이 많다. 그러나 그러한 교리들에 집착하는 자는 그것이 그르다는 것을 알지 못한다. 만일 그(러한) 교리들이 그르다는 것을 안다면 그는 필연적으로 반역자일 것이다. 왜냐하면 정의를 사랑하고 신에게 순종하려고 애쓰는 사람은 신의 본성과 다른 것을 신성한 것으로 경배할 수 없기 때문이다. 그런데 인간은 마음의 단순함으로 인해서 오류를 범할 수 있으며, 성서는 이미 우리가 밝힌 것처럼 무지(ignorantia)가 아니라 오직 완고함(contumacia)만을 꾸짖는다. 물론 이것은 오직 신앙의 정의(定義)를 통해서만 필연적으로 도출된다. 신앙의 정의((定義)의 모든 부분들은 이미 밝힌 보편적 기초로부터 그리고 성서 전체의 유일한 의도로부터 도출되지 않으면 안 된다. 만일 그렇지 않다면 우리는 우리의 인위적인 구성을 성서에 삽입시키는 셈이다. 그런데 성서는 참다운 교리를 요구하지 않고 순종에 필연적인 교리를 요구한다. 그 교리는 곧 이웃에 대한 사랑을 강화하는 교리이다. 오직 이웃 사랑을 통해서만 모든 사람은 신 안에 있으며 요한이 말한 것처럼, 신은 모든 사람 안에 있다.

따라서 각자의 신앙은 진리나 허위에 관해서가 아니라 오직 순종이나 완고함에 따라 경건하거나 불경한 것으로 여겨져야 한다. 그리고 일반적으로 사람들의 기질(ingenium)이 특히 다양하며 모든 사람들이 모든 문제에서 똑같이 만족하지 않지만, 견해들은 다양하게 사람들을 움직여서 헌신하도록 하기도 하고, 다른 사람들을 웃음과 경멸을 유발하기도 한다는 사실은 아무도 의심하지 않는다. 이로부터 보편적이거나 일반적인 신앙에는 정직한 사람들 사이에 갈등을 일으킬 수 있는 어떤 교리도 스며들어서는 안 된다. 왜냐하면 교리는 어떤 사람에게는 경건하고 또 어떤 다른 사람들에게는 불경스럽지만 신앙의 본성은 오직 실천적 행동을 통해서만 판단되어야 하기 때문이다. 그러므로 보편적 신앙에는(ad fidem catholicam) 신에 대한 순종을 위해 절대적으로 필요하고 순종을 모르면 절대적으로 불가능한 교리만 속한다. 그러나 나머지 문제들에 대해서는 각자가 자기 자신을 가장 잘 알기 때문에 정의에 대한 사랑을 강화하는 데 가장 좋은 것으로 여겨지는 것을 각자가 생각해야만 할 것이다.

이렇게 한다면 나는 교회에는 분쟁의 여지가 없을 것이라고 생각한다. 이제 나는 두려움 없이 보편적 신앙의 교리 내지 성서 전체가 의도하는 근본 교리를 열거할 수 있다. 앞에서 밝힌 것들로부터 가장 명백하게 도출되는 것처럼 성서의 이 모든 교리들은 다음과 같은 하나의 교리로 향하지 않으면 안 되는 것 같다. 말하자면 정의와 자비를 사랑하는 최상의 존재자(ens supremum)가 있는데, 모든 사람은 구원받기 위해서 그에게 순종하지 않으면 안 되며, 자기들의 이웃에게 자비와 사랑을 실천함으로써 그를 경배하지 않으면 안 된다. 이로부터 다른 모든 교리들이 쉽게 결정되고 따라서 그것들은 다음과 같은 것들에 지나지 않는다.

1. 신이, 곧 가장 정의롭고 자비로운, 참다운 삶의 모범인 최고의 존재자(ens supremum)가 존재한다. 왜냐하면 신 자체가 존재한다는 것을 알지 못하거나 믿지 않는 자는 그에게 순종할 수 없으며 또한 그를 심판자로서 알지 못하기 때문이다.

2. 신은 유일하다. 왜냐하면 이것이[2] 또한 신에 대한 최고의 헌신, 존경, 그리고 사랑을 위해서 절대적으로 요구된다는 것을 아무도 의심할 수 없기 때문이다. 그 이유인즉 헌신과 존경과 사랑은 오직 다른 것들보다 뛰어난 일자(一者)의 탁월함에 의해서만 생기기 때문이다.

3. 신은 어디에나 현존(現存)하며 만물은 그에게 드러나 있다. 만일 사람들이 신에게 사물들이 은폐되어 있다고 믿거나 신이 모든 것을 안다는 사실을 모른다면, 사람들은 만물을 주관하는 신의 공평한 정의를

2 (역주) 여기에서 이것은 신은 유일하다(Deum esse unicum)는 것을 말한다.

의심하거나 또는 그러한 것을 모르는 셈이다.

4. 신은 만물에 대한 최고의 권리와 지배권을 가지며, 강제로 어떤 것을 행하지 않고 절대적인 재량권과 특별한 은총에 의해서 행한다. 왜냐하면 만물은 그에게 절대적으로 순종하여야 하지만 그는 어느 누구에게도 순종할 필요가 없기 때문이다.

5. 신에 대한 예배와 신에 대한 순종은 오직 정의와 자비(justitia et charitas)[3] 혹은 이웃에 대한 사랑에만 있다.

6. 이러한 삶의 방식으로 신에게 순종하는 모든 사람만 구원받을 수 있다. 그러나 욕망의 지배 아래서 살아가는 사람들은 파멸한다. 만일 사람들이 이것을 굳게 믿지 않는다면, 욕망이 아닌 신에게 복종하여야 할 아무 이유도 없을 것이다.

7. 신은 참회하는 자들의 죄를 용서한다. 왜냐하면 죄를 짓지 않는 사람은 아무도 없기 때문이다. 따라서 만일 이러한 믿음이 없다면, 모든 사람은 자신의 구원을 단념할 것이고, 신이 자비롭다고 믿을 아무런 이유도 없을 것이다. 그러나 만물을 이끄는 자비와 은총으로 신이 인간의 죄를 용서한다는 것을 굳게 믿고 이 때문에 신에 대한 사랑으로 더 고무되는 시림은 실제로 성령에 따라서 그리스도를 알며 또한 그리스도가 그 사람 안에 있다.

전혀 예외 없이 앞에서 설명한 율법의 명령에 따라서 사람들이 신에게 순종하도록 하기 위해서는 이 모든 것들을 필연적으로 알아야만 한다는 것을 아무도 부정할 수 없을 것이다. 왜냐하면 이것들 중 어떤 것이 무시된다면 순종도 사라질 것이기 때문이다.

게다가 참다운 삶의 모범(verae vitae exemplar)인 신은 무엇인가,

3 (역주) 자비(charitas)는 사랑으로도 옮길 수 있다. 옮긴이는 문맥에 따라서 charitas를 사랑 또는 자비로 옮겼다.

말하자면 신은 불인가, 성령인가, 빛인가, 사유(思惟)인가 등의 문제는 신앙과 전혀 상관이 없다. 또한 신이 참다운 삶의 모범인 이유는 무엇인지, 말하자면 신이 정의롭고 자비로운 영혼을 소유해서 그런지, 또는 만물이 신에 의해서 존재하고 활동하며 우리도 신을 통해서 이해하며, 또 신을 통해서 참답게 평등하고 선을 보기 때문인지에 관한 문제들도 신앙과는 관계가 없다. 이 문제들에 대해서 각자가 생각하는 것은 별로 중요하지 않다.

다음으로 만일 어떤 사람이 다음처럼 생각한다면 그것 역시 신앙과는 아무런 상관이 없다: 신은 본질에 따라서 아니면 가능성에 따라서 어디에나 존재하는지, 신이 자유에 의해서 아니면 자연 필연성에 의해서 사물들을 주관하는지, 신이 군주로서 법을 규정하는지 아니면 영원한 진리로서의 법을 가르치는지, 인간이 자유의지를 통해서(ex arbitrii libertate) 아니면 신의 명령의 필연성에 의해서 신에게 순종하는지 마지막으로 선한 자들의 보상과 악한 자들의 벌이 자연적인지 아니면 초자연적인지 등을 생각한다면 그것은 신앙과 전혀 상관이 없다. 내가 생각하건대 이 문제들 그리고 이와 유사한 문제들은 그와 같은 믿음이 보다 더 큰 죄악을 범하게 하거나 신에게 덜 순종하게 한다는 결론에 도달하지 않는 한 신앙에 대해서 전혀 상관이 없다. 실로 이미 앞에서 말한 것처럼 각자는 이 신앙의 교리들을 자신의 이해력에 맞추게 되어 있으며, 자신을 위해서 자기가 느끼는 방식으로 그 교리들을 해석하게 되어 있어서 각자는 마음 전체로 신에게 순종하기 위해서 아무런 주저함도 없이 그리고 마음 전체로 더욱더 쉽게 그 교리들을 받아들일 수 있는 것이다.

왜냐하면 이미 지적한 것처럼 일찍이 신앙이 그 당시의 예언자와 대중의 이해력과 견해에 따라서 계시되고 기술되었던 것과 마찬가지로 오늘날에도 각자가 어떤 정신적 반발도 없이 또 어떤 주저함도 없이 신앙을 받아들이도록 하기 위해서는 신앙을 각자의 견해에 맞추어야 할 것이다. 왜냐하면 우리는 신앙이 진리가 아니라 경건함을 요구하며, 신앙은 순종에 따라서만 경건하고 구원받게 되며 따라서 순종 없이는 아무도 신앙으로 독실할 수 없다는 것을 밝혔기 때문이다. 따라서 최상의 논증을 제시하는 사람이 반드시 최고의 신앙을 제시하는 것이 아니고 정의와 자비로 최선의 실천을 보여 주는 사람이 최고의 신앙을 제시하는 것이다. 사람들이 평화롭고 조화롭게 살기 위해서 이러한 교리들이 국가에서 얼마나 유익하고 얼마나 필요한지, 그리고 내가 생각하기에는, 얼마나 많은 소란과 범죄의 원인들이 이 교리들에 의해서 저지될지는 모든 사람들의 판단에 맡기기로 하겠다.

그런데 여기에서 더 앞으로 나아가기 전에 우리가 방금 밝힌 것에 의해서 신이 시나이 산에서(ex Monte Sinai) 이스라엘인들에게 이야기했던 것에 대해서 논의한, 이 책의 1장에서 제시된 난점에 대해 쉽게 답할 수 있다는 것을 살펴보지 않으면 안 된다. 왜냐하면 이스라엘인들이 들었던 그 목소리가 그들에게 신의 존재에 대한 철학적이거나 수학적인 확실성을 줄 수 없었다고 할지라도, 그들이 이전에 알고 있던 신에 대한 경외함을 가지고 그들을 떨게 만들어 충분히 순종하게끔 하였기 때문이다. 이것이 바로 그러한 무대의 목적(finis illius spectaculi)이었던 것이다. 그 이유인즉 신은 이스라엘인들에게 자신의 본질의 어떤 속성도 가르치려고 하지 않았고(그 당시 그는 아무런 속성도 계시하지 않았기 때문에), 오히려 그들의 마음의 완고함을 꺾고 순종시키려고 하였다. 따라서 신은 이성에 의해서가 아니라 나팔소리로 그리고 천둥과 번개로 그들을 엄습했던 것이다.

이제 남은 일은 신앙 내지 신학과 철학 사이에는 아무런 공통성이나 친화성이 없다는 것을 밝히는 것뿐이다. 물론 너무나도 다른 이 두 분과의 영역과 기초를 아는 사람은 누구도 이미 이러한 사실을 모를 수 없다. 왜냐하면 철학의 영역은 오직 진리이고 신앙의 영역은 우리가 충분히 밝힌 것처럼 순종과 경건함(obedientia et pietas)일 뿐이기 때문이다. 다음으로 철학의 기초는 공통개념들이며 오직 자연으로부터만 도출되지 않으면 안 된다. 그러나 신앙의 기초는 역사와 언어이며 이 책의 7장에서 밝힌 것처럼 오직 성서와 계시로부터만 도출된다.

따라서 신앙은 모든 사람에게 철학적으로 생각하기 위한 최대한의 자유를 허용하며, 범죄로 생각되지 않으면 우리는 원하는 모든 것에 대해서 생각할 수 있다. 그리고 신앙은 오직 완고함, 증오, 싸움, 그리고 분노를 조장하는 견해들을 가르치는 자들을 이교도와 분파주의자(haereticos et schismaticos)라고 비난한다. 그리고 반대로 신앙은 자기들의 이성의 힘과 능력에 따라서 정의와 자비를 따르라고 설득하는 사람만을 신앙이 독실한 사람으로 여긴다.

마지막으로 여기에서 우리가 밝힌 것들은 이 논고(論考)에서 내가 의도한 중요한 것들이며 독자가 이 논고를 계속해서 읽기 전에 알아야 하는 가장 중요한 것들이기 때문에, 독자들은 이 두 장(章)들, 곧 13, 14장을 가장 진지하고 주의 깊게 충분히 읽어 주기를 바라며 또한 그것들을 반복해서 숙고하며 그 가치를 평가해 주기를 바란다. 그렇게 한다면 독자들은 내가 새로운 것들을 도입하려는 마음으로 이 두 장(章)들을 쓴 것이 아니고 언젠가는 왜곡된 것이 고쳐진 것으로 보여지기를 바라는 마음에서 이 논고를 썼다는 것을 확인할 수 있을 것이다.

# 15

## 신학은 이성에 종속되지 않으며, 이성도 신학에 종속되지 않는다는 것을 밝힌다. 그러나 이성은 성서의 권위를 확신하게 한다.

철학을 신학으로부터 분리할 줄 모르는 사람들은 성서가 이성에 종속되어야만 하는지 아니면 (반대로) 이성이 성서에 종속되어야만 하는지에 대해서 논쟁한다. 곧 성서의 의미(sensus scripturae)가 이성에 일치해야만 하는지 아니면 이성이 성서에 일치해야만 하는지에 대해서 논쟁한다. 그런데 두 번째 경우는 이성의 확실성을 부정하는 회의론자가 옹호하며, 첫 번째 경우는 독단론자가 지지한다. 그러나 두 가지 모두 전적으로 그르다는 것은 이미 말한 것으로부터 분명히 드러난다. 왜냐하면 두 견해 중 어떤 견해를 따르더라도 필히 이성이나 아니면 성서를 훼손시켜야 하기 때문이다. 그 이유는 성서는 철학적인 것들이 아니라 오직 경건함만을 가르치며, 성서에 포함되어 있는 모든 것은 대중의 이해력과 그들이 미리 가지고 있는 견해에 맞추어져 있기 때문이다. 따라서 성서를 철학에 맞추려고 하는 사람은 물론 상상조차 할 수 없는 수많은 것들을 예언자들의 탓으로 돌리고 그것들의 의미를 그릇되게 해석할 것이다. 그러나 이와 반대로 이성과 철학을 신학에 종속시키는 사람은 고대 유대인들의 편견을 신적인 것으로 받아들이고, 그 편견은 신학의 정신을 차지하고 눈멀게 할 것이다. 따라서 양자들 모두가, 말하자면 하나는 이성 없이 다른 하나는 이성과 함께 제 정신이 아닐 것이다.

성서를 이성에 맞추어야만 한다고 공공연하게 주장한 바리사이인들 중 최초의 바리사이인은 마이모니데스였다. 우리는 이 책 7장에서 그의 견해를 검토했으며 여러 가지 논거에서 그것을 반대하였다. 바리사이인들이 그를 매우 존경했지만 대부분의 바리사이인들은 그를 떠나서 알파카(R. Jehudae Alpakhar)의[1] 견해를 따랐는데, 알파카는 마이모니데스의 오류를 피하려고 했으나 정반대의 또 다른 오류에 빠지고 말았다. 말하자면 알파카는 이성이 성서에 기여하여야만 하고 전적으로 성서에 종속하지 않으면 안 된다고 주장하였다.[2] 그는 또한 성서에 있는 어떤 구절의 문자 그대로의 의미가 이성과 모순된다고 하더라도 은유적으로 해석할 필요가 없고 그 구절의 의미가 성서 자체와, 곧 성서의 교리와 분명히 반대될 때만 은유적으로 해석할 필요가 있다고 주장하였다. 그래서 그는 다음과 같은 보편적 규칙을 정식화했는데, 그것은 성서가 교리로 가르치고[3] 명백한 말로 확언하는 것은 오직 그것의 권위에 의해서 참다운 것으로서 절대적으로 받아들이지 않으면 안 된다는

---

1 (역주) 알파카는 13세기 스페인의 유대인 철학자로 톨레도에 거주하였다. 그는 마이모니데스의 이론을 반대하는 입장을 옹호하였다. 마이모니데스(1135-1204)는 현실과 자연의 문제에서는 아리스토텔레스의 이성을 우위에 두었고 종교 문제에 있어서는 성서의 가르침을 우위에 두었다.

2 나는 언젠가 이것을 소위 마이모니데스 서한집에 들어 있는 마이모니데스를 반박하는 서신에서 읽은 일이 있다.

3 「성서의 해석자」(Interpret. Scripturae), 75쪽을 볼 것

것이다. 성서에는 성서에 직접적으로 반대되는 교리는 없지만 성서의 표현 방식이 성서의 명백한 교리에 대립되는 것을 자주 전제하는 것처럼 보일 때에는 오직 추론을 통해서 그 구절들을 은유적으로 설명할 수 있는 것이다.

예컨대 성서는 신이 유일자라는 것을(Deum esse unicum) 분명히 가르치고 있으며('신명기' 6장 4절을 볼 것), 다수의 신들이 있다고 직접 주장한 구절은 어디에서도 발견하지 않는다. 그러나 여러 구절에서 신이 자신에 대해서 그리고 예언자들이 신에 대해서 복수로 말하는데, 이것은 단지 표현 방식일 뿐이고, 복수의 신들이 있다는 의도는 아니었다. 그러므로 이 모든 구절들은, 여러 신들이 있다는 것이 이성에 모순되기 때문이 아니라 성서 자체가 신은 유일자라고 직접 확인하고 있기 때문에 은유적으로 설명되지 않으면 안 된다.

또한 마찬가지로 성서의 '신명기' 4장 15절이 알파카가 생각하는 것처럼 신은 비육체적이라고 확인하고 있기 때문에, 이성의 권위에서가 아니라 오직 성서의 이 구절에 의해서만 신이 육체를 가지지 않는다고 믿어야 한다. 따라서 우리는 신에게 손, 발 등이 있다고 하는 모든 구절들을 오직 성서의 권위를 통해서 은유적으로 설명하지 않으면 안 된다. 여기에서 표현 방식은 신의 육체를 가정하는 것처럼 보일 뿐이다. 이것은 바로 알파카의 견해이다. 성서를 통해서 성서를 설명하고자 하는 한에 있어서 나는 그를 칭찬한다. 그러나 이성을 갖춘 사람이 이성 자체를 파괴하려고 애쓰는 것은 놀랄 일이다. 우리가 이야기의 의미와 예언자들의 정신을 다루고 있는 동안에는 성서가 성서를 통해서 설명되어야 한다는 것은 진정 참다운 사실이지만 일단 참다운 의미를 이끌어 낸 후에 우리는 그 의미에 동의하기 위해서 반드시 판단과 이성을 사용하지 않으면 안 된다.

이성이 비록 성서에 모순된다고 할지라도, 만일 이성이 완전히 성서에 종속된다면 나는 다음처럼 묻겠다: 우리는 그러한 종속을 이성을 가지고 다루어야 하는가 아니면 맹목적으로 이성 없이 다루어야 하는가? 만일 후자의 경우라면 우리는 물론 어리석게 그리고 판단 없이 행동하는 것이다. 만일 전자의 경우라면 우리는 오직 이성의 지시대로 성서를 받아들이는 것이며, 따라서 만일 성서가 이성에 모순된다면 우리는 성서를 받아들이지 않을 것이다. 그런데 나는 이렇게 묻는다. 도대체 누가 이성에 반대되는 것을 정신적으로 받아들일 수 있단 말인가? 정신적으로 어떤 것을 부정하는 것은 이성이 그것을 반대하는 것이 아니면 무엇이란 말인가? 그리고 나는 사람들이 가장 큰 재능이며 신성한 빛인 이성을 이미 죽어 버린 그리고 인간의 악의에 의해서 훼손되었을 문자에 종속시킬 수 있다는 것에 대해서 너무 놀라지 않을 수 없다. 신의 말의 참다운 육필인 정신이 훼손되고 맹목적이며 상실되었다고 모욕적으로 말하는 것을 범죄로 여기지 않고, 문자들과 신의 말의 묘사에 대해서 (De littera et verbi Dei idolo) 그렇게 생각하는 것은 범죄로 여기는 것에 대해서 나는 너무 놀라지 않을 수 없다.

사람들은 이성과 자신의 판단력에 대해서 아무것도 믿지 않는 것을 경건하다고 생각하며, 우리에게 성서를 물려준 사람들의 신앙에 대해서 의심하면 불경하다고 생각한다. 그러나 그것은 경건함이 아니고 단지 어리석음일 뿐이다. 그럼으로 나는 묻는다. 무엇이 그들을 불안하게 하는가? 그들은 무엇을 두려워하는가? 만일 사람들이 만물에 대해서 무지하지 않다면 그리고 이성을 전적으로 등지지 않는다면 종교와 신앙을 지킬 수 없다는 것인가? 만일 그들이 이렇게 믿는다면 실제로 그들은 성서를 신뢰하기보다 오히려 훨씬 더 성서를 두려워하고 있는 것이다.

그러나 종교와 경건함이 이성을 또는 이성이 종교를 종속시키려고 한다라든지, 종교와 이성은 서로 완전한 조화를 이루면서 자신의 왕국을 주장할 수 없다고 말하지 않기를 바란다. 나는 이 문제에 대해서 곧 다룰 것이다. 왜냐하면 나는 여기에서 무엇보다 먼저 랍비 알파카가 말한 규칙을 검토하고자 하기 때문이다.

우리가 이미 말한 것처럼, 알파카는 성서가 확인하거나 부정하는 모든 것을 우리가 진리로 받아들이거나 아니면 허위로 거부하기를 바란다. 다음으로 성서는 어느 구절에서 확언하거나 부정한 것을 다른 어느 곳에서도 그와 반대로 확언하거나 부정하지 않으며 이 사실을 받아들이기를 그는 바란다. 이 두 가지 주장들이 모두 근거 없는 말이라는 것은 누구나 명백하게 알 수 있다. 성서가 다양한 책들로 이루어져 있으며, 다양한 시대에, 다양한 사람들을 위하여 그리고 다양한 저자들에 의해서 쓰였다는 것은 생략하고 또 이성과 성서가 그러한 것을 말했는가의 사실을 확인도 하지 않고 알파카의 권위에 의해서 주장되었다는 것도 생략하겠다. 왜냐하면 그럼에도 불구하고 그는 오직 추론에 의해서만 다른 구절들과 모순되는 모든 구절들을 언어의 본성과 구절들의 근거에 따라서 쉽게 설명할 수 있다는 사실과 성서가 훼손되지 않고 우리의 손에까지 전해져 내려올 수 있었다는 사실을 증명해야만 하기 때문이다.

이 문제를 체계적으로 검토해 보기로 하자. 알파카의 첫 번째 주장에 대해서 나는 이렇게 묻는다. 만일 이성이 모순된다 해도 우리는 성서가 긍정하거나 부정하는 것(quod Scriptura affirmat vel negat)[4]을 진리로 받아들이거나 아니면 허위로 거부해야만 하는가? 그러나 그는 아마도 이성과 모순되는 것은 어떤 것도 성서에서 발견되지 않는다고 덧붙일

4 「성서의 해석자」(Interpret. Scripturae) 76쪽을 볼 것

것이다. 그러나 나는 성서가 신이 질투심이 강하다는 것을(Deum esse zelotypum) '십계명'과 '출애굽기' 4장 14장 14절 그리고 '신명기' 4장 24절 및 기타 많은 구절들에서 분명히 확언하고 가르친다고 주장한다. 이것은 이성과 모순되지만 그럼에도 불구하고 알파카의 주장에 따르면 참다운 것으로 성립되지 않으면 안 된다. 실로 만일 성서에서 신이 질투심이 강하지 않다는 구절들이 발견된다면, 그 구절들이 그렇게 여겨지지 않도록 필히 은유적으로 설명되지 않으면 안 될 것이다. 또한 마찬가지로 성서는 분명히 신이 시나이 산으로 내려 왔다고('출애굽기' 19장 20절 등을 볼 것) 그리고 다른 공간적 운동이 신에게 속한다고 말하며, 어느 곳에서도 신이 움직이지 않는다고 분명하게 가르치지 않는다. 따라서 이것 역시 모든 사람은 참다운 것으로 받아들이지 않으면 안 된다. 그리고 어떤 장소도 신을 포함하지 않는다고 열왕기 상 8장 27절에서 "그러나 어찌 하느님께서 땅 위에 계시겠습니까? 저 하늘, 저 위의 하늘에도 당신을 모시지 못할 터인데……."라고 솔로몬은 말한다, 그러나 이 구절은 신이 움직이지 않는다고 주장하지 않고 단지 그러한 사실을 추론하므로 이 구절은 신이 운동을 결여하지 않는다는 것으로 필히 설명되어야 한다. 마찬가지로 하늘 또한 성서가 분명하게 신의 거처와 왕좌로 확언하기 때문에 그렇게 여겨지지 않으면 안 된다. 그리고 성서에는 예언자들과 대중의 견해에 따라서 이야기된 이러한 식의 많은 구절들이 있는데, 성서가 아니라 오직 이성과 철학은 그것들을 그르다고 가르친다. 그렇지만 알라카의 주장에 의하면 성서에서는 이성이 전혀 고려될 수 없기 때문에 이 구절들을 모두 참다운 것으로 받아들여지지 않으면 안 될 것이다.[5]

---

5 「성서의 해석자」(Interpret. Scripturae) 115쪽을 볼 것.

다음으로 알파카는 어떤 한 구절이 다른 구절과 직접적으로가 아니라 추론에 의해서(per consequentiam) 은유적으로 모순된다고 그릇되게 주장한다. 왜냐하면 모세는 "하나님은 태워 버리는 불이시며('신명기' 4장 24절을 볼 것)라고 직접 주장하지만, 신이 가시적 사물들과 어떤 유사성을 가진다는 것을 직접 부정한다('신명기' 4장 12절을 볼 것). 만일 후자의 구절들이 전자의 구절들과 추론에 의해서만 모순되고 따라서 모순되는 것으로 보이는 것을 피하기 위해서 전자에 맞추어야 한다고 알파카가 주장한다면 우리는 불을 신이라고 인정하는 것이 나을 것이다. 아니면 오히려 알파카와 함께 헛소리를 하지 않기 위해서 이 문제를 옆으로 밀쳐 두고 다른 예를 살펴보기로 하자.

말하자면 사무엘은[6] 신은 자신의 판단을 바꾼다는 것을 직접 부정하며('사무엘기 상' 15장 29절을 볼 것), 이에 반해서 예레미야는 신은 자신이 정한 선한 사람들과 악한 사람들에 대한 판단을 바꿀 수 있다고 확언한다('예레미야서' 18장 8, 10절을 볼 것). 무슨 말인가? 두 구절들은 확실히 서로 반대되지 않는가? 그렇다면 알파카는 이 두 가지 중에서 어떤 것을 은유적으로 설명하려고 했는가? 두 가지 판단들은 다 보편적이지만 각각의 판단은 서로 대립된다. 한 판단이 직접 긍정하는 것을 다른 판단은 직접 부정한다. 따라서 알파카는 자신의 규칙에 따라서 두 가지 모두를 참다운 것으로 받아들이거나 거짓된 것으로 거부하지 않으면 안 된다. 만일 추론이 명확하고 구절들의 상황과 본성이 은유적 설명을 허락하지 않는다면, 한 구절이 다른 구절에 직접 모순되지 않고 오직 추론에 의해서만 모순된다는 것이 무엇을 가져다준다는 말인가? 그와 같은 구절들은 성서에서 많이 발견되는데, 이에 대해서는 이 책의

---

6 (역주) 사무엘은 신이 거짓말도 하지 않고 뜻도 바꾸지 않는다고 말한다.

2장을 보라. 거기에서 우리는 예언자들이 다양하고 상반된 견해들을 가지고 있음을 밝혔다. 그리고 특히 우리가 역사에 있는 것으로 밝힌 이 책의 9장과 10장에서 그러한 모든 모순들을 보기 바란다.

여기에서 모든 것을 검토할 필요는 없다. 왜냐하면 내가 말한 것만으로도 이러한 판단과 규칙에서 생기는 부당함과 그것들의 그릇됨 그리고 저자 알파카의 조급함을 충분히 밝혔기 때문이다. 따라서 우리는 알파카의 판단과 함께 마이모니데스의 판단을 거부할 수 있으며 신학은 이성에 그리고 이성은 신학에 봉사할 필요가 없고, 각각 자신의 왕국을 소유한다는 사실을 논란의 여지가 없는 것으로 주장할 수 있다. 말하자면 이미 말한 것처럼 이성은 진리와 지혜의 왕국(regnum veritatis et Sapientiae)을, 신학은 경건함과 순종의 왕국(regnum pietatis et obedientiae)을 소유한다. 왜냐하면 이성의 힘은 사물에 대한 이해 없이도 오로지 순종에 의해서 사람들이 축복할 수 있다는 것을 결정할 수 있을 정도까지 미치지 못하기 때문이다. 그러나 신학은 바로 순종 이외에는 어떤 것도 규정하거나 명령하지 않으며, 이성에 반대되는 어떤 것도 원치 않으며 또한 행할 수도 없다. 왜냐하면 신학은 신앙의 교리(fidei dogmata)를 순종에 충분할 정도로만 결정하기 때문이다. 그러나 신학은 진리에 관계해서 이 교리가 어떻게 정확히 이해되어야 할지에 관한 것을 이성이 결정하도록 맡겨 둔다. 이성은 실제로 정신의 빛(mentis lux)이며, 이성이 없으면 정신은 꿈과 환상 이외에는 아무것도 보지 못한다.

그런데 여기에서 우리가 말한 대로 성서가 의도한 궁극 목적을 (성서의 궁극 목적은 순종의 이유와 방식 내지 참다운 경건함과 신앙에 대한 교리이다) 신학이 지시하는 한, 나는 신학(theologia)을 계시(revelatio)로 이해한다. 곧 신학은 고유하게 신의 말(Dei verbum)이라고 불릴 수 있으며 이 말은 성서의 특정한 책들 안에만 있는 것이 아니다(이에 대해서는 이 책의 12장을 볼 것). 만일 당신이 신학의 규범과 삶의 도덕적 가르침을 고려한다면 그렇게 이해된 신학은 이성과 일치할 것이고, 만일 당신이 신학의 의도와 목적을 고려한다면 신학은 어떤 점에서도 이성에 반대되지 않을 것이고 따라서 신학은 모든 사람들에게 보편적이다.

전체 성서에 대해서 일반적으로 말하자면, 이 책의 7장에서 이미 밝힌 것처럼 성서의 의미는 단지 철학의 기초인 보편적 자연사(historia naturae)로부터가 아니라 오직 성서의 역사에 의해서만 결정되어야 하는 것이다. 우리가 성서의 참다운 의미를 그렇게 탐구한 다음에 그 의미가 여기저기에서 이성에 반대되는 것을 보게 되어도 우리는 그 때문에 난처할 필요가 없다. 왜냐하면 성서에서 이성과 모순되는 이러한 종류의 것이 발견되거나 사람들이 무지하고 그 무지함이 하느님의 자비를 별로 손상시키지 않는 것은 신학이나 신의 말과는 관계가 없고, 따라서 누구나 그러한 문제에 대해서는 비난받지 않고 자기가 원하는 대로 생각할 수 있다는 것을 우리가 확실히 알고 있기 때문이다. 따라서 나는 성서가 이성에 맞추어져서도 안 되고 또 이성이 성서에 맞추어져서도 안 된다고 분명하게 결론 내린다.

그러나 신학의 기초(theologiae fundamentum)는, 즉, 인간은 오직 순종에 의해서만 구원받을 수 있다는 것은 그것이 참인지 거짓인지 이성을 통해서 증명될 수 없기 때문에 사람들은 우리가 왜 신학의 기초를 믿느냐고 반박할 수도 있다. 만일 우리가 이성과 상관없이 신학의 기초를 맹목적으로 받아들인다면 우리 또한 어리석게 그리고 판단력 없이 행동하고 있는 것이다. 이와 반대로 만일 신학의 기초는 이성에 의해서 증명될 수 있다고 우리가 주장한다면 신학은 철학의 한 부분이 되어서 철학으로부터 분리될 수 없게 된다. 그러나 이에 대해서 나는 확실하게 다음처럼 주장한다고 답한다. 이 근본적인 신학의 교리는 자연의 빛(lumen naturale)에 의해서 탐구될 수 없으며 또한 아무도 성공적으로 신학의 기초를 증명하지 못하였고 따라서 계시가 가장 필연적인 것이었다. 그럼에도 불구하고 이미 계시된 것을 최소한 도덕적 확신을 가지고 받아들이기 위해서 우리의 이성적 판단력을 사용할 수 있다. 나는 도덕적 확신을 가지고라고 말한다. 왜냐하면 우리는 교리의 기초를 제일 먼저 계시받은 예언자들보다 그 교리의 기초를 우리가 더 확신할 수 있다고 기대할 근거가 없기 때문이다. 그렇지만 이미 우리가 이 책의 2장에서 밝힌 것처럼 예언자들의 확신은 오직 도덕적인 것이었다.

성서의 권위를 수학적 증명에 의해서 밝히려고 애쓰는 사람들은 전적으로 길을 헤맬 것이다. 왜냐하면 성서의 권위는 예언자들의 권위에 의존하고 따라서 예언자들이 일찍이 자기들의 민족을 설득시키기 위해서 사용했던 것보다 더 강한 논증으로 증명할 수 있는 논증은 없기 때문이다. 실제로 이러한 권위에 대한 우리의 확실성은 예언자들이 자기들의 확실성과 권위의 토대로 삼았던 기초 이외의 다른 기초를 가질 수 없다. 왜냐하면 우리는 예언자들의 모든 확신을 다음과 같은 세 가지 즉 분명하며 생생한 상상(imaginatio), 징표(signum), 특히 옳음과 선함으로 향한 마음(anima)에서 성립된다는 것을 밝혔기 때문이다. 예언자들은 이것들 이외에는 어떤 다른 이유들도 기초로 삼지 않았다. 따라서 그들은 일찍이 자기들이 생생한 말로 들려 준 대중에게도, 글을 써서 이야기를 전한 우리에게도 다른 이유들을 가지고 자기들의 권위를 증명할 수 없었다.

그런데 첫 번째 것, 곧 사물들을 생생하게 상상하는 것은 오직 예언자들에게만 확실할 수 있었다. 따라서 계시에 대한 우리의 확신 전체는 오직 다른 두 가지에만, 말하자면 징표와 교리(signum et doctrina)에 기초를 둘 수 있었고 또 기초를 두지 않으면 안 되었다. 물론 모세도 이것을 분명히 가르친다. 왜냐하면 모세는 '신명기' 18장에서 대중에게 신의 이름으로 참다운 징표를 준 예언자에게 순종하기를 명령하기 때문이다. 그러나 예언자가 신의 이름으로 예언할지라도 어떤 것을 거짓되게 예언한다면 그는 죽음에 처해질 것이고, 대중을 참다운 종교로부터 등 돌리게 하고자 하는 자는 비록 자신의 권위를 징표와 기적에 의해서(signis et portentis) 확증한다고 할지라도 죽음의 판단을 받으리라는 것이다. (이에 대해서는 '신명기' 13장을 볼 것) 거기에서는 참다운 예언자는 동시에 교리와 기적에 의해서(ex doctrina et miraculo) 거짓 예언자와 구분된다는 사실이 귀결된다. 왜냐하면 모세는 그러한 사람을 참다운 예언자라고 선언하고 대중에게 어떤 기만도 두려워하지 말고 그 예언자들을 믿으라고 명령하기 때문이다. 그런가 하면 모세는 비록 신의 이름으로 일지라도 거짓 예언을 행한 자들이나, 비록 참다운 기적을 행했다고 할지라도 거짓 신들을 가르치는 자들은 죽음에 처해져야 할 거짓 예언자들이라고 말한다.

우리는 또한 징표를 통해서 확인된 성서의 교리 때문에 성서와 예언자들을 믿어야만 한다. 예언자들이 모든 것을 넘어서서 자비와 정의(charitas et justitia)를 권하고 다른 어떤 것도 의도하지 않았다는 것을 알기 때문에 이로부터 다음처럼 결론 내릴 수 있다. 예언자들은 인간이 악한 의도가 아니라 참다운 마음을 가질 때 순종과 신앙에 의하여 축복받을 수 있으리라고 가르쳤던 것이다. 그리고 예언자들은 그러한 사실을 징표에 의해서 확인했기 때문에 예언자들은 예언을 함부로 말한 것도 아니고, 예언하면서 미쳐 있었던 것도 아니었다고 우리는 확신한다. 예언자들은 이성과 완전히 일치하지 않는 도덕은 어떤 것도 가르치지 않았다는 사실이 우리가 내린 결론을 더 확신시켜 준다.

왜냐하면 예언자들 안에 있는 신의 말이 우리 안에서 말하는 신의 말과 완전히 일치하는 것은 우연이 아니기 때문이다. 그런데 나는 유대인들이 일찍이 예언자들의 생생한 목소리를 통해서 결론을 내린 것과 똑같은 확실성을 가지고 바로 앞의 사실을 결론 내릴 수 있다. 이 책의 12장 끝 부분에서 다음의 사실을 밝혔다: 성서는 그것의 교리 그리고 중요한 역사와 연관해서 훼손되지 않고 우리의 손에까지 전달되었다. 신학 전체와 성서의 기초가 비록 수학적 증명에 의해서 밝혀질 수 없다고 할지라도, 우리는 건전한 이성적 판단에 의해서 그것을 받아들일 수 있다. 수많은 예언자들의 증언에 의해서 확인되고, 정신이 강하지 않은 자들에게 큰 위안과 국가에 적지 않은 이익을 가져다주며 우리가 위험이나 손상 없이 완전하게 믿을 수 있는 것을 단지 수학적으로 증명할 수 없다고 해서 인정하지 않으려고 하는 것은 확실히 무지(inscientia)의 소치이다. 이것은 삶을 보다 더 현명하게 영위하기 위해서 어떤 의심의 근거를 가지고 있는 것은 아무것도 참다운 것으로 여겨져서는 안 된다거나 우리의 대부분의 행동은 전적으로 불확실하지도 않고 위험에 휩싸여 있지도 않다고 하는 태도와 유사하다.

나는 물론 다음의 사실을 인정한다. 철학과 신학은 서로 모순되며 두 가지 중 하나를 그것의 왕국에서 추방해야 하고 서로의 관계를 끊어야 한다고 생각하는 사람은 신학을 확고한 기초 위에 세우기 위해서 그 기초를 수학적으로 애써서 증명하려고 이유 없이 노력하지 않는다. 절망에 빠진 사람이나 미친 사람이 아니고서야 누가 이성을 단념하거나 예술과 학문을 경멸하거나 이성의 확실성을 부정하겠는가? 그렇지만 우리는 이성을 단념하거나 하는 자들을 완전히 용서할 수는 없다. 왜냐하면 그들은 이성을 추방하기 위해서 이성의 도움을 요청하고자 하며 이성의 확실성을 통해서 이성을 불확실하게 만들려고 애쓰기 때문이다. 실로 그들은 수학적 증명에 의해서 신학의 진리와 권위를 밝힘으로써 자연의 빛의 권위를 박탈하려고 노력하지만 오히려 신학 자체를 이성의 영역으로 이끌어 들이고 있으며 이성의 자연적 빛이 비추어 주지 않으면 신학은 아무런 권위의 광채도 가지지 못한다는 것을 분명히 뒷받침하는 것으로 여겨진다.

반대로 그들이 자기들은 성령의 내적 증거에 전적으로 만족하지만 비신도들을 확신시키기 위해서 이성의 도움을 요청한다고 자랑스럽게 말한다면, 우리는 그들의 말을 결코 믿지 않을 것이다. 왜냐하면 이미 우리는 그들이 단지 감정적으로 또는 허영심에서 그렇게 말한다는 것을 쉽게 밝힐 수 있기 때문이다. 그 이유인즉 앞 장에서 오직 선한 행위에 대해서만 성령이 증언한다는 사실이 분명히 귀결되었기 때문이다. 따라서 바오로도 역시 '갈라디아서' 5장 22절에서 선한 행위를 성령의 결실( fructus Spiritus Sanctus)이라고 부르며, 성령 자체는 실제로 정신 안의 선한 행동으로부터 생기는 마음의 안정(animi aquiescentia) 이외의 다른 것이 아니다. 그러나 오직 철학적 사색의 대상이 되는 것들의 진리와 확실성에 대해서는 이성 이외에는 어떤 정신도 증거를 제시하지 못하는데, 이미 우리가 밝힌 것처럼 오직 이성만이 진리의 왕국(veritatis regnum)을 요구하였다. 따라서 만일 그들이 이성 말고 자기들에게 진리의 확실성을 부여하는 정신을 가진다고 주장한다면 그것은 그들이 거짓되게 자만하거나, 오직 감정적 편견에 따라서 말하거나 또는 철학자들로부터 논박당하고 공개적으로 웃음거리가 되지 않으려고 큰 두려움에 빠져서 신성한 종교로 도피하는 것이다. 그러나 그것은 헛되다. 왜냐하면 이성의 위엄(rationis majestas)을 훼손하는 자는 어떤 제단도 자신을 위해서 세울 수 없기 때문이다.

그러나 나는 이러한 사람들에 대해서는 더 이상 말하지 않겠다. 왜냐하면 나는, 어떤 이유에서 철학이 신학으로부터 구분되지 않으면 안 되는지를, 각각의 본질적 본성은 무엇인지를 그리고 각각은 서로 모순되지 않은 채 자기 자신의 영역을 지키면서 두 가지 중 어느 하나도 다른 것에 종속하지 않는다는 것을 증명함으로써 나의 과제를 충분히 수행했다고 생각하기 때문이다. 그리고 마지막으로 나는 기회가 되는대로 사람들이 이 두 가지 분과를 놀라울 정도로 혼동하여 서로 구분하지 못하고 하나를 다른 것으로부터 정확히 분리시킬 줄 몰랐다는 사실에서 생긴 부당함, 손해, 그리고 해로움도 증명하였다.

이제 다른 주제로 진행하기에 앞서 나는 성서 내지 계시의 유용성과 필연성(utilitas et necessitas Sacrae Scripturae sive revelationis)에 따라서 성서와 계시를 높이 평가한다는 것을 주의해 두고자 한다.[7] 왜냐하면 오직 순종만이 구원의 길이라는 것을 자연의 빛(lumen naturale)에 의해서는 알 수 없고[8] 구원의 길은 우리가 이성으로는 파악할 수 없는 신의 특별한 은총을 통해서 이루어진다는 것을 가르쳐 주는 것은 오직 계시일 뿐이다. 이로부터 성서는 인류에게 말할 수 없이 커다란 위안을 가져다준다는 사실이 귀결된다. 물론 모든 사람들은 완전히 순종할 수 있으며, 전체 인류에 비교해 볼 경우 오직 이성의 지도에 따라서 덕을 소유할 수 있는 사람은 극소수이므로, 만일 우리가 이러한 성서의 증거를 가지지 못했더라면 우리는 인류의 구원을 의심하게 될 것이다.

---

7 신의 결정(divina decreta)은 율법 또는 계명(jura seu mandata)으로 구원이나 행복에(ad salutem s. beatudinem) 충분하며 그것을 영원한 진리로 파악할 필요는 없다. 이 책 4장의 증명에서 확실한 것처럼 이성(ratio)이 아니라 계시(revelatio)가 이것을 우리들에게 가르칠 수 있다.

8 (역주) 순종이 구원의 길이라는 것은 이성이 아니라 계시에 의해서 우리 인간에게 밝혀진다는 것을 말한다.

# 16

## 국가의 기초에 대하여: 각 개인의 자연권과 시민권, 그리고 최고 권력의 권리에 대해서

지금까지 우리는 신학으로부터 철학을 분리하기 위해서 그리고 신학이 각자에게 보장하는 철학하는 자유(libertas philosophandi)를[1] 밝히기 위해서 노력하였다. 그러므로 이제부터는 각자가 생각하고 말하는 생각의 자유(libertas sentiendi)가 최선의 국가에서(in optima republica) 어디까지 확대될 수 있는지를 탐구해 보자. 이 문제를 체계적으로 검토하기 위해서 우리는 국가의 기초를 논의해야 하며, 국가와 종교에 대해서 고찰하기에 앞서서 먼저 개인의 자연권에 대해서 고찰하지 않으면 안 된다.

내가 이해하는 자연의 권리와 제도는[2] 오직 각 개인의 자연의 규칙일 뿐이다.[3] 우리는 모든 사람이 자연의 규칙에 따라서 일정한 방식으

1 (역주) 철학하는 자유란 이성적으로 생각하는 자유를 뜻한다.

2 (역주) 제도(institutum)는 윤리, 관습, 습관 등의 의미도 가지고 있다.

3 (역주) 스피노자는 토마스 홉스의 「시민론」(De Cive,)을 읽었으며, 이 장에서는 홉스의 정치철학의 영향이 많이 나타나고 있다.

로 존재하고 행동하도록 자연적으로 결정되어 있다는 것을 파악할 수 있다. 예컨대 물고기들은 헤엄치도록 그리고 큰 놈이 작은 놈을 잡아먹도록 자연에 의해서 결정되어 있으며, 따라서 물고기들은 최고의 자연권에 의해서(summo naturali jure) 물에서 살며 큰놈이 작은 놈을 먹어 치운다. 왜냐하면 절대적 의미에서 고찰된 자연은 자신이 할 수 있는 모든 것들에 대해서 최상의 권리를 가지고 있다는 것이 확실하기 때문이다. 곧 자연의 권리(jus naturae)는 자연의 힘(potentia naturae)이 확대되는 만큼 커진다. 왜냐하면 자연의 힘은 만물에 대한 최상의 권리를 가지는 신의 힘 자체(ipsa Dei potentia)이기 때문이다. 그러나 전체 자연의 총체적 힘은 동시에 모든 개체들의 힘이므로[4] 각각의 개체는 자신이 할 수 있는 모든 것들에 대해서 최상의 권리를 가진다. 곧 각 개체의 권리는 각 개체의 결정된 힘이 확장되는 데까지 넓혀진다.

그런데 각 사물은 자신을 제외한 어떤 것에도 관계하지 않고 자신이 있는 상태에서 자신을 보존하기 위하여 애써야 하는 것이 자연의 최상의 법이기 때문에 각 개체는(이미 말한 것처럼) 자연적으로 결정된 것처럼 존재하고 행동하려는 최상의 권리를 가지고 있는 것이다. 나는 이러한 점에서 인간들과 여타의 자연적 개체들 사이에 어떤 차이가 있는지 알지 못하며, 이성을 부여받은 인간들과 참다운 이성을 모르는 다른 것들과의 차이도 알지 못하고, 또 바보와 광인과 정상인 간의 차이도 알지 못한다. 왜냐하면 각 사물은 그 자신의 본성의 법칙에 따라서 행하는 것에 최상의 권리를 가지고 행하기 때문이다. 그 이유인 즉 각 사물은 자연에 따라서 결정된 대로 행동하고 다르게는 행동할 수 없기 때문이다. 우리가 단지 자연의 지배 아래서만 살아가는 인간들을 고찰하

---

4 (역주) 「에티카」 1부 정리 17 참조

는 한, 인간들 중에는 아직 이성을 모르거나 덕을 소유하지 못한 사람도 이성의 법칙에 따라서 자신의 삶을 영위하는 사람과 마찬가지로 최고의 권리인 욕구의 법칙에 따라서(ex solis legibus appetitus)[5] 살아가고 있는 것이다. 곧 현명한 사람이 이성이 명령하는 모든 것에 대해서, 또는 이성의 법칙에 따라서 살아갈 최고의 권리를 가지는 것과 마찬가지로 무지하며 정신이 박약한 사람도 욕구가 권하는 모든 것에 대해서, 또는 욕구의 법칙에 따라서 살아가기 위한 최고의 권리를 가진다. 그런데 바오로가 가르치는 것도 이와 마찬가지이다. 바오로는 법 이전에는, 곧 인간들이 자연의 지배에 의해서 살아가고 있는 것으로 고찰되는 한 죄를 인정하지 않는다.[6]

따라서 인간 각자의 자연권(jus naturale)은 건전한 이성에 의해서가 아니라 오히려 욕망과 힘(cupiditas et potentia)에 의해서 결정되는 것이다. 왜냐하면 모든 인간이 이성의 규칙과 법칙에 따라서 행동하도록 자연적으로 결정되어 있는 것이 아니기 때문이다. 오히려 반대로 모든 인간은 모든 것들에 대해서 무지하게 태어나며, 그리고 그들이 비록 훌륭하게 교육을 받는다 하더라도 참다운 삶의 방식을 알고 덕스러운 습관을 획득하기에는 긴 시간이 필요하다. 그럼에도 불구하고 인간은 힘이 있는 한 살아가지 않으면 안 되고, 말하자면 욕구의 충동에 의해서 자신을 보존하지 않으면 안 된다. 왜냐하면 자연은 그들에게 이것들 외에 다른 것은 아무것도 주지 않았으며 건전한 이성에 따라서 살아갈 현실적인 힘도주지 않기 때문이다. 따라서 고양이가 사자의 자연 법칙에 따라서 살아야 할 의무가 없는 것처럼 그들은 건전한 정신의 법칙에 따

5 (역주) 스피노자는 「에티카」에서 욕구(appectitus)의 원천은 성향(conatus)이고, 욕구가 의식되면 그것은 욕망(cupiditas)이라고 하였다.

6 (역주) 이 문장의 의미는 다분히 홉스의 정치 철학의 영향을 보여 주고 있다.

라서(ex legibus sanae mentis) 살아갈 의무가 없는 것이다.

따라서 각 개인은 자연의 지배하에서 고찰되었을 경우, 건전한 이성의 인도하에서든 정서의 충동하에서든 간에 자신에게 이익이 된다고 믿는 것은 무엇이든지 최고의 자연권에 의해서(summo nature jure) 추구할 수 있으며, 그는 모든 방식으로, 곧 힘이나 계략이나 간청을 통해서 또는 자신이 더 쉽게 할 수 있는 방식으로 자신을 위해서 소유할 수 있으며 결국 그는 자신이 원하는 것을 얻지 못하도록 방해하는 사람을 적으로 간주한다.

이로부터 모든 사람은 자연권과 제도 아래에서 태어나고 대부분 살아가며 그 자연권과 제도는 아무도 욕망하지 않고 또 아무도 말할 수 없는 것들만 금지한다는 결론이 나온다. 자연의 권리와 제도는 분쟁도, 증오도, 분노도 기만도 그리고 욕구가 권하는 어떤 것도 절대적으로 배척하지 않는다. 이것은 전혀 놀랄 일이 아니다. 왜냐하면 자연은 오직 인간의 참다운 유용성과 보존만을 목적으로 삼는 인간 이성의 법칙에 의해서 제한되지 않고 전체 자연의 영원한 질서를 다루는 영원한 다른 질서에 의해서 제한되기 때문이다. 전체 자연에서 인간은 오직 작은 부분에 지나지 않는다. 오직 전체 자연의 필연성에 의해서 모든 개체는 존재하고 작용하도록 일정한 방식으로 결정된다. 따라서 자연 속의 어떤 것이 우리에게 우습게, 불합리하게 또는 악하게 보인다면, 그것은 우리가 사물들을 오직 부분적으로만 알고 전체 자연의 질서와 일치를 대부분 알지 못하고 모든 것이 우리의 이성의 사용에 의해서 진행되기를 바라는 것에서 생긴다. 그러나 실제로 이성이 악하다고 파악하는 것은 전체 자연의 질서와 법칙에 연관해서는 악하지 않고 오직 우리의 본성의[7]

7 (역주) 우리의 본성(nostrae natura)은 바로 이성(ratio)을 말한다.

법칙과 관계해서만 악하다.

그럼에도 우리의 이성의 법칙과 확실한 명령에 따라서 살아가는 것이, 이미 말한 것처럼, 오로지 인간에게 참다운 이익을 가져온다는 것을 아무도 의심할 수 없을 것이다. 게다가 가능한 한 두려움 없이 안전하게 살기를 욕망하지 않는 사람은 아무도 없다. 그러나 모든 사람 각자가 임의에 따라서 모든 것을 할 수 있고 이성이 아니라 증오와 분노에 권리를 내어 주는 한 그렇게 사는 일이 불가능하다. 왜냐하면 적개심, 증오, 분노 그리고 기만이 난무하는 곳에서 편안하게 사는 사람은 아무도 없기 때문이다. 따라서 그러한 것들이 자신 안에 있는 한 모든 사람은 그것들을 피하려고 애쓸 것이다. 우리가 이 책의 5장에서 밝힌 것처럼 상호 도움 없이 그리고 이성의 계발 없이 사는 사람들은 비참하게 산다는 사실을 고찰한다면, 사람들은 안전하게 선하게 살기 위해서 필연적으로 하나로 통일되지 않으면 안 된다는 사실을 분명하게 알 수 있다. 따라서 사람들은 각자가 자연적으로 모든 것에 대해서 소유하는 권리를 집단적으로 가지지만, 그러한 권리는 더 이상 각자의 힘과 욕구에 의해서가 아니라 모든 사람의 힘과 의지 두 가지에 의해서 결정되지 않으면 안 된다. 그렇다고 해도 그들이 오직 욕구가 권하는 대로만 따르고자 했다면 그들의 추구는 헛될 것이다. 왜냐하면 욕구의 법칙에 의해서 각자는 다양한 방향으로 향할 것이기 때문이다. 따라서 사람들은 모든 일에 있어서 오직 이성의 명령에 의해서 인도되도록 가장 확고하게 주장하고 서약하지 않으면 안 된다. 자신이 미친 사람처럼 취급당하지 않으려면 어느 누구도 이것을 감히 공개적으로 반대하지 못할 것이다. 다른 사람에게 해가 되는 욕구를 억제하고, 자신에게 행해지지 않기를 바라는 것을 아무에게도 강제하지 않으며 마지막으로 타인의 권리도 자신의 권리처럼 지키겠다는 것이 바로 그것이다. 그러나 이러한 계약(pactum)이 타당하고 확고하기 위해서는 어떤 방식으로 해결해야 하는지 이제 여기에서 알아보기로 하자.

인간의 본성의 보편적 법칙(lex humanae naturae universalis)은 보다 더 큰 선을 희망할 때나 또는 보다 더 큰 상실을 두려워할 경우 이외에는 아무도 자신이 선이라고 판단하는 것을 소홀히 하지 않으며, 보다 더 큰 악을 피하기 위해서나 보다 더 큰 선을 얻기 위한 경우가 아니면 아무도 악을 감내하지 않는다. 곧 모든 사람은 두 가지 선 중에서 자신이 보다 더 큰 선으로 판단하는 것을 택하며, 두 가지 악 중에서는 자신이 보기에 덜 악한 것을 택한다. 나는 분명히 선택하는 그에게 보다 크게 또는 보다 적게(majus aut minus) 보인다고 말하고, 사물이 그가 판단하는 것과 같은 상태에 있다고는 말하지 않는다. 따라서 이러한 법칙은 인간의 본성에 확고하게 새겨져 있어서 아무도 무시할 수 없는 영원한 진리들에 속하는 것으로 여겨져야 할 것이다.

그런데 이러한 법칙으로부터 필연적으로 아무도 책략(dolus) 없이는 자신이 모든 것에서 가지는 권리를 포기하겠다고 약속하지 않으며[8] 아무도 보다 더 큰 악에 대한 두려움이나 보다 더 큰 선에 대한 희망이 아니고는 그러한 약속을 지키지 않을 것이다. 이것을 더욱더 잘 이해하기 위해서, 강도가 내 재산을 그에게 넘기도록 강제로 약속하게 했다고 가정해 보자. 이미 밝힌 것처럼 나의 자연권은 오직 나의 힘에 의해서 결정되기 때문에, 강도의 요구를 들어 주는 것처럼 책략을 통해서 강도로부터 자유로워질 수만 있다면 나는 자연권에 따라서 그가 원하는

8 선한 것과 악한 것이 공동체의 권리에 따라서 결정되는 시민의 상태에서는(in statu civili) 책략(dolus)도 선한 것과 악한 것으로 정확하게 구별할 수 있다. 그러나 누구나 자신의 재판관이고 자신을 위해서 법을 정하고 해석하며, 실로 자기에게 유용하다고 판단하면 법을 폐자할 수 있는 완전한 권리를 소유한 자연 상태에서는(in statu naturali) 어떤 사람이 의도를 가지고 행동한다고 생각할 수 없다.

것을 약속할 수 있다. 또는 내가 어떤 사람에게 20일 간 어떤 음식도 그리고 어떤 영양분도 먹지 않겠다고 진지하게 약속했지만, 나중에 내 약속이 어리석었고 오직 큰 손상을 입어야만 약속을 지킬 수 있으리라는 것을 알았다고 해 보자. 나는 자연권에 따라서(ex jure naturali) 두 가지 악 중에서 덜 악한 것을 택해야 하기 때문에 나는 최고의 권리를 가지고 그와 같은 약속의 신뢰(fides talis pacti)를 깨뜨리고 내가 한 말을 하지 않은 것처럼 만들 수 있다. 그런데 이것은 내 생각에 의하면, 나의 약속이 잘못 되었다는 것을 내가 참답고 확실한 근거를 가지고 알든지 아니면 선입견으로 알든지 간에 자연권에 따라서 허용된 것이다. 왜냐하면 내가 참답게 알든 아니면 그릇되게 알든 간에 나는 큰 악을 두려워하며, 어떻게 해서든지 자연의 제도에 따라서(ex naturae instituto) 그 악을 피하려고 애쓰지 않으면 안 되기 때문이다. 이로부터 우리는 계약은 오직 유용성(utilitas)에 의해서만 힘을 가지며, 만일 유용성이 사라지면 계약은 소멸되며 동시에 무효가 된다고 결론을 내릴 수 있다. 그리고 만일 우리가 계약 체결의 파기가 계약한 사람에게 유용성 보다는 손해를 더 가져다주리라는 것에 대해서 동시에 주의하지 않는다면 타인에게 계약에 대한 영원한 신뢰를 요구하는 것은 어리석은 것이다. 이것은 물론 국가 구성에서 중요한 몫을 담당하지 않으면 안 된다.

그런데 모든 인간이 오직 이성의 지시에 의해서만 쉽게 인도될 수 있고 국가를 위한 최고의 유용성과 필연성을 알 수 있다면 누구나 기만적인 행동을 전적으로 버릴 것이다. 그러나 그들은 이 최고선에 대한 욕망에 의해서 곧 국가의 보존에 대한 욕망에 의해서 모든 점에서 완전한 믿음을 가지고 계약을 지킬 것이며 무엇보다도 우선 국가에 대한 최선의 방어에 기여할 것이다. 그러나 모든 사람이 항상 오로지 이성의 지시에 의해서만 인도될 수 있는 것은 아니다. 왜냐하면 각자는 자신의 쾌락(voluptas)에 이끌리면서[9] 탐욕, 야망, 질투와 분노 등이 이성이 개입할 여지가 없을 정도로 매우 자주 정신을 차지하기 때문이다. 따라서 인간은 솔직한 마음에서 확실한 표시를 가지고 신뢰를 지킬 의무를 가진다고 할지라도 약속에 다른 것이 첨가되지 않는다면 아무도 타인의 신뢰를 확신할 수 없을 것이다. 왜냐하면 보다 더 큰 선에 대한 희망이나 보다 더 큰 악에 대한 두려움이 없다면, 각자는 자연권에 따라서 기만적으로 행동할 수 있으며 계약을 지킬 필요도 없기 때문이다.

각자의 자연관은 오직 각자의 힘에 의해서 결정된다는 것을 이미 우리가 밝혔기 때문에 각자는 강제적으로든지 아니면 자발적으로든지 간에 자신이 소유한 힘을 타인에게 양도하는 만큼 자신의 권리를 타인에게 필연적으로 양도하지 않으면 안 된다. 그리고 모든 사람에 대해서 최고의 권리를 가진 사람은 최고의 권력을 소유하며, 그는 최고 권력을 통해서 모든 폭력을 억압하고, 모든 사람들이 똑같이 두려워하는 가혹한 처벌에 대한 공포를 통해서 사람들을 제재할 수 있다. 물론 그는, 그가 원하는 것이 무엇이든지 간에 이 권력을 행사하면서 보존하는 한에서만 주권을 유지할 것이다. 그렇지 않은 경우, 그의 지배는 불확실하게 될 것이고, 그보다 더 강한 자는 자신이 원하지 않는다면 그에게 복종할 필요가 없을 것이다.

따라서 이와 같은 방식으로 자연권과 전혀 모순되지 않고서도 사회가 형성될 수 있으며 모든 계약은 최고의 신뢰와 함께 항상 지켜질 수 있다. 만일 각자가 자신이 소유한 모든 힘을 사회에 양도한다면, 사회는 그렇게 해서 모든 것에 대한 최고의 자연권을 가지며, 곧 사회만이

9 (역주) 버질(vergilius), 「전원시, Eclogae」, II, 65 "자신의 쾌락을 이끌고 간다; trahit sua quemque voluptas"를 참조할 것.

오직 최고의 주권을 가지고, 각자는 자유 의지에 의해서 아니면 극형에 처해질 수 있는 두려움 때문에 이 주권에 복종하지 않으면 안 된다. 그와 같은 사회의 권리는 민주주의(democratia)라고 불리어진다. 따라서 민주주의는 인간들이 할 수 있는 모든 것에 대해서 집단적으로 최고의 권리(summum jus)를 가지는 인간들의 보편적 통일체(coetus universus hominum)로 정의될 수 있다. 이로부터 최고 권력은 어떤 법에도 구속받지 않지만 만인은 모든 것에 있어서 최고 권력에 복종하지 않으면 안 된다는 사실이 귀결된다. 왜냐하면 이것이 바로 모든 사람들이 자기 방어에 대한 그들의 모든 힘을, 곧 그들의 모든 권리를 묵시적으로든지 아니면 명시적으로든지 간에 최고 권력에 양도할 경우 그들이 계약하지 않으면 안 되는 것이기 때문이다. 물론 만일 사람들 자신이 어떤 것을 지키고자 했더라면, 그들은 동시에 그것을 피해 받지 않고 지킬 수 있기 위해서 미리 대비했어야만 했을 것이다.

그러나 그들은 국가의 분열과 파괴 없이는 그렇게 할 수 없었기 때문에 그들 자신은 최고 권력의 의지에 절대적으로 복종하였다. 우리가 이미 밝힌 것처럼 그들은 필요에 의해서 그리고 이성 자체의 권고에 의해서 절대적으로 이것을 행했기 때문에(우리가 이미 밝힌 것처럼) 우리가 국가의 적이 되기를 원치 않는다면 그리고 우리의 모든 힘으로 국가를 방어하기를 요구하는 이성에 어긋나게 행동하기를 원하지 않는다면 최고 권력의 명령을 절대적으로 수행하는 것이 우리의 의무이다. 왜냐하면 이성은 두 가지 악들 중 덜 악한 악을 우리가 선택하도록 하기 위해서 우리가 그 명령들을 수행하도록 명하기 때문이다.

게다가 타인의 명령과 의지에 절대적으로 복종해서 생기는 위험은 그다지 큰 문제가 될 수 없었다. 왜냐하면 우리가 밝힌 것처럼 최고 권력자들에게는 그들이 실제로 최고 권력을 소유한 한에서만 그들이 원하는 모든 것을 명령할 수 있는 권리가 속한다. 만일 그들이 이 권력을 상실한다면, 그들은 동시에 모든 것을 명령할 수 있는 권리를 상실하며, 이 권리는 획득하고 보존할 수 있는 한 사람이나 또는 다수의 사람들에게 넘어간다. 그러므로 최고 권력자들이 전혀 부당하게 명령하는 일은 지극히 드물게 생길 수 있다. 왜냐하면 공공의 선에 대해서 자문하고 모든 것을 이성의 명령에 따라서 이끌어 내면서 조심하고 지배권을 유지하는 것이 주로 그들에게 주어져 있기 때문이다. 그 이유인즉 세네카가 말한 것처럼 '폭정은 결코 오래 계속되지 못한다'(violenta imperia nemo continuit diu)이기 때문이다. 여기에 첨가할 것은 민주제에서는(in democratico imperio) 불합리한 명령을 두려워 할 필요가 없다는 사실이다. 왜냐하면 어떤 집단이 클 경우 그 집단의 다수의 사람들이 이러한 불합리한 명령에 동의하는 것은 불가능할 것이기 때문이다. 다음으로 민주제의 기초와 목표는 오직 비합리적 욕구를 피하고, 할 수 있는 한 사람을 이성의 통제 아래에 두어서 조화롭고 평화롭게 살아가도록 하는 것이다. 만일 민주제의 기초가 사라진다면 민주주의 전체 구조도 쉽게 붕괴된다. 따라서 이러한 것들을 보살펴야 하는 것은 오로지 최고 권력에 속하지만, 이미 말한 것처럼 신민(臣民)은 최고 권력의 명령을 수행하고 오직 최고 권력이 권리라고 선언한 바로 그 권리만을 인정하여야 한다.

아마도 어떤 사람은 우리가 이런 식으로 신민을 노예로 만든다고 생각할지도 모르겠다. 왜냐하면 사람들은 명령에 따라서 행동하는 사람을 노예로 생각하고 자기 마음대로 살아가는 사람을 자유인으로 생각하기 때문이다. 그러나 이것은 절대적으로 참답지는 않다. 그 이유인즉 실제로 자신의 쾌락에 이끌려 자기에게 유용한 것을 전혀 알지 못하고 또한 행할 수 없는 사람이 정말 노예이고, 온전한 마음으로 오직 이성의 인도에 따라서 사는 사람만이 자유롭기 때문이다[10] 그러나 명령에 따르는 행동은, 곧 복종은 어느 정도 자유를 해치지만 복종하는 사람을 노예로 만들지는 않는다. 그러나 행동의 근거가 설명되어야만 한다. 만일 행동의 목적이 행위자 자신을 위한 것이 아니고 명령하는 자를 위한 것이라면 행위자는 노예이며 그의 행위는 그 자신에게 무익하다. 그러나 통치자들이 아니라 전체 민중의 복지가 최고 법인 국가와 정부에서는 모든 일에 있어서 최고 권력에 복종하는 사람은 자기 자신이 무익한 노예가 아니라 신민이라고 일컬을 수 있다. 따라서 법이 건전한 이성을 기초로 삼는 국가야말로 가장 자유로운 국가이다. 왜냐하면 거기에서 각자는 자신이 원한다면 자유로울 수 있고[11] 다시 말해서 온전한 마음으로 이성의 인도에 따라서 (ex ductu rationis) 살 수 있기 때문이다. 이는 마치 아이들이 부모의 모든 명령에 복종하지 않으면 안 된다고 할지라도 노예가 아닌 것과도 같다. 왜냐하면 부모들의 명령은 아이들의 이익을 최대한으로 고려하기 때문이다. 나는 노예와 자식과 신민(臣民) 사이의 큰 차이가 있음을 아는데, 그 차이를 다음처럼 정의한다. 노예(servus)는 오직 명령하는 자의 이익만 고려하는 주인의 명령에 복종하지 않으면 안 되는 자이고 자식(filius)은 부모의 명령에 따라서 자신에게 이익이 되는 것을 행하는 자이다. 마지막으로 신민(subditus)은 최고 권력의 명령에 따라서(ex mandato summae potestatis)[12] 공동체에

10 (역주) 「에티카」 4, 5부도 스피노자가 여기에서 말하는 인간의 속박과 자유에 대해서 상세하게 논의한다.

11 모든 국가에서 인간은 자유로울 수 있다. 왜냐하면 인간은 이성의 인도를 받는 한 확실히 자유롭기 때문이다. 그런데(홉스는 다르게 생각하겠지만) 이성은 전적으로 평화를 받아들이도록 조언한다. 그러나 평화는 국가의 보편적 법이 보전되지 않는다면 지켜질 수 없다. 그러므로 인간은 이성의 인도를 받을수록, 곧 자유로울수록 한층 더 굳게 국가의 법을 지키며 신민으로서 최고 권력의 명령을 따를 것이다.

12 (역주) 최고 권력은 주권(主權)을 말한다.

게 그리고 자신에게 이익이 되는 것을 행하는 자이다.

이로써 나는 민주제의 기초(imperii democratici fundamenta)에 대해서 충분히 명백하게 밝혔다고 생각한다. 나는 민주제가 가장 자연적이며, 개인이 개인 각자에게 인정하는 자유에 가장 근접다고 생각하기 때문에 무엇보다 먼저 그것을 다루고자 했다. 왜냐하면 민주제에서는 아무도 조언을 구하지 못할 정도로 자신의 자연권을 타인에게 양도하지 않고, 오히려 개인은 자신이 한 부분을 구성하는 전체 사회의 다수인들에게 자신의 자연권을 양도하기 때문이다. 그리하여 이와 같은 방식으로 모든 것은 이전에 자연 상태에 있던 것과 마찬가지로 똑같이 남아 있다. 나는 오직 민주제 정부에 대해서만 상세하게 다루고자 했다. 왜냐하면 국가에 있어서, 자유의 이점에 대해서(de utilitate libertatis in republica) 논의하는 것이 나의 의도에 가장 적합하기 때문이다. 나는 다른 권력 형태들의 기초에 대한 논의는 생략하겠다. 그것들의 권리를 알기 위해서 그것들이 어디에서 생겼으며 또 어디에서 자주 생기는지를 알 필요가 없다. 그것은 방금 밝힌 것에서 매우 충분하게 확인되기 때문이다. 최고 권력(summa potestas)을 소유한 자는, 그가 한 사람이든지 소수의 사람들이든지 또는 모든 사람들이든지 간에 자신이 명령하고자 하는 최고의 권리를 가진다는 것이 확실하다. 자발적으로든지 아니면 강제력에 의해서든지 간에 자신을 보호할 권력을 타인에게 양도하는 자는 자신의 자연권을 완전히 포기한 것이며 따라서 그는 모든 것에 대해서 타인에게 절대적으로 복종하기로 결정한 것이다. 그리고 그가 전적으로 그렇게 하는 한 왕이나 귀족들이나 민중은 그들이 받아들인 그리고 권리 양도의 기초인 최고 권력을 보존할 수 있다. 여기에 더 많은 것을 첨가할 필요가 없다.

국가(imperium)의 기초와 권리에 대해서 밝힌 다음에는 개인적인 시민권(jus civile privatum)과 불법이 무엇인지 그리고 시민 상태에서 정의와 불의가 무엇인지를 결정하기는 쉬울 것이다. 나아가서 누가 동맹인지, 누가 적인지 그리고 무엇이 대역죄인지도 결정하기 쉬울 것이다.

왜냐하면 내가 이해할 수 있는 개인적인 시민권(jus civile privatum)은 오직 각자가 자기 자신을 자신의 상태에서 보존할 수 있는 자유이다. 자유는 최고 권력의 명령에 의해서만 결정되며 오직 최고 권력의 권위에 의해서만 지켜진다. 왜냐하면 각자가 자신의 뜻대로 살아갈 수 있고, 오직 자신의 힘에 의해서만 제한되는 권리를, 곧 자기를 방어할 자신의 자유와 힘을 타인에게 양도한 다음에는 오직 타인의 명령에 따라서 살아야 하며, 또한 타인의 보호 아래에서만 자신을 방어할 수 있다.

불법행위(injuria)는 시민이나 신민이 시민권이나 최고 권력의 명령에 반대해서(contra jus civile sive edictum summae potestatis) 타인에게 어떤 손상을 입혔을 때 생긴다. 왜냐하면 불법행위는 오직 시민의 상태에서만 파악될 수 있기 때문이다. 법률상 모든 것이 허락되어 있는 최고 권력자들에 의해서는 어떤 불법행위도 신민에게 행해질 수 없다. 그러므로 불법행위는 법률적으로 서로 해치지 않도록 제한되어 있는 개인들 사이에서만 생길 수 있다.

정의(justitia)는 시민법에 따라서(ex jure civili) 각 개인에게 속하는 것을 각자에게 귀속시키는 마음의 지속성이다. 그러나 불의는 법의 참다운 해석에 의해서 각자에게 속하는 것을 법을 가장해서 그에게서 빼앗는 것이다. 이것들은 또한 공평함과 불공평함으로도 일컬어진다. 왜냐하면 분쟁을 조정하기 위해서 임명된 사람은 전혀 개인을 고려하지 않고 모든 사람을 평등하게 대하지 않으면 안 되고, 부자를 시기하지도 않고 가난한 자를 경멸하지도 않으면서 각 개인의 권리를 동등하게 보호해야 하기 때문이다.

두 국가 사이의 사람들에 의해서 동맹이 맺어지는 것은 전쟁으로 위험에 빠지지 않기 위해서 또는 어떤 이익을 얻기 위한 서로 간에 상호 침략을 자제하고 필요한 경우 각 국가가 자신의 정부를 유지하면서 서로 돕기로 협약을 체결할 때이다. 이 동맹의 계약은 계약의 기초가, 말하자면 위험이나 이익의 근거가 지속하는 동안에만 타당할 것이다. 물론 어떤 선에 대한 희망이나 어떤 악에 대한 두려움이 없다면 아무도 협정을 체결하지도 않을 것이고 준수할 필요도 없을 것이다. 만일 동맹의 기초가 사라지면 계약도 자동적으로 소멸된다. 경험도 이러한 사실을 충분히 가르쳐 준다. 왜냐하면 다른 국가들이 서로 간에 상호 불가침 조약을 체결했을지라도 양국은 가능한 한 다른 쪽이 더 강해지지 않도록 힘으로 저지하려고 애쓰며 양쪽에 계약의 목적과 이익이 충분히 명백히 드러났을 경우에만 협약을 신뢰하기 때문이다. 그렇지 않을 경우 그 국가들은 진정으로 간계(dolus)를 두려한다. 최고 권력의 권리를 모르는 바보가 아니면 어느 누가 최고 권력을 거머쥐고 자신이 원하는 것을 할 수 있는 권리를 가지며, 국가의 안녕과 이익이 최상의 법인 것을 분명히 알고 있는 자의 말과 약속을 의존하지 않겠는가? 이 외에도 우리가 경건함과 종교를 고려한다고 할지라도, 우리는 국가 권력을 소유한 자가 자신의 국가에 손해를 끼치는 약속을 이행하고자 한다면 그는 바로 범죄를 저지르는 것이다. 왜냐하면 그가 어떤 것이 자신의 국가에 손해를 끼친다는 것을 알면서 그것을 약속하는 순간 그는 그 약속을 지킬 수 없기 때문이다. 그렇지 않을 경우 그는 무엇보다도 자신이 지키지 않으면 안 되는 자신의 신민에 대한 서약을 파기하여야 하는데, 이 서약을 지키는 것은 또한 일반적으로 가장 성스러운 것으로 약속되기 마련이다.

더 나아가서 적(hostis)이란 동맹으로서도 또 신민으로서도 국가의 권위(imperium civitatis)를[13] 인정하지 않고 국가와 떨어져서 살아가는 자이다. 왜냐하면 증오(odium)가 국가의 적을 만드는 것이 아니고 국가의 권리가 적을 만들기 때문이다. 그리고 국가의 권리는 국가의 법을 지키지 않거나 국가에 손해를 끼친 사람에게 적대적이므로 국가와의 어떤 계약도 인정하지 않는 그러한 사람에게 국가의 권리와 권위는 동일하게 적대적으로 행사할 수 있다. 따라서 국가는 법률적으로 가능한 모든 수단을 써서 그를 굴복하게 하거나 그와 동맹을 체결하게 할 수 있는 권리를 소유한다.

마지막으로 대역죄(crimen laesae majestatis)는 함축적이든지 아니면 명시적이든지 간에 합의에 의해서 자신의 권리를 국가에 양도한 신민이나 시민에게만 적용된다. 어떻게 해서라도 신민이 최고 권력의 권리를 강탈하려고 시도했다면 또는 타인에게 양도하려고 했다면 그는 그와 같은 죄를 범했다고 불리어진다. 나는 '시도했다면' (conatus est)이라고 말했다. 왜냐하면 반역행위가 행해진 다음에 처벌받는다면 국가는 너무 늦게 개입해서 국가의 권리는 타인에게 찬탈당했거나 양도되었을 것이기 때문이다. 나는 어떻게 해서라도 최고 권력의 권리를 강탈하려고 시도한 자가 그의 행위로 국가 전체에 아주 분명하게 해를 끼쳤는지 아니면 이익을 가져다주었는지의 차이를 전혀 인정하지 않는다. 왜냐하면 어떤 식으로 그가 그것을 시도했든지 간에 그는 대역죄를 범했으며 법적으로 처벌받지 않으면 안 되기 때문이다. 물론 전쟁 중에는 모든 사람이 그러한 처형을 법적으로 정당하다고 인정할 것이다. 말하자면 어떤 사람이 자신의 근무지를 이탈해서 사령관 몰래 적군에게

---

13 (역주) imperium은 명령, 제도, 관리, 국가 등의 의미를 가진다. imperium civitatis는 국가의 권력이므로 주권을 뜻하기도 한다.

접근한다면, 비록 좋은 의도를 가지고 적을 물리쳤다고 할지라도 자신의 개인적 의도에 의해서 그렇게 했으므로 충성의 맹서와 사령관의 권리를 침해한 것이 되어 당연히 사형 선고를 받아야 한다. 그러나 모든 시민들이 항상[14] 이와 같은 사령관의 권리에 왜 절대적으로 복종하여야만 하는가를 분명하게 알지 못하지만 항상 복종의 이유는 동일하다. 왜냐하면 국가는 오직 최고 권력의 조언에 의해서만 보존되고 통치되지 않으면 안 되며, 이와 같은 권리는 전적으로 오직 최고의 권력에 속하기 때문이다. 그러므로 만일 어떤 사람이 단지 자기 뜻에 따라서 최고 회의 모르게(inscio supremo concilio) 공적 업무에 착수하고자 한다면, 이미 말한 것처럼, 국가에 막대한 이익을 가져다준다고 할지라도 그는 최고 권력의 권리를 침해했으며 대역죄를 범했고 따라서 당연히 법적으로 유죄 판결을 받지 않으면 안 된다.

모든 의심을 제거하기 위해서 아직 다음과 같은 물음에 답할 일이 남아 있다. 앞에서 우리가 주장한 것은, 말하자면 이성을 사용하지 않는 사람이 자연 상태에서 욕구의 법칙에 따라서(ex legibus appetitus) 자연의 최고 권리를 가지고 살아간다는 것은 신이 계시한 율법과 분명히 모순되는가 또는 그렇지 않는가? 왜냐하면 이성을 사용하든지 사용하지 않든지 간에 신은 모든 사람이 절대적으로 이웃을 자기 자신과 똑같이 사랑하도록 명령하였으며 그에 따라 잘못을 저지르지 않고서는 타인에게 해를 끼칠 수 없으며 또한 오직 욕구의 법칙만 따라서 살 수 없기 때문이다.

만일 우리가 오직 자연 상태에 대해서만 주의를 기울인다면, 우리는 이러한 반론에 쉽게 답할 수 있다. 왜냐하면 자연 상태는 본성상 그리

---

14 (역주) 항상(semper)은 전쟁할 때든지 또는 평화 상태든지 '언제나'를 의미한다.

고 시간상 종교에 선행하기 때문이고, 날 때부터 자신이 신에게 복종하지 않으면 안 된다는 것을 아는 사람은 아무도 없기 때문이다.[15] 실로 이와 같은 지식은 어떤 이성 추리에 의해서도 얻어질 수 없고, 징표로 확인된 계시를 통해서만 가질 수 있다. 따라서 계시 이전에는 아무도 알 수 없는 신법을 따를 필요가 없다. 우리는 자연 상태와 종교 상태를 혼동해서는 안 되고, 내가 이미 말했고 우리가 바오로의 권위로 확인한 것처럼 자연 상태에서는 종교도 법도 없으며 따라서 결국 죄악도 잘못도 없는 것으로 생각하여야 한다. 우리가 자연 상태를 계시된 신법보다 선행한 것으로 그리고 계시된 신법을 가지지 않은 것으로 생각하는 것

---

15 바오로가 인간에게는 피난처(effugio)가 없다고 말할 때 그는 인간의 용어로 말하는 것이다. 왜냐하면 그는 '로마서' 9장 18절에서 다음의 사실을 분명하게 가르치기 때문이다. 신은 자기가 자비를 베풀기를 원하는 자에게 자비를 베풀며 자기가 완고하게 하기를 원하는 자를 완고하게 하고, 인간은 신에게서 미리 경고 받았기 때문이 아니라 똑같은 흙덩어리를 가지고 어떤 도자기를 명예롭게 또는 치욕스럽게 만드는 도공의 손에 있는 진흙처럼 신의 힘 안에 있기 때문에 변명의 여지가 없는 것이다. 그러나 우리가 말한 것처럼 신을 사랑하라(Deum amare)를 최고의 계명으로 지니는 신성한 자연법에 관해서 나는, 모든 것을 필연적으로 생기게 하는 보편적인 자연의 규칙을 철학자들이 법이라고 부르는 의미에서 그와 같은 신성한 자연법을 법이라고 불렀다. 왜냐하면 신에 대한 사랑(amor Dei)은 복종이 아니고 신을 옳게 아는 사람에게 내재하는 덕(virtus)이기 때문이다. 그러나 복종은 사태의 필연성과 진리에 관련되지 않고 명령자의 의지에 관련된다. 그러나 우리는 신의 의지의 본성은 모르지만, 반대로 생성되는 모든 것이 오직 신의 힘에 의해서 생긴다는 것을 알기 때문에, 우리는 오로지 계시를 통해서만 신이 마치 왕과 같이 인간들에 의해서 존경받기를 원하는지의 여부를 알 수 있다. 또한 신의 권리(jura divina)는 우리가 그 원인을 알지 못하는 한, 앞으로 우리가 밝히겠지만, 권리나 명령으로 여겨진다. 그러나 우리가 일단 그 원인을 알면 그것들은 명령이기를 그치고, 우리는 그것들을 권리가 아니라 영원한 진리로서 받아들인다. 곧 복종은 사랑으로 바뀌는데, 사랑은 마치 태양에서 빛이 나오는 것처럼 필연적으로 참다운 인식으로부터 생긴다. 우리는 원인을 모르면서 신의 권리를 신적인 것으로 받아들일 수 없고, 신을 법을 제정하는 왕처럼 이성적으로 파악할 수 없기 때문에 우리는 이성의 인도에 따라서 신을 사랑할 수는 있지만 그에게 복종할 수는 없다.

은 무지해서가 아니라 모든 인간이 가지고 태어난 자유 때문이기도 하다. 왜냐하면 만일 사람들이 태어날 때부터 신법에 구속되지 않으면 안 된다거나 신법이 본래 법이었다면 신이 인간들과 계약을 맺을 필요가 없었을 것이고, 인간을 계약과 서약으로 구속할 필요가 없었을 것이기 때문이다. 따라서 우리는 다음의 사실을 절대적으로 인정하지 않으면 안 된다. 즉 신법은 인간들이 명백한 계약에 의해서 모든 것에 있어서 신에게 복종하겠다고 약속함으로써 타고난 자신들의 자유를 거의 포기하고 시민 상태의 경우, 우리가 묘사했던 것처럼 자신들의 권리를 신에게 양도할 때 생길 수 있는 것이다. 그러나 이 문제에 대해서는 다음에 더 자세히 다루기로 하겠다.

사람들은 지금까지 최고 권력은 신민과 마찬가지로 신법에 의해서 구속되지 않으면 안 된다고 주장하여 왔지만, 우리는 최고 권력이 자연권을 보유하며 최고 권력에는 법적으로 모든 것이 허용된다고 말하였다. 따라서 자연 상태와 관련해서보다는 자연권과 관련해서 생기는 모든 난점을 해소하기 위해서 나는 다음처럼 말한다. 자연 상태에서 모든 사람들 각자는 건전한 이성의 명령에 따라서 살아가지 않으면 안 되는 것과 마찬가지로 계시된 법에 따라서 살아가지 않으면 안 된다. 그 이유는 그렇게 사는 것 자체가 더 유용하며 구원에 필연적이기 때문이다. 만일 그렇게 살기를 원치 않는다면 그는 자신의 위험을 각오하여야 할 것이다. 따라서 그는 다른 사람의 결정에 의해서가 아니라 오직 그 자신의 결정에 의해서 살지 않으면 안 되고, 종교의 권리에 따라서 어떤 인간도 재판관이나 보호자로 인정하지 말아야 한다. 그리고 나는 이 종교의 권리가 최고 권력을 지닌다고 주장한다. 물론 최고 권력은 사람들에게 조언을 구할 수 있지만, 분명히 신이 보냈으며 이 사실을 의심할 수 없는 징표에 의해서 밝힐 수 있는 예언자를 제외하고는 아무도 재판관으로 인정할 필요도 없으며 자기 이외의 어떤 사람도 똑같은 권리를 주장하는 것을 전혀 인정할 필요가 없기 때문이다. 그리고 그는 경우에 따라서 확실히 인간을 재판관으로 인정하지 않고 신 자신만을 재판관으로 인정하려고 할 것이다.

만일 최고 권력(summa potestas)이[16] 신법에 계시된 신에게 복종하기를 거부한다면, 말하자면 시민권이든지 자연권이든지 어떤 권리도 위반하지 않고 자신의 위험과 손해를 감수하면서 그렇게 할 수 있다. 왜냐하면 시민권(jus civile)은 오직 최고 권력의 명령에만 의존하기 때문이다. 그러나 자연권(jus naturale)은 자연 법칙에 의존한다. 자연 법칙은 오직 인간의 이익만을 목적으로 삼는 종교에는 적용되지 않고 자연 질서에, 곧 우리에게 알려져 있지 않은 영원한 결정에 의존한다. 말하자면 인간이 죄를 저지를 수 있는 것은 신이 모든 것을 예정한 신의 영원한 결정에 반대해서가(contra Dei aeternum decretum) 아니라 신의 계시된 의지에 반대했을 때라고 주장하는 사람들에 의해서 바로 앞의 사실을 어렴풋하게 파악된 것처럼 여겨진다.

그러나 만일 어떤 사람이 다음처럼 묻는다면 우리는 어떻게 해야 할까? 만일 최고 권력이 우리가 분명한 계약을 통해서 신에게 약속한 종교와 복종에 배치되는 것을 행한다면 어떻게 해야 할까? 우리는 신의 명령에 복종해야만 하는가 아니면 인간의 명령에 복종해야만 하는가? 그러나 이 문제에 대해서는 다음에 더 자세히 다룰 것이므로 여기에서 나는 단지 짤막하게 다음처럼 말한다. 확실하고 틀림없는 계시(certa et indubitata revelatio)를 소유했을 경우 우리는 무엇보다 우선 신에게 복종하지 않으면 안 된다. 그러나 수많은 경험이 충분히 입증해 주는

16 (역주) 최고 권력(summa potestas)은 주권, 주권자 또는 최고 권력자로도 옮길 수 있다.

것처럼 인간들은 종교에 대해서 가장 많이 오류를 범하기 쉽고 다양한 기질에 따라서 많은 것들을 경쟁적으로 만들어 내기 때문에 만일 모든 사람이 종교에 속한다고 생각하는 것들에서 아무도 최고 권력에 복종할 의무가 법적으로 없다고 한다면 국가의 권리(jus civitatis)는 개인의 다양한 판단과 정서에 의존할 것이다. 왜냐하면 어느 누구도 이와 같은 권리가 자신의 신앙과 미신에 모순된다고 판단하는 사람은 그 권리에 구속되지 않을 것이고 따라서 각자는 이와 같은 핑계 아래에서 모든 것을 할 수 있는 특허권을 가질 것이기 때문이다. 그리고 이런 식으로 국가의 권리가 완전히 파괴당하기 때문에 오직 국가의 법을 보존하고 지키기 위해서 신적 권리와 자연적 권리에 구속되어 있는 최고 권력은 종교와 관련해서 적절하다고 판단하는 법률을 제정하는 데서 최고의 권위를 소유한다. 그리고 모든 사람은 신이 모든 상황에서 지키라고 명령한, 신앙 자체로부터 주어진 최고 권력의 결정과 명령에 복종하지 않으면 안 된다.[17]

만일 정부의 최고 권력을 가진 자들이 이교도들(Ethnici)이라면[18] 우리는 그들과 어떤 계약도 맺어서는 안 되며 오히려 우리의 권리를 그들에게 양도하기 이 전에 죽음까지도 감내하기를 결정하지 않으면 안 될 것이다. 또는 만일 우리가 우리의 권리를 이교도들에게 양도하는 계약을 맺었고 그렇게 해서 우리 자신이 우리들 자신과 우리의 종교를 지킬 권리를 빼앗겼다면 우리는 이교도들에게 복종하고 우리의 서약을 지키도록 구속되어 있거나 강요당하게 된다. 신의 확실한 계시에 의해서 폭정에 반대해서(contra tyranum) 특별히 도와주겠다고 약속했거나 아

17 (역주) 이러한 내용은 마지막 20장에서 더 명백히 제시되고 있다.

18 (역주) 이교도들(Ethnici)은 고대 그리스에서 그리스인들 이 외의 이방민족들을 ethnos라고 부른 데서 유래한다.

니면 우리를 복종에서 면제시켜 주겠다고 한 경우는 제외된다.

우리는 다음의 사실을 알고 있다. 바빌론의 수많은 유대인들 중에서 신의 도움을 의심하지 않은 세 청년만 네부카드네자르 왕에게 복종하기를 거부하였다. 그러나 왕이 존경한 다니엘을 빼고 나머지 사람들은 법적으로 강요되어 복종하였다. 아마도 그들은 마음속으로 자기들이 신의 결정에 의해서 왕에게 보내졌으며, 왕이 최고의 정부 권력을 가지고 유지했던 것도 신의 인도에 의한 것이었다고 생각했을 것이다. 이와 반대로 엘리사(Eleazarus)는 조국이 존속할 때까지 자신의 동포에게 항구적인 힘의 예를 보여 줌으로써 동포들이 자기들의 권리와 권력을 그리스인들에게 넘기느니 차라리 모든 것을 감내할 수 있고 이교도들에게 충성을 맹세하지 않기 위해서 모든 것을 시도할 수 있기를 바랐다. 이러한 것은 일상적 경험에 의해서도 확인된다.

기독교 국가의 통치권을 소유한 자는 자기들 국가의 보다 더 큰 안전을 위하여 터키인들 및 이교도들과 주저하지 않고 조약을 체결한다. 그리고 그곳에 이주하여 정착한 자국인들에게는 조약에 분명히 기록되었거나 조약 체결 정부가 인정하는 것 이상의 인간적이거나 신적인 것에 대해서 자유롭게 행하지 않을 것을 명령한다. 이러한 것은 네덜란드와 일본의 계약에서 확실히 알 수 있는데, 이에 대해서 우리는 이미 앞에서 말하였다.

# 17

## 어느 누구도 모든 것을 최고 권력에게 양도할 수 없으며 그럴 필요도 없다는 것을 밝힌다. 모세 생전의 이스라엘 국가와 모세 사후에 왕들을 선발하기 전까지의 이스라엘 국가는 어떠했는가? 그리고 이스라엘 국가의 번영과 신정(神政)국가가 몰락하고 시민의 반란 없이는 존속할 수 없었던 원인들은 무엇인가?

앞 장에서 모든 것에 있어서 최고 권력의 권리와 최고 권력에 양도된 모든 사람들 각자의 자연권에 대한 고찰은 사실 실천 일반과 일치하고 실천은 이러한 고찰에 항상 보다 더 근접할 정도로 정돈됨에도 불구하고 이와 같은 고찰은 여러 면에서 단지 이론으로만 남아 있을 것이다. 왜냐하면 아무도 자신의 힘을, 인간이기를 포기할 정도로 자신의 권리를 타인에게 양도할 수 있는 사람은 없기 때문이다. 또한 원하는 대로 모든 것을 수행할 수 있는 그러한 최고 권력(summa potestas)은 존재하지 않을 것이다. 왜냐하면 최고 권력이 신민에게 그 신민을 도와준 것으로 느끼는 사람을 증오하라고 명령하고, 그에게 해 끼친 자를 사랑하라고 명령하며, 모욕을 당해도 공격하지 말라고 명령하고, 공포로부터 자유로워지기를 욕망하지 못하도록 하며, 인간 본성의 법칙에서 필연적으로 귀결되는 이와 유사한 다른 수많은 것들을 욕망하지 못하게 명령하는 것은 쓸데없는 짓이다. 이것은 경험을 통해 가장 분명하게 입증된다. 왜냐하면 사람들은 자기들의 권리와 힘을 타인에게 완전히 양도하지 않았으므로 자기들의 권리와 힘을 떠맡은 사람들을 두려워하지 않으며, 정부는 권리를 빼앗긴 시민들 때문이라기보다는 적들 때문에 위험에 처했기 때문이다. 만일 사람들이 자연권을 완전히 박탈당하여 최고 권력을 보존하는 자들의 뜻에 의하지 않고는 아무것도 할 수 없다면, 이 최고 권력자들은 실제로 아무 처벌도 받지 않고 가장 난폭하게 신민들을 지배할 수 있을 것이다.[1] 나는 어느 누구도 이 사실을 결코 인정하지 않을 것이라고 생각한다. 따라서 모든 사람은 각자 어떤 다른 사람의 결정에도 의존하지 않고 오직 자기 자신의 결정에만 의존하는 자신의 권리 중 많은 부분을 확보해 놓고 있다는 사실을 우리는 인정하지 않으면 안 된다.

그렇지만 정부의 권리와 권력(imperii jus et potestas)이 어디까지 영향을 미치는지 옳게 이해하기 위해서는 다음의 사실을 주의해야 한다: 정부의 권력은 정확히 사람들을 공포를 통해서 강요할 수 있는 것에 제한되어 있지 않고 사람들을 자신의 명령에 복종하게 할 수 있는 모든 것에 절대적으로 걸쳐 있다. 왜냐하면 복종의 근거(ratio obtemperandi)가 아니라 복종(obtemperantia)이 신민(subditus)을 만들기 때문이다. 사람이 최고 권력의 명령에 따라서 행동하도록 하는 근거가 처벌을 두려워해서든지, 그 명령으로부터 어떤 것을 희망해서든지, 조국을 사랑해서든지 아니면 다른 어떤 감정의 충동이든지 등등 무엇이든지 간에 그는 자기 자신의 판단으로 결정하지만 그럼에도 불구하고 최고 권력의 명령에 따라서 행동한다. 그러므로 인간은 자기 자신의 결정에 따라서 어떤 것을 행한다고 해도 우리는 인간이 정부의 권리

---

1 두 명의 병사가 로마 백성의 황제를 제거하기를 시도하였고 그것을 성사시켰다. 타키투스(Tacitus), 「역사」 1권 7장(1, 7. Histor. libro)

에 따라서가 아니고 그 자신의 권리에 따라서 행동한다고 결론을 내려서는 안 된다. 왜냐하면 사랑에 의해서 그리고 악을 피하려는 어쩔 수 없는 두려움에 의해서 인간이 항상 자기 자신의 숙고와 결정을 통해서 행동한다면, 어떤 국가도 존재하지 않으며 신민에 대한 국가의 권리도 없거나 이러한 권리는 사람들이 정부에 복종하기 위해서 결정할 수 있는 모든 것으로 확장되지 않으면 안 될 것이다. 따라서 신민은, 행동의 동기가 사랑이든 두려움이든 더 흔한 경우인 희망과 두려움이 혼합된 아니면 공포와 경탄이 합친 정서인 존경심이든지 또는 어떤 다른 이유든지 간에 최고 권력에 따르는 모든 것을 행하는데, 그는 자기 자신의 권리에 의해서 행위하는 것이 아니고 지배자의 권리에 의해서 행위한다.

이러한 점은 또한 복종이 외적 행위가 아니라 정신의 내적 행위에 관계된다는 사실로부터 가장 명백하다. 따라서 모든 것에 대해서 마음을 다하여 타인의 명령에 복종하기로 결정한 자는 완전히 타인의 지배하에 있으며, 신민의 정신을 지배하는 자가 가장 강한 권력을 가진다는 사실이 귀결된다. 만일 폭군들의 지배를 받는 신민이 최고 권력을 가진다면 그들은 가장 두려운 사람들이 될 것이다. 폭군들은 자신들의 신민을 가장 두려워한다. 더 나아가서 정신과 혀를 똑같이 지배할 수 없다고 할지라도 정신은 어느 정도 최고 권력의 지배하에 있다. 최고 권력은 다양한 방식으로 매우 많은 사람들을 그들이 원하는 대로 믿고 사랑하고 증오하는 것 등등을 할 수 있도록 한다. 따라서 이러한 사실이 직접 최고 권력의 명령에 따라서 생기지는 않는다고 할지라도 경험이 충분히 증명해주는 것처럼 흔히 최고 권력의 권위와 명령에 따라서, 곧 최고 권력의 권리에 따라서 생긴다. 따라서 우리는 전혀 지성에 배치되지 않게 사람들은 오직 정부의 권리에 따라서 믿고, 사랑하고, 증오하고, 경멸하며 모든 감정에 완전히 지배당한다는 사실을 파악할 수 있다.

그러나 우리가 이런 식으로 정부의 권리와 권력(jus et potestas imperii)을[2] 매우 큰 것으로 파악한다고 할지라도, 정부의 권리와 권력을 가진 자들은 자기들이 원하는 모든 것에 대해서 절대적인 권력을 가질 수 없다. 나는 이미 이 사실을 충분히 분명하게 밝혔다고 생각한다. 그러나 국가가 항상 안전하게 보존되기 위해서는 어떤 식으로 형성될 수 있는가를 밝히는 일은 이미 말한 것처럼 나의 의도가 아니다. 그렇지만 내가 원하는 목적에 도달하기 위해서 일찍이 모세에게 신의 계시가 국가 형성의 목적에 대해서 가르친 것을 살펴볼 것이다. 그리고 다음으로 나는 유대인들의 역사 과정을 살필 것이다. 이로부터 우리는 국가의 더욱더 큰 안녕과 번영을 위해서 최고의 권력자들이 신민에게 가장 먼저 무엇을 양보하지 않으면 안 되는지를 알게 될 것이다.

이성과 경험은 국가의 보존은 무엇보다도 먼저 신민의 충성과 덕 그리고 명령 수행에 있어서 한결같은 마음에 의존한다는 사실을 가장 분명하게 가르쳐 준다. 그러나 그들에게 충성과 덕을 지속적으로 수행하게 하는  방법은 쉽게 알 수 없다. 왜냐하면 모든 사람들은 지배자나 피지배자나 인간들이며 그들은 노동(labor)보다 욕망(libido)을 추구하기 때문이다. 실로 대중의 변덕을 경험해 본 사람들은 대중에 대해서 거의 절망한다. 왜냐하면 대중은 이성이 아니라 오직 감정에 지배당하기 때문이며, 대중은 모든 것에 달려들고 탐욕이나 사치로 인해서 쉽게 타락한다. 모든 사람들은 각자 자신이 모든 것을 안다고 생각하며, 모든 것을 자기의 기질에 따라서 이끌어 가고자 한다. 각자는 어떤 것이 자신

---

2 (역주) imperium은 명령, 국가, 권력, 정부 등 여러 가지 의미를 가지는데 여기에서는 문맥에 따라서 적절한 개념을 택해서 옮겼다.

에게 이익이나 손해를 가져오는지를 판단함에 따라서 그것을 공정하거나 불공정하다고 또는 옳거나 옳지 않은 것으로 평가한다. 또한 그들 각자는 허영심에서 자신과 같은 사람들을 경멸하며 그들의 지시를 받아들이지 않는다. 보다 더 큰 명예에 대한 그리고 결코 모두에게 똑같을 수 없는 행운에 대한 질투심에서 타인의 불행을 바라며 거기에서 기쁨을 느낀다. 모든 것을 다 늘어 놀 필요는 없다. 왜냐하면 모든 사람들은 현재에 대한 불만과 새로운 것에 대한 욕망이 어떤 범죄로, 그리고 분노와 가난에 대한 경멸이 인간들을 어디로 이끌어 갈 수 있는지 그리고 이 모든 것들이 자기들의 정신을 빼앗아 동요시킨다는 것을 물론 알고 있기 때문이다.

따라서 이 모든 것을 극복하고, 어떤 기만도 남지 않게 국가를 구성하고, 모든 사람들 각자의 기질이 어떻든지 간에 모든 사람들이 사적 권리보다 공적 권리를 우선시하게 하는 것이 우리가 할 과제이며 여기에서 해야 할 일이다. 물론 그 해결을 위해 많은 것을 생각해 내지만 그것이 적보다 자신의 시민들이 더 국가를 위험에 처하게 하는 것을 덜하게 하여 통치자가 적보다 시민을 덜 두려워하게 하지는 못하였다.

이에 대한 증거는 로마 공화국이며, 이 나라는 결코 적들에 의해 정복된 적이 없다. 로마는 매우 빈번하게 자신의 시민들에 의해서 정복되고 참담하게 억압당하였다. 특히 베스파시아누스(Vespasianus)와 비텔리우스(Vitellius) 황제 간의 내전이 그렇다.[3] 이에 대해서는 타키투스(Tacitus)의 「역사, Historia」 제4권의 첫 부분을 보라. 거기에서 그는

3 (역주) 로마제국의 황제 베스파시아누스(A.D.9-79)는 9대 황제로 유대인의 반란을 진압하고 콜로세움을 건설하고 국가를 번영시켰다. 비텔리우스는 로마의 8대 황제로 즉위하여 베스파시아누스와의 내전에서 패하여 사형을 당했으며 칼라굴라, 네로와 함께 폭군으로 유명하다.

도시의 비참함을 묘사하였다. 쿠르티우스[4]가 「마케도니아의 알렉산더 대왕 역사」 8권 마지막에서 말하는 것처럼 알렉산더도 적 보다 시민들에게서 명예를 지키는 일이 힘들다고 생각했으며 자신의 위대함이 자기편의 사람들에 의해서 무너질 수 있다고 믿었다 등등. 그리고 그는 자신의 운명을 두려워하면서 친구들에게 이렇게 간청하였다: "여러분은 내부의 배신과 국내의 음모로부터 나를 안전하게 보호해 주기를 바란다. 나는 두려워하지 않고 전쟁과 싸움의 위험에 맞서겠다. 필립왕은[5] 극장보다 전투에서 더 안전하였다. 그는 적들의 손은 자주 피했지만 자신의 부하들의 손은 피할 수 없었다. 그리고 만일 그대들이 다른 왕들의 죽음을 돌이켜 본다면, 그대들은 적에 의해 죽은 왕들보다 자국인에 의해 죽은 왕들이 더 많다는 것을 헤아리게 될 것이다."(쿠르티우스의 책 9권 6장을 볼 것).

따라서 이러한 이유로 인하여 일찍이 권력을 강탈한 왕들은 자기들의 안전을 위해서 자기들이 자신의 종족을 불멸하는 신들로부터 인도해 왔다고 애써서 설득하였다. 왜냐하면 왕들은 다음처럼 생각했기 때문이다. 만일 신민과 모든 사람들이 왕들을 자기들과 똑같이 여기지 않고 신들로 믿게 하면 그들은 기꺼이 왕들의 지배를 받아들이고 왕들에게 쉽게 복종할 것이다. 그래서 아우구스투스는 자신의 출생의 원천은 비너스의 아들인 아에네아스(Aeneas)라고 로마인들을 설득하여 신들

---

4 (역주) 쿠르티우스(Curtius Rufus Quintus)는 A.D. 50년경 「마케도니아의 알렉산더 대왕 역사, Historiae Alexandri Magni Macedonis」라는 방대한 저술을 펴냈다. 이 책은 전술, 수사학 및 역사학에 가치가 있는 것으로 평가되고 있다. 전체 10권 중 8권이 보존되어 있다.

5 (역주) 필립(Philippus) 왕은 알렉산더 대왕의 아버지로서 마케도니아의 왕으로 아테네를 정복하였다. 아리스토텔레스의 아버지 니코마코스는 필립 왕의 주치의였으며, 아리스토텔레스는 5년간 청년 알렉산더 왕자의 가정교사였다.

의 대열에 올라섰다. 그는 신전에서 신의 흉상과 함께 사제들과 제사장들이 자신을 예배하기를 바랐다(타키투스, 「연보」 1권).

알렉산더도 사람들이 자신을 쥬피터의 아들(Jovis filius)로 인식해 주기를 바랐다. 물론 이러한 사실은 헤르몰라우스의 비난에 대한 그의 답변이 지시하는 것처럼 오만에서가 아니라 전략적으로 만들어진 것 같다. 그는 이렇게 말한다: "신탁으로 나를 인정해 준 쥬피터를 부정하라고 헤르몰라우스가 나에게 요구하는 것은 정말 우스운 일이다. 신에게 답하는 것도 내 능력 안에 있는가? 그는 나에게 아들의 명칭을 부여했고, 그것을 받아들이는 것은(이 사실을 주의하라) 내가 수행하는 것들을 통해서 정당화된다. 인도인들(Indi)도 나를 신으로 믿으려고 한다. 전쟁에서는 명예가 중요한 요소이며, 자주 거짓된 믿음이 진리의 자리를 차지한다(크루티우스의 책 8권 8장)". 알렉산더는 이 몇 마디의 교묘한 말들로 어리숙한 사람들을 계속해서 속이고자 하며 동시에 기만의 원인을 암시하고 있다. 마케도니아인들에게 그들의 왕을 따르도록 설득시키려고 애쓴 클레온도 그의 연설에서 이와 같은 것을 말하였다. 왜냐하면 클레온은 알렉산더를 격찬한 후에 그의 놀라운 업적을 환기시키고 사태의 유용함에 대해서 다음처럼 말하기 때문이다, "페르시아인들은 자기들의 왕들을 신들로 숭배함으로써 경건할 뿐만 아니라 영리하기까지 하다. 왜냐하면 왕의 존엄은 국가 안녕의 보루이기 때문이다." 그러면서 그는 다음처럼 결론을 맺는다. "나로 말할 것 같으면, 나는 왕이 연회장으로 들어올 때 땅바닥에 납작 엎드린다. 다른 사람들도 그리고 무엇보다도 지혜를 갖춘 사람들도 똑같이 그렇게 하지 않으면 안 될 것이다."(쿠르티우스의 책 8권 5장을 볼 것). 그러나 마케도니아인들은 더 사려가 깊었다. 전적으로 야만인인 사람들만이 명백하게 기만당하며 신민으로부터 쓸모없는 노예로 되는 것을 감수한다. 그러나 다른 사례들은 다음의 사실을 더욱더 쉽게 설득할 수 있다. 즉 왕권(majestas)은[6] 신성하며 지상에서 신의 역할을 대신하고 인간들의 투표와 동의에 의해서 구성되지 않고 신에 의해서 설립되며, 신의 특별한 섭리와 도움에 의해서 보존되고 지켜질 수 있다는 것이다. 그리고 군주들은 자기들의 국가의 안전을 위해서 이와 유사한 방식으로 다른 것들을 고안해 내었으나 나는 나의 의도를 달성하기 위해서 그러한 모든 것들은 내버려 둘 것이다. 여기서는 단지, 이미 말한 것처럼 이와 같은 목적을 위해서 일찍이 신의 계시가 모세에게 가르친 것들을 살펴보고 다루어 보기로 하겠다.

우리는 이미 앞의 5장에서 이스라엘인들은 이집트 탈출 이후 어떤 다른 민족의 법에 의해서도 더 이상 구속되지 않았으며, 자기들이 원하는 대로 새 법을 제정하고 또 자기들이 원하는 땅을 차지할 수 있었다고 말하였다: 왜냐하면 그들은 참을 수 없는 이집트인의 억압에서 해방된 이후에는 어떤 인간의 계약에도 구속되지 않았기 때문이다. 그들 각자는 가질 수 있는 모든 것에 대한 자연권을 다시 회복하여 그것을 보유할 것인가 아니면 그것을 포기하고 다른 사람에게 넘길까를 새롭게 숙고할 수 있었다. 따라서 그들은 이와 같은 자연 상태에(in hoc statu naturali) 있으면서 자기들이 가장 믿었던 모세의 충고에 따라서 자신의 권리를 결코 인간이 아니라 오직 신에게 양도하기로 결정하였다. 오래 주저하지도 않던 그들은 모두 똑같이 한 목소리로 신의 모든 명령에 있어서 신에게 절대적으로 복종하고 신 자신이 예언적 계시에 의해서 결정할 권리 말고는 어떤 다른 권리도 인정하지 않겠다고 약속하였다. 이와 같은 서약과 신에게로의 권리 양도는, 인간들이 자기들의

---

6 (역주) majestas는 왕권, 존엄, 위엄, 제왕 등 여러 가지 의미를 가진다.

자연권을 포기하기로 결정했을 경우, 우리가 앞에서의 공동체 사회에서 파악했던 것과 똑같은 방식으로 이루어졌다. 왜냐하면 그들이 자기들의 자연권을 포기하고 그것을 신에게 양도한 것은 분명히 계약과 서약에 의한 것이었으며('출애굽기' 24장 9절을 볼 것), 그들은 권력에 강요당하거나 위협이 두려워서가 아니라 자유롭게 그렇게 하였기 때문이다. 다음으로 계약이 체결되고 기만이 아닐까 하는 의심을 없애기 위해서 신은 유대인들을 오직 유일하게 보존한 그리고 미래에도 보존할 수 있는 자신의 놀라운 힘을 ('출애굽기' 19장 4-5절을 볼 것) 유대인들이 경험하기 전까지는 유대인들과 어떤 것도 계약하지 않았다. 왜냐하면 그들은 오직 신의 힘에 의해서만 유지될 수 있으리라고 믿었으므로, 아마도 이전에 자기들의 권리에 의해서 가진다고 생각했을지도 모를, 자신들을 보존하기 위한 전체 자연권을 신에게 양도했으며 따라서 자기들의 전체 권리도 양도했기 때문이다.

따라서 신만이 이스라엘인들에 대한 주권을 가지게 되었으며, 따라서 이 국가는 계약에 의해서 당연히 신의 왕국(Regnum Dei)으로 불리어졌고 신은 당연히 이스라엘 민족의 왕(Rex Hebraeorum)으로 불리어졌다. 결국 유대 국가의 적은 신의 적이었다. 그리고 신의 주권을 탈취하려고 한 시민은 불경죄를 범하는 것이고, 국가의 법은 신의 법과 명령(jura et mandata Dei)이었다. 그러므로 이 유대 국가에서 우리가 밝힌 것처럼 오직 신에 대한 복종에서 성립하는 시민법과 종교는 똑같은 것이었다. 말하자면 종교의 교리는 가르침이 아니라 법과 명령이었으며, 경건은 정의로 그리고 불경스러움은 범죄와 불의로 여겨졌다. 종교를 버린 자는 시민이 아니었으므로 오직 그 이유만으로 적으로 간주되었다. 그리고 종교를 위해서 죽은 자는 국가를 위해서 죽은 것으로 여겨졌으며, 시민권과 종교(jus civile et religio)는 전혀 구분되지 않았다. 그리고 이러한 이유로 인해서 이 유대 국가는 신정(神政, theocratia)이라고[7] 일컬어질 수 있었다. 왜냐하면 시민들은 신이 계시한 법 말고는 어떤 법에도 구속당하지 않았기 때문이다. 그러나 이 모든 것들은 실제로 사실의 문제라기보다 오히려 이론적 견해의 문제였다. 왜냐하면 이스라엘인들은, 내가 이제 말하려고 하는 것에서 확인되는 것처럼, 곧 내가 말하고자 하는 이 국가의 정부 형성의 방식과 방법에서 확인되는 것처럼 주권을 완전히 보유했기 때문이다.

이스라엘인들은 자기들의 권리를 어떤 다른 사람에게도 양도하지 않고, 민주정(democratia)에서처럼 모두 똑같이 자기들의 권리를 포기하고 한 목소리로 (분명히 어떤 대변자도 아닌) 신이 말하는 것은 무엇이든지 자기들이 행하겠다고 외쳤기 때문이다. 이로부터 이 계약은 그들을 모두 완전히 평등하게 하였으며, 그들은 모두 신에게 자문을 구하고 신의 법을 받아들이고 해석하는 데 있어서 똑같은 권리를 가지고 있었다. 그리고 그들은 모두 국가의 모든 행정에 똑같이 참여하였다. 따라서 이런 이유 때문에 그들은 모두 우선 신이 무엇을 명령하고자 하는지를 듣기 위해서 신에게 다가갔다. 그러나 그들은 이 첫 번째 대변에서 신이 말하는 것을 들었을 때 너무 놀라고 당황해서 자기들의 종말이 가까웠다고 믿었다. 그리하여 두려움으로 가득차서 다시 모세를 찾아가서 그들은 이렇게 말하였다: "보십시오. 우리는 하느님이 불 속에서 이야기하는 것을 들었습니다. 우리가 죽으려고 할 이유가 없습니다. 확실히 이 엄청난 불은 우리를 삼킬 것입니다. 만일 우리가 하느님의 목소리를 다시 듣게 된다면 확실히 우리들은 죽게 될 것입니다. 그러니까 당신이 가까이 가서 우리의 신이 말하는 모든 것을 들으십시오. 그리고

7 (역주) theocratia는 제정일치(祭政一致), 신정국가(神政國家), 신정(神政) 등의 의미를 가진다.

당신이 (하느님이 아니고) 우리도 말해 주십시오. 우리는 그것을 따르고 행하겠습니다."[8]

이렇게 해서 그들은 분명히 첫 번째 계약을 파기했으며, 신의 자문을 구하고 신의 명령을 해석할 수 있는 자기들의 권리를 모세에게 완전히 양도하였다. 왜냐하면 여기에서 그들은 이전처럼 신이 그들에게 말한 모든 것이 아니라 신이 모세에게 말한 모든 것에 복종할 것을 약속했기 때문이다(십계명 다음의 '신명기' 5장과 18장 15-16절을 볼 것). 따라서 모세는 신법의 유일한 법률 제정자와 해석자가 되었고 결국 또한 최고 재판관이 될 수 있었다. 아무도 모세를 재판할 수 없었으며, 오직 모세만이 신의 지위를, 곧 최고의 주권을 대신할 수 있었다. 왜냐하면 오직 모세만이 신에게 자문을 구하고, 신의 답을 민중에게 전달하고, 민중이 그 답을 실행하도록 하는 권리를 가지고 있었기 때문이다. 나는 오직(solus)이라고 말한다. 왜냐하면, 만일 모세 생전에 어떤 사람이 신의 이름으로 어떤 것을 공공연하게 주장하려고 했다면, 비록 그가 참다운 예언가였을지라도, 그는 주권을 찬탈한 죄인이었을 것이기 때문이다('민수기' 11장 28절).[9]

8 (역주) '출애굽기' 20장 18절을 참조할 것.

9 이 구절에는 두 사람이 고발당했는데, 그들은 막사에서 예언했으며, 여호수아가 그들을 체포하라고 권하였다. 모세의 명령 없이 신의 답을 백성에게 전하는 것이 누구에게나 허락되었더라면 여호수아는 그렇게 하지 않았을 것이다. 그러나 모세는 고발당한 사람들을 풀어 주는 것이 옳다고 여겼고, '민수기' 11장 14-15절에서 분명한 것처럼, 다스리기에 너무 지쳐서 계속해서 혼자 다스리기보다 차라리 죽는 편이 낫겠다고 생각하던 때에 그에게 왕권을 주장하기를 권한 여호수아를 꾸짖었다. 왜냐하면 모세는 여호수아에게 다음처럼 답하기 때문이다: "네가 나를 생각하여 시기하는 것이냐? 차라리 주님의 온 백성이 예언자였으면 좋겠다. 주님께서 그들에게 당신의 영을 내려 주셨으면 좋겠다."('민수기' 11장 29절). 곧 신에게 자문을 구할 수 있는 권리는 백성들 자신이 통치권을 가지기 위해서 그들에게 속한다는 것이다. 따라서 여호수아가 잘못 판단한 것은 권리가 아니라 시대의 관계였다. 그리

여기에서 우리는 비록 민중이 모세를 선택했다고 할지라도 민중이 모세의 후계자를 선택할 수 있는 권리는 가지지 못했다는 사실에 주의해야 한다. 왜냐하면 신에게 자문을 구할 수 있는 자기들의 권리를 모세에게 양도하고 모세를 신탁(oraculum)의 예언자로 여기겠다고 약속하자마자 그들은 모든 권리를 다 상실하고 모세가 선택하는 후계자를 신이 선택한 후계자로 받아들이지 않으면 안 되었기 때문이다. 만일 모세가 자신과 마찬가지로 국가의 전체 지배력을 가진, 말하자면 홀로 자신의 천막에서 신에게 자문을 구할 권리를 가지고, 결국 법을 제정하고 폐지할 권위를 가지며, 전쟁과 평화를 결정하고, 사절을 파견하며 재판관을 임명하는 권리를 가진 자를 단지 주권의 모든 책무를 충족시키려는 후계자로 선택했다면, 이 국가는 순수한 군주정(monarchia)이 되었을 것이다. 유일한 차이는 다음과 같은 사실에 있었을 것이다. 보통 군주정은 군주에게도 은폐된 채 통치되는데 비해서 고대 이스라엘 국가의 왕은 신의 명령을 계시 받는 유일한 왕이었다는 확실한 방식으로 통치하거나 또는 통치하지 않으면 안 되었다. 물론 이러한 차이는 모든 신민에 대한 왕의 지배와 권리를 감소시키지 않고 오히려 반대로 증대시켰다. 게다가 이 두 정부의 민중은 모두 동등하게 신민이며 신의 명령을 모른다. 왜냐하면 두 정부의 민중은 군주의 말에(ab ore monarchae) 의존하며 오직 군주로부터만 무엇이 옳고 그른지를 알 수 있기 때문이다. 그리고 만일 민중이, 군주는 자신에게 계시된 신의 결정에 따라서만 명령한다고 믿는다면 실제로 민중은 더욱더 군주에게 종속되어 있는 것이다.

---

고 모세가 여호수아를 꾸짖은 것과 마찬가지로 다윗은 확실히 반역죄를 저지른 시므이를 사형에 처하기를 왕에게 권한 아비사이를 꾸짖었다('사무엘기 하' 19장 22, 23절을 볼 것).

그러나 모세는 결코 그와 같은 후계자를 선택하지 않고, 민주정(民主政)도, 귀족정(貴族政)도, 군주정(君主政)도 아니고 신정(神政)이라고 일컬을 수 있는 국가의 통치를 후계자들에게 물려주었다. 왜냐하면 율법을 해석하고 신의 답을 전파할 권리는 한 사람에게 있었고, 이렇게 해석된 율법과 전달된 답에 따라서 국가를 통치할 권리와 힘은 다른 사람에게 있었기 때문이다. (이것에 대해서는 '민수기' 27장 21절을 볼 것)[10] 이것을 더 잘 이해하기 위해서 나는 국가 전체의 통치를 순서대로 설명할 것이다.

첫 번째로, 민중은 신의 거처라고 할 수 있는, 국가의 최고 주권자의

---

10 '성서 번역자는 민수기' 27장 19절과 23절을 잘못 번역하였다. 왜냐하면 '민수기' 27장 19절과 23절은 모세가 여호수아에게 명령을 하거나 지침으로 가르쳤다는 것이 아니고 여호수아를 사령관으로 만들거나 임명했다는 것을 의미하기 때문이다. 이와 같은 것은 다음에서처럼 성서에 자주 나온다: '출애굽기' 18장 23절, '사무엘기 상' 13장 14절, '여호수아기' 1장 9절, 그리고 '사무엘기 상' 25장 30절 등.
(해석자들이 '민수기' 27장 19, 23절의 한마디 한마디를 묘사하려고 애쓸수록 그들은 그 절들을 이해할 수 없게 만들며, 극소수의 사람들만 그 절들의 참다운 의미를 이해한다고 나는 확신한다. 왜냐하면 여러 곳에서 다음처럼 묘사되고 있기 때문이다: '민수기' 27장 19절에서 신은 회중 앞에서 여호수아를 가르치기 위해서 모세에게 명령했던 것이다. 그리고 같은 장 23절에서 모세는 여호수아에게 손을 내밀고 그를 가르쳤다. 그 절들은 이렇게 말하는 방식이 통치자의 선발이 정당하고 그러한 선발은 통치자의 임무에서 확인된다는 것을 선언하기 위해서 이스라엘인들에게서 강력하게 사용되었다는 사실에 주의를 기울이지 않는다. 그래서 모세의 장인 이드로는 백성을 재판하기 위해서 모세를 도와줄 조력자를 선발하기를 권하면서 다음처럼 말한다: "하느님이 명하신 대로 자네가 이와 같이 하면." 이것은 마치 모세의 권위가 견고하게 되고 똑같은 것을 다루면서 모세가 존속하게 되리라는 것을 이드로가 말하는 것과도 같다. 이에 관해서는 '출애굽기' 18장 23절, '사무엘기 상' 13장 15절, 25장 30절 그리고 무엇보다도 '여호수아기' 1장 9절을 보라. 여기에서 신은 여호수아에게 이렇게 말한다: "내가 너에게 분명히 명령한다. 힘과 용기를 내어라. 무서워하지도 말고 놀라지도 마라. 네가 어디를 가든지 주 너희 하느님이 너와 함께 있어 주겠다.)

궁전(aula)을 건립하라는 명령을 받았다. 그러나 신에게 자문을 구하여야 할 거처가 공공의 권리에 속하기 위해서는 한 사람의 비용에 의해서가 아니라 전체 민중의 비용에 의해서 건립되어야 했다. 이 신전의 궁내관과 행정관으로는 레위족의 사람들(Levitae)이 선택되었다. 그러나 그들의 지도자로 그리고 그들의 왕인 신 다음으로는 모세의 형 아론(Aharon)이 선택되었고, 그의 자리는 아론의 자손들이 적법하게 계승하였다. 따라서 아론은 신에게 가장 가까운 자로서 신법에 대한 최고의 해석자였으며 민중에게 신탁의 답(divini oraculi responsa)을 전하고 민중을 위하여 신에게 탄원하였다. 만일 그가 종교적 권리와 함께 통치권리도 가졌더라면, 절대 군주가 되기 위해서 그에게는 아무것도 부족하지 않았을 것이다. 그러나 그는 그러한 권력을 소유하지 못했고, 레위 족 전체는 공동의 통치에서 배제되어 그들이 적법하게 소유하고 적어도 그곳에서 살 수 있었던 영토의 일부를 다른 부족들과 함께 나누어 가질 수 없었다. 모세는 그들이 다른 민중에 의해서 유지되도록, 그러나 일반 민중에게는 신에게 바쳐진 유일한 부족으로 항상 가장 높은 명예를 가진 것으로 여겨지도록 정하였다. 다음으로 남아 있는 열두 지파(支派)로 군대가 형성되었으며, 이 군대는 가나안 왕국을 침략하여 그것을 열두 부분으로 나누고 추첨에 의해서 각 부족에게 나누어주라는 명령을 받았다. 이 임무를 위해서 각 부족에서 한 명씩 열두 명의 지휘관이 선정되었으며, 그들에게는 여호수아 및 대제사장 엘아자르(Eleazar)와 함께 영토를 똑같이 열두 부분으로 나누고 추첨을 통해서 분배할 권리가 부여되었다. 그러나 여호수아는 군대의 최고 사령관으로 선발되었다. 오직 여호수아만 새로운 사건들에서 신에게 자문을 구할 권리를 가졌지만, 오직 자신의 천막이나 이동성전(移動聖殿)에서 신에게 자문을 구했던 모세와 달리 대제사장을 통해서 그런 권리를 가졌는데 대제사장에게만 신의 응답이 전해졌다.

다음으로 여호수아는 대제사장에 의해서 전달된 신의 명령(Dei mandata)을 선포하고, 민중을 그 명령에 복종하게 하고, 명령을 실행하기 위한 수단을 생각해 내고 적용하며, 자신이 원하는 만큼 군대의 지휘관을 선발하며, 자신의 이름으로 사절을 파견할 수 있는 권리를 소유하였다. 그렇다면 전쟁에 대한 모든 권리는 절대적으로 오직 그의 결정에 달려 있었던 것이다. 그러나 아무도 그의 지위를 법적으로 계승하지 못하였다. 그러한 계승자는 전체 민중이 필요로 할 경우에야 비로소 오직 신에 의해서 직접 선정되었다. 다른 경우, 전쟁과 평화에 대한 모든 사항은 내가 곧 밝히겠지만 부족의 지휘관들이 관리하였으며, 마지막으로 20세부터 60세까지의 모든 남성은 무장하고 오직 민중을 통해서만 군대를 형성하도록 명령받았는데, 그들은 최고 사령관이나 대제사장이 아니고 종교나 신에게 충성을 맹세하였다. 따라서 그들은 신의 군대 내지 전열(exercitus sive ordines Dei)이라고 일컬어졌고, 이와 반대로 신은 이스라엘인들에게 있어서 만군의 주(Deus exercituum)로 불리어졌다. 그리고 이러한 이유로 인해서 전체 민중의 승패가 걸린 문제를 가지고 전쟁할 경우 맹약의 궤(arca foederis)는 군대 한 가운데에 놓았다. 왜냐하면 민중은 당연히 자기들의 왕을 어느 정도 현존하는 것으로 보면서 모든 힘을 다해서 싸워야만 할 것이기 때문이었다.

모세가 후계자들에게 부여한 이러한 명령에서 우리는 그들이 국가의 지배자로서가 아니라 행정 수반으로서 선정되었다는 것을 쉽게 미루어 알 수 있다. 왜냐하면 모세는 아무에게도 홀로 원하는 곳에서 신에게 자문을 구할 권리를 주지 않았고, 따라서 아무에게도 법을 제정하고 폐지하며 전쟁과 평화를 결정하고 신전과 공동체의 관리자를 선정할 수 있는 권리와 함께 모세만 가졌던 권위를 주지 않았기 때문이다. 그러한 모든 것들은 최고 권력자의 직무였다. 왜냐하면 대제사장(summus pontifex)은 율법을 해석하고 신의 답을 전달하는 권리를 소유하지만, 모세처럼 원할 때는 언제나 그렇게 할 수 있는 것이 아니고 오직 최고 사령관이나 또는 최고 평의회나 유사한 것의 요청을 받을 경우에만 그렇게 할 수 있었다. 그리고 반대로 최고 사령관과 최고 회의는 원할 때는 신의 자문을 받을 수 있었지만 오직 대제사장을 통해서만 신의 답을 받을 수 있었다. 따라서 사제의 입을 통해서 한 신의 말은 모세가 입으로 말한 것과 같은 명령(decreta)이 아니라 단지 답(responsa)이었을 뿐이다. 이와 같은 답은 여호수아와 최고 회의가 수락했을 때만 법과 명령의 힘을 가졌다. 다음으로 여기에서 신으로부터 답을 받은 대제사장은 군대를 가지지 못했고, 법적으로 명령권도 소유하지 못하였다. 그리고 이와 반대로 법적으로 땅을 소유한 자들은 법적으로 법을 제정할 수 없었다.

다음으로 대제사장 아론(Aharon)과 그의 아들 엘아자르(Eleazarus)는 모두 모세에 의해서 선정되었지만, 모세가 죽은 후에는 아무도 대제사장을 선정할 권리를 가지지 못했고 아들이 법적으로 아버지를 세습하였다. 최고 사령관인 여호수아도 모세에 의해서 선정되었고, 그는 대제사장의 권리를 통해서가 아니라 모세가 그에게 법적으로 부여한 권리에 의해서 최고 사령관의 권한을 가질 수 있었다. 따라서 여호수아가 죽었을 때 대제사장은 그 자리에 아무도 선정하지 않았고 지휘관들도 새로운 최고 사령관에 대해서 신에게 자문을 구하지 않고 각 지휘관은 자기 부족의 군대에 대해서, 그리고 동시에 전체 군대에 대해서 여호수아가 보유했던 권리를 지니게 되었다.

그들은 공동의 적에 대해서 힘을 합쳐서 싸우지 않으면 안 되는 경우가 아니면 최고 사령관이 필요 없는 것으로 여겼다. 최고 사령관이 필요했던 것은 모든 부족이 아직 정착할 영토를 가지지 못했고 모든 것이 공동의 권리에 속했던 시기에 주로 발생하였다. 그러나 모든 부족이 전쟁의 권리에 의해서 영토를 소유하고 또 차지하라는 명령을 받은 영토를 서로 나누고 또한 더 이상 모든 것이 모든 부족에게 속하지 않게 된 후에는 최고 사령관이 있을 이유 자체가 사라져 버렸다. 왜냐하면 상이한 부족은 이러한 분리에 따라서 공동의 시민(concives)이라기보다 연합체(confoederatae)로 간주되어야 했기 때문이다. 그들은 신 및 종교와 관계해서는 물론 공동의 시민으로 간주되었지만 부족 사이에 가지는 법으로 볼 때 그들은 오직 연합체에 지나지 않았다. 그들은 공동의 신전을 제외한다면 거의 네덜란드 주 연합의 존엄한 지위(Praepotentes Confoederati Belgarum Ordines)와도 유사하다.

왜냐하면 공유재산의 분할은 이미 각자가 자신의 지분을 소유하고 다른 사람들은 이 지분에 대한 권리를 포기한다는 것뿐이었기 때문이다. 이러한 이유로 인해서 모세는 각 부족의 지휘관을 선정했으며, 왕국의 분할 이후(post divisum imperium) 각각의 지휘관은 자신의 부족을 돌보아야만 했다. 말하자면 그들은 자신의 부족의 일에 대해서 대제사장을 통해서 신에게 자문 받는 일, 자신의 군대를 통솔하고 도시를 세워서 견고하게 하는 일, 각 도시에 재판관을 임명하고 자기들 자신의 영역에서 적을 공격하는 일, 곧 전쟁과 평화에 대한 모든 업무를 절대적으로 관리하여야 했다. 각 지휘관은 신과 또는 신이 분명히 보낸 예언자가 아니면, 어떤 재판관도 인정할 필요가 없었다.[11] 그렇지만 만일

11 랍비들은 원로회의인 소위 대 산헤드린(Magnum Sanhedrin)을 모세가 설립했다고 상상한다. 랍비들뿐만 아니라 기독교도들 중 많은 사람들도 어리석음을 범하였다. 물론 모세는 자기와 함께 국가를 염려해야 할 70인의 동료를 선정하였다. 왜냐하면 그는 홀로 전체 백성의 짐을 짊어질 수 없었기 때문이다. 그러나 그는 결코 70인으로 구성되는 협의회를 설립하는 법을 제정한 일이 없다. 이와는 반대

그가 신에게 반역 행위를 한다면, 나머지 부족들은 그를 신민으로 평가하지 않고 오히려 계약의 신뢰를 저버린 적으로서 공격해야 했다.

우리는 이에 대한 예들을 성서에서 찾을 수 있다. 왜냐하면 여호수아가 죽은 후에 최고 사령관이 아니라 이스라엘의 자식들이 신에게 자문을 구했기 때문이다. 그리하여 유대족이 제일 먼저 자신의 적을 공격하지 않으면 안 되었고, 오직 유대족만이 시므온 부족과 계약을 맺어 연

---

로 모세는 신이 각 부족에게 부여한 도시에서 각 부족이 재판관을 임명하고 그가 정한 법에 따라서 소송을 판결하라고 명하였다. 일단 재판관 자신들이 법에 대해서 의문이 생기면 그들은 대제사장(곧 법의 최고 해석자)이나 아니면 대제사장의 해석에 의해 문제를 해결하기 위해서 그 당시의 상급 재판관에게 가야만 했다. 왜냐하면 상급 재판관은 대제사장에게 조언을 구하는 권리를 가졌기 때문이다. 만일 하급 재판관이 자기는 대제사장이 직접 전하거나 상급 재판관이 전한 견해에 따라서 판결한 의무가 없다고 주장하는 일이 생긴다면 그는 하급 재판관을 임명한 당시의 최고 재판관에 의해서 사형판결을 받았다('신명기' 17장 9절을 볼 것). 말하자면 최고 재판관은 여호수아처럼 이스라엘 전체 백성의 최고 사령관이거나, 영토를 분배받은 다음에 자신의 부족의 일에 대해서 대제사장에게 조언을 청하고 전쟁이나 평화를 결정하며 도시를 요새화하고 재판관을 임명하는 권리를 부여받은 각 부족의 지휘관이거나, 전체 부족이나 일부 부족으로부터 그들의 권리를 양도받은 왕과 같은 사람이었다. 그러나 이것을 확인하기 위해서 나는 역사에서 많은 증거들을 제시할 수 있지만, 여러 가지 증거들 중에서 중요한 것으로 보이는 한 가지만을 인용하겠다. 쉴론의 예언자(Propheta Silonita)가 예로브암을 왕으로 선발했을 때, 예언자는 선발에 따라서 대제사장에게 조언을 청하고 재판관을 임명할 권리를 부여하였고, 예로브암은 르하브암이 두 부족에 대해서 가졌던 권리를 열 개 부족 전체에 대해서 소유하게 되었다. 따라서 예로브암 은 여호사팟이 예루살렘에서 가졌던 것과 똑같은 권리를 가지고('역대기 하' 19장 8절과 그 이하를 볼 것) 자신의 궁정에 왕국을 위한 최고 평의회(summum concilium)를 설치할 수 있었다. 왜냐하면 다음과 같은 사실이 확실하기 때문이다: 신의 명령에 의해서 왕이 된 예로브암과 또한 그의 신민(臣民)들은 그들의 왕이 아니었던 르하브암의 판단을 받아들이게끔 모세의 법에 의해 요구당하지 않았던 것이다. 더욱이 르하브암이 예루살렘에 설립하고 그에게 종속된 법정에 복종할 필요가 없었다. 그러므로 이스라엘 왕국이 분할된 수에 따라서 최고 평의회들이 만들어졌다. 그러나 고대 이스라엘 국가의 다양한 상태를 주의해서 보지 못하고 다양한 상태를 하나의 상태로 뒤섞는 사람은 여러 가지 방식으로 어려움에 꼬여들 것이다.

합한 공동의 힘으로 적을 공격하기로 했고 나머지 부족들은 이 계약에 포함되지 않았다('판관기' 1장 1-3절을 볼 것). 그러나 각 부족은 자신의 적에 대항해서 제각기 전쟁을 수행했고, 어떤 조건에서도 아무도 살려 두지 않고 모두 전멸시키라고 명령받았을지라도, 자신이 원하는 대로 적을 복종시키거나 동맹으로 받아들였다. 이러한 불복종으로 인해서 각 부족은 비난받았지만 아무도 그 부족을 법정에 세울 수 없었다. 그렇다고 해도 그것은 각 부족이 서로 대항하여 전쟁을 시작하게 되거나 다른 부족의 일에 개입하기 시작할 이유는 되지 못하였다. 이와 반대로 벤야민 부족이 다른 부족들을 공격하고 평화 협정을 위반하여 연합 부족들 중 어떤 부족도 자신의 적 앞에서 안전할 수 없게 되자 그들은 벤야민 부족을 적으로 여기고 공격하였다. 그리고 그들은 세 차례 전투 끝에 승리하자 전쟁법에 따라서 죄가 있든지 결백하든지 간에 모두를 똑같이 학살했는데, 이러한 행위는 나중에 그들을 때늦은 후회로 통곡하게끔 하였다.

이러한 예들은 내가 방금 각 부족의 권리에 대해서 말한 것들을 충분히 증명해 준다. 아마도 어떤 사람은 각 부족의 지휘관의 후계자를 누가 선정했는지 물을 것이다. 그러나 이 문제에 대해서 우리는 성서에서 아무것도 확실한 것을 이끌어 낼 수 없다. 그렇지만 내가 추측하건대, 각 부족은 가족으로 나누어지고 각 가족의 우두머리는 가족의 연장자들 중에서 선정되었으므로, 이 가족의 우두머리들 중에서 최고 연장자인 자가 법적으로 지휘관의 지위를 계승했을 것이다. 왜냐하면 모세가 자기와 함께 최고 회의(supremum concilium)를 구성할 70명의 동료들을 연장자들 중에서 선정했기 때문이다. 여호수아가 죽은 후에 국가를 통치한 사람들은 장로들(senes)로 불리어졌다. 그리고 다음으로 이스라엘인들은 흔히 장로들을 재판관들(judices)로 이해하는데, 이것은 모든 사람이 아는 사실이다.

우리의 목표를 위해서 이것을 아는 것은 별로 중요하지 않다. 모세 사후에는 아무도 최고 권력자의 모든 권한을 소유하지 못했다는 것을 밝힌 것으로 충분하다. 왜냐하면 국가의 모든 것은 한 사람에게도, 한 회의체에도 민중의 결정에도 의존하지 않고 어떤 것은 한 부족에 의해서, 또 어떤 것은 똑같은 권리를 가진 다른 부족에 의해서 처리되었기 때문에 모세 사후의 국가(imperium)는 군주정도, 귀족정도, 민주정도 아니고 우리가 이미 말한 것처럼 신정(theocratia)이었다. 그 이유는 아래와 같다.

I. 정부의 최고의 위치는 신전이었으며, 이미 밝힌 것처럼 오직 그 이유 때문에 모든 부족들은 동료 시민들(concives)이었다.

II. 모든 시민들은 자기들의 최고 재판관인 신에게 충성을 맹세하지 않으면 안 되었으며 그들은 모든 것에 있어서 오직 신에게만 절대적으로 복종하기를 약속하였다.

III. 그리고 마지막으로 최고 사령관이 필요할 경우 그러한 자는 오직 신에 의해서만 선정되었다. 모세는 '신명기' 18장 15절에서 신의 이름으로 이 사실을 민중에게 분명히 예언했으며, 이 사실은 기드온과 삼손과 사무엘의 선정에 의해서 실제로 증명되었다. 비록 지도자들의 역사로부터는 증명되지 않는다고 할지라도 다른 충성스러운 지도자들이 이와 유사한 방식으로 선정되었다는 것은 의심할 여지가 없다.

개관은 이 정도로 하고 지금은 이와 같은 종류의 국가 형성이 얼마나 인간의 정신을 관리할 수 있고, 또한 피지배자가 반역자로, 지배자가 독재자로 되지 않게 하기 위해서 얼마나 관리할 수 있는지를 알아보자.

국가를 통치하거나 국가를 손아귀에 넣은 사람들은 그들이 범한 모든 그릇된 일들을 항상 합법성의 그늘로 가리면서 자기들의 행위가 정직함에서 이루어진 것이라고 민중을 설득하려고 애쓴다. 법에 대한 전체 해석이 오직 그들에게만 의존할 경우, 그들은 또한 이러한 것을 쉽게 달성할 수 있다. 왜냐하면 이러한 상황 자체는 그들이 원하고 그들의 욕구가 권하는 모든 것을 행할 수 있는 가장 큰 자유를 그들에게 부여한다는 사실이 확실하기 때문이다. 이와 반대로 만일 법을 해석하는 권리(jus leges interpretandi)가 다른 사람의 권한에 있고 동시에 법 해석의 진리가 너무 명백해서 아무도 법 해석에 대해서 의심할 수 없다면 그들에게 바로 앞에서와 같은 자유는 매우 제한된다. 이로부터 국가 통치뿐만 아니라 국가의 영토에도 관여하지 않는 레위 족에게 전적으로 율법을 해석할 수 있는 권리가 주어졌다는 사실에 의해서('신명기' 21장 5절을 볼 것) 이스라엘 지휘관들의 권력 남용은 매우 줄어들게 되었다는 것이 분명해진다. 다음으로 모든 민중은 매 7년마다 특정 장소에 모여 사제에게서(a pontifice) 율법을 배우고 또한 각 사람들은 계속해서 그리고 최대한 주의를 기울여서 율법서를 읽고 또 읽도록 명령받았다('신명기' 31장 9절 이하와 6장 7절을 볼 것). 따라서 지휘관들이 민중으로부터 신국(神國)의 행정 장관이며 부섭장으로 존경받는 가장 큰 명예를 얻으려고 한다면 그들은 자신들을 위해서라도 모든 일을 모든 사람이 알고 있는 법에 따라서 모든 주의를 기울여 통치하지 않으면 안 되었다. 만일 그렇게 하지 않는다면 그들은 보통 종교적 증오와 같은 신민의 엄청난 증오를 피할 수 없었을 것이다.

이것에는 지휘관들의 욕망(libido)의 남용을 제한하기 위해서 또 다른 매우 큰 의미가 첨가된다. 곧 군대는 모든 시민들로 20세부터 60세까지는 아무도 예외 없이 구성되었으며, 지휘관은 어떤 외국인 병사를 고용하는 것도 허용되지 않았다. 이것은 매우 중요하다고 생각한다. 왜냐하면 군주들은 오직 용병에 의해서만 민중을 억압할 수 있기 때문이다. 다음으로 군주들에게는 용맹과 노고와 피로써 조국의 자유와 영광을 이룩한 동료 시민군의 자유보다 더 크게 두려워 할 것은 아무것도 없었다. 따라서 알렉산더는 다리우스와 두 번째 전투를 벌이려고 했을 때 파르메니오의 충고를 들으면서 그에게 충고한 파르메니오를 나무라지 않고 자신을 지지한 폴리페르콘을 질책하였다. 왜냐하면 쿠르티우스가 「역사」 4장 13절에서 말하는 것처럼[12] 알렉산더는 자신이 의도했던 것보다 파르메니오를 더 신랄하게 최근에 질책했으므로 그는 파르메니오를 다시 책망하고 싶지 않았기 때문이다. 또한 알렉산더는 내가 이미 말한 것처럼 전쟁 포로 중에서 모집한 용병의 숫자가 마케도니아 출신 군인들의 수를 훨씬 넘을 때까지는 그가 매우 두려워하고 있는 마케도니아인들의 자유를 억압할 수 없었다. 용병의 숫자가 더 많아진 그 때서야 비로소 알렉산더는 가장 훌륭한 시민들의 자유에 의해서 오랫동안 억제되어 왔던 자신의 길들여지지 않은 성질을 마음껏 풀어 놓을 수 있었다. 만일 시민 군대의 자유가 통상적으로 홀로 승리의 영광을 독차지하는 세속적인 국가의 통치자를 억제할 수 있다면, 자신의 군대가 지배자의 영광을 위해서가 아니라 신의 영광을 위해서 싸우고, 오직 신의 답을 받았을 때만 전쟁에 참여한 이스라엘의 지휘관에 대해서는 더 많은 억제가 실행되었을 것이 분명하다.

다음으로 이스라엘의 모든 지휘관들은 오직 종교적 유대에 의해서만 연합할 수 있었다는 사실이 첨가된다. 그러므로 이들 중 어떤 자가 종교를 배신하고 각 개인의 신법을 어기기 시작한다면 그는 나머지 지휘관들에게 적으로 간주되어 법적으로 억압당할 수 있다.

IV. 다음으로 첨가되는 억제는 어떤 새로운 예언자들에 대한 두려움

---

12 (역주) 「역사」의 원 제목은 「마케도니아의 알렉산더 대왕 역사」이다.

이다. 왜냐하면 착실한 삶을 사는 어떤 사람이 확실한 징표를 통해서 자신이 예언자임을 밝힐 수 있다면, 그는 지휘관처럼 오직 사제의 자문에 의해서만이 아니라 말하자면 모세와 마찬가지로 오직 자신에게만 계시하는 신의 이름으로 명령할 수 있는 최고의 권리를 가지게 된다. 그리고 만일 민중이 억압받고 있다면 예언자는 쉽게 지지받을 수 있으며 그다지 중요하지 않은 징표를 가지고도 자신이 원하는 대로 민중을 설득할 수 있을 것이다.

이와 반대로 올바른 통치가 이루어지고 있을 경우 지휘관은 예언자의 삶의 자세가 확실한지, 신이 그를 보낸 확실하고 명백한 징표를 소유하고 있는지, 그리고 마지막으로 그가 신의 이름으로 말하고자 하는 것이 일반적으로 받아들여진 교리와 공동의 법에 어긋나지 않는지에 대해서 조사받도록 예언자를 우선 법정에 세우는 것에 관심을 기울일 수 있었다. 만일 징표들이 충분히 일치하지 않거나 교리가 새로울 경우, 예언자는 법적으로 사형선고를 받을 스 있었으며, 그렇지 않을 경우, 예언자는 오직 지휘관의 권리와 증거에 의해서만 인정되었다.

V. 지휘관은 다른 사람들에 비해서 태성이 고귀하지도 않았고 혈통이 법적으로 탁월하지도 않았지만, 오직 ㄴ이와 덕 때문에 국가 관리가 그에게 맡겨졌다.

VI. 지휘관과 군대 전체는 평화보다 전쟁을 더 원할 수 없었다. 왜냐하면 군대는 이미 말한 것처럼 오직 시민들로 구성되었기 때문이다. 전쟁과 평화의 문제는 모두 똑같은 사람들에 의해서 관리되었고, 병영의 병사는 광장의 시민이었으며, 병영의 장교는 법정의 재판관이었고, 병영의 사령관은 국가의 통치자(princeps in civitate)였다.[13] 따라서 결코

13 (역주) princeps는 첫 번째 사람, 지휘관, 지도자, 군주 등 여러 가지 의미들을 가지고 있는데, 여기서 역자는 문맥에 따라서 적절한 개념으로 옮겼다.

누구도 전쟁을 위한 전쟁(bellum propter bellum)이 아니라 평화와 자유를 지키기 위한 전쟁만을 원할 수 있었으며, 지휘관은 대제사장에게 가서 자신의 지위에 손해를 입지 않도록 가능한 한 새로운 문제들을 회피하였다.[14] 이러한 이유들로 인해서 지휘관들은 자기들의 권력에 제한을 받았다.

이제는 어떤 이유에서 민중이 억제 당했는지 알아보아야 한다. 이것 또한 국가의 기초(imperii fundamenta)가 가장 분명하게 지적하고 있다. 왜냐하면 이 문제를 조금이라도 주의해 보고자 한 사람이라면 즉시 이 국가의 기초가 시민의 마음에 강한 애국심을 고취시켜서 시민으로 하여금 국가를 배반하거나 버리는 것을 정신에 받아들이는 것을 매우 어렵게 만든다는 사실을 알 것이다. 오히려 모든 사람은 외국의 지배를 당하는 것보다 기꺼이 극단적인 것도 참도록 마음먹지 않으면 안 되었다. 왜냐하면 민중은 자기들의 권리를 신에게 양도한 후 자기들의 왕국이 신의 왕국(Dei regnum)이며 오직 자기들만이 신의 자손이고 다른 민족은 신의 적이라고 믿었으며, 격한 증오심을 가지고 그렇게 믿었다. 왜냐하면 그들은 이 적개심을 경건함으로 믿었기 때문이다. ('시편' 139장 21-22절을 볼 것). 그들에게는 이방인에게 충성을 맹세하고 복종을 약속하는 것보다 더 끔찍한 일이 있을 수 없었으며 조국, 곧 그들이 숭배했던 신의 왕국을 배신하는 것보다 더 큰 치욕이나 저주할 만한 것은 어떤 것도 그들 자신은 생각해 낼 수 없었다.

실로 조국을 떠나서 다른 나라로 이주하는 것은 매우 수치스러운 것으로 여겨졌다. 왜냐하면 언제나 의무인 신에 대한 예배(Dei cultus)는 오직 조국에서만 수행될 수 있었기 때문이다. 오직 이스라엘만 성스러

---

14 (역주) 지휘관이 새로운 정치 문제에 직면하거나 제기함으로써 대제사장에게 자문을 구하여 자신의 체면을 상하게 되는 경우를 회피하려고 했다는 의미이다.

운 땅으로 여겨졌으며 나머지 땅은 불결하고 불경스러운 땅으로 여겨졌다. 따라서 추방을 강요당하자 다윗은 사울 앞에서 다음처럼 불평하였다. "만일 주님께서 임금님을 부추기시어 저를 치시려는 것이라면, 저는 기꺼이 그분께 바치는 예물이 되겠습니다. 그러나 만일 사람들이 그렇게 하였다면, 그들은 주님 앞에서 저주를 받아야 합니다. 제가 주님의 상속 재산을 더 이상 받아 누리지 못하도록, '가서 다른 신들을 섬겨라.' 하면서, 그들이 오늘 저를 쫓아내는 것이기 때문입니다." ('사무엘기 상' 26장 19절). 그리고 이러한 이유에서 또한, 특히 주의하지 않으면 안 되는 것은 어떤 시민도 추방의 처벌을 받지 않았다는 사실이다. 왜냐하면 죄를 범하는 사람은 모욕당하지 않고 당연히 처벌받아야 하기 때문이다.

이스라엘인들의 국가에 대한 사랑(amor erga patriam)은 단순한 사랑이 아니라 경건함이었으며, 그들의 애국심은 다른 민족에 대한 증오와 동시에 그들의 일상적인 종교의식(宗教儀式)에 의해서 강화하고 커져서 그들의 본성의 일부가 되지 않으면 안 되었다. 왜냐하면 일상의 종교의식(quotidianus cultus)은 다른 민족들의 종교의식과 전적으로 다를 뿐만 아니라 다른 민족들의 종교의식에 절대적으로 대립되었기 때문이다. 그리하여 그들은 전적으로 고유한 그리고 다른 민족들과 분리된 지위를 가지게 되었다. 따라서 일종의 일상적인 비난으로부터 영혼에 굳게 뿌리박힌 끊임없는 증오가 생길 수밖에 없었다. 그것은 강한 헌신이나 경건함에서 생기고 경건하게 여겨져서 그것보다 더 크고 집요한 증오는 존재할 수 없었다. 그리고 이것은 증오를 연속적으로 키우는 보편적 원인에 의해서, 말하자면 증오의 상호작용에 의해서 강화되었다. 왜냐하면 다른 민족들도 그들에 대해서 격렬한 증오를 품지 않을 수 없었기 때문이다.

그러나 이러한 모든 것들이, 즉 인간의 지배로부터의 자유(humani imperii libertas), 조국에 대한 헌신, 다른 모든 민족에 대한 그들의 절대적 권리, 허락될 뿐만 아니라 경건함이기까지 한 증오, 주변의 모든 민족에 대한 적개심에서 생긴 관습과 종교의식(宗教儀式)이, 이스라엘인들의 정신을 엄청나게 강화시킬 수 있었다. 그래서 이스라엘인들은 조국을 위해서 고유한 침착함과 용기를 가지고 모든 것을 감내했으며, 이성은 이러한 사실을 가장 분명하게 가르치고 경험 자체는 그것을 증명한다.

왜냐하면 이스라엘인들은 자기들의 나라(urbs)가[15] 존속하는 동안에는 결코 외국의 지배를 감내할 수 없었기 때문이며, 따라서 예루살렘은 반역의 도시로 일컬어졌다('에즈라기' 4장 12, 15절을 볼 것). 대제사장이 각 종족의 지휘관의 권리를 박탈한 후 첫 번째 왕국의 단순한 그림자에 불과했던 두 번째 왕국은 로마제국에 의해서 매우 힘들게 붕괴되었는데 타키투스는 「역사」 2권에서 이 사실을 다음처럼 증언한다: "베스파시아누스 황제는 포위당한 이스라엘인들의 곤경을 견딜 수 있는 충분한 힘 때문이 아니고 민족의 기질과 완고한 미신 때문에 매우 어렵고 곤란했던 예루살렘을 포위만 하고 유대 전쟁(bellum Judaicum)을 종결지었다."

그러나 단지 사견에 지나지 않는 이러한 것들 이외에도 이 이스라엘 국가 안에는 또 다른 특징이 있다. 그것은 매우 견고하며 독특한 것으로서 시민이 배반하거나 조국을 버리는 것을 막고 시민으로 하여금 가장 조국을 유지하게 하는 유용성의 이유(ratio utilitatis)인데,[16] 이 유용

15 (역주) 고대 그리스의 국가(polis)나 고대 이스라엘의 나라(urbs)는 모두 인구 2~4만으로 형성되는 도시국가이다.

16 (역주) 유용성의 이유는 '유용성의 근거'를 말한다.

성의 이유는 모든 인간 행동의 핵심이고 생명이었는데 이스라엘 국가에서는 독특하였다. 왜냐하면 어떤 곳에서도 이 국가의 신민보다 더 큰 권리를 가지고 자신의 재산을 소유한 시민은 없었기 때문이다. 이스라엘의 신민은 지휘관과 똑같은 몫의 땅과 밭을 가졌고 각자는 자신의 몫에 대한 영원한 주인이었다. 왜냐하면, 만일 어떤 사람이 가난에 쪼들려서 자신의 토지나 밭을 팔 수 밖에 없을 경우 70년마다 돌아오는 희년에는 그것을 되돌려 받게 했으며, 또한 이와 같은 방식에는 자신의 확실한 재산을 타인에게 양도할 수 없게 하는 또 다른 제도가 속해 있었다. 다음으로 여기보다 가난을 견뎌 내기 좋은 곳은 아무 곳에도 없었으며, 여기에서는 이웃에 대한 자비(charitas erga proximum) 곧 동료 시민에 대한 자비가 자기들의 왕인 신의 호의를 얻기 위해서 가장 경건하게 행해지지 않으면 안 되었다. 따라서 이스라엘 시민들은 오직 자기들의 조국에서만 잘 살 수 있었고, 조국을 벗어나면 엄청난 상실과 치욕뿐이었다.

다음으로 아래와 같은 것들은 이스라엘인들을 조국에 머물게 할 뿐만 아니라 시민 전쟁을 피하고 분쟁의 원인을 제거하는 데도 효과적이었다. 말하자면 아무도 자신과 똑같은 사람들을 섬기지 않았고 오직 신만을 섬겼으며, 동료 시민에 대한 자비와 사랑(charitas et amor erga concivem)이 최고의 경건함으로 평가되었는데, 이러한 자비와 사랑은 그들이 다른 민족에 대해서 그리고 또 다른 민족이 그들에 대해서 가지고 있던 일반적인 증오에 의해서 매우 강화되었다.

게다가 그들이 교육받은 최고의 복종 훈련이 무엇보다도 중요했고, 그들은 모든 것을 일정한 규정된 법에 따라서 행하지 않으면 안 되었다. 왜냐하면 아무도 자기 멋대로 경작해서는 안 되었고 일정한 시기와 해에 그리고 동시에 오직 한 종류의 동물만 가지고 경작할 수 있었다.

이와 마찬가지로 일정한 방식으로 그리고 일정한 시기에만 파종하고 수확할 수 있었으며 그들의 삶은 절대적으로 연속적인 복종의 교육(continuus obedientiae cultus)이었다[17](이 문제에 대해서는 종교적 의식의 실천에 관한 이 책의 5장을 볼 것). 이러한 사실을 통해서 전적으로 그들에게 복종은 더 이상 예속이 아니라 자유로 여겨지는 습관이 생겼다. 이로부터 또한 아무도 금지된 것을 욕구하지 않고 오히려 명령받은 것을 욕구했다는 사실이 귀결된다. 이러한 태도는 일 년 중 특정한 시기에 그들이 자기들의 정신을 섬기기 위해서가 아니라 마음으로 신을 섬기기 위해서 그들 자신이 휴식과 기쁨에 몰두하여야 한다는 요구에 의해서 매우 고무되었다. 일 년에 세 번 그들은 신의 손님들(Dei convive)이었다.('신명기' 16장을 볼 것). 일주일의 7번째 날에 그들은 모든 일을 멈추고 쉬지 않으면 안 되었다. 이 외에도 순수한 기쁨의 활동과 잔치가 허용될 뿐만 아니라 명령으로까지 부여되는 다른 시기들이 결정되었다. 나는 사람들의 정신에 영향을 미치기 위해서는 이보다 더 효과적인 어떤 것을 생각해 낼 수 없다고 믿는다. 왜냐하면 헌신, 곧 사랑과 동시에 존경으로부터 나오는 기쁨만큼 정신을 사로잡는 것은 아무것도 없기 때문이다. 또한 축제를 위해서 결정된 신의 예배 의식은 드물고 변화가 다양했으므로 습관적인 일로부터 쉽게 권태에 사로잡힐 수 없었다.

여기에 성전에 대한 최고의 외경심이 첨가된다. 성전에 들어가는 허락을 받기 전에 관찰되지 않으면 안 되는 특별한 의식(儀式)과 문제들 때문에 이 외경심은 그들이 언제나 가장 종교적으로 보존했던 것이므로, 오늘날까지도 유대인들은 성서를 읽을 때마다 감히 우상(idolum)

17 (역주) cultus는 경작, 문화, 존경, 치장, 정신적 교육 등 여러 가지 의미를 가지고 있다.

을 성전 안으로 들여오려고 했던 므낫세 왕의 죄에 대한 두려움을 느낀다. 또한 가장 성스러운 장소에 가장 진실하게 보관되어 있던 율법에 대한 민중의 외경심도 결코 적은 것이 아니었다. 따라서 여기에서는 민중의 불평과 편견을 두려워 할 필요가 없었다. 아무도 신적인 문제에 대해서 감히 판단하려 하지 않았고, 오히려 전혀 이성에 의존하지 않고 그들은 성전에서 받아들여진 신의 응답의 또는 신이 제정한 율법의 권위를 바탕으로 그들에게 명령된 모든 것에 복종하지 않으면 안 되었기 때문이다.

그런데 나는 이것으로써 비록 짧기는 해도 이 이스라엘 왕국의 주요 국면들을 충분히 분명하게 설명했다고 생각한다. 이제 남은 것은 왜 이스라엘인들이 자주 율법을 이탈하게 되어 (왜) 빈번하게 이민족에게 종속했는지 그리고 왜 왕국이 그토록 완전히 파멸될 수 있었는지에 대한 이유를 탐구하는 일이다. 여기에서 아마도 어떤 사람은 그러한 파멸이 민족의 완고함에서(ex gentis contumachia) 발생했다고 말할 것이다. 그러나 이와 같은 생각은 유치하다. 왜 이 민족이 다른 민족들보다 더 완고했단 말인가? 본성상 그러했는가? 본성은 민족들이 아니라 개인들을 형성하는데, 민족들의 개인들은 오직 다양한 언어와 법 그리고 수용된 관습에 의해서만 구분된다. 그리고 이들 두 가지, 곧 법과 관습으로부터만 각 민족은 독특한 기질과 독특한 생활 조건 그리고 독특한 선입견을 가지게 되는 것이다. 따라서 이스라엘인들이 다른 민족들보다 완고했다는 것을 인정하려고 한다면 이것은 민족성이 아니라 그들의 법이나 관습의 결함 탓으로 돌려야만 한다.

물론 다음과 같은 점은 사실이다. 만일 신이 이스라엘 왕국이 더 지속하기를 바랐다면, 그는 또한 다른 종류의 권리와 법을 주었을 것이고, 다른 종류의 통치를 제정했을 것이다. 따라서 우리는 예레미야가

'예레미야서' 32장 31절에서 말한 것처럼 그들의 신은 그들이 도시국가를 만들었을 때부터 뿐만 아니라 이미 법이 만들어진 때부터 이스라엘인들에게 격노했다고 말할 수 있다. 에제키엘도 역시 '에제키엘서' 20장 25절에서 다음처럼 똑같이 증언한다: "나는 또 그들에게 좋지 않은 규정들과 지켜도 살지 못하는 법규들을 주었다. 그리하여 그들이 태를 맨 먼저 열고 나온 아들들을 곧 장남들을 불속으로 지나가게 하면서 나에게 바친 그 제물들로 나는 그들을 부정하게 만들었다. 이는 그들을 질겁하게 하여, 내가 주님임을 알게 하려는 것이었다." 우리는 이 말의 의미와 왕국의 파멸의 원인을 옳게 이해하기 위해서 다음의 사실을 주의해야 한다. 처음의 의도는 모든 사제직을 레위족 사람들이 아니라 장자들에게 맡기는 것이었다('민수기' 8장 17절을 볼 것). 그러나 레위족을 제외한 모든 종족이 송아지(vtulus)를 숭배한 후부터 장자들은 부정 탔다고 해서 제외당했고 레위족의 사람들이 그들을 대신해서 선택되었다('신명기' 10장 8절을 볼 것). 이 변화를 생각하면 할수록 나는 당시 신의 관심은 그들의 안전이 아니라 복수였다. 타키투스의 말을 내뱉지 않을 수 없게 된다. 신의 분노가 너무 격해서 항상 민족의 명예와 복지와 안전을 목적으로 삼는 법 자체를 신이 복수하기 위해서 그리고 민족을 처벌하기 위해서 부여함으로써 이스라엘인들에게는 법이 원래 법으로서가 아니라, 곧 민족의 안녕으로서가 아니라 오히려 형벌과 징계로 여겨지게 되었다는 사실에 대해서 나는 놀라움을 금하지 않을 수 없다.

왜냐하면 사람들이 레위인들과 사제들에게 바쳐야 했던 모든 예물들, 사람들이 장자를 구출하고 레위인들에게 주기 위한 인두세(argentum pro capite) 그리고 오직 레위인들에게만 성전의 입장이 허용된 것 등 이 모든 것은 이스라엘인들의 부정에 대한 신의 항구적인 질책과 신에게 거절당한 것을 일깨워 준다. 다음으로 레위인들은 민중을 언제나 책망할 수 있었다. 왜냐하면 의심할 여지없이 수많은 사람들 중에는 폐를 끼치는 다수의 사이비 신학자들이 있었기 때문이다. 그래서 민중은 의심할 여지없이 인간인 레위인들을 감시하고 보통 한 사람이 잘못을 저질러도 모든 레위인들을 비난하였다.

이로부터 계속해서 불평이 생겼으며, 특히 식량이 귀해졌을 때 일찍이 자기들과 혈연 관계가 없는 무익하고 추악한 레위인들을 부양하는 데 대한 반감까지 생겼다. 따라서 뚜렷한 기적도 중지되고 더 이상 가장 뛰어난 권위를 가진 사람들도 없는 평화 시에는 민중의 마음이 분노와 탐욕에 의해서 쇠약해지기 시작하고, 비록 신성하기는 했지만 민중 자체에게는 굴욕적이고도 적대적이기까지 한 신에 대한 숭배를 버리고 새로운 것을 욕망하게 되었다면 그것은 놀랄 일이 아니다. 그리고 국가의 최고 권력을 소유하기 위하여 민중의 환심을 사고 민중을 대제사장과 이간시키기 위한 길을 추구해 온 지휘관들이 민중에게 모든 것을 양보하고 새로운 예배의식(cultus)을 이끌어 들인 것도 놀랄 일이 아니다.

만일 국가가 처음에 의도했던 대로 구성되었다고 한다면, 모든 부족은 항상 평등한 권리와 명예를 가졌을 것이고 또 모든 것은 가장 안전했을 것이다. 누가 자신의 친족의 성스러운 권리를 침해하려고 하겠는가? 자신의 친족과 형제와 부모를 종교적 경건함을 통해서 부양하는 것보다 어떤 다른 것이 인간에게 바람직할 수 있겠는가? 그들로부터 율법에 대한 해석을 배우며 마지막으로 그들에게서 신의 답을 기다리는 것보다 더 바람직한 것이 있을 수 있겠는가? 만일 이러한 이유 때문에 모든 부족이 사제처럼 성스럽게 통치할 수 있는 똑같은 권리를 가졌더라면 그들은 한층 긴밀하게 서로 결속되었을 것이다. 만일 레위 족 자체의 선택이 신의 분노와 복수 이외의 다른 원인에 있었다면 아무것도 두려워할 필요가 없었을 것이다. 그러나 우리가 이미 말한 것과 같이 이스라엘인들은 자기들의 신을 분노하게 하였다. 에제키엘의 말을 반복해서 말하자면, 신은 그들을 멸망시키기 위해서 그들의 모든 장자를 저버림으로써 그들의 명예를 더럽혔다.

이 외에도 이러한 견해는 성서의 이야기 자체에 의해서도 확인된다. 이스라엘 민중은 황야에서 풍족하게 살기 시작하자 천민이 아닌 다수의 사람들은 레위 족을 사제로 선택한 것에 반대하기 시작했으며, 이러한 사실에서 그들은 모세가 신의 명령에 의해서가 아니라 자기 멋대로 모든 부족들에 앞서서 자신의 부족을 선택하고 대제사장의 권리를 영구적으로 자신의 형제에게 부여했다고 믿을 만한 이유를 발견하였다. 따라서 그들은 소요를 일으켰으며, 그들은 모든 사람이 똑같이 신성하고 모세는 불법적으로 모든 사람보다 자신을 높였다고 소리치면서 모세에게 달려갔다. 모세는 어떤 식으로도 그들을 진정시킬 수 없었다. 그러나 그의 믿음의 징표로서 기적이 개입하자 그들 모두는 죽고 말았다. 그 후 이로부터 전체 민중의 새로운 반란이 일어났으며, 말하자면 민중은 죽은 사람들이 신의 심판이 아니라 모세의 계략에 의해서 죽었다고 믿었다. 대규모 살육과 페스트 전염병이 끝난 후에야 비로소 민중은 탈진하여 안정하기 시작했지만, 모든 사람은 그렇게 살기보다는 죽으려고 했다. 따라서 그 당시에는 일치(concordia)가 시작된 것이 아니라 반란(seditio)이 멈추었던 것이다. 성서는 이것을 '신명기' 31장 21절에서 증명한다. 거기에서 신은 모세가 죽은 다음에 민중이 신에 대한 예배를 저버릴 것이라고 모세에게 예언하면서 다음처럼 말한다. "사실 내가 맹세한 땅으로 그들을 데리고 들어가기도 전에, 나는 오늘 그들이 품고 있는 생각을 이미 알고 있다." 그리고 잠시 후 모세는 민중에게 다음처럼 말한다. "그것은 내가 너희의 반항심과 너희의 고집을 잘 알기 때문이다. 내가 오늘 이처럼 너희와 함께 살아 있는데도 너희가 주님께 반항하는데, 내가 죽은 다음에는 얼마나 더하겠느냐?" 그리고 말한 것처럼 또한 실제로 일어났다.

이러한 사실로부터 거대한 변화, 모든 것에 있어서 엄청난 방종, 사치 그리고 나태함이 생겼다. 그리하여 모든 것은 악화되기 시작하였으며, 마침내 수차례 타민족에게 정복당한 후 신의 권리와 단절하고 인간 왕을 섬기고자 하였다. 그래서 통치의 중심은 더 이상 신전(templum)이 아니라 궁정(aula)이었으며, 모든 부족은 더 이상 신의 권리 및 대제사장직과의 관계가 아니라 왕과의 관계에서 동료 시민(concives)이 될 수 있었다. 그러나 이로부터 새로운 반란을 위한 엄청난 재료들이 생겼는데, 이러한 반란에 의해서 끝내 국가가 전체적으로 몰락하고 말았다. 왜냐하면 왕들은 확실한 지배를, 그리고 자기들의 통치권 내에서 남들이 통치하는 것을 견딜 수 없었기 때문이다. 개인적인 시민의 신분에서 선택된 최초의 왕들은 자기들이 올라선 지위에 만족하였다. 그러나 세습권에 의해서 왕의 아들들이 지배권을 갖게 된 후 국가의 전체 권력을 홀로 장악하기 위해서 모든 것을 점진적으로 변화시키기 시작하였다. 법의 권리가 왕들에게 있지 않고, 법을 성스럽게 보호하며 법을 민중에게 해석하는 대제사장에게 있는 한 왕들에게는 국가의 권력 대부분이 결여되어 있었다. 따라서 왕들은 신민과 마찬가지로 법의 구속을 받았으며, 법을 폐지할 수도, 똑같은 권위를 가진 법을 제정할 수도 없었다. 다음으로 레위인들의 권리는 왕들을 신민처럼 여기고 성스러운 통치를 금지시켰기 때문에, 그리고 왕들의 국가의 안전은 그들이 실제 예(例)를 체험한 예언자로 여겨지는 오직 한 사람의 의지에만 전적으로 의존하기 때문에 왕들은 법을 폐지할 수도 또 새로운 법을 제정할 수도 없었다. 사무엘은 엄청난 자유를 가지고 사울 왕에게 모든 것을 명령했으며, 단 한 번의 실수를 이유로 쉽게 통치권을 다윗에게 넘겨 줄 수 있었다. 따라서 왕들은 국가 안에 또 하나의 국가를 가지고 있었고[18] 그러므로 안정된 통치를 할 수 없었다.

그러므로 이러한 제한을 극복하기 위해서 왕들은 더 이상 레위인들의 조언을 구하지 않으려고 신들을 봉헌할 수 있는 다른 신전들을 허용하기로 하였다. 그다음 왕들은 진정한 예언자에게 맞설 수 있는 예언자를 가지기 위해서 신의 이름으로 예언하는 많은 사람들을 구하였다. 그러나 아무리 노력해도 그들의 목적은 이루어질 수 없었다. 왜냐하면 예언자들은 모든 것을 준비하고 전임 왕의 기억이 생생하게 남아 있는 한 항상 불안한 후계자의 통치를, 곧 자신들에게 유리한 기회를 엿볼 수 있었기 때문이다. 그때 예언자들은 신적 권위에 의해서 왕에게 적대적이며 탁월한 덕을 가진 사람으로 하여금 신권을 옹호하게 하여 국가 전체나 일부를 합법적으로 요구할 수 있는 인물을 이끌어 들일 수 있었다. 그러나 예언자들은 이런 방식으로는 아무것도 성공할 수 없었다. 왜냐하면 비록 그들이 폭군(tyranuus)을 제거할 수 있었다고 할지라도 폭정의 원인은 여전히 남아 있었기 때문이다. 따라서 그들은 수많은 시민들의 피를 대가로 치르고 새로운 왕을 왕좌에 앉히는 일 이외에는 다른 일을 할 수 없었다. 그러므로 불화와 시민전쟁이 끝날 줄 몰랐다. 그러나 신의 권리를 침해하는 원인들은 항상 남아 있었고, 이 원인들은 또한 오직 전체 국가의 개조를 통해서만 없어질 수 있는 것들이었다.

이제까지 우리는 종교가 어떻게 고대 이스라엘 국가에 도입되었는지, 그리고 만일 입법자인 신의 정당한 분노가 국가가 똑같이 지속하는

---

18 (역주) 신의 왕국을 말한다.

것을 허용했더라면 어떤 식으로 이 왕국이 영원히 지속될 수 있었을지에 대해서 살펴보았다. 그렇게 되는 것은 불가능했기 때문에 결국 그 왕국은 멸망할 수밖에 없었는데, 여기서 나는 오직 첫 번째 왕국에 대해서만 말했다. 왜냐하면 두 번째 왕국은[19] 단지 첫 번째 왕국의 그림자에 불과했기 때문이다. 두 번째 왕국에서 이스라엘인들은 페르시아인들의 권리에 예속되어 있었다. 그러나 자유를 획득한 후 사제들은 지배자들의 권리를 빼앗아서 절대적 지배권을 소유하려고 하였다. 이리하여 사제들은 세속적으로 지배하고 동시에 사제의 직책을 행사하려는 열망으로 불타올랐다. 따라서 나는 이 두 번째 왕국에 대해서는 더 이상 말할 필요를 느끼지 못한다.

지속 가능한 것으로 파악되는 한에 있어서 첫 번째 국가를 모방하는 것이 가능한지 아니면 그것을 가능한 한 모방하는 것이 경건한지에 대해서는 다음 장에서 밝혀질 것이다. 여기서 나는 결론으로서 앞에서 이미 지적한 것을 강조하고 싶을 뿐이다. 말하자면 이 장에서 밝힌 것으로부터 신적 권리나 종교의 권리(jus divinum sive religionis)는 확실히 계약에서(ex pacto) 생긴다. 계약 없이는 자연권 이외의 어떤 권리도 존재하지 않으며 따라서 이스라엘인들은 이 계약에 포함되지 않은 민족들에 대해서는 종교적 의무에 따라서 경건하게 대할 필요가 없었고 단지 동료 시민들만 경건하게 대할 의무가 있었다.

19 (역주) 기원전 586년 바빌로니아인들에 의한 성전의 파괴는 첫 번째 왕국의 종말로 여겨진다. 두 번째 왕국은 예루살렘의 대제사장의 부활(기원전 538년)과 함께 시작되며 그것은 페르시아 왕 키루스가 지원하였다.

# 18

## 이스라엘 국가와 역사로부터 도출되는 몇 가지 정치적 명제들(dogmata politica)

우리가 앞 장에서 파악해 본 고대 이스라엘 왕국이 비록 영원히 존속할 수 있었다고 할지라도 그와 같은 국가의 모방은 가능하지도 않으며 또 권할 만한 것도 아니다. 왜냐하면, 만일 어떤 민족이 자신의 권리를 신에게 양도하기로 했다면, 그 민족은 이스라엘인들이 했던 것처럼 명백하게 계약해야만 했고 따라서 권리를 양도하는 자의 동의뿐만 아니라 권리를 양도받는 신의 동의도 필요로 했을 것이기 때문이다. 그러나 신은 신의 맹약(Dei pactum)이 더 이상 잉크로 쓰이거나, 석판에 새겨지지도 않을 것이며 인간의 마음속에 성령으로 쓰일 것이라고 사도들을 통해서 계시하였다. 다음으로 아마도 고대 이스라엘인들의 국가 형태(imperii forma)는 오직 외부 왕래 없이 홀로 살며, 자신의 경계 안에 갇혀서 외부 세계와 단절되어 살고자 하는 사람들에게는 유용하겠지만 다른 사람들과 거래하는 것이 필요한 사람들에게는 결코 그렇지 않을 것이다. 따라서 이러한 국가 형태는 오직 극소수의 사람들에게만 쓸모가 있을 것이다. 그러나 이러한 국가 형태는 모든 점에서 모방할 수 있는 것은 아니었지만 주의를 기울일 만한 가치가 많으며 아마도 그것을 모방하라는 강한 권유를 했을 것이다. 그렇지만 이미 언급한 것처럼 내 의도는 국가에 대해서(de republica) 명백하게 다루는 것이 아니기 때문에 국가에 대한 많은 문제들을 제쳐 놓고 내 목적에 맞는 문제들만을 살펴볼 것이다.

국가의 주권(summum imperii jus)을 가진 최고 통치자를 선출하는 것은 신국(神國)에 배치되지 않았다. 왜냐하면 이스라엘인들은 자기들의 권리를 신에게 양도한 다음에 모세에게 최고 통치권을 양도했기 때문이다. 따라서 모세는 홀로 신의 이름으로 법을 제정하고 폐지하며, 사제들을 선택하고 재판하며 가르치고 처벌하는 그리고 모든 사람들에게 절대적으로 모든 것을 명령하는 권위를 가지게 되었다. 다음으로 비록 사제들이 법의 해석자였다고 할지라도, 그들은 시민들을 재판하거나 어떤 사람을 추방할 수 있는 권한을 가지지 못하였다. 왜냐하면 그러한 권리는 오직 민중 가운데서 선출된 재판관과 지휘관에게만 속했기 때문이다('여호수아기' 6장 26절, '판관기' 21장 18절, '사무엘기 상' 14장 24절을 볼 것).

이 외에도 만일 우리가 이스라엘인들의 업적과 역사를 주의 깊게 살펴본다면 주의를 기울여야만 하는 또 다른 가치가 있는 것들을 발견하게 될 것이다.

1. 두 번째 왕국에서 사제들(pontifices)이[1] 법을 공포하고 정무를 집행할 수 있는 권위를 가지기 이전까지는 아무런 종파(宗派)도 존재하지 않았다. 이러한 권위를 영구히 하기 위해서 그들은 통치권을 찬탈하였고 왕으로 불리기를 바랐다. 그 이유는 쉽게 알 수 있다. 첫 번째 왕국

---

1 (역주) pontifex는 사제, 대제사장 등을 의미한다.

에서는 어떤 명령도 사제들의 이름으로 할 수 없었으며, 사제들은 어떤 명령도 공포할 권리가 없었고 지휘관이나 평의회가 요청한 것에 대한 신의 응답을 전달할 수 있는 권리만을 가지고 있었다. 따라서 당시 그들은 새로운 법령을 제정할 마음이 전혀 없었다. 오히려 그들은 오직 익숙하고 관습적인 것만을 집행하고 보호하는 데 주의를 기울였다. 왜냐하면 그들이 지휘관들의 뜻에 맞서서 자기들의 자유를 보존할 수 있는 유일한 방법은 법을 손대지 않고 그대로 보존하는 방법뿐이었기 때문이다.

그러나 그들이 국가의 일을 집행할 권력을 얻고 사제직에다 세속적 지배권을 첨가하게 되자 그들은 각자 종교적 문제와 여타의 세속적 문제의 양자에 있어서 자기 숭배를 꾀하기 시작하였다. 말하자면 그들은 모든 것을 사제의 권위에 의해서 해결했으며, 매일 종교의식(儀式), 신앙 그리고 모든 것에 새로운 법령을 공포하면서 그 법령에 모세의 법률과 동등할 정도의 신성함과 권위가 부여되기를 원했다. 이리하여 종교는 구원 불가능한 미신으로(in exitiabilem superstitionem) 떨어졌으며 법의 참다운 의미와 해석은 타락해 버렸다. 여기에 사제들이 국가의 복원 시초에 통치의 길을 닦고 있을 동안 사제들은 대중의 뜻을 얻기 위해서 모든 것을 허용해 주는 것이 또한 첨가되었다. 곧 사제들은 비록 불경스러울지라도 대중이 하는 것을 허용했으며 성서를 대중의 타락한 도덕에 일치하도록 하였다. 물론 말라기(Malachi)는 가장 생생한 말로 그들에 대해서 증언한다. 왜냐하면 그는 자기와 동시대의 성직자들을 꾸짖고, 그들을 신의 이름을 더럽힌 자들이라고 부르면서 다음처럼 계속해서 질책하기 때문이다. "사제의 입술은 지식을 간직하고 사람들이 그의 입에서 법을 찾으니 그가 만군의 주님의 사자이기 때문이다. 그러나 너희는 길에서 벗어나 너희의 법으로 많은 이를 넘어지게 하였다.

너희는 레위의 계약을 깨뜨렸다. 만군의 주님께서 말씀하신다"('말라기서' 2장 7-8절) 그는 성직자들이 율법을 자기들 멋대로 해석하며 신이 아니라 오직 인간만을 섬긴다고 계속해서 그들을 비난한다. 그러나 사제들이 비록 조심하였다 할지라도 시민들의 예리함을 피할 수 없었는데, 그들은 이미 쓰여 있는 율법 이외에는 어떤 다른 율법도 보존될 만한 가치가 없다고 주장하였다. 게다가 죠셉스의 「고대 유대 민족사」에 따르면 대부분 평범한 대중인 바리사이인들이 거짓으로 교부의 전통(traditiones patrum)이라고 불렀던 명령들은 폐기되어야 한다고 한층 더 과감하게 주장하였다. 사제들의 아첨, 종교와 법의 타락 그리고 매우 빈번하고 강하게 최후의 종말이 왔다고 부추기는 이 모든 것이 진정될 수 없는 분장과 불화를 일으켜 왔다는 사실은 결코 의심할 수 없다. 왜냐하면 사람들은 열정적으로 미신에 빠지기 시작하고, 시민의 권위가 한쪽이나 다른 쪽을 편들 경우 화해가 불가능하게 되었고 필연적으로 종파로 분열되었기 때문이다.

2. 다음의 사실은 주목할 만하다. 말하자면 평민 신분의 예언자들은 경고하고 질책하며 훈계할 수 있는 자기들의 자유에 의해서 사람들을 교정하기보다 사람들을 더 분노하게 하였다. 그렇지만 왕들은 경고와 처벌에 의해서 사람들을 쉽게 지배하려고 하였다. 실로 경건한 왕들조차 자주 예언자들을 찾을 수 없었다. 예언자들의 권위는 왕들의 어떤 행위가 선하고 어떤 행위가 불경스러운지 판단할 수 있는 권리를 예언자들이 가질 수 있게 하였으며 또한 왕들이 국가의 일이나 개인적인 일에 있어서 감히 예언자들의 판단에 어긋나게 행동하고자 할 경우 왕들을 처벌할 권리도 주었다. 성서의 증거에 의하면 경건하게 통치했던 아사(Asa)왕은 예언자 하나니아(Hanania)를 감옥에 가두었다('역대기하' 16장을 볼 것). 왜냐하면 하나니아가 자유롭게 아사왕을 비난했으

며 아르메니아왕과 맺은 계약에 대해서 질책했기 때문이다. 그리고 이외에도 우리는 다른 예들을 들 수 있다. 그것들은 다음의 사실을 밝혀준다: 종교는 그와 같은 자유의 측면에서 이익보다는 폐단을 가져 왔으며, 예언자들이 오로지 자기들의 권리만 유지하려고 했다면 커다란 시민전쟁(magna bella civilia)이 일어났을 것은 두말할 필요도 없다.

3. 민중(populus)이 통치하는 동안에는 오직 한 차례의 시민전쟁이 있었지만 그것은 완전히 종식되었으며, 승리자가 패배자를 관대하게 대하여 모든 방법을 다해서 패배자들이 이전의 그들의 위엄과 권력을 회복하도록 배려하였다는 점은 주목해 볼 만한 가치가 있다. 그러나 전혀 왕들에 대해서 익숙하지 않던 민중이 최초의 국가 형태를 군주정으로(imperii primam formam in monarchicam) 변화시킨 다음에는 시민전쟁이 결코 끝나지 않았고 따라서 시민전쟁이 저지른 살육은 전에 들어보지도 못한 처참함을 가져다주었다.

왜냐하면 한 번의 전쟁에서 거의 믿을 수 없지만 50만명의 이스라엘인들이 유대인들에 의해서 몰살당했기 때문이다. 반대로 또 다른 전쟁에서 이스라엘인들은 상당수의 유대인들을 학살하였다(성서에는 그 숫자가 나와 있지 않다). 왕은 체포되었고, 예루살렘 성벽은 거의 파괴되었으며, 이스라엘인들은 격한 분노를 나타내기 위해서 성전을 완전히 약탈하였고, 형제들에 대한 약탈과 피로 질리게 되었을 때 이스라엘인들은 왕을 거의 완전히 파괴된 왕국에 남겨두고 무기를 내려놓았다. 이것은 이스라엘인들이 유대인들의 믿음보다는 오히려 허약하여 자기들의 안전을 찾았기 때문이다. 왜냐하면 몇 년이 지난 후에 힘을 회복한 유대인들이 다시 한 번 새로운 전쟁을 일으켰지만 이 전쟁에서 이스라엘인들은 다시금 승리자가 되었다. 12만 명의 유대인들이 학살당했고, 20만 명에 달하는 유대인 아녀자들과 아이들이 포로로 끌려왔고 다시 많은 전리품을 빼앗겼다. 이스라엘의 역사 과정에서 언급된 여러 전쟁에서 기진맥진해진 유대인들은 결국 적의 먹잇감이 되고 말았다.

만일 우리가 이스라엘인들이 절대적인 평화를 누릴 수 있었던 시기들을 고찰한다면 우리는 커다란 차이를 발견하게 될 것이다. 왜냐하면 군주정 이전에는 외전이나 내전 없는 40년이 여러 번 그리고 80년이 한번(물론 있을 법하지 않지만) 지나갔다. 그러나 군주정이 수립된 후, 전쟁은 이전처럼 더 이상 평화와 자유를 위해서가 아니라 왕의 영광을 위해서 벌어졌기 때문에 오직 솔로몬만을(그의 덕, 말하자면 지혜는 전쟁 때보다는 평화 시에 더 잘 드러날 수 있었다) 제외하고 모든 왕들이 전쟁을 벌였다는 것을 우리는 알 수 있다. 여기에 왕권에 대한 숙명적인 야망이 첨가되어야 하는데, 이것은 대부분의 경우 왕권에 오르는 과정을 전적으로 피비린내 나게 만들었다.

마지막으로 민중이 통치하는 기간에는 법이 타락하지 않고 유지되었으며 더 확고하게 지켜졌다. 왜냐하면 군주정 이전에는 민중에게 경고한 극소수의 예언자들이 있었지만 군주정 수립 이후에는 수많은 예언자들이 동시에 생겨났기 때문이다. 오바댜(Hobadias)는 백 명의 예언자를 죽음에서 해방시키고 그들이 다른 사람들과 함께 학살당하지 않도록 숨겨 주었다. 왕들이 권력을 잡기 이전까지 민중은 거짓 예언자들에게 기만당하지 않았다는 것을 우리는 알고 있다. 여기에 덧붙여 민중의 대부분의 마음은 환경에 따라 오만하거나 겸손하게 변했는데, 불행이 닥쳤을 때에는 쉽게 자신들을 올바르게 고쳤으며, 신에게 귀의하고, 법을 복구하여 모든 위험을 벗어났다. 이와 반대로 그 마음이 항상 한결같이 거만하고, 굴욕을 당하지 않고서는 굽힐 수 없었던 왕들은 도시가 완전히 파괴될 때까지 악덕을 완고하게 고집하였다.

이와 같은 것들로부터 우리는 다음의 사실들을 가장 명백하게 알 수 있다.

1. 어떤 법령을 공포하거나 국무를 관리하는 권력을 사제들에게 맡기면 종교와 국가에 엄청난 피해를 끼친다. 이와 반대로 만일 사제들이 요청을 받을 경우에만 응답하고 오직 받아들여진 그리고 가장 관습적인 것만을 가르치고 실천한다면 모든 것은 한층 더 안정된다.

2. 순수하게 사변적인 것들(res mere speculativas)을[2] 신의 권리로 돌리고 사람들이 흔히 논쟁하거나 또는 논쟁할 수 있는 견해들에 대해서는 법을 제정하는 것은 매우 위험한 일이다. 왜냐하면 각자가 권리를 가지고 있어서 아무에게도 양도할 수 없는 견해를 범죄로 취급하는 곳에서는 가장 폭력적인 통치가 행해지기 때문이다. 이러한 경우에는 당연히 대중의 분노가 맹위를 떨친다. 왜냐하면 빌라도가 그리스도의 결백함을 알면서도 그리스도를 십자가에 못 박도록 명령한 것은 그가 바리사이인들의 분노에 굴복했기 때문이었다. 다음으로 바리사이인들(Pharisae)은 자기들보다 부유한 사람들의 지위를 끌어 내리기 위해서 종교에 대한 문제들을 들쑤시기 시작하였고 사두가이인들(Tsaducaeos)을 불경죄로 고발하였다. 그리고 이러한 바리사이인들의 예를 따라서 모든 비열한 위선자들은 자기들이 신의 권리를 위한 열성이라고 부르는 분노에 사로잡혀서 성실함으로 뛰어나고 덕으로 두드러졌지만 그로 인해 대중의 분노를 산 사람들을 도처에서 박해하였다. 그 위선자들은 성실한 사람들의 견해를 공개적으로 탄핵했으며 야만적인 군중의 분노에 불을 지폈다.

그런데 이와 같은 파렴치한 방종(procax licentia)은[3] 종교적 가면 밑

---

2 (역주) 순수하게 사변적인 것들이란 신앙의 실천과는 반대되는 순수하게 이론적인 것 내지 논리적이거나 추상적인 것 또는 철학적인 것을 말한다.

3 (역주) 분수를 모르고 날뛰는 태도를 말한다. 우리 주변의 사제들, 학자들, 정치가

에 은폐되어 있기 때문에 쉽게 억제될 수 없다. 이는 특히 최고 권력자들 자신이 설립하지 않은 종파(宗派)를 도입한 곳에서 그러하다. 왜냐하면 이 경우 최고 권력자들은 신권(神權)의 해석자로 여겨지지 않고 오히려 종파의 일원인 교사들(sectae doctores)을 신권의 해석자로 인정하였기 때문이다. 따라서 종교 문제에 관해서 행정 장관의 권위는 교파의 교사들의 권위와 비교해서 대중에게 별로 중요하지 않게 되었고, 왕들도 이 교사들의 해석에 복종해야만 한다고 믿었다. 따라서 이와 같은 해악을 피하기 위한 국가의 안전한 수단은 국가가 경건함과 종교적 의식(儀式)을 오직 행위에, 곧 사랑과 정의의 실천에만 놓아두게 하고 그 이외의 다른 것들에 대해서는 각자의 자유에 맡기는 것이다. 그러나 이것에 대해서는 나중에 더 상세히 다루겠다.

3. 우리는 최고 권력에게 무엇이 옳고 그른지를(quod fas nefasque sit) 맡기는 것이 얼마나 필요한지를 알고 있다. 왜냐하면 행위에 대해서 결정할 권리가 신적 예언자들에게 부여되어 국가와 종교에 막대한 해를 끼쳤다면 미래를 예언할 수도 없고 기적을 행할 수도 사람들에게는 그러한 권리가 훨씬 더 적게 부여되었을 것이기 때문이다. 그러나 이 문제에 대해서는 다음 장에서 명확히 다루겠다.

4. 마지막으로 우리는, 왕정 아래에서 사는 것이 익숙하지 않고 이미 확립된 법을 가진 민족에게 군주정을 선택하는 것이 얼마나 재앙이 되는지 알고 있다. 왜냐하면 민중은 그러한 통치를 견디기 쉽지 않으며 왕의 권위 또한 왕의 권위보다 열등한 다른 권위에 의해서 제정된 민중의 법과 권리를 참을 수 없기 때문이다. 어떤 왕도 그런 법을 옹호하지 않을 것이다. 왜냐하면 특히 그 법은 왕의 지배를 위해서가 아니라 통

---

들 중 많은 사람들은 인간의 평등이나 자유는 안중에도 없고 오로지 자기들만 정직하고 정의롭다고 주장하는데, 이러한 주장은 파렴치한 방종의 대표적인 예이다.

치권을 가졌다고 믿은 민중이나 평의회를 의해서 만들었기 때문이다.

따라서 왕은 민중의 오래된 권리를 옹호할 경우 그는 민중의 주인이기보다는 노예(servus quam dominus)로 여겨질 것이다. 따라서 새로운 군주(novus monarcha)는 온갖 노력을 다 기울여서 새 법을 제정하고 국가의 권리를 자신에게 유리하게 재구성하며, 왕들이 자기들의 위엄을 얻는 것은 그것을 잃는 것만큼이나 쉽지 않다는 것을 왕들 자신이 알도록 하기 위해서 민중의 권리를 축소하는 데 온갖 힘을 다 기울일 것이다.

그러나 나는 여기에서, 비록 군주가 모든 측면에서 전제군주(tyrannus)라고[4] 할지라도 군주를 제거하는 것 역시 적지 않게 위험하다는 사실을 그냥 넘어갈 수 없다. 왜냐하면 왕의 권위에 익숙해서 오직 그것에 의해서만 억압당해 온 민중은 그보다 약한 권위를 경멸하고 비웃을 것이기 때문이다. 그러므로 일찍이 예언자들이 그랬던 것처럼, 만일 왕이 제거되면 그 자리에 다른 왕이 선택되어 자발적으로가 아니라 어쩔 수 없이 독재자가 되는 것은 필연적일 것이다. 왕을 살해하여 피로 물든 시민들의 손을 그가 어떻게 볼 수 있을 것이며, 왕의 살해를 영광스러운 공적으로, 곧 현재의 왕에 대한 경고로서 행해진 공적으로 민중이 기뻐하는 것을 그가 어떻게 볼 수 있을 것인가? 물론 만일 그가 왕이기를 원한다면, 만일 그가 민중을 왕에 대한 재판관으로 그리고 왕의 주인으로 인정하기를 원하지 않고 진심으로 통치하고자 한다면 그는 자기 이전의 왕들의 죽음에 대해서 복수하지 않으면 안 된다. 그리고 그는 자신을 위해서 민중이 감히 두 번 다시 그와 같은 행위를 범하지 않도록 하나의 본보기를 세워야만 한다. 그러나 그는 그의 전임 폭군의

---

4 (역주) tyrannus는 폭군, 독재자, 전제군주 등을 의미한다.

뜻을 옹호하고, 전임 폭군이 행한 것을 찬동하고 또 결국 전임 폭군의 모든 흔적을 따르지 않고서는 시민을 처형한다고 해도 전임 폭군의 살해에 대해서 결코 쉽게 복수할 수 없다. 바로 이러한 이유로 인해서 한 민족은 종종 성공적으로 폭군을 바꾸었지만, 결코 군주정(imperium monarchicum)을 폐지하거나 또 다른 형태로 바꿀 수는 없었던 것이다.

이러한 사실에 대해서 영국 민족은 하나의 숙명적인 예를 제공하였다. 그들은 합법적으로 군주를 제거할 수 있는 이유를 추구하였다.[5] 그러나 이들이 군주를 제거한 후 그들은 정부형태(forma imperii)를 바꿀 능력이 없었다. 많은 피를 흘린 후에야 결국 다른 칭호를 가진 새 군주가 나타났다(마치 모든 것이 오로지 칭호에 관한 것처럼). 새 군주는[6] 왕족을 완전히 멸하고, 전임 왕의 친구들이나 친구로 여겨지는 자들을 죽이고 불만을 일으킬 수 있는 평화의 분위기를 전쟁을 통해서 교란시킴으로서만 권력을 굳게 다질 수 있었다. 군주는 대중이 새로운 일에 매달리고 왕의 처형으로부터 다른 것으로 생각을 돌리도록 하려는 의도를 가지고 있었고, 그리하여 민중은 늦게서야 자기들이 적법한 왕의 권리를 침해하고 모든 것을 더 한층 악화시킨 것 이외에는 아무것도 행한 것이 없음을 알게 되었다. 따라서 민중은 기회가 왔을 때 가능한 한 빨리 되돌아가기로 결정하였으며, 사태가 원래 상태로 완전히 복구되는 것을[7] 보기 전까지는 만족하지 못하였다.

어떤 사람은 아마도 로마 민중의 예를 들어 민중이 폭군을 쉽게 제거할 수 있었다고 나에게 반박할지 모르겠지만, 내가 평가하기에 이러한

---

5 (역주) 영국 왕 찰스 1세는 1649년에 처형되었다.

6 (역주) 크롬웰은 호민관(Protector)이라는 칭호를 가지고 있었다.

7 (역주) 찰스 2세가 즉위한 1660년의 왕정 복고를 뜻한다.

예는 오히려 우리의 견해를 전적으로 확인해 준다. 물론 로마의 민중은 훨씬 쉽게 폭군을 제거하고 정부형태(forma imperii)를 바꿀 수 있었다. 따라서 왕과 왕의 후계자를 선택할 수 있는 권리가 민중들 자신에게 속해 있었으며, 반역자와 범죄자로 이루어진 민중은 아직 왕에게 복종할 습관에 익숙하지 않았다. 왜냐하면 민중은 자기들이 이전에 대했던 6명의 왕 중에서 3명을 살해했기 때문이다. 그렇지만 민중은 한 명의 폭군 대신 여러 명의 폭군들을 선택하는 일 이외에는[8] 어떤 다른 일도 행하지 않았으며, 이 폭군들은 외적 및 내적 전쟁을 통해서 민중을 항상 불행에 빠지게 했고, 결국 정부는 마치 영국에서처럼 이름만 바뀐 채 다시금 군주정으로 되고 말았다.

그러나 네덜란드의 주 연합국들(Ordines Hollandiae)은 우리가 알고 있는 것처럼 결코 왕들을 두지 않았고, 전혀 통치권(jus imperii)이 없는 백작들(comites)을 두었다. 라이체스터 백작 당시에[9] 네덜란드 최고 주 연합국들에 의해서 만들어진 주들 사이의 협정에 의해서 네덜란드의 최고 주 연합국들은 백작들에게 의무에 대해서 경고할 권위를 항상 가졌다. 만일 백작들이 폭군으로 증명될 경우, 네델란드의 최고 주 연합국들은 시민들의 권리를 주장하기 위해서 백작들에게 경고할 수 있는 권위와 시민들의 자유를 유지하기 위한 권력을 보존하였다. 그리고 백작들은 완전히 억제당해서 주 연합국들의 허락과 승인이 없이는 아무것도 행할 수 없었다. 그리하여 최고의 주권은 항상 주 연합국들에[10]

8 (역주) 이러한 상황은 로마 공화국의 특이한 현상으로 여겨진다.

9 (역주) 1588년 엘리자벳 여왕은 라이체스터 백작(The Earl of Leicester)을 네덜란드에 파견하여 주 연합국들의 최고 통치자의 명칭을 부여하였다. 라이체스터 백작은 3년간 통치 후 사임하였다.

10 (역주) 주 연합국들(Ordines)은 일종의 의회 역할을 담당하였다.

남아 있었으며. 마지막 백작이[11] 이 주권을 찬탈하려고 시도했으나. 각 주들은 오히려 거의 잃을 뻔했던 정부를 다시금 회복했고 마지막 백작은 실패하였다

따라서 이러한 예들을 통해서 각각의 국가는 정부 형태(imperii forma)를 필연적으로 보존해야만 하며 정부 형태의 전체적인 몰락의 위험 없이는 각각의 국가가 변할 수 없다는 우리의 주장을 전적으로 확인할 수 있다. 그리고 이것이 바로 내가 주의를 기울일 가치가 있다고 여기는 것들이다.

11 (역주) 스페인의 필립 2세를 가리킨다.

# 19

## 성스러운 문제에 관한 권리는 전적으로 최고 권력에 속하며, 신을 옳게 섬기려면 외적 종교의식(宗敎儀式)은 공적 평화와 일치해야 한다.

내가 앞에서 주권을 보유한 사람들만이 모든 것에 대한 권리(jus ad omnia)를 가지며, 모든 권리는 오직 그들의 결정에 의존한다고 말했을 때, 나는 시민적 권리뿐만 아니라 영적 권리도 포함한다고 이야기하고자 하였다.[1] 왜냐하면 이 주권의 보유자들은 또한 해석자이며 수호자여야만 하기 때문이다. 나는 특히 이 점을 주의하고자 하며, 이 장에서 명백하게 이 점을 다루고자 한다. 왜냐하면 영적 문제에 대한 이 권리가 최고 권력에 속한다는 것을 부인하고 최고 권력을 신적 권리의 해석자로 인정하려고 하지 않는 사람들이 많기 때문이다. 따라서 그들은 최고 권력자들을 비난하고 우롱할 수 있는 특허를 가진 것처럼 행동하며 확실하게 마치 오래 전에 교황 암브로시우스가 테오도시우스 황제에게

1 (역주) 시민적 권리는 세속적, 정치적 권리이며 영적 권리는 정신적, 종교적 권리이다.

행했던 것처럼[2] 최고 권력자들을 교회로부터 파문하려고까지 한다. 그러나 이 장에서도 계속 알게 되겠지만 그들은 그렇게 함으로써 정부를 분할하고 심지어 정부를 장악하려고까지 한다.우선 나는 종교가 주권을 가진 사람들의 명령에 의해서만 권력을 획득한다는 것을 밝히고자 한다. 신은 정권을 소유한 사람들을 통하지 않으면 인간들에 대한 어떤 특별한 왕국도 가지지 않으며 더 나아가서 종교의 실천과 경건함의 실천(religionis cultus et pietatis exercitatum)은 국가의 평화와 이익에 일치해야 한다. 결과적으로 그것들은 오직 주권자들에 의해서 결정되어야 하고, 따라서 주권자들은 또한 그것들의[3] 해석자가 되지 않으면 안 된다.

나는 경건함의 수행과 외적인 종교 실천에 대해서만 분명하게 말하고, 경건함 자체와 내적인 신에 대한 예배의식 내지 신을 온 마음으로 섬기도록 내면적으로 정신을 준비하도록 하는 수단들에 대해서는 말하지 않는다. 왜냐하면 신에 대한 내적 예배의식과 경건함 자체(internus Dei cultus et ipsa pietas)는 우리가 7장 마지막에서 밝힌 것처럼 타인에게 양도할 수 없는 각자의 권리에 속하기 때문이다. 더 나아가서 나는 여기에서 내가 이해한 신의 왕국(Dei regnum)을 이 책의 14장에서 충분히 밝혔다고 판단한다. 왜냐하면 거기에서 나는 신의 명령에 따라서 정의와 자비(justitia et charitas)를 실천하는 사람은 신법을 충족시킨다는 것을 밝혔기 때문이다. 이로부터 정의와 자비와 법과 명령의 힘을 가진 곳은 신의 왕국이라는 사실이 귀결된다. 그런데 나는 여기에서 신이 정의와 자비의 참다운 실행을 자연의 빛(lumen naturale)을[4] 통해

2 (역주) 이 사건은 390년에 일어났던 일이다.

3 (역주) 그것들은 종교의식과 경건함의 실천을 의미한다.

4 (역주) lumen naturale는 앞의 역주에서 여러 차례 밝힌 것처럼 신이 부여한 인간

서 가르치고 명령하든지 아니면 계시를 통해서 가르치고 명령하든지 간에 아무런 차이가 없다고 인정한다. 왜냐하면 그러한 실행이 최고의 권위를 소유하고 인간에게 최고의 법인 한, 그 실천이 어떻게 계시되는가는 중요하지 않기 때문이다. 따라서 만일 내가 이제 정의와 자비가 오직 정부의 권리에 의해서만 권리와 명령의 힘을 획득할 수 있다는 것을 밝힌다면,(정부의 권리는 오직 최고의 권력에만 속하기 때문에) 나는 이로부터 다음처럼 쉽게 결론 내릴 수 있다: 종교는 오직 명령권을 가진 사람의 결정에 의해서만 법적 힘을 획득할 수 있으며, 신은 오직 정권을 소유한 사람들을[5] 통해서 인간들의 특별한 왕국을 다스린다.

그러나 정의와 자비의 실천(cultus justitiae et charitatis)이[6] 오직 정부의 권리에 의해서만 법적 힘을 획득할 수 있다는 것은 앞에서의 논의로부터 분명해진다. 왜냐하면 우리들은 16장에서 자연 상태에서 이성(ratio)은 욕구(appetitus)보다 더 많은 권리를 가지지 않으며, 욕구의 법칙에 따라서 살아가는 사람들은 이성의 법칙에 따라서 살아가는 사람들과 마찬가지로 그들이 가질 수 있는 모든 것에 대한 권리를 가진다는 것을 밝혔기 때문이다. 이러한 이유에서 우리는 자연 상태에서는 죄악(peccatum)을 생각할 수 없으며, 신 또한 인간이 범한 죄악 때문에 인간을 벌하는 재판관으로 생각할 수 없다. 오히려 우리는 모든 것이 전체 자연의 보편적 법칙에 따라서 수행되며, 솔로몬이 말한 것처럼 똑같은 운명이 정의로운 사람과 불경한 사람 그리고 순수한 사람과 불순한 사람 등 모두에게 일어나며 여기에서는 정의도 그리고 자비도 아무

의 이성을 말한다.

5 (역주) 군주들, 곧 왕들을 지시한다.

6 (역주) cultus는 작업, 경작, 교양, 문화, 문명, 의복, 장식, 생활 방식, 실행(실천) 등 다양한 의미들을 가지고 있다. 여기에서는 문맥에 따라서 적절한 의미를 택하여 옮겼다.

런 자리를 차지하지 못한다고 생각할 수 있다. 그러나 참다운 이성의 교리가, 곧 신의 교리 자체가 법적 힘을 절대적으로 가지기 위해서 각자는 필연적으로 자신의 자연권을 포기하여야 하며, 모든 사람은 자연권을 모든 사람에게 또는 몇몇 사람에게 또는 한 사람에게 양도하여야 한다. 그러면 그때부터 비로소 우리는 정의와 불의가 무엇이며, 평등과 불평등이 무엇인지를 알게 된다.

따라서 정의와 절대적으로 참다운 이성의 모든 교리 그리고 결과적으로 이웃에 대한 자비(erga proximum charitas)는 오직 정부의 권리에 의해서만, 오직 정부의 명령에 의해서만 법과 명령의 힘(vis juris et mandati)을[7] 획득한다. 그리고 내가 이미 밝힌 것처럼 신의 왕국은 오직 정의와 자비 또는 참다운 종교의 권리 안에서만 성립하기 때문에 내가 주장한 것처럼 신의 왕국(Dei regnum)은 오로지 주권을 소유한 사람들에 의해서만 인간들 사이에서 존재할 수 있다. 그리고 우리가 종교를 자연의 빛에 의해서 파악하는지 아니면 예언적 계시에 의해서 파악하는지의 여부는 별로 중요하지 않다. 왜냐하면 인간이 종교를 알게 된 것을 우리가 어떤 식으로 가정하든지간에 종교는 동일하고 똑같이 신에 의해서 계시되므로 증명은 보편적이기 때문이다. 따라서 또한 예언에 의해서 계시된 종교가 유대인들에게 있어서 법적 힘을 가지기 위해서는 그들 각자가 우선 자기 자신의 자연권을 포기하고 신이 예언자를 통해서 계시한 것 자체만을 모두가 일치해서 합의하는 일이 필요하였다. 이는 모든 사람들이 오직 이성의 명령에 따라서 살기를 합의하여 동의하는 민주주의 정부에 있어서(in imperio democratico) 내가 밝힌 것과 전적으로 똑같은 것이다.

7 (역주) jus는 올바름, 권리, 법 등의 의미를 가진다.

더 나아가서 비록 이스라엘인들이 자기들의 권리를 신에게 양도했다고 할지라도 그들은 행동보다는 오히려 정신적으로(magis mente quam opera) 그렇게 할 수 있었다. 왜냐하면 자기들의 권리를 모세에게 양도하기 전까지 그들은 통치권(jus imperii)을[8] 절대적으로 보유하고 있었기 때문인데, 모세가 통치권을 양도받은 후부터 모세는 절대적으로 왕으로 머물렀으며 오직 모세를 통해서만 신은 이스라엘인들을 다스렸다. 더 나아가서 계약 이전에는, 종교는 오직 통치권에 의해서만 법적 힘을 획득한다는 이유로 인해서 자기들의 권리로 안식일을 지키지 않은 사람들을 모세는 결코 처벌할 수 없었다('출애굽기' 16장 27절을 볼 것). 그러나 계약 이후에는 처벌할 수 있었다('민수기' 15장 36절을 볼 것). 말하자면 사람들 각자가 자신의 자연권을 포기한 다음에는 안식일(Sabbatum)이 통치권에 의해서 명령의 힘을 획득했기 때문이다.

결국 이와 같은 이유에서 계시종교는 이스라엘 국가의 멸망 이후 법적 힘을 상실하였다. 왜냐하면 이스라엘인들이 자기들의 권리를 바빌론의 왕에게 양도하자마자 신의 왕국과 신적 권리(regnum Dei jusque divinum)는 즉시 종식되었다는 것을 우리는 결코 의심할 수 없으니 그들은 신이 말하는 모든 것에 복종하겠다고 약속했던 그리고 신의 왕국의 기초였던 맹약(pactum)을 전적으로 파기했기 때문이다. 또한 그들은 이 시점부터 자기 자신의 권리를 소유하지 못하고(우리가 16장에서 밝힌 것처럼) 복종해야만 하는 바빌론 왕에게 예속되어 있었으므로 그들은 그 맹약을 더 이상 온전하게 지킬 수 없었다. 또한 예레미야는 '예레미야서' 29장 7절에서 그들에게 분명하게 경고한다. 그는 이렇게

8 (역주) jus imperii는 문맥에 따라서 정부의 권리, 국가의 원리, 주권 또는 통치권으로 옮겼다.

말한다: "또한 너희는 내가 너희를 유배 보낸 그곳에서 그 성읍의 평화를 구하고, 그 성읍을 위하여 주님에게 기도하여라. 너희의 평화가 그 성읍의 평화에 달려 있다."

그러나 이스라엘인들은 포로였으므로 국가의 관리로서가 아니라 노예로서 그 국가의[9] 평화를 추구할 수 있었다. 말하자면 그들은 폭동을 피하기 위해서 모든 것에 절대적으로 복종하고 바빌론의 법이 조국인 이스라엘 법과 아무리 차이가 난다고 할지라도 그 국가의 권리와 법을 준수하는 등등으로 평화를 추구할 수 있었다. 이 모든 것들로부터 이스라엘인들에게 종교는 오직 통치권에 의해서만 법적 힘을 획득할 수 있었다는 사실이 분명하게 귀결된다. 그리고 국가의 멸망과 함께 종교는 더 이상 특별한 국가의 명령으로 여겨질 수 없었고, 이성적인 보편적 교리(catholicum rationis documentum)로 여겨질 수 있었다. 나는 이성적인(rationis)이라고 말한다. 왜냐하면 보편 종교(catholica religio)인 기독교는 그 당시 아직까지도 계시에 의해서 알려지지 않았기 때문이다. 따라서 우리는 결정적으로 다음처럼 결론 내릴 수 있다. 자연의 빛에 의해서 계시되었든지 또는 예언에 의해서 계시되었든지 간에 종교는 오직 통치권을 가진 자들의 명령에 의해서만 명령권을 획득하며, 신은 오직 통치권을 소유한 자들을 통해서만 인간들의 특별한 왕국을 다스린다.

이러한 사실은 내가 4장에서 언급한 것으로부터도 한층 더 명백하게 이해된다. 왜냐하면 그곳에서 신의 모든 결정은 영원한 진리와 필연성을 포함하며, 우리는 신을 인간에게 법을 부여하는 군주나 입법자로 생각할 수 없다는 것을 밝혔기 때문이다. 따라서 자연의 빛에 의해서 또

---

9 (역주) 바빌론 왕국을 말한다.

는 예언에 의해서 계시된 신성한 교리(divina documenta)는 신으로부터 직접 명령권을 얻지 않고 필연적으로 통치권과 결정권을 소유한 사람들로부터 또는 그 사람들을 매개로 해서 명령권을 획득한다. 그러므로 우리는 신이 오직 그와 같은 수단을 통해서만 인간을 다스리고 인간사를 정의와 공평함으로 인도한다고 생각할 수 있는데, 이 사실은 경험이 확인해 준다. 왜냐하면 우리는 오직 정의로운 사람들이 다스리는 곳에서만 신의 정의로운 흔적(divinae justitiae vestigia)을 발견하기 때문이다. 그러나 이와 다른 곳에서는 솔로몬의 말을 다시 한 번 반복하자면 정의로운 자와 정의롭지 못한 자 그리고 순수한 자와 불순한 자에게 똑같은 운명이 닥치는 것을 우리는 알 수 있다. 확실히 이러한 사실은 신이 인간을 직접 다스리며 전체 자연을 인간의 소용에 맞게 가져온다고 믿었던 많은 사람들이 신의 섭리(divina providentia)에 대해서 의심하도록 하였다.

경험과 아울러 이성은 모두 신적 권리가 오직 최고 권력자들의 결정에만 의존한다는 것을 확인해 주기 때문에 최고 권력자들이 또한 신적 권리의 해석자들이라는 사실이 귀결된다. 그러나 그 이유에 대해서 우리는 곧 알게 될 것이다. 왜냐하면, 만일 우리가 신을 올바르게 섬기기를 원한다면, 지금이 종교의 외적 실천과 경건함의 모든 실천이 국가의 평화와 보존에 일치하지 않으면 안 된다는 것을 밝힐 적절한 시기이기 때문이다. 그러나 이것이 증명된다면 우리는 어떠한 이유에서 최고의 권력자들(summae potestates)이 종교와 경건함의 해석자들인지 쉽게 이해할 수 있다.

조국에 대한 경건함은 사람들이 보여 줄 수 있는 최고의 경건함이라는 것은 확실하다. 왜냐하면, 만일 국가가 멸망하면 어떤 선한 것도 지속할 수 없고 모든 것이 위험에 빠지며 모든 사람의 두려움 속에 오직 분노와 불경스러움만이 가장 거세게 지배할 것이기 때문이다. 이로부터 다음의 사실이 귀결된다. 이웃에 대한 경건한 행위도 만일 전체 국가에 해가 된다면 그것은 분명히 불경스러울 것이고, 만일 반대로 이웃에게 행해진 어떤 불경스러운 행위도 그것이 국가의 보존을 위해서 행해진다면, 경건한 것으로 간주되지 않으면 안 된다. 예컨대 나와 다투며 내 상의를 가지기를 바라는 사람에게 외투도 주는 것은 경건한 행위이다. 그러나 이러한 행위가 국가의 보존에 해롭다고 판단될 때는 비록 그가 사형 선고를 받는 것이 분명하다고 할지라도 그를 재판정에 세우는 것이 경건한 행위이다. 이러한 이유에서 토르쿠아투스(Manlius Torquatus)는[10] 유명하게 되었는데, 그에게는 아들에 대한 의무감(erga filium pietas)보다는[11] 민중의 복지가 더 가치 있는 것이었다.

이렇기 때문에 민중의 복지가 최고의 법이며 모든 신법과 아울러 인간법은 이 최고의 법을 따르지 않으면 안 된다. 그러나 전체 민중의 복지와 국가의 안전을 위해서 무엇이 필요한지를 결정하며 필요하다고 여기는 것을 명령하는 것이 최고 권력자의 임무이기 때문에 이로부터 개인이 자신의 이웃에 대해서 어떤 식으로 의무감을 실행해야 할 것인지를, 곧 어떤 식으로 각자가 신에게 복종하여야 할지를 결정하는 것도 역시 오직 최고 권력자의 임무이다.

이로부터 우리는 어떤 이유에서 최고 권력자들(summae potestates)이[12] 종교의 해석자들인지 분명히 알 수 있다. 다음으로 모든 사람이 의무감을 지닌 경건함의 실천이 공적 복지에 일치하지 않는다면 그리고

---

10 (역주) 토르쿠아투스는 B.C.340년 로마에 거주하던 라틴족과의 전쟁에서 아들이 명령을 어기자 사형시켰다. 그는 로마 공화정 초기에 3번의 집정관과 3번의 독재권자의 자리를 차지하였다.

11 (역주) pietas는 의무감, 경건함, 부모애, 우애 등의 의미를 가진다.

12 (역주) 최고 권력자들이란 주권자들을 뜻한다.

결국 각자가 최고 권력자들의 명령에 순종하지 않는다면 아무도 신에게 옳게 복종할 수 없다. 왜냐하면 우리 모두는 결코 예외 없이 의무를 실천해야만 하고 아무에게도 해를 끼쳐서는 안 되기 때문에 어떤 사람이 다른 사람에게 해를 끼칠 때에는, 무엇보다도 전체 국가에 해가 될 때에는 누구도 그 사람을 도와주는 권리를 가지지 못한다. 따라서 자신의 의무감과 종교가 공적 유용성에 일치하지 않는다면 아무도 신의 명령에 따라서 이웃에게 의무감을 실행할 수 없다. 그러나 개인은 최고 권력의 결정에 의해서만 무엇이 국가에 이익이 되는지를 알 수 있고, 오직 최고 권력자만 공적 업무를 집행할 수 있다. 따라서 최고 권력의[13] 모든 결정을 따르지 않는다면 아무도 옳게 의무감을 실행할 수 없으며 신에게 복종할 수도 없다.

이러한 사실 자체는 실천에서도 확인된다. 왜냐하면 시민이건 외국인이건, 개인이건 다른 사람을 통치하는 자이건 간에 최고 권력자가 그에게 사형선고를 내리거나 적으로 판결하면 어떤 신민(臣民)도 그를 돕는 일이 허락되지 않기 때문이다. 또한 이스라엘인들 각자가 이웃을 자기 자신처럼 사랑하기를 명령받았다고 할지라도('레위기' 19장 17-18절을 볼 것) 그들은 법을 위반하여 죄를 범한 사람을 재판관에게 고발하지 않으면 안 되었으며('레위기' 5장 1절과 '신명기' 13장 8-9절을 볼 것), 사형선고가 내려질 경우 그를 죽이지 않으면 안 되었기 때문이다('신명기' 17장 7절을 볼 것)

다음으로 이스라엘인들이 자기들이 얻은 자유를 보존하고 획득한 영토를 완전하게 유지하기 위해서는, 우리가 이 책의 17장에서 밝힌 것처럼, 종교를 오직 자기들의 국가에 일치시키고 자기들을 다른 민족들과

---

13 (역주) 최고 권력은 국가의 통치권, 곧 주권을 가리킨다.

분리시키는 것이 필요했다. 그러므로 그들은 "네 이웃을 사랑해야 한다. 그리고 네 원수는 미워해야 한다"라고 명령받았다('마태오 복음서' 5장 43절을 볼 것). 그러나 그들이 왕국을 잃고 바빌론에 포로로 잡혀간 후 예레미야는 그들에게 그들이 포로로 잡혀간 국가의 안전을 위해서도 힘쓰라고 가르쳤다. 그리고 그리스도는 그들이 전 세계로 흩어지게 되리라는 것을 알았을 때 그들 모두가 의무를 완전히 실행하기를 가르쳤다. 이 모든 것들은 종교가 언제나 국가의 복지에 일치하여야만 한다는 것을 가장 명백하게 밝혀 준다.

그러나 이제 만일 누군가가 무슨 권리로, 개인에 지나지 않는 그리스도의 제자들이 종교를 전도할 수 있었느냐고 묻는다면, 나는 그들에게 그 제자들은 불순한 영혼에 대항해서(adversus spiritus impuros) 그리스도에게서 받아들인 권리를 가지고 그렇게 한 것이라고('마태오 복음서' 10장 1절을 볼 것) 답할 것이다. 왜냐하면 나는 앞에서의 16장 마지막 부분에서 폭군에게 대항하는 특별한 도움을 주겠노라고 신이 확실한 계시로 약속한 경우 이외에는 폭군에 대한 모든 믿음의 맹세 역시 지켜지지 않으면 안 된다고 분명히 말했기 때문이다. 그러므로 기적을 행할 능력을 가지지 못했다면 아무도 앞의 사실을 예로 삼아서는 안 된다. 이것은 또한 그리스도가 역시 제자들에게 "육신을 죽이는 자들을 두려워하지 마라"('마태오 복음' 10장 28절을 볼 것)라고 말한 것에 의해서도 분명해진다. 만일 두려워하지 말라는 이 명령이 각자에게 내려졌다면 어떤 국가도 계속해서 존재할 수 없었을 것이며, "내 아들아, 주님과 임금을 경외하라"('잠언' 24장 21절)라고 한 저 솔로몬의 말도 불경스럽게 들리겠지만 사실은 전혀 그렇지가 않았다. 그러므로 우리는 그리스도가 제자들에게 부여한 권위는 유일하고 특별한 것이어서 그것으로부터 다른 사람들을 위한 예를 도출해 내서는 안 된다는 사실을 필히 인정하여야만 한다.

게다가 나는 영적 권리(jus sacrum)를 시민의 권리(jus civili)로부터 분리하고자 하여 오로지 시민권은 최고 권력에 속하고 영적 권리는 보편적 교회에 속한다고 하는 내 적대자들의 주장에 더 이상 머물지 않겠다. 왜냐하면 그러한 주장은 반박할 만한 가치가 없을 정도로 빈약하기 때문이다. 나는 다음과 같은 사실 한 가지는 침묵한 채 넘어갈 수 없다. 즉 일찍이 영적 권리를 시행했던 유대인 대제사장을 자기들의 선동적 견해를 (내가 거친 말을 사용하는 것을 양해해 주기 바란다) 뒷받침하기 위해서 예로 드는 것은 그들 자신을 비참하게 기만하는 행위인 것이다. 대제사장들은 그러한 권리를 유일한 통치권을 보유한 모세로부터 부여받았으며 또한 모세의 명령에 의해서 그 권리가 박탈당할 수 있었다. 왜냐하면 모세 자신이 아론뿐만 아니라 그의 아들 엘아자르와 손자 피느하스를 택해서 사제직을 관장할 권위를 그들에게 부여했기 때문이다. 그 후에도 대제사장들은 이 권리를 보유했으나 그들이 모세의, 곧 최고 권력의 대리인으로 여겨지는 한에서 이 권리를 보유하였다. 왜냐하면 이미 우리가 밝힌 것처럼 모세는 어떤 통치 계승자도 택하지 않았기 때문이다. 그러나 모세는 자신의 모든 관직을 배분해서 자신의 후계자들이 마치 왕이 죽지 않고 부재중인 것처럼 정부를 관장하는 자신의 대리인으로 보이도록 하였다.

다음으로 두 번째 왕국에서 대제사장들은 사제의 권리에 지배 권리를 결합시킨 후에야 이러한 권리를 완전히 보유할 수 있었다. 그러므로 대제사장의 권리는 항상 최고 권력자의 칙령에 의존했으며, 대제사장들은 지배권을[14] 가지지 않으면 대제사장의 권리도 보유할 수 없었다.

---

14 (역주) 세속적 통치권을 말한다.

이 장의 마지막 부분에서 밝혀지는 것과 같이 실로 영적으로 성스러운 것에 대한 권리는 왕들에게 절대적으로 속해 있었으며 계보 상 아론의 자손이 아닌 자들은 모두 부정하게 여겨졌기 때문에 성전에서 성스러운 일을 관장하는 것이 허용되지 않은 유일한 경우는 제외된다. 물론 이와 같은 상황은 기독교 국가에서는 더 이상 존재하지 않는다.

그러므로 우리는 다음의 사실을 의심할 수 없다. 오늘날 종교적 업무(sacra)는 (그것의 관리는 혈통을 요구하지 않고 특별한 관습을 요구하므로 주권을 가진 자를 부정하다고 그 관리에서 배제하지 않는다) 오직 최고 권력의 권리에만 속한다. 그리고 최고 권력의 권위와 허락에 의하지 않고서는 아무도 성스러운 업무의 관리, 관리할 사람의 선택, 교회의 기초와 교리의 결정과 확립, 도덕적인 행위와 경건한 행위에 대한 판단, 어떤 사람을 파문하거나 교회에 받아들이는 것, 가난한 사람들을 보살피는 권리 등을 가질 수 없다.

그런데 이러한 것들은 이미 우리가 밝힌 것처럼 참다울 뿐만 아니라 종교와 마찬가지로 국가의 보존을 위해서도 필수적이라는 것이 증명된다. 왜냐하면 모든 사람은 신성한 업무에[15] 대한 권리와 권위가 민중에게 얼마나 가치 있는지 그리고 그 권리와 권위를 가진 사람의 말에 각 사람들이 얼마나 많이 의존하는지를 잘 알고 있기 때문이다. 이와 같은 권위를 소유한 사람은 민중의 정신을 가장 잘 지배한다고까지 단언할 수 있다. 따라서 최고 권력자로부터 이러한 성스러운 권리와 권력을 찬탈하고자 하는 자는 통치권을 분할하려고 시도하는 것이다. 권력을 분할하는 것은 오래전 이스라엘 왕들과 제사장들 사이에서 발생했던 것과 같은 갈등과 불화가 필연적으로 발생하며 그 갈등과 불화는 결코 진

15 (역주) 신성한 업무란 종교적 업무를 의미한다.

정될 수 없다. 실로 최고 권력자로부터 이와 같은 권위를 찬탈하고자 시도하는 자는 그 자신이 통치의 길(via ad imperium)을 마련하고 있는 것이다. 만일 이러한 권리가 통치권자들에게서 부정된다면 최고 권력자들은 무엇에 대해서 결정할 수 있을 것인가? 만일 최고 권력자들이 그들이 유용하게 여기는 것이 경건한지 또는 불경스러운지를 그들에게 말해 주는 다른 사람의 견해를 기다려야 한다면 최고 권력자들은 전쟁에 대해서도, 평화에 대해서도 그리고 어떤 일에 대해서도 전혀 결정할 수 없을 것이다. 그리하여 그 모든 것은 오히려 무엇이 경건하거나 불경스럽고 또 옳고 그른지를 판단하고 결정할 수 있는 권리를 가진 자의 결정에 따라서 행해질 것이다.

모든 시대에서 우리는 그와 같은 사례들을 보아 왔는데, 나는 그것들 중 오직 한 가지 사례만을 모든 사례들의 전형으로 인용하고자 한다. 로마 교황은 그에게 성스러운 종교적 권리가 완전히 부여되었기 때문에 그는 점차로 모든 왕들을 자신의 권력 아래 거느리기 시작하였고 결국 통치의 절정에(ad summum imperii fastigium) 올라설 수 있었다. 그 후 일부 군주들과 특히 독일의 황제들이 교황의 권위를 약간 축소시키려고 노력했지만 전혀 성공하지 못했고, 오히려 그러한 노력은 교황의 권위를 더 많이 증대시켰다. 실제로 어떤 군주도 칼과 불로 달성할 수 없었던 것을 성직자들은 오직 펜에 의해서 달성할 수 있었다.[16] 이로부터 우리는 종교적 권위의 힘과 권력을 잘 알 수 있으며, 더 나아가서 이러한 권위를 보존하는 것이 최고 권력자에게 얼마나 필요한지도 알 수 있다.

또한 우리가 앞 장에서 주의해 본 것을 고찰하면, 최고 권력자가 권

16 (역주) 종교 개혁의 선구자들, 특히 루터와 칼빈을 가리킨다.

리를 보유하는 것 자체는 종교와 경건함을 증대시키는 데 적지 않은 영향을 미친다는 것을 알 수 있다. 왜냐하면 우리는 앞에서 예언자들은 신적 힘을 가지고 태어났다고 할지라도 그들은 일개 개인에 지나지 않았기 때문에 자유롭게 사람들을 경고하고 꾸짖고 비난하여 사람들을 교정하기보다는 분노하게 했지만 왕의 경고와 징계는 사람들의 태도를 쉽게 바꿀 수 있었다는 사실을 알았기 때문이다. 다음으로 왕들은 단지 이러한 권리가 완전히 자기들에게 속하지 않았기 때문에 매우 빈번하게 자기들의 종교를 저버렸으며 종교와 함께 거의 모든 민중을 저버렸다. 이러한 사실은 또한 기독교 국가들에서도 똑같은 이유에서 매우 자주 발생했다는 것이 확실하다.

그러나 여기에서 아마도 누군가가 나에게 다음처럼 물을 수 있을 것이다: 만일 주권(imperium)을[17] 보유한 자들이 불경스러움을 원한다면 누가 경건함을 옹호할 것인가? 이럴 경우에도 주권을 보유한 자들을 경건함의 해석자들로 여겨져야 하는가? 나는 반대로 다음처럼 묻겠다. 만일 성직자들(ecclesiastici)이나 (그들 역시 인간이며 개인으로서 그들 자신의 일을 돌보지 않으면 안 된다) 영적 일에 대한 권리를 위임받은 다른 사람들이 불경스럽기를 원한다면 어떨 것인가? 그럴 경우에도 그들은 경건함의 해석자로 여겨져야만 하는가? 만일 주권을 가진 자들이, 성스러운 일에 대한 권리를 가지든지 안 가지든지 간에, 그들이 좋아하는 대로 하려고 한다면 성스러운 것과 아울러 세속적인 것 모두가 파멸될 것은 확실하다. 그러나 만일 개인들이 선동적으로 신적 권리를 옹호하고자 한다면 그러한 파멸은 훨씬 더 빨리 일어날 것이다. 따라서 주권자들에게 이와 같은 권리를 부여하는 것을 부정하는 것은

17 (역주) imperium 은 최고 권력, 통치권 또는 주권을 의미한다.

전혀 이익이 되지 않고 오히려 더 큰 해악이 증대된다. 왜냐하면 그러한 사실로 인해서 (이러한 권리가 완전히 부여되지 않았던 이스라엘 왕들의 경우처럼) 필연적으로 왕들이 불경스럽게 되며, 결과적으로 국가 전체의 불확실하고 우연적인 피해와 해악이 확실하고 필연적인 것으로 된다. 따라서 우리가 사태의 진리를 고려하든지, 국가의 안전을 고려하든지, 마지막으로 경건함의 증진을 고려하든지 간에 (또한) 신적 권리나 영적인 것에 대한 권리가 그 권리의 해석자이며 옹호자인 최고 권력자의 명령에 절대적으로 의존해야 한다는 것을 주장하지 않을 수 없다. 이로부터 자유국가에서는 각자가 원하는 대로 생각할 수 있으며, 생각하는 대로 말할 수 있다는 것이 밝혀진다. 최고 권력자의 권위에 의해서(ex authoritate summarum potestatum) 민중에게 경건함을 가르치는 자들은 신의 말을 전하는 성직자들이라는 사실이 귀결된다.

이제 왜 기독교 국가에서는 영적 권리에 대한 문제가 항상 논쟁 대상이었는지, 그런가 하면 내가 아는 한 이스라엘인들은 그것에 대해서 왜 논쟁하지 않았는지 그 이유에 대해서도 지적할 일이 남아 있다. 물론 매우 명백하고도 필연적인 사태가 항상 문제로 남아 있었다는 것 그리고 최고 권력자가 결코 갈등 없이는, 실로 반역을 시도하고 종교를 해치는 큰 위험을 결코 감수하지 않고서는 이러한 권리를 확보할 수 없었다는 것은 이상하게 여길 수 있을 것이다. 실제로 만일 우리가 이러한 사태의 확실한 원인을 전혀 제시할 수 없다면 이 장에서 밝힌 모든 것은 오직 이론일 뿐이거나 결코 실천적인 가치가 없는 사변(speculatio)에서[18] 생긴 것이라고 나 자신이 당연히 인정해야 할 것이다. 그러나 기독교의 기원을 살펴보면 이러한 현상의 원인은 스스로 전적으로 명백

18 (역주) 추상적이며 공허한 이론적 추론을 가리킨다.

해진다.

기독교를 처음 가르친 것은 왕들이 아니라 평민인 개인들이었는데, 개인들은 자신들이 예속되어 있던 통치권을 소유한 왕들의 의지에도 불구하고 개인적인 교회의 집회에서 설교하고, 종교 업무를 만들고 관리했으며, 정부와 아무 관계도 없이 홀로 모든 것을 질서 있게 하고 결정하는 데 오랫동안 익숙했다. 그러나 많은 세월이 흐르고 종교가 국가에 채택되기 시작했을 때 성직자들은 자기들이 결정한 대로 종교를 황제들에게 가르치지 않으면 안 되었다. 이로부터 성직자들은 종교의 교사와 해석자로 쉽게 인정받았으며, 더 나아가서 교회의 목자로 또 어느 정도는 신의 대리인으로 인정받았다. 그리고 나중에 성직자들은 기독교적인 왕들이 자기들의 권위를 침범할 수 없도록 교회의 최고 관리자와 최고의 종교해석자의 겸직을 효과적으로 금지하는 것을 고안해 내었다. 게다가 여기에 다음의 사실이 첨가되었다: 성직자들은 종교 교리의 수를 매우 많이 증가시켰으며, 종교 교리를 철학과 혼합하여 종교의 최고 해석자는 최고의 철학자이며 신학자이지 않으면 안 되고 대부분 무익한 사변에 한가하게 시간을 보내지 않으면 안 되게 하였는데, 이런 일은 오직 충분한 여유를 가진 평민 개인들만 행할 수 있었다.

그러나 이스라엘인들에게 있어서 상황은 전혀 달랐다. 왜냐하면 그들의 교회(Ecclesia)는 국가와 함께 동시에 시작되었으며, 통치권을 절대적으로 소유했던 모세는 민중에게 종교를 가르쳤고, 종교적 관직의 질서를 세웠으며 그 관직의 관리자를 선정했기 때문이다. 따라서 왕의 권위가 민중에게 가장 가치 있었으며, 왕들이 성스러운 일에 대한 권리를 가장 많이 소유하였다. 왜냐하면 모세가 죽은 후에는 비록 아무도 통치권을 절대적으로 소유하지 못했다고 할지라도 성스러운 것들에 대해서 그리고 또한 여타의 일에 대해서 결정할 권리는 국가의 지도자들에게 속해 있었기 때문이다. 나아가서 민중이 종교와 경건함을 배우기 위해서는 제사장뿐만 아니라 최고 재판관의 견해도 듣지 않으면 안 되었다('신명기' 17장 9, 11절을 볼 것). 마지막으로 비록 왕들은 모세와 똑같은 권리는 가지지 못했다고 할지라도 모든 성직자의 배치와 선정은 그들의 결정에 의존하였다. 왜냐하면 다윗은 성전의 건설 전체를 지시했기 때문이다('역대기 상' 28장 11-12절 등을 볼 것). 그는 모든 레위 족 중에서 노래를 위해서(ad psallendum)[19] 2만 4천명을 선정했으며, 6천명을 골라서 그중에서 재판관과 서기관을 선정했고, 4천명은 문지기로 그리고 다음으로 4천명은 악기 연주자로 선정하였다('역대기 상' 23장 4-5절을 볼 것).

다음으로 다윗 왕은 그들을 작은 집단으로 나누었고(그는 집단의 장들도 선정하였다), 그 집단들이 시간에 따라서 종교의식을 관리하도록 하였다('역대기 상' 23장 5절을 볼 것). 그는 사제들도 마찬가지로 여러 집단으로 나누었다. 그러나 이 모든 것을 하나하나 검토할 필요는 없고, 나는 '역대기 하' 8장을 참조할 텐데, 13절은 다음처럼 말한다: 모세가 정한 신에 대한 예배는 솔로몬의 명령에 의해서 성전에서 치루어졌다. 그리고 14절은 다음과 같다: "그리고 그는 (솔로몬은) 자기 아버지 다윗이 정한 법대로 조를 짜서 사제들을 봉직하게 하고 등등, 하느님의 사람 다윗이 그렇게 명령해 두었던 것이다." 그리고 마지막으로 '역대기 하'를 저술한 역사가는 15절에서 다음과 같이 증명한다: "그리하여 사제들과 레위인들은 창고 관리에 이르기까지 온갖 일과 관련하여 임금이 내린 명령에서 하나도 벗어나지 않았다."

---

19 (역주) psallendum(노래)은 '기타를 연주하고 그것에 맞추어 노래하다' 또는 '특히 구약성경에서 다윗의 150 시편을 노래하다' 라는 의미를 가진 psallere를 원형으로 가지는 단어이다.

성서에 등장하는 왕들에 대한 여러 가지 이야기들로부터 종교와 성직의 전체적 실천은 오직 왕의 명령에만 의존했다는 것을 명백히 알 수 있다. 그러나 내가 앞에서 왕은 모세처럼 대제사장을 선정하고 신에게 직접 자문을 구하며 왕이 재위하는 동안 왕에게 예언하는 예언자를 꾸짖을 권리를 가지지 못했다고 말했을 때, 그것은 오로지 예언자가 소유한 권위의 본성을 통해서 새 왕을 선택하고 전(前) 왕을 살해한 것을 용서할 수 있었기 때문이고, 왕이 실정법을 어겼기 때문에 재판정에 소환해서 탄핵하는 것을 예언자가 허락받았다는 것을 뜻하는 것은 아니었다.[20] 따라서 만일 특별한 계시에 의해서 국왕의 살해를 사면해 줄 수 있는 예언자가 아무도 없었다면 왕은 성스러운 종교적 문제와 세속적인 시민적 문제 모두에 있어서 절대적인 권력을 가졌을 것이다. 그러므로 예언자도 없고, 또 법적으로 어떤 예언자도 인정할 필요가 없는 오늘날의 최고 권력자들은 (왜냐하면 그들은 이스라엘 법에 종속되어 있지 않기 때문에) 그들이 비록 독신이 아니라고 할지라도 이러한 권리를[21] 절대적으로 소유한다. 그리고 그들이 종교적 교리가 크게 증대되며 학문과[22] 뒤섞이는 것을 허락하지 않는 한 그들은 이러한 권리를 항상 보유할 것이다.

---

20 여기에서는 권리에 관해서 우리가 말한 이 책의 16장을 특히 주의해 주기 바란다.

21 (역주) 종교 문제와 세속 문제 양자에 있어서의 절대적 권리를 가리킨다.

22 (역주) 주로 철학을 말하며, 추상적 · 논리적인 이론 중심의 학문을 뜻한다.

# 20

## 자유국가에서는 각자가 원하는 대로 생각할 수 있으며, 생각하는 대로 말할 수 있다.

만일 정신을 혀와 똑같이 통제할 수 있다면 모든 정부는 안전하게 통치할 것이고 어떤 정부의 폭력도 존재하지 않을 것이다. 왜냐하면 그럴 경우 모든 사람들은 각자 통치자들의 의도에 따라서 살 것이고, 무엇이 참인지 거짓인지, 선인지 악인지, 공평한지 불공평한지는 오직 통치자들의 결정에 따라서 판단할 것이기 때문이다. 그러나 우리가 17장의 처음에서 고찰한 것처럼, 정신(animus)은 절대적으로 다른 사람의 권리에 귀속될 수 없다. 왜냐하면 아무도 자유롭게 추리하고 무엇에 대해서든지 판단할 수 있는 자신의 자연권이나 능력을 타인에게 양도할 수 없으며 또한 양도하도록 강요당할 수도 없기 때문이다. 그러므로 이로부터 정신을 통제하고자 하는 정부는 전제 정부로 여겨져야 하며, 그 정부가 각 사람들이 무엇을 참으로 받아들여야 하고 무엇을 거짓으로 거부해야 할지를 그리고 더 나아가서 어떤 견해로 신에 대해 헌신해야 하며 각자의 정신을 움직이지 않으면 안 되는지를 규정하고자 한다면 그것은 주권(summa majestas)이 신민(臣民)에게 불의를 행하는 것이며 신민의 권리를 빼앗는 것으로 여겨진다. 왜냐하면 이것들은 모든 각 사람들의 권리에 속하며, 이러한 권리는 비록 각자가 포기하기를 원한다고 할지라도 결코 아무도 포기할 수 없기 때문이다.

나는 인간의 판단력(judicium)이 다양하게 그리고 거의 믿을 수 없는 방식으로 편견을 가질 수 있고, 비록 직접 타인의 지배 아래에 놓여 있지는 않다고 할지라도 다른 사람의 말에 의존하므로 판단력은 그러한 면에서 타인의 권리에 속한다고 말할 수 있다는 사실을 인정한다. 그러나 여기에서 타인이 미치는 재능이 아무리 크다고 할지라도, 각자의 이해력은 각자에게 속하며 각자의 이해력은 그다지 성공적이지 못하여 우리는 개별 시민이 자신의 생각을 충분히 가지고 있다는 것을 경험한 일이 없으며, 견해들도 미각처럼 잘 변한다는 것을 경험한 일도 없다. 모세는 기만에 의해서가 아니라 신적 덕에 의해서 자신의 민중의 판단을 가장 잘 장악할 수 있었으므로 신적인 인간으로 믿어졌으며 그가 말하고 행하는 모든 것은 신적 영감을 받은 것으로 여겨졌다. 그렇지만 모세조차도 혹평과 악의적인 해석을 피할 수 없었거늘 여타의 군주들은 더할 수밖에 없었다. 그런데 만일 비난을 받는 이유를 알아보고자 한다면 그 이유는 주권이 모든 민중이나 대부분의 민중의 손에 놓여 있는 민주정이 아니라 적어도 군주정에서(in monarchico imperio) 찾아볼 수 있다. 나는 모든 사람들이 이 이유가 분명하다고 판단할 것이라 생각한다.

주권자들(summae potestates)이[1] 모든 것에 대해서 제아무리 큰 권리를 가지고 법과 경건함의 해석자로 믿어진다고 할지라도, 그들은 사람들이 자기들의 재능에 따라서 사물들을 판단하고 여러 가지 정서에

---

1 (역주) 주권자들은 최고 권력자들로서 일반적으로는 군주들(왕들)을 의미하지만, 그들이 통치권자들일 때에는 섭정관이나 시민들을 뜻할 수도 있다.

따라서 느끼는 것을 막지는 못할 것이다. 그러나 물론 주권자들이 자기들의 권리에 의해서 모든 것에 있어서 자기들과 생각이 일치하지 않는 모든 사람들을 적으로 간주할 수는 있다. 그러나 여기에서 우리가 논의하는 것은 그들의 권리에 대한 것이 아니고 무엇이 유익한가에 대한 것이다. 왜냐하면 나는 주권자들이 이러한 권리를 가지고 가장 폭력적으로 통치할 수 있으며 별 것 아닌 이유만 가지고도 시민을 처형할 수 있다는 것을 인정하지만, 모든 사람은 그 행위가 건전한 이성의 판단에 따른 것일 수 있다는 사실을 부정할 것이기 때문이다. 실로 그러한 행위는 전체 국가의 위험 없이는 행해질 수 없으므로 그들은 이러한 것들과 또 다른 것들에 대한 절대적 힘을 가지지 않고, 결국 그들은 그렇게 할 절대권을 가지지 않는다고까지 부정할 수 있다. 왜냐하면 주권자들의 권리(jus summarum potestatum)는 그들의 힘에 의해서 결정된다는 것을 우리가 밝혔기 때문이다.

그러므로 만일 아무도 원하는 대로 자신이 판단하고 생각하는 자유를 포기할 수 없고, 최고의 자연권에 따라서 각각의 사람들이 자기 생각의 주인(dominus suarum cogitationum)이라면, 생각이 다양하고 반대되는 인간들을 단지 최고 권력자들의 명령에 따라서 말하도록 국가에서 영향력을 미칠 경우, 그 결과는 매우 불행할 수밖에 없다. 왜냐하면 대중은 말할 것도 없고 가장 경험이 많은 사람들조차 침묵만 지킬 수 없기 때문이다. 침묵을 지켜야함에도 불구하고 자신의 의도를 남에게 털어 놓는 것이 인간의 공통된 약점이다. 그러므로 각자가 생각한 것을 말하고 가르칠 수 있는 자유를 그에게서 빼앗는 정부가 가장 폭력적인 정부일 것이고 이와 반대로 각자에게 그와 같은 자유를 허용하는 정부는 온건한 정부일 것이다.

그렇지만 우리는 권위(majestas)가[2] 행위는 물론이고 말에 의해서도 손상될 수 있다는 것을 부정할 수 없다. 따라서 이러한 자유를[3] 신민(臣民)에게서 완전히 빼앗을 수 없을 경우, 반대로 이러한 자유를 신민에게 전적으로 허용하는 것은 상당히 위험할 수 있다. 그러므로 이러한 자유가 국가의 평화와 주권자들의 권리를 해치지 않고 개인 각자에게 얼마만큼 용인될 수 있고 또 용인되어야만 하는지를 여기에서 탐구하는 것이 우리의 과제이다. 이것은 내가 이 책 16장에서 지적한 것처럼 나의 주요 의도였다.

앞에서 설명한 국가의 기초로부터 국가의 궁극목적은 인간을 지배하는 것도, 공포에 의해 인간을 억압하고 낯선 권리에 복종시키는 것이 아니고, 이와 반대로 모든 사람들 각자를 공포에서 벗어나게 하여 가능한 한 안전하게 살 수 있게 하는 것이라는 사실을 분명하게 결론 지을 수 있다. 곧 자신과 타인을 해치지 않으면서 존재하고 활동할 수 있는 각자의 자연권을 최대한으로 보존하도록 하는 것이 국가의 궁극목적이다. 국가의 목적은 인간들을 이성적 존재로부터 짐승이나 자동인형(ex rationalibus bestias vel automata)으로 만드는 것이 아니고 인간의 정신과 신체의 능력을 안전하게 발전시키고, 인간들이 스스로 자기의 이성을 자유롭게 사용해서 증오나 분노나 기만으로 서로 다투고 적대적으로 대립하지 않게 하는 것이다. 따라서 국가의 목적은 실제로 자유(litertas)이다.

더 나아가서 우리는 국가의 형성 과정에 있어서 한 가지 필연적인 것은 모든 것들을 결정하는 힘(omnis decretandi potestas)이 모든 사람들이나 일부의 사람들 또는 한 사람에게 의존한다는 것이다.[4] 왜냐하

2 (역주) majestas는 가치, 고귀함 등의 뜻도 가지고 있다.

3 (역주) 개인이 생각하고 말할 자유, 곧 사상과 언론의 자유를 말한다.

4 (역주) 이 내용은 민주정이나 귀족정 또는 군주정(내지 전제정치)을 암시하고 있다.

면, 사람들의 자유로운 판단은 매우 다양하고 각각의 모든 사람들은 오직 자기만이 모든 것을 안다고 믿고 있으므로, 또 모든 사람이 똑같은 것을 생각하고 한 입처럼 말하는 것이 불가능하므로 만일 그들 각자가 오직 자신의 정신의 결정에 따라서 행위하는 자신의 권리를 포기하지 않는다면 그들은 서로 평화롭게 살 수 없을 것이기 때문이다. 따라서 각자는 단지 자기 자신의 결정에 따라서 행동하는 권리는 포기할 수 있어도 이성적으로 생각하고 판단하는 권리는 포기할 수 없다. 아무도 주권자의 권리를 해치지 않고서는 주권자의 결정을 반대할 수 없지만 무엇을 전적으로 생각하고 판단하며 결국 말을 할 때, 기만이나 분노나 증오를 통한 자신의 결정으로 국가에 어떤 것을 끌어들이려는 의도를 가지고 자신의 견해를 대변하지 않고 오직 이성에 의해서만 그것을 확인한다면 그는 주권자들의 권리를 침해하지 않는다. 예컨대 어떤 사람이 어떤 법이 건전한 이성에 위반되기 때문에 그 법의 폐지를 주장한다고 가정해 보자. 만일 그가 동시에 자신의 견해를 주권자들의 법을 제정하고 폐지할 수 있는 판단에 맡기고 그동안 이 법의 규범에 반대되는 어떤 행위도 하지 않는다면 그는 국가의 최선의 시민으로서 국가로부터 상을 받을 만한 가치가 있다. 그러나 만일 그 사람이 정부 당국의 불의를 규탄하기 위해서 그리고 대중의 증오를 이끌어내기 위해서 또는 당국의 의지에 어긋나게 선동적 방법으로 법을 폐지하기 위해서 행동한다면, 그는 전적으로 선동자이며 반란자일 뿐이다.

우리는 각자가 주권자들의 권리와 권위를 침해하지 않고, 곧 국가의 평화를 침해하지 않고 자신이 생각하는 것을 어떻게 말하고 가르칠 수 있는지를 안다. 즉 각자는 모든 행동의 결정을 주권자들에게 맡겨야만 하며, 비록 자신이 선하다고 판단하고, 솔직히 주권자의 결정이 자기의 생각과 자주 반대된다고 할지라도 주권자들의 결정에 어긋나는 행동은 어떤 것도 해서는 안 된다. 각자는 확실히 정의와 경건함을 해치지 않고 그러한 것을 행할 수 있다. 만일 각자가 스스로 정의롭고 경건하기를 원한다면 실로 그는 그렇게 행동하지 않으면 안 된다. 왜냐하면 이미 밝힌 것처럼 정의(justitia)는 오직 주권자들의 결정에 의존하므로 각자가 받아들인 주권자들의 결정에 따라서 사는 자만이 정의로울 수 있기 때문이다. 그러나 경건함은 국가의 평화와 평온에 이바지하는 것이 최선의 경건함이다. 만일 모든 사람이 각자 자기 마음대로 살아간다면 이러한 평화와 평온은 보존될 수 없다. 자신이 종속되어 있는 주권자들의 결정에 반대해서 각자가 자기 멋대로 어떤 것을 행하는 것 역시 불경스러운 일이다. 만일 이러한 것이 모든 사람들에게 허용되어 있다면 그로부터 국가의 멸망(imperii ruina)은 필연적인 결과일 것이기 때문이다.

실로 어떤 사람이 주권자들의 결정에 따라서 행동하는 한 그는 결코 자기 자신의 이성의 결정과 명령에 어긋나게 행동할 수 있는 것이 아니다. 왜냐하면 그 자신은 이성에 따라서 자기 자신의 판단에 의해서 살 자신의 권리를 주권자들에게 양도하기로 전적으로 결정했기 때문이다. 그런데 우리는 또한 이러한 사실을 실천 자체를 통해서도 확인할 수 있다. 그 회의가 최고 권력을 가진 것이거나 아니면 그보다 못한 권력을 가진 회의에서도 어떤 것이 만장일치로 결정되는 것은 드물지만, 모든 사람들이 반대하든지 찬성하든지 간에 모든 것은 모든 사람들의 공통된 결정에 의해서 타당하게 된다.

그러나 나는 나의 주제로 되돌아간다. 우리는 국가의 기초로부터 어떻게 각자가 주권자들의 권리를 해치지 않고 자유롭게 판단할 수 있는가를 알아보았다. 우리는 똑같은 근거에서 어떤 견해들이 국가에서 선동적일 수 있는지를 결정할 수 있다. 물론 그러한 견해들은 제시됨과 동시에 모든 사람들은 각자가 자기 자신의 생각에 따라서 합법적으로 행동할 권리를 양도한 계약을 무화시킬 것이다. 예컨대 어떤 사람이 주권은 자신의 권리를 소유하지 않고 있다고, 또는 약속은 지킬 필요가 없고, 각자가 자기 멋대로 살아도 된다고 주장한다면, 혹은 앞에서 말한 계약과 직접 반대되는 견해들을 그가 주장한다면 그는 그의 판단과 견해 때문이 아니라 그것들에 포함된 행동 때문에 반역적이다. 왜냐하면 그는 바로 그러한 견해를 가짐으로써 주권에게 암묵적으로 또는 명백하게 맺었던 서약을 깨뜨리기 때문이다. 계약의 파기, 복수, 분노 등을 전혀 포함하지 않은 다른 견해들은 아마도 어떤 부패한 국가의 경우가 아니라면 결코 반역적이지 않다. 곧 부패한 국가에서는 고귀한 사람들을 관용할 줄 모르는 미신적이며 야욕에 가득 찬 사람들이 매우 높은 인기를 얻어서 대중에게는 그러한 사람들의 권위가 주권의 권위보다 더 가치 있는 것으로 여겨진다. 우리는 더욱이 단지 진리 및 허위에만 관계된 것으로 보인다고 할지라도 악의적인 목적에 의해서 제시되고 전파된 어떤 견해들이 있다는 것을 부정하지 않는다. 나는 이것들을 또한 15장에서 이미 다루었으며, 이성은 그럼에도 불구하고 자유를 보존하여야 한다는 것을 밝혔다.

마지막으로 만일 우리가 각자의 국가에 대한 충성을 신에 대한 충성과 마찬가지로 오직 행위에 의해서만, 곧 이웃에 대한 자비에 의해서(ex charitate erga proximum) 알 수 있다면, 최선의 정부는 우리가 밝힌 것처럼 각자에게 신앙의 자유를 허용하는 것처럼 철학하는 자유를 허용하리라는 사실은 결코 의심할 수 없다. 물론 이러한 자유에 의해서 때로는 불편함이 야기될 수 있다는 것을 나는 인정한다. 그러나 어떤 불편함도 야기하지 않는 자유국가에서는 각자가 원하는 대로 생각할 수 있으며, 생각하는 대로 말할 수 있다는 것이 밝혀진다. 그러나 어떤 불편함도 야기시키지 않을 현명한 제도가 일찍이 존재했을까? 모든 것을 법에 의해서 고치려고 하는 사람은 악(vitium)을 교정하기보다 오히려 악을 더 악화시킬 것이다. 우리가 멀리할 수 없는 것은 비록 그것으로부터 피해가 발생한다고 할지라도 필연적으로 허용되지 않으면 안 된다. 사치와 질투와 탐욕과 만취 그리고 다른 비슷한 것들에서 생기는 악들이 얼마나 많은가? 그렇지만 우리는 이것들을 참는다. 왜냐하면 이것들이 실제로 악덕이라고 할지라도 이것들을 법적 명령에 의해서 금지될 수 없기 때문이다. 그러므로 확실히 미덕(virtus)이며 억압할 수 없는 판단의 자유(judicii libertas)는 한층 더 많이 허용되지 않으면 안 된다.

게다가 이러한 자유로부터 생기는 모든 불편함은 행정 장관의 권위에 의해서 방지될 수 있으며 판단의 자유가 학문과 예술의 촉진을 위해서는 필수적이라는 사실은 말할 필요도 없다. 왜냐하면 자유롭고 편견 없는 판단을 소유한 사람만이 이러한 분야에서 훌륭하게 성공할 수 있기 때문이다.

이러한 자유가 억압당하고 사람들은 최고 권력자들의 명령에 의해서가 아니면 결코 감히 아무것도 속삭일 수조차 없을 정도로 지배당할 수 있다고 가정해 보자. 이럴 때조차도 최고 권력자들이 원하는 대로 사람들을 생각하게 하는 일은 결코 일어나지 않을 것이다. 따라서 사람들은 매일 생각 따로 말 따로 하며 결국 국가에서 무엇보다 필요한 신뢰가 무너지고 역겨운 아첨과 불신이 장려되어 기만과 아울러 모든 악한 행적의 원천이 생기는 결과를 가져올 것이다. 모든 사람들을 오직 규정에 따라서만 말하게 할 수 있다는 것은 불가능하다. 반대로 사람들에게서 언론의 자유(libertas loquendi)를 빼앗을수록 그들은 한층 더 완강하게 저항한다. 이러한 사람들은 탐욕스러운 자들, 아첨꾼들 그리고 상자에 든 돈을 생각하면서 배를 채우는 것을 최상의 구원으로 여기는 여타의 정신적 무능력자들이 아니고 선한 교육과 순수한 도덕과 덕으로 인해서 자유로운 인간으로 된 사람들이다.

사람들은 보통 자기들이 참답다고 믿는 견해들이 범죄로 취급될 때, 그리고 자기들을 신과 인간에 대한 경건함으로 고취시키는 것이 사악함으로 여겨질 때 가장 견딜 수 없다. 이러한 경우 그들은 법을 증오하며 관료에 대항해서 무엇이든지 감행한다. 그들은 이러한 원인으로 인해서 반역을 꾀하고 모든 가능한 음모를 시도하는 것을 불명예가 아니라 가장 명예스러운 것으로 생각한다. 따라서 인간의 본성은 확실히 그렇게 구성되어 있기 때문에 사람들의 견해에 반대해서 제정된 법은 사악한 자들이 아니고 고귀한 자들을 목표로 삼으며, 그 목적은 사악한 자들을 억제하는 것이 아니고 오히려 정직한 자들을 분노하게 하는 데 있으며, 그러한 법이 지지를 받을 때에는 국가는 큰 위험에 빠지게 될 것이다.

더 나아가서 그와 같은 법들은 전적으로 쓸모가 없다. 왜냐하면 법에서 금지한 견해들을 옳다고 믿는 사람들은 법에 복종할 수 없을 것이기 때문이다. 그러나 이와 반대로 그 견해들을 잘못된 것으로서 반대해 온 사람들은 그 견해들을 금지한 법을 특권으로서 받아들이면서 드높은 것으로 여길 것이므로 나중에 정부가 그 법을 폐지하려고 할지라도 정부는 그 법을 폐지할 수 없을 것이다. 여기에는 우리가 앞의 18장 이스라엘인들의 역사를 다룬 두 번째 항목이 추가된다.

그리고 마지막으로 보통 관청이 학자들의 논쟁을 법에 의해서 해결하려고 시도할 때 얼마나 많은 교회의 분열이 생겼는가? 만일 사람들이 법과 관권을 자기들 편으로 끌어들이고 대중의 일반적인 환호를 통해서 자기들의 적에 대한 승리를 구가하며 명예직을 차지하려는 희망을 가지지 않았다면, 그들은 그렇게 악의적으로 싸우지도 않았을 것이고, 그토록 광분해서 그들의 정신이 동요하지도 않았을 것이다. 그런데 이성뿐만 아니라 일상적인 경험의 예도 이러한 사실을 가르쳐 준다. 말하자면 이와 유사한 법들은, 곧 모든 사람들이 믿어야만 하는 법을 규정하고, 여러 가지 견해에 반대되는 것을 말하거나 쓰는 것을 금지하는 법들은 자유로운 정신의 재능을 관용할 수 없는 사람들의 분노에 영합하기 위해서 아니면 오히려 그 분노에 굴복하기 위해서 제정되었다. 그러한 사람들은 자신들의 권위를 단호하게 사용하여 선동적인 대중의 헌신을 쉽게 분노로 변화시킬 수 있으며 자기들이 목표로 삼은 사람이 누구든지 그에 대해 반대하도록 대중을 자극할 수 있다.

그러나 덕들과 학문들(virtutes et artes)을 사랑하는 사람들만이 위반할 수밖에 없는 쓸모없는 법을 제정하여 국가가 더 이상 고귀한 재능을 가진 사람들을 유지할 수 없을 정도로 국가를 악화시키는 것보다는 대중의 분노와 광기를 제어하는 것이 훨씬 더 낫지 않겠는가? 정부 당국과 다르게 생각하고 다르게 생각하는 것을 숨길 줄 모른다는 이유로 인해서 정직한 사람들이 범죄자로서 추방당하는 것보다 국가에 더 불행한 일을 생각할 수 있겠는가? 나는 말한다. 어떤 범죄나 악행도 저지르지 않은 사람들이 자유로운 정신의 재능을 가지고 있다는 이유 때문에 적으로 간주되어 처형당하는 것보다 더 비참한 일이 무엇인가? 그리고 악인들의 악몽인 교수대(catasta)는 정부 당국이 제시한 불명예의 징표가 되지만 그들에게는 관용과 미덕이라는 최상의 본보기를 보여준 아름다운 무대가 되지 않았는가? 왜냐하면 자신의 정직함을 아는 사람들은 범죄자들처럼 죽음을 두려워하지도 않고 자비를 구걸하지도 않기 때문이다. 물론 그들의 정신은 수치스러운 행동에 대한 후회로 괴로워하지 않는다. 오히려 반대로 그들은 선한 이유를 위해서 죽는 것을 처벌이 아니라 명예로 생각하며 자유를 위해서 죽는 것을 영광으로 생각한다. 그렇다면 그러한 사람들을 죽여서 어떤 본보기가 세워진다는 말인가? 나태하고 무능한 정신을 가진 자들은 그 죽음의 원인을 알지 못하고, 선동가들은 증오하며, 정직한 사람들은 사랑하지 않는가? 어느 누구도 확실히 희생자들을 모방하거나 아니면 적어도 박해자들에게 아첨하여야만 그들의 죽음으로부터 본보기를 파악할 수 있다.

그러므로 형식적 동의가 아니고 오히려 신념이 존중받고 국가의 주권이 최선으로 보존되어 선동가에게 강제로 굴복당하지 않기 위해서는 필히 판단의 자유(judicii libertas)를 인정하고, 비록 사람들의 생각이 다양하고 또 공적으로 서로 반대된다고 할지라도 조화롭게 살아갈 수 있도록 다스리지 않으면 안 된다. 이와 같은 통제 방식이 최선의 것이며 불이익이 가장 적다는 것은 결코 의심할 수 없다. 왜냐하면 이러한 통치 방식은 인간의 본성과(cum humanum natura) 가장 잘 맞기 때문이다. 우리가 이미 밝힌 것처럼, 자연 상태에 가장 근접한 민주정에서는(in imperio democratico), 모든 사람은 공동의 결정에 따라서 행동할 의무가 있지만 그 결정에 따라서 판단하고 추리할 의무는 가지지 않는다. 곧 모든 사람이 똑같이 생각할 수 없기 때문에 다수가 지지하는 제안이 법령의 힘을 소유하게 되는 사실은 동의하지만 더 나은 것을 알게 될 경우에는 법령을 폐지할 수 있는 권리를 가진다. 따라서 인간에게 판단의 자유가 감소될수록 인간은 더욱더 자연의 상태로부터 멀어지며 결국 정권은 한층 더 폭력적이다.

더 나아가서 이와 같은 자유로부터 오직 주권자의 권위에 의해서 방지될 수 없는 어떤 불이익도 생기지 않는다는 것을 증명하고, 비록 사람들의 생각이 공적으로 서로 대립될지라도, 이 주권자의 권위에 의해서 서로 해치지 않도록 쉽게 억제될 수 있다는 것을 증명하는 다음과 같은 예들이 있다. 나는 그 예들을 먼 곳에서 찾을 필요가 없이 암스테르담시를 들을 수 있다. 암스테르담시는 큰 번영과 아울러 모든 민족들의 놀라움과 함께 이 자유의 결실을 경험하고 있다. 이 가장 번영하는 국가에서 그리고 가장 찬란한 도시에서 여러 민족과 종파의 사람들이 최고의 조화를 이루어 살아가고 있다. 그리고 사람들이 자신의 재산을 어떤 사람에게 맡기기 위해서는 그 사람이 부자인지 또는 가난한지 아니면 그가 거래에서 정직했는지 또는 정직하지 않았는지만 알려고 할 것이다. 게다가 종교나 종파는 사람들에게 영향을 미치지 못한다. 왜냐하면 그러한 것은 정의와 불의의 원인을 밝히는 법정과 전혀 관계가 없기 때문이다. 그리고 어떤 종파도 그 추종자가 아무도 해치지 않고 각자 자신의 맡은 일을 하며 정직하게 산다면 그 종파의 구성원들이 관청의 공적인 권위와 지원을 거부당할 정도로 큰 증오의 대상이 결코 되지 않는다.

이와 반대로 일찍이 정치인들과 지방의회가 레몬스트란트와 반(反) 레몬스트란트의 종교 논쟁(Remonstrantium et Contraremonstrantium controversia de religione)에[5] 개입하기 시작했을 때 그 결과는 교회의 분열이었다. 그리고 당시의 많은 예들이 다음의 사실을 증명해 준다. 말하자면 논쟁을 해결하기 위해서 종교에 대해서 제정된 법들이 사람들을 개선하기보다는 오히려 분노하게 했다. 다음으로 또 다른 예들은 그러한 법들이 어떤 사람들에게 무한한 특권을 가질 기회를 주었고, 더 나아가서 교회의 분열은 진리에 대한 커다란 열성(말하자면 예절과

5 (역주) 17세기 신 네덜란드 공화국은 신학 · 정치적으로 레몬스트란트와 반(反) 레몬스트란트의 두 집단으로 나뉘어져 있었다. 반 레몬스트란트들은 정통 칼빈 신학을 옹호하면서 군주제를 옹호했고, 레몬스트란트들은 칼빈 신학의 섭리론을 반대하고 훨씬 더 자유로운 신학을 대변하면서 공화국을 지지하였다.

과용의 원천)으로부터가 아니고 크디큰 지배욕으로부터(ex magna libidne regnandi) 생긴다는 것을 증명해 주었다. 이로부터 다음의 사실이 매우 명백하게 증명된다. 즉 한 작가가 대체로 지식인들만을 위해서 쓰고 이성의 도움을 받지 않고 다른 사람의 글을 헐뜯고 앞의 작가에게 반대하도록 불손한 대중을 선동한다면 그 사람이 오히려 종교분리주의자이다. 실제로 그들이 평화를 방해하는 자들(perturbatores)이다.[6]

나는 지금까지 이러한 것들을 밝혔다.

1. 인간들에게서 그들의 생각을 말할 수 있는 자유를 빼앗는 것은 불가능하다.

2. 이와 같은 자유는[7] 주권의 권리와 권위(jus et autoritas summarum potestatum)를 침해하지 않고 모든 사람에게 인정될 수 있으며, 모든 사람은 각자 자유로부터 어떤 것을 국가에 법으로서 도입하거나 기존의 법에 반대되는 행위를 할 어떤 특권도 가지지 않는다면 그 자유를 보존할 수 있다.

3. 모든 사람은 각자 국가의 평화(reipublicae pax)를 해치지 않고 이 자유를 누릴 수 있다. 그리고 그 자유로부터는 쉽게 제어할 수 없는 어떤 불편함도 생기지 않는다.

4. 모든 사람은 또한 경건함을 해치지 않고서 이 자유를 누릴 수 있다.

5. 사변적인 것들(res speculativis)에[8] 대해서 다루는 법들은 전적으로 무익하다.

---

6 (역주) 본문에는 방해하는 자들(perturbatores)로만 되어 있지만 여기에서는 자유나 평화를 방해하는 자들이므로 '평화를 방해하는 자들'로 옮겼다.

7 (역주) 말할 수 있는 언론의 자유, 곧 표현의 자유를 말한다.

8 (역주) 순수하게 이론적 · 논리적 · 추상적인 것들을 가리킨다.

6. 마지막으로 우리는 다음의 사실을 밝혔다. 이 자유는 국가의 평화, 경건함, 주권의 권리를 해치지 않고 인정될 수 있을 뿐만 아니라 이 모든 것들을 보존하기 위해서도 인정되어야 한다. 이와 반대로 사람들에게서 이 자유를 박탈하려고 잘못을 범할 수 있는 정신이 아니라 다르게 생각하는 견해들 때문에 정직한 사람들을 법정에 세운다면, 이 정직한 사람들은 순교자의 본보기가 되어 다른 사람들은 두려워하지 않고 오히려 분노하여 연민과 복수의 감정을 가지게 된다. 또한 선한 생활관습과 신뢰는 붕괴되며, 아첨군과 반역자가 힘을 얻게 되고 자유의 반대자들은 승리를 구가할 것이다. 왜냐하면 사람들은 자기들의 증오에 복종당했으며, 그들은 정권의 소유자를 자기들이 해석자라고 여기는 이론을 지지하는 자로 만들었다고 기뻐할 것이다. 이로부터 그들은 국가의 권위와 권리도 감히 찬탈하려고 할 것이고 그들은 뻔뻔하게 다음처럼 주장할 것이다. 즉 자기들은 신에 의해서 직접 선택을 받았으며 자기들의 법령은 신적이지만 이와 반대로 주권자의 법령은 인간적인 것이기 때문에 그것은 신적 법령, 곧 자기들의 법령에 굴복하여야 한다고 주장할 것이다. 이 모든 것들이 국가의 안녕에 전적으로 배치된다는 사실은 누구나 알 수 있다.

앞의 18장에서와 마찬가지로 여기에서도 다음과 같이 결론을 내린다. 국가의 안전은 경건함과 종교가 오직 자비와 공정함의 실천에만(in solo charitatis et aequitatis exercitio) 있다고 이해하는 것에 의해서만 보장되며, 이 경우 주권자의 권리는 성스러운 업무와 세속적인 업무에 있어서 오직 행위에만 관계되어야 하고, 모든 사람들은 각자 원하는 것들을 생각할 수 있고 생각하는 것들을 말할 수 있는 권리를 인정받아야 한다.

이로써 나는 이 논고(論考)에서 내가 다루려고 했던 것들을 다 완수하였다. 이 논고에서 내 조국의 주권자들의 심사와 판단에 기꺼이 응할 수 없는 것은 어떤 것도 쓰지 않았다는 것을 분명하게 밝힐 일만 남아 있다. 왜냐하면, 만일 그들이 내가 말한 것들 중에서 어떤 부분들이 법에 위반되거나 공공의 안녕을 해치는 것으로 판단한다면 나는 그것을 철회할 것이다. 나는 내가 인간이며 오류를 범할 수 있다는 것을 알고 있다. 그러나 오류를 범하지 않기 위해서 진지하게 노력했으며, 무엇보다도 조국의 법에, 경건함에 그리고 선한 생활 방식에 전적으로 일치하여 쓰도록 애썼다.

# 해설

근대철학은 영국의 경험론과 대륙의 합리론에 의해서 대변된다. 인식론을 중심 주제로 삼는 근대 철학에서 영국의 베이컨, 홉스, 록크, 흄 등은 감각 경험을 인식(앎)의 근거로 삼으며 대륙의 데카르트, 스피노자, 라이프니츠 등은 이성을 인식의 근거로 삼는다. 물론 이들의 근대 인식론을 시발점으로 삼아 근대 자연과학이 놀랄 만한 발달을(이) 이룬 것은 사실이지만, 이들 경험론과 합리론의 철학자들은 인식론을 출발점으로 하여 윤리학과 형이상학을 전개시킨 것도 사실이다. 경험론 철학은 감각 경험의 한계로 인해서 실체 문제에 대해서 (특히 흄과 같은 경우) 부정적이고 유물론적인 형이상학의 경향을 대변했음에 비해서, 합리론 철학자들은 이성이 뒷받침하는 실체의 형이상학을 제시하였다.

스피노자(1632-1677)는 이미 청년 시절에 데카르트(1596-1650)주의자들로부터 교육받으면서 자연히 데카르트 철학에 친숙하였다. 그러면서도 신학적 지식을 합리론 철학과 결합시키며 이미 청년 시절에 자신의 자연주의적 범신론(또는 범신론적 자연주의)의 기초를 다져 나가고 있었다. 스피노자의 첫 번째 저서인 「지성 개선론」(1658년 집필)은 데카르트의 「방법론」에 버금가는 것이다. 「지성 개선론」은 스피노자의 자전적 저술로 넓게 윤리학과 인식론의 목표와 방법을 제시하고 있다. 데카르트의 「방법론」, 스피노자의 「지성 개선론」, 라이프니츠의 「단자론」은 근대 합리론 철학을 대변하는 세 철학자들의 철학 개론서에 해당한다고 말할 수 있다.

스피노자는 「지성 개선론」에서 새로운 과학철학과 이성을 옹호한다. 또한 그는 중세 스콜라 철학의 안목에서 플라톤의 「국가론」의 이상과 아리스토텔레스의 「니코마코스 윤리학」의 가치를 회상하면서 철학적 삶의 가치를 검토하고 음미한다. 1656년 7월 스피노자는 이단적인 표현과 행동으로 인해서 암스테르담의 유대 공동체로부터 추방당하여 안경알 전문가로 생계를 유지하면서 데카르트 철학에 심취하였다. 1661년경부터 스피노자는 성서를 합리적으로 비판하는 사람들 그리고 데카르트 철학 전문가 반 덴 엔덴(Franciscus Van den Enden) 등과 친밀하게 교제하였으며 그들로부터 많은 영향을 받았다.

스피노자는 1656년 7월까지 반 덴 엔덴의 학생으로 데카르트 철학을 연구하면서 합리적 비판, 종교의 자유 그리고 관용에 대해서 깊은 관심을 가지게 되었다. 그러나 스피노자는 이미 14-15세 때부터 전통 유대 교육에 회의를 느끼고 합리적이고도 보편적인 신과 자연 그리고 인간에 대한 탐구의 실마리를 찾고 있었다. 스피노자는 「지성 개선론」에서 이성(ratio)은 자연에 대한 과학적 지식을 가져다줄 수 있는 가치가 있다고 보았다. 또한 그는 네 가지 종류의 인식 능력들, 곧 상상(imaginatio), 감각(sensatio), 연역적 이성(ratio deductiva), 직관적 이성(ratio intuitiva)이 있다고 하였다. 상상과 감각은 부적절한 인식 능력들임에 비해서 연역적 이성과 직관적 이성은 합리적 인식 능력들이다. 그러나 연역적 이성은 비록 합리적일지라도 물리학적, 수학적 이성으로서 우연한 사물에 의존하는 본질을 인식함에 비해서 직관적 이성은 영원한 본질, 곧 신=자연=실체를 인식하는 능력이다.

「지성 개선론」에 깔려 있는 스피노자의 기본 사상은 「신과 인간과 인간의 행복에 대한 짧은 논문」(1660년 집필 시작) 그리고 「데카르트의 철학의 원리」(1663년 출간) 두 저서들 안에도 그대로 담겨 있다. 「데카르트의 철학의 원리」는 스피노자가 데카르트의 「철학의 원리」를 정리하면서 자신의 인식론 및 형이상학 이론을 제시하는 책이다. 「데카르트의 철학의 원리」의 마지막 부분에서 스피노자는 데카르트와 자신의 형이상학의 차이를 밝히기 위해서 형이상학 논의에 대한 두 편의 부록을 다루고 있다. 그런데 스피노자는 「데카르트의 철학의 원리」를 출판하기에 앞서 이미 1662년에 「에티카」 제1부의 집필을 완성하였다. 그러나 당시 네덜란드의 정치적 · 종교적 상황으로 인해서 스피노자는 「신학-정치론」을 익명으로 출판하였다. 「데카르트의 철학의 원리」는 당시의 정치나 종교와는 무관한 순수 철학 이론서이므로 스피노자 자신의 이름으로 출판할 수 있었다. 1665년 전후 네덜란드에서는 유대교, 성서 해석, 정치와 종교의 관계에 대한 격한 논쟁들이 있었고 보수적이며 전통적인 신학과 절대 군주제를 옹호하는 세력이 압도적인 힘을 가지고 있었다. 스피노자의 친구 마이어(Lodewijk Meyer)는 「철학, 성서의 해석자」라는 저서를 집필해서 교회로부터 무신론자의 낙인이 찍혀 박해를 받았다. 신학자들과 교회는 스피노자의 친구들인 마이어와 쾨르바흐(Adrian Koerbagh)와 함께 스피노자를 강하게 비난하고 공격하였다.

1665년 스피노자가 올덴버그(Henry Oldenburg)에게 보낸 서한에서 자신은 무신론자가 아니며 따라서 신학자들의 편견을 밝히겠노라는 계획을 서술하였다. 쾨르바흐 형제는 스피노자의 자연주의 신학을 옹호하면서 「어두운 곳에서 빛나는 빛」을 썼는데 아드리안 쾨르바하는 체포되고 심문당하다가 감옥에서 사망하였다. 스피노자는 이와 같은 종교, 정치적 현실 상황을 비판하고 고발하기 위해서 「에티카」의 완성을 미루고 익명으로 「신학-정치론」을 1670년에 출판하였다. 물론 출판사도 현실적으로 존재하지 않는 출판사명을 사용하였다. 「신학-정치론」은 1670년에 출판된 후 1675년까지 계속해서 여러 명의 의사 이름이나 자연과학자 이름을 저자로 내세우면서 네 번이나 출판되었고 1675년판에는 스피노자가 직접 여러 개의 주석을 달기도 하였다. 「신학-정치론」의 1~15장은 성서와 종교를 해석하며 비판하는 내용이다. 스피노자는 1656년 유대 공동체로부터 추방당하기 전에 자신이 가지고 있던 신학적 · 종교적 문제들을 집중적으로 조명하고 있다.

이미 범신론적 자연주의의 입장을 가지고 있는 스피노자는 신=실체=자연이라는 기초를 가지고 성서와 종교를 다루지 않을 수 없었다. 스피노자는 개신교 신학자들과 보수적인 데카르트주의자들 모두의 공격 대상이 되었다. 「신학-정치론」이 비록 익명으로 출판되었다고 할지라도 교회에서는 이 책의 저자를 스피노자로 확신하고 이 책을 금서로 정하였다. 「신학-정치론」의 16~20장의 5장은 물론 종교와 완전히 단절된 것은 아니라고 할지라도 자유 민주주의와 관용 그리고 표현의 자유를 강조하는 정치론을 다루고 있다. 1675년 스피노자는 「에티카」를 완성했으나 출판하더라도 신학자들, 교회 그리고 네덜란드 정부로부터 박해만 심해질 것을 알고 출판을 거절하고 「신학-정치론」에서 '정치론'을 기술하다 중도에 그친 것을 보충하기 위해서 「정치학 논고」의 집필을 시작했으나 건강이 극도로 악화되어 1677년 사망하여 「정치학 논고」는 미완성으로 남고 말았다. 이 해에 마이어를 필두로 한 스피노자의 친구들이 전집을 출판했으나 이듬해(1678년) 정부 당국과 칼빈주의자들과 교회에 의해서 스피노자의 전집은 파문 대상으로 결정되었다.

스피노자는 「신학-정치론」 8장에서 모세오경은 모세가 쓴 것이 아니라고 확언한다. 장소와 시대가 틀리다는 것이다. 마찬가지로 여호수아기도 여호수아가 쓴 것이 아니라고 한다. 9장에서는 '랍비들의 말은 망상'이라고 말한다. 왜냐하면 '사무엘기', '열왕기'. '역대기' 등에 대한 랍비들의 해석이 그릇되기 때문이다. 17장에서는 독재자들 내지 전제자들에 대해서 다음처럼 비판한다.

"국가를 통치하거나 국가를 손아귀에 넣는 사람들은 자기들이 범한 모든 그릇된 일들을 항상 합법성의 그늘로 가리면서 자기들의 행위가 정직함에서 이루어진 것이라고 민중들을 설득하려고 애쓴다." 스피노자는 특히 고대 이스라엘 왕국을 철저하게 분석하고 비판한다. 그리하여 그는 17세기 당시 네덜란드의 정치와 유럽의 정치를 분석 · 비판하면서 미래 지향적인 정치의 본질을 제시하고자 한다.

「신학-정치론」에서 스피노자가 제시하는 신학, 정치학의 핵심 주제들, 곧 스피노자의 종교철학과 정치철학의 핵심을 제시하자면 그것들은 다음과 같다고 할 수 있다.

1. 스피노자는 자연=신=실체라는 자연주의적 범신론의 기초를 자신의 합리론 철학의 바탕으로 삼고 있다. 또한 그는 인간의 이성과 모든 정서의 원천은 성향(conatus)이라고 생각한다.

2. 스피노자에 의하면 성서(특히 구약)에 등장하는 예언자들은 비록 감정이 풍부하다고 할지라도 그들의 지성(지적 수준)은 일상인들의 지적 수준과 동일할 뿐이다.

3. 스피노자는 「신학-정치론」 7장에서 유대 철학자 마이모니데스가

자연과 신을 분리하고 또 철학과 신학을 분리한 것은 부당하다고 주장한다.

4. 신은 이스라엘 민족만을 선택한 것이 아니고 모든 인간과 만물을 선택하였다.

5. 교황의 권위는 그 증거가 불확실하므로 인정할 수도 그리고 믿을 수도 없다. 왜냐하면, 만일 교황들이 교황의 권위를 성서 자체에 의해서 증명한다면, 그것은 교황이 이교도거나 자유사상가라고 해도 상관이 없다는 것을 말해 주기 때문이다.

스피노자는 「신학-정치론」의 마지막에서 판단과 사상과 표현의 자유를 인정하는 통치 방식이 최선의 정부 형태라고 주장하면서 자유 민주주의의 구현을 외친다. 그는 이렇게 말한다. "따라서 국가의 목적은 실제로 자유이다"(Finis ergo republicae revera libertas est).

# 찾아보기

|ㅁ|

|ㅇ|

## 옮긴이에 대하여

강영계는 현재 건국대학교 철학과 명예교수이며 중국 서북대학교 객좌교수이고 독일 프라이부르크대학교, 프랑스 스트라스부르대학교에서 교환교수를 지냈다. 서울대학교 철학과를 졸업하고 독일 뷔르츠부르크대학교에서 철학박사 학위를 받았다.

지은 책으로는 ...
*Prinzip und Methode in der Philosophie Wonhyos*(Amsterdam, 1981), *Der Weg zur Meditation*(Würzburg, 1981), 『태초에 말씀이 계시니라』(1981), 『베르그송의 삶의 철학』(1982), 『철학에 이르는 길』(1984), 『기독교 신비주의 철학』(1986), 『철학의 발견』(1966), 『사회철학의 문제들』(1992), 『니체, 해체의 모험』(1985), 『철학이야기』(2000), 『정신분석이야기』(2002), 『청소년을 위한 철학이야기』(2003), 『니체와 정신분석학』(2004), 『헤겔, 절대정신과 변증법 비판』(2005), 『강영계 교수의 프로이트 정신분석학 이야기』(2007), 『마르크스, 니체, 프로이트 철학의 끌림』(2008), 『강영계 교수의 사랑학 강의』(2008), 『청소년을 위한 철학 에세이』(2009), 『행복학 강의』(2010), 『청소년을 위한 정의론』(2011), 『청소년을 위한 가치관 에세이』(2012), 『죽음학 강의』(2012), 『지금 우리에게 물어야 할 22가지 질문』(2012), 『철학의 오솔길』(2012), 『철학으로 산다는 것』(2015) 등이 있다.

옮긴 책으로는 ...
『도덕과 종교의 두 원천』(H. 베르그송), 『인식과 관심』(J. 하버마스), 『중세철학 입문』(E. 질송), 『칸트의 비판철학』(S. 쾨르너), 『토마스 아퀴나스』(A. 케니), 『니체 생애』(K. 야스퍼스), 『서양철학사』(C. 프리틀라인), 『파라켈수스』(E. 카이저), 『브루노』(J. 키르히호프), 『무한자와 우주와 세계 외』(G. 브루노), 『에티카(개정판)』(B. 스피노자), 『고백록』(A. 아우구스티누스), 『꿈의 해석』(지그문트 프로이트), 『영원한 평화를 위해』(이마누엘 칸트), 『방법론』(르네 데카르트), 『지성 개선론』(B. 스피노자), 『신과 인간과 인간의 행복에 대한 짧은 논문』(B. 스피노자), 『데카르트의 철학의 원리』(B. 스피노자) 등이 있다.